Programação Neurolinguística

Para **leigos**

Programação Neurolinguística Para leigos

Tradução da 2ª Edição

Romilla Ready

Kate Burton

ALTA BOOKS
EDITORA
Rio de Janeiro, 2016

Programação Neurolinguística Para Leigos® — Tradução da 2ª Edição

 ISBN: 978-85-7608-963-6

Impresso no Brasil — 1ª Edição, 2016 - Edição revisada conforme o Acordo Ortográfico da Língua Portuguesa de 2009.

Obra disponível para venda corporativa e/ou personalizada. Para mais informações, fale com projetos@altabooks.com.br

Produção Editorial
Editora Alta Books

Produtor Editorial
Claudia Braga

Produtor Editorial (Design)
Aurélio Corrêa

Gerência Editorial
Anderson Vieira

Supervisão de Qualidade Editorial
Sergio de Souza

Marketing Editorial
Silas Amaro
marketing@altabooks.com.br

Gerência de Captação e Contratação de Obras
autoria@altabooks.com.br

Vendas Atacado e Varejo
Daniele Fonseca
Viviane Paiva
comercial@altabooks.com.br

Ouvidoria
ouvidoria@altabooks.com.br

Equipe Editorial
Bianca Teodoro
Christian Danniel
Juliana de Oliveira
Renan Castro
Thiê Alves

Tradução e Copidesque
Juliana França

Revisão Gramatical
Ana Paula da Fonseca

Revisão Técnica
Beatriz Dias Pereira
Master Practitioner em programação neurolinguística pela Nova Conexão Treinamentos e Consultoria

Diagramação
Lúcia Quaresma

Dados Internacionais de Catalogação na Publicação (CIP)
Vagner Rodolfo CRB-8/9410

R282p Ready, Romilla

Programação neurolinguística para leigos / Romilla Ready e Kate Burton ; tradução de Juliana Mendes Ferreira França. - 2. ed. - Rio de Janeiro : Alta Books, 2016.
416 p. ; 17cm x 24cm.

Tradução de: Neuro-linguistic Programming FD2nd
Inclui índice e apêndices.
ISBN: 978-85-508-963-6

1. Programação neurolinguística. 2. Psicoterapia. 3. Psicologia. I. Burton, Kate. II. França, Juliana Mendes Ferreira. III. Título.

CDD 616.89
CDU 615.851

ALTA BOOKS
EDITORA

Rua Viúva Cláudio, 291 — Bairro Industrial do Jacaré
CEP: 20.970-031 — Rio de Janeiro (RJ)
Tels.: (21) 3278-8069 / 3278-8419
www.altabooks.com.br — altabooks@altabooks.com.br
www.facebook.com/altabooks — www.instagram.com/altabooks

Programação Neurolinguística Para leigos

A Programação Neurolinguística, ou PNL, visa prover fundamentos essenciais para descobrir como as pessoas pensam e administram seus estados emocionais. Esta prática Folha de Cola te dá algumas listas úteis de PNL para manter em mãos.

OS QUATRO PILARES DA PNL

Não procure mais um sumário da Programação Neurolinguística (PNL) em apenas quatro pontos-chave. Preste atenção a estes quatro blocos do tema e você estará bem no caminho de integrar a PNL no seu modo de lidar com a vida cotidiana.

- **Rapport:** Como você constrói uma relação com os outros e com você mesmo.
- **Percepção sensorial:** Como o mundo é diferente quando você usa todos os seus sentidos.
- **Resultados do Pensamento:** Como pensar sobre o que você quer.
- **Flexibilidade comportamental:** Como fazer algo diferente quando o que você está fazendo não funciona.

AFIANDO O SEU RAPPORT DE SETE MANEIRAS RÁPIDAS

Rapport é a fundação de relacionamentos valiosos e é a chave para o seu sucesso em interagir com os outros. Aqui estão algumas maneiras que o ajudarão a construir rapport rápido:

- Tenha interesse genuíno em conhecer o que é importante para a pessoa com quem você quer construir rapport. Comece a entender aquela pessoa em vez de esperar que ela entenda você primeiro.
- Selecione algumas palavras-chave, frases favoritas e maneira de falar que alguém usa, e então use esses itens sutilmente em suas próprias falas com essa pessoa.
- Note como alguém gosta de lidar com informação. A pessoa gosta muito de detalhes ou apenas da visão geral? Enquanto você fala com a pessoa, faça suas respostas com a mesma porção de informação.
- Respire em uníssono com a outra pessoa.
- Repare nas intenções da pessoa — o alvo implícito — em vez de reparar no que a pessoa faz ou fala. As pessoas nem sempre fazem as coisas certas, mas espere que seus corações estejam no lugar certo.
- Adote uma posição similar a outra pessoa em termos de linguagem corporal, gestos, tom de voz e velocidade da fala.
- Respeite o tempo, a energia, as pessoas favoritas e o dinheiro da outra pessoa. Esses são recursos importantes para ela.

Programação Neurolinguística Para leigos

USANDO A FÓRMULA DE QUATRO PONTOS PARA O SUCESSO DA PNL

Você pode aplicar essa fórmula para o sucesso da Programação Neurolinguística (PNL) para metas tanto de curto prazo quanto de longo prazo. Então, queira você simplesmente fazer uma reunião produtiva ou se estiver planejando as férias da sua vida, aqui está um jeito rápido de atingir seu alvo.

- **Conheça o seu resultado** — Especificar precisamente o que você quer é vital. Você pode usar uma fração do resultado para ajustar ao objetivo desejado e formular condições bem elaboradas.
- **Aja** — A menos que você dê o primeiro passo, e então os passos seguintes, nada vai acontecer para te ajudar a atingir seu objetivo, não importa quanto claramente eles estejam definidos.
- **Tenha percepção sensorial** — Se você tem a percepção para ver, ouvir e sentir o que não está funcionando, você pode modificar seu comportamento para ser direcionado ao seu objetivo desejado.
- **Tenha flexibilidade comportamental** — Esse ponto se combina perfeitamente com o pressuposto da PNL de que "Em interações entre pessoas, a pessoa com a maior flexibilidade de comportamento pode controlar a interação". Ou você pode dizer, "Se não estiver funcionando, faça algo diferente".

CHECANDO VOCÊ MESMO PARA SE MANTER NOS TRILHOS

Para se manter no caminho de onde você quer chegar, em curto ou longo, use a checklist a seguir para se perguntar:

- **O que eu quero?**
- **O que isso fará por mim?**
- **O que está me atrapalhando?**
- **O que é importante aqui pra mim?**
- **O que está funcionando bem?**
- **O que pode ser melhorado?**
- **Que recursos podem me ajudar?**

Sobre as Autoras

Romilla Ready é a arquiteta e criadora do Relationship Wizardry®, sua própria marca de treinamento e coaching, que combina duas potentes tecnologias, a da Programação Neurolinguística e da Huna (conhecimento ancestral proveniente do Havaí). O Relationship Wizardry® foi desenvolvido a partir da percepção de que o denominador comum em qualquer interação, cause ela angústia ou prazer, é o ser humano e a forma como ele pensa e se comunica. Os produtos oferecidos são:

- Relationship Wizardry®, que é destinado a pessoas (geralmente individualmente) que desejam criar relacionamentos perfeitos.
- Relationship Wizardry® in Business, que auxilia empresas a construir relacionamentos lucrativos com stakeholders através de funcionários mais especializados e envolvimento do cliente, assim como o aperfeiçoamento da arte de vender.
- Relationship Wizardry® Coaching, que possibilita pessoas sem tempo a experimentar rápidos e poderosos resultados na melhoria da vida pessoal e profissional.
- Applied NLP for Business Results™, eventos de networking onde donos de negócios descobrem como aplicar a PNL para criar os resultados específicos que desejam para seus negócios.

Romilla trabalhou em contato direto com clientes em ambientes de alto estresse para empresas multinacionais, cruzou fronteiras culturais, promoveu treinamentos no Reino Unido, Europa e África, e é a Diretora Executiva da sua companhia, Ready Solutions Ltd.

Kate Burton, master coach internacional de PNL, autora e mentora de workshops, desafia indivíduos e organizações a criar vidas de sucesso sustentáveis e divertidas. Sua carreira profissional começou em publicidade corporativa e marketing com Hewlett-Packard. Desde então ela tem trabalhado com variados negócios, indústrias e culturas sobre como todos podem ser excelentes comunicadores.

O que Kate mais ama é trabalhar com programas de treinamento especializados. Seu incentivo é apoiar pessoas a aumentarem sua motivação, autoconhecimento e confiança. Ela acredita que todas as pessoas possuem talentos, habilidades e valores únicos. O segredo está em honrá-los ao máximo.

Além da coautoria em *Programação Neurolinguística para Leigos* e *Exercícios de Programação Neurolinguística Para Leigos* com Romilla, Kate foi coautora do livro *Building Self-Confidence For Dummies* com Brinley Platts. Seu último livro, *Live Life, Love Work* foi publicado pela Capstone (um selo da Wiley) e escreveu *Coaching com PNL Para Leigos.*

Agradecimentos

De Romilla: É estranho pensar em encontrar Programação Neurolinguística Para Leigos em livrarias. A realização desse sonho não seria possível sem a ajuda e o apoio de muitas pessoas maravilhosas; para todas, expresso meus agradecimentos sinceros.

À minha parceira no crime, Kate Burton: estou tão feliz por você ter concordado em colaborar neste projeto, quando eu, casualmente, perguntei se você gostaria de escrever um livro sobre PNL comigo. Obrigada, mãe, por todo o seu amor, apoio e suas ideias; continue assim.

Ângela, minha irmã, sempre presente nos momentos de tristeza, alegria e fez um grande trabalho ao ser a primeira "cobaia leiga" para o nosso livro e em ter certeza que eu não separei os meus infinitivos! A Oswyn, por ter sido o avô perfeito para meu filho, Derwent, que me socorre quando eu tenho problemas com tecnologia e nunca me deixará desistir; Rintu, que continua me ajudando a aprender e sair da minha área de conforto; à minha professora de yoga, Swami Ambikananda Saraswati, por sua paciência ao se deparar com todos os meus questionamentos; David, meu coach de PNL, que me ajudou a subir mais um degrau na escada da mudança pessoal. Por último, mas não menos importante, eu gostaria de agradecer à incrível equipe da Wiley por toda ajuda e apoio.

Derek, "o vento em minhas asas", se foi, mas guardarei memórias de nossa vida juntos.

De Kate: Quando Romilla e eu decidimos escrever o livro original, nossa intenção era aprender e nos divertir; nós nunca previmos o prazer que este livro nos traria. Portanto, meu agradecimento à Romilla, e que continuemos a desfrutar desta profunda compreensão e amizade. Toda minha família, especialmente Bob, Rosy e Jessica, tem meus agradecimentos por seu amor incondicional e inesgotável habilidade de cuidar de mim enquanto eu foco em escrever mais livros. Aos meus amigos especiais, muito obrigada por sua paciência e por me apoiarem. Agradeço a Ian, Robert, Penny e James, e a tantos outros maravilhosos praticantes da PNL por compartilharem seu conhecimento com tanta integridade; eu continuo impressionada com suas habilidades e comprometimento. Obrigada à Jan por demonstrar uma alegria pura em dominar as técnicas de PNL da melhor forma. Aos meus clientes e colegas, agradeço as oportunidades infinitas de aprender e praticar a PNL com vocês. Aos fabulosos profissionais da Wiley por transformarem ideias em realidade; vocês certamente demonstram o poder das crenças. O que não esperávamos era que a Programação Neurolinguística Para Leigos seria um bestseller com tantas traduções internacionais, assim como os workbooks e CDs que o seguiram, então, nossos agradecimentos, acima de tudo, aos nossos leitores, por seu apoio e bons anseios. Este livro nasceu porque quisemos incentivar outras pessoas com o poder da PNL, e eu espero que vocês continuem a ficar intrigados e inspirados ao perceberem que existe tanto a aprender e pôr em prática.

Sumário Resumido

Sumário

Introdução

Seja bem-vindo à Tradução da 2ª Edição do Programação Neurolinguística Para Leigos, que está cheio de ideias e dicas para aumentar seu sucesso e felicidade. Provavelmente, você está lendo este livro por já ter ouvido a respeito de programação neurolinguística (PNL, ao longo deste livro) no seu dia a dia — em empresas, faculdades e cafés. Escrevemos a versão original deste livro porque a nossa experiência em PNL transformou nossas vidas. Quisemos despertar a curiosidade das outras pessoas a respeito do que pode ser feito com PNL. Também acreditamos que já era hora da PNL sair da linguagem acadêmica — e empresarial — e partir para a vida real, para o bom e simples português e ser utilizada por todos que desejam melhorar suas vidas

Nos últimos anos, temos observado a PNL se tornar mais popular. Parte disso se deve aos "insights" e sacações que ela nos oferece; parte por simplesmente fazer sentido. O nome em si pode ser um pouco repulsivo e o jargão associado pode representar uma barreira para os leigos em PNL. Então, é melhor darmos uma pequena explicação:

- **Programação:** Trata dos padrões repetitivos de comportamento que você aprende e reproduz.
- **Neuro:** Está relacionado com o que se passa em sua mente.
- **Linguística:** Se refere tanto às palavras que você utiliza na sua comunicação quanto a sua linguagem corporal e como você a utiliza.

Alguns descrevem a PNL como "o estudo da estrutura da experiência subjetiva"; outros a chamam de "a arte e ciência da comunicação". Preferimos dizer que a PNL o permite entender o que o faz funcionar: como pensa, sente e decifra o seu dia a dia no mundo que o cerca. De posse desse entendimento, toda a sua vida, seu trabalho e lazer podem se renovar.

É difícil pensar que já se passaram seis anos desde o lançamento da primeira edição deste livro. A primeira edição de Programação Neurolinguística Para Leigos nos trouxe oportunidades, que vieram principalmente na forma de clientes incríveis que dividiram conosco suas vidas, problemas e sucessos. Nós incorporamos algumas dessas lições que tiramos de nossos últimos trabalhos para trazer a você uma nova perspectiva.

Em particular, neste livro você tem o benefício de dois novos capítulos. O primeiro (o Capítulo 19) é sobre modelagem. A PNL começou com a modelagem, uma abordagem que lhe permite aumentar suas habilidades. O segundo novo capítulo (o Capítulo 20) está focado em tornar as mudanças mais fáceis. Sabendo que mudanças são determinantes no mundo frenético em que vivemos, você encontrará aqui novas ideias que o ajudarão a aliviar os efeitos negativos do estresse, além da aplicação dos principais instrumerntos da caixa de ferramentas da PNL.

Sobre Este Livro

Este livro tem como objetivo atingir positivamente qualquer um que seja fascinado por pessoas. Por esse enfoque experimental, a PNL encoraja as pessoas a tomarem as rédeas das próprias vidas. Atrai aqueles com desejo de novas experiências e de abrir a mente a novas possibilidades.

Tentamos fazer a PNL agradável, prática, acessível e útil para você. Esperamos que você possa mergulhar neste livro em qualquer capítulo e rapidamente encontrar ideias práticas de como usar a PNL para resolver questões e proporcionar mudanças em sua vida.

Para demonstrar a utilidade da PNL, nossa escolha de conteúdo é seletiva. Pretendemos oferecer um "menu" atrativo, caso você seja um novato. Para aqueles com mais conhecimento, esperamos que este livro possa ajudá-lo a assimilar o que já sabe, bem como colocá-lo em contato com algumas ideias e aplicações novas. Para esse fim, tornamos as informações importantes, como as que seguem, fáceis de visualizar:

» Como descobrir o que é importante para alcançar seus objetivos com energia e convicção.

» Quais são os pressupostos principais da PNL e por que eles são importantes para você.

» Quais são os melhores caminhos para entender o estilo das outras pessoas, ajudando-o a passar a sua mensagem.

» Quando construir o *rapport* (estabelecimento de confiança, harmonia e cooperação em um relacionamento) e quando rompê-lo.

» Como fazer seu inconsciente e seu consciente trabalharem juntos, formando um grande time.

Além disso, por ser a experiência o melhor caminho para aprender a PNL, aproveite todas as oportunidades para praticar os exercícios apresentados. Algumas das ideias e dos exercícios deste livro podem ser um pouco diferentes das suas atividades habituais, mas não se acanhe. O enfoque da PNL é deixar de lado sua descrença, experimentar e perceber seu potencial.

Convenções Usadas Neste Livro

Para ajudá-lo a se localizar neste livro, estabelecemos algumas convenções:

- *Itálico* é usado para enfatizar e ressaltar novas palavras ou termos que são definidos.
- Texto em **negrito** é usado para indicar a parte da ação em etapas numeradas.
- A `monofont` é usada para endereços da web.

Só de Passagem

Escrevemos este livro para que você entenda com facilidade o que quer descobrir sobre PNL. Mesmo depois de escrevermos tudo isso que gostaríamos de acreditar que você vai se segurar para ler até as últimas palavras, facilitamos para que você identifique as partes "puláveis". Este é o material que, embora interessante e relacionado a um tópico próximo, não é essencial você saber:

- **Boxes cinzas:** As barras laterais são caixas sombreadas que aparecem em algumas partes do livro. Elas dividem histórias pessoais e observações, mas não são necessariamente para leitura.
- **A página de crédito:** Sem brincadeira, não há nada de interessante, a menos que você seja inexplicavelmente um admirador da linguagem legal e de informações sobre impressão.

Penso que...

Ao escrever este livro, fizemos umas poucas suposições a seu respeito. Presumimos que você seja um ser humano normal que quer ser feliz. Provavelmente, está interessado em aprendizado e ideias. Você pode ter ouvido falar em PNL, talvez já tenha trabalhado com os conceitos ou, talvez, seja apenas um assunto novo e intrigante para você. Não é necessário ter um conhecimento prévio sobre

PNL, mas você precisa ler este livro caso algum dos itens seguintes traga à sua lembrança algo familiar:

» Está cansado ou farto da forma como algumas coisas se encontram para você agora.
» Está interessado em como levar sua experiência de vida para novos níveis de realização, felicidade, aventura e sucesso.
» Está curioso sobre como influenciar os outros com ética e desenvoltura.
» Você é alguém que adora aprender e crescer.
» Está pronto para transformar seus sonhos em realidade.

Como Este Livro Está Organizado

Este livro tem sete partes divididas em capítulos. O sumário fornece mais detalhes sobre cada capítulo, e nós até incluímos uns desenhos no início de cada parte só para fazê-lo feliz.

Parte I: Introdução à PNL

Diz-se: "Se você sempre faz o que sempre fez, sempre conseguirá o que sempre conseguiu". Essas são palavras sábias para guardar na memória quando você iniciar essa viagem pelo território da PNL. Nesta parte, você começará a sentir o que é a PNL e o que pode fazer por você. Ao começar, tenha uma coisa em mente: deixe sua descrença ou pressupostos que podem impedir seu aprendizado de lado. Nesta parte, o convidamos a pensar na melhor pergunta da PNL de todas, que é "O que eu quero?", e então a se aprofundar no que está acontecendo nos bastidores do seu cérebro e do seu inconsciente. Achamos bem interessante e esperamos que concorde.

Parte II: Fazendo Amigos e Influenciando Pessoas

Já imaginou como a vida seria fácil se os outros fizessem o que esperamos deles? Não estamos dizendo que somos mágicos — daqueles que podem fazer os piores inimigos comerem na palma da mão —, mas o rapport é um tema-chave em PNL, que a essência deste livro explora junto com você. Nesta parte, oferecemos ferramentas para que você possa entender o ponto de vista de outras pessoas.

Mostraremos como ser responsável pelas mudanças no jeito pelo qual você se conecta com as pessoas chave da sua vida e tornar-se mais flexível no seu próprio comportamento.

Parte III: Abrindo a Caixa de Ferramentas

O coração da PNL se abre diante de você nesta parte, enquanto passeia por dentro da caixa de ferramentas de PNL. Aqui disponibilizamos material prático suficiente para você.

Você aprenderá como pode adaptar e gerenciar seu próprio pensamento para enfrentar situações que considera difíceis e como pode conseguir os recursos para mudar hábitos que já não são úteis. Você também dará uma olhada no futuro e trabalhará com conceitos de tempo para resolver questões antigas e criar uma estrada mais atraente à sua frente.

Parte IV: Palavras para Abrir Caminhos

Esta parte é focada em como a linguagem que você usa não apenas descreve uma experiência, mas também tem o poder de criá-la. Imagine como seria maravilhoso ter toda a atenção do seu público em você. Baseados nas habilidades e estilos de comunicadores poderosos, explicamos a forma de prender a atenção e a curiosidade de espectadores; e se você considerar que a vida pode ser descrita como uma série de histórias, descobrirá como escrever sua própria história vitoriosa.

Parte V: Integrando Seu Aprendizado

Nesta parte, nós o encorajamos a reunir o que você leu e experimentou com este livro e aplicar em sua própria vida. Você aprenderá sobre modelagem e como aprender com seu modelo a alcançar excelência no campo que escolheu. Além disso, damos uma olhada no que acontece em tempos de mudança e como você pode seguir em frente com graça e tranquilidade.

Parte VI: A Parte dos Dez

Se você está impaciente para encontrar respostas sobre PNL, comece por aqui. Esta parte irá levá-lo diretamente a importantes dicas e listas dos dez mais, como aplicações da PNL, recursos, livros para orientá-lo e muito mais. Nós projetamos esta parte para aqueles que sempre gostam de ler o final de um livro antes de entender a essência do assunto.

Parte VII: Apêndices

Nos apêndices, incluímos uma lista de recursos da PNL com endereços e sites úteis, além de dois dos moldes mais importantes para usar no dia a dia:

» Tornar seu resultado real — que é melhor explicado no Capítulo 4.

» Construir o seu rapport com outras pessoas — é explorado no Capítulo 7.

Ícones Usados Neste Livro

Os ícones usados neste livro irão ajudá-lo a encontrar informações específicas que poderão ser úteis:

ALERTA DE JARGÃO NA PNL

Este ícone é utilizado para sinalizar um termo da PNL, que pode soar como um idioma estrangeiro, mas tem um significado claro no campo da PNL.

PASSATEMPO NA PNL

Este ícone sugere ideias e atividades que proporcionarão a prática de técnicas da PNL e o alimento para o pensamento.

DICA

Este ícone sinaliza conselhos práticos para colocar a PNL a seu serviço.

LEMBRE-SE

Este ícone é um lembrete agradável de pontos importantes para anotar.

CASOS E CAUSOS

Este ícone indica experiências reais da prática da PNL. Algumas são reais, outras têm seus nomes trocados; enquanto outras são compostas de personagens.

CUIDADO

Este ícone sinaliza coisas a serem evitadas em seu entusiasmo de experimentar as habilidades da PNL por conta própria.

De Lá para Cá, Daqui para Lá

Você não precisa ler este livro de uma ponta à outra, mas será muito beneficiado se acompanhar o ritmo na ordem do que é correto para você. Use o sumário para ver o que mais chama a sua atenção. Por exemplo, se está entusiasmado para entender uma outra pessoa, vá primeiro ao Capítulo 7. Se gostaria de saber o que o faz funcionar, vá ao Capítulo 6 e descubra o poder dos sentidos. Sinta-se à vontade para viajar para lá e para cá.

Uma vez que você leu o livro e quer descobrir mais, recomendamos que torne sua experiência em PNL mais completa por meio de workshops e coaching com outras pessoas. Incluímos uma seção com recursos na Parte dos Dez para ajudá-lo nessa viagem.

1 Introdução à PNL

NESTA PARTE...

Você encontra o que a PNL representa e porque as pessoas estão falando a respeito dela. Dê uma olhada em como tudo isso começou com algumas pessoas espertas na Califórnia para levá-lo a pensar sobre suas próprias suposições. Nós o ajudamos a se colocar na direção certa para conseguir o que quiser da sua vida. Logo você estará se aprofundando no que acontece nos bastidores do seu cérebro e inconsciente, a parte de você que tem seus principais interesses do coração.

NESTE CAPÍTULO:

Iniciando a jornada da PNL

Explorando os temas centrais da PNL

Aprendendo o máximo da PNL

Capítulo 1
Explicação sobre PNL

Eis uma pequena fábula sobre um homem e um tigre.

Um tigre faminto perseguia um homem que, desesperado, voltou-se para o animal e gritou: "Por que você não me deixa em paz?" O tigre respondeu: "Por que você é tão apetitoso?"

Em qualquer comunicação entre duas pessoas ou, neste caso, entre o homem e a fera, há sempre mais de uma perspectiva. Algumas vezes as pessoas não conseguem entender este fato, pois não sabem como mudar seu próprio comportamento para se comunicar de forma a conseguir o que querem.

A Programação Neurolinguística (PNL) é uma das metodologias mais sofisticadas e eficientes disponíveis atualmente para nos ajudar a nos comunicar de forma eficaz. A PNL é centrada na comunicação e na mudança. Na atualidade, todos nós precisamos de habilidades que desenvolvam a flexibilidade pessoal. Jeitinhos e truques publicitários não são o suficiente; precisamos de algo real.

Então, seja bem-vindo ao início desta viagem. Neste capítulo, você terá uma rápida amostra dos temas centrais da PNL.

Uma Introdução à PNL

Todos os seres humanos com corpos sãos nascem com o mesmo sistema neurológico básico.

ALERTA DE JARGÃO NA PNL

Seu sistema neurológico transmite as informações recebidas do seu ambiente até o seu cérebro através dos seus sentidos. Seu ambiente, neste contexto, é tudo externo a você, mas também inclui seus órgãos, como seus olhos, ouvidos, pele, estômago e pulmões. Seu cérebro processa as informações e transmite mensagens de volta aos seus órgãos. Com seus olhos, por exemplo, o resultado disso pode ser uma piscada. As informações podem também criar emoções, e você pode sentir alegria, chorar ou rir. Resumindo, você se comporta de determinada maneira.

Nossa capacidade para realizar qualquer tarefa na vida, seja nadar em uma piscina, preparar uma refeição ou ler este livro, depende de como reagimos ao estímulo do nosso sistema nervoso. Dessa forma, muito da PNL é dedicada à aprendizagem de como pensar e comunicar-se de forma mais eficiente consigo mesmo e com os outros.

A seguir, uma explicação detalhada do termo Programação Neurolinguística:

ALERTA DE JARGÃO NA PNL

» Programação descreve a teoria da aprendizagem e direciona como codificamos ou representamos mentalmente a experiência. Nossa programação pessoal baseia-se em processos internos e estratégias (modelos de pensamento) que nós utilizamos para tomar decisões, resolver problemas, aprender, avaliar e obter resultados. A PNL nos mostra como recodificar nossas experiências e organizar um programa interno para que possamos alcançar o resultado desejado.

» Neuro refere-se ao nosso sistema neurológico. A PNL baseia-se na ideia de que experimentamos o mundo através de nossos sentidos, que traduzem informações sensoriais em processos de raciocínio tanto conscientes quanto inconscientes. Os processos de raciocínio ativam o sistema neurológico, que afeta a fisiologia, as emoções e o comportamento.

» Linguística refere-se ao modo como os seres humanos utilizam a linguagem para interpretar o mundo, capturar e conceituar essa experiência e comunicá-la aos outros. Na PNL, linguística é o estudo de como as palavras que você utiliza e sua linguagem corporal influenciam a sua experiência.

PASSATEMPO NA PNL

Para compreender esse processo em ação, comece a perceber como você pensa. Apenas imagine um dia quente de verão. Você está de pé na sua cozinha, ao fim do dia, segurando um limão que você retirou da geladeira. Olhe-o por fora, sua casca brilhante amarela-esverdeada. Sinta como está gelado. Leve o limão ao nariz e cheire-o. Hummm... Aperte-o levemente e perceba o peso em sua mão.

Agora, pegue uma faca e corte-o ao meio. Ouça como o suco começa a escorrer e perceba que o cheiro torna-se mais forte agora. Morda profundamente e deixe que o suco se espalhe por sua boca.

LEMBRE-SE

Palavras. Simples palavras têm o poder de ativar suas glândulas salivares. Ao som da palavra "limão", seu cérebro entra em ação. As palavras que você leu disseram ao seu cérebro que você tinha um limão na mão. Nós podemos pensar que as palavras descrevem apenas significados, mas elas, na verdade, criam sua realidade. Você aprenderá muito mais sobre esse assunto durante essa viagem que faremos juntos.

Algumas definições rápidas

A PNL pode ser descrita de várias formas. A definição convencional é "o estudo da estrutura da nossa experiência subjetiva". Eis mais algumas formas de responder à difícil pergunta "o que é PNL?":

- A arte e ciência da comunicação
- A chave da aprendizagem
- Trata do seu relacionamento com os outros
- É o caminho para alcançar os resultados que você almeja em todas as áreas da sua vida
- A maneira de influenciar os outros com honestidade
- Um manual para o seu cérebro
- O segredo das pessoas de sucesso
- O caminho para criar seu próprio futuro
- O caminho para ajudar as pessoas a entenderem sua realidade
- A caixa de ferramentas para a mudança pessoal e organizacional

Onde tudo começou e para onde caminha

A PNL começou na Califórnia, no início da década de 1970, na University of Santa Cruz. Lá, Richard Bandler, um estudante de ciências da informação e matemática, juntou-se ao Dr. John Grinder, um professor de linguística, para estudar pessoas que eles consideravam comunicadores de excelência e agentes de mudança. Eles ficaram fascinados pela maneira como algumas pessoas criavam condições para enfrentar situações ou pessoas difíceis, com as quais outros haviam falhado para se conectar.

Então, a PNL tem sua origem no ambiente terapêutico graças a três psicoterapeutas renomados mundialmente que Bandler e Grinder estudaram: Virginia Satir (fomentadora da Terapia Familiar Conjunta), Fritz Perls (o fundador da Psicologia da Gestalt), e Milton H. Erickson (responsável pelo avanço da Hipnoterapia Clínica).

Em seu trabalho, Bandler e Grinder também fizeram uso das habilidades dos linguistas Alfred Korzybski e Noam Chomsky, além do antropólogo Gregory Bateson e do psicanalista Paul Watzlawick.

Naquela época, o campo da PNL aumentava para incluir muitas disciplinas em muitos países por todo o mundo. Seria impossível nomear todos os grandes professores e praticantes da PNL hoje em dia, mas no Apêndice A você encontrará mais orientações para aumentar seu entendimento.

Na década de 1980, Grinder ficou insatisfeito com alguns trabalhos anteriores acerca de códigos em colaboração com Bandler, o que ele agora se refere como Código Clássico. Junto com Judith DeLozier, ele iniciou alguns novos modelos conhecidos como Novo Código (documentado em seu livro Whispering in the Wind) e continua este trabalho com Carmen Bostic St. Clair.

Então, qual é o futuro para a PNL? É certo que foi uma grande caminhada desde Santa Cruz nos idos dos anos 1970, e desde que escrevemos a primeira edição deste livro, o interesse pela PNL não dá sinais de desaparecer. Desse modo, muitos outros pioneiros continuaram a história e levaram-na em frente — a tornaram prática e ajudaram a transformar a vida de pessoas reais como você e eu. A literatura e as aplicações da PNL são férteis, como qualquer pesquisa a respeito no Google pode mostrar. Hoje, você encontrará aplicações da PNL entre médicos e enfermeiros, motoristas de táxi, vendedores, coaches, contadores, professores, adestradores, pais, operários, aposentados e adolescentes da mesma forma. No Capítulo 21, listamos algumas delas, como as aplicações práticas da PNL.

Cada geração aproveitará as ideias que têm ressonância em seu campo de interesse, peneirando-as e aperfeiçoando-as, acrescentando suas próprias experiências. Muito do desenvolvimento da PNL hoje acontece em torno das aplicações, em vez de em torno de modelos centrais; especialistas em áreas específicas incorporam as ferramentas da PNL e as utilizam em suas áreas de atuação. Se a PNL incentiva uma nova forma de raciocínio, novas escolhas e reconhece intenções positivas por trás de todas as ações, então todos nós podemos dizer que o futuro está repleto de possibilidades. O restante depende de você.

Uma nota sobre integridade

Você pode ouvir as palavras honestidade e manipulação associadas à PNL, por isso gostaríamos de corrigir um equívoco agora. Você influencia os outros o tempo todo. Quando você faz isso conscientemente para conseguir o que quer, levanta-se a questão da integridade. Você está manipulando outros para conseguir o que quer à custa deles?

Então, quando estiver em uma situação de venda, por exemplo, se pergunte o seguinte: qual é a sua intensão positiva em relação à outra pessoa — é uma intensão pessoal ou corporativa? Se a intensão é boa, é beneficiar a outra parte, você é íntegro — uma situação de benefício mútuo. E se não, é manipulação. Quando você se dirige ao benefício mútuo, está na trilha do sucesso. E como você sabe, a vida dá voltas.

Os Pilares da PNL: Simples e Fáceis de Entender

O primeiro item a ser entendido é que a PNL refere-se a quatro pontos, conhecidos como os pilares da PNL (veja Figura 1-1). Esses quatro pilares são descritos da seguinte maneira:

- **Rapport:** Como construir relacionamento com os outros e consigo mesmo é, provavelmente, o presente mais importante que a PNL oferece a você. Dado o ritmo no qual a maioria de nós vive e trabalha, uma grande lição sobre *rapport* é como você diz "não" às solicitações e ainda conserva amizades ou relações profissionais. Para descobrir mais sobre rapport — como construí-lo e quando rompê-lo — dirija-se ao Capítulo 7.
- **Percepção sensorial:** Você já percebeu quando visita a casa de outra pessoa, como as cores, os sons e cheiros são sutilmente diferentes para você? Ou quando aquele colega parece preocupado quando fala no trabalho? Talvez você perceba a cor do céu à noite ou das folhas verdes e frescas quando a primavera desabrocha. Como o famoso detetive Sherlock Holmes, você começará a notar como o nosso mundo é muito mais rico quando se presta atenção com todos os sentidos. O Capítulo 6 conta tudo o que você precisa para saber o quão poderosas são as suas percepções sensoriais e como é possível usar sua capacidade natural de visão, audição, tato, sensação, paladar e olfato em benefício próprio.
- **Resultados do pensamento (meta):** Resultado é um termo mencionado por todo o livro. Este termo refere-se a começar a pensar no que quer em vez de se prender em um molde de pensamento negativo. Os princípios para uma abordagem positiva podem ajudá-lo a tomar as melhores decisões e fazer as melhores escolhas — seja sobre o programa de final de semana, o encaminhamento de um projeto importante ou encontrar um propósito real para a sua vida. Dirija-se ao Capítulo 4 para conseguir os resultados que merece.

» **Flexibilidade comportamental:** diz respeito a como fazer algo diferente quando o que se costuma fazer não funciona mais. Ser flexível é a chave para praticar a PNL; você encontrará ferramentas e ideias para essa prática em cada capítulo. Nós o ajudaremos a encontrar perspectivas novas e incorporá-las ao seu repertório. Você gostará de ler o Capítulo 5 para aprender passos básicos de como melhorar a própria flexibilidade.

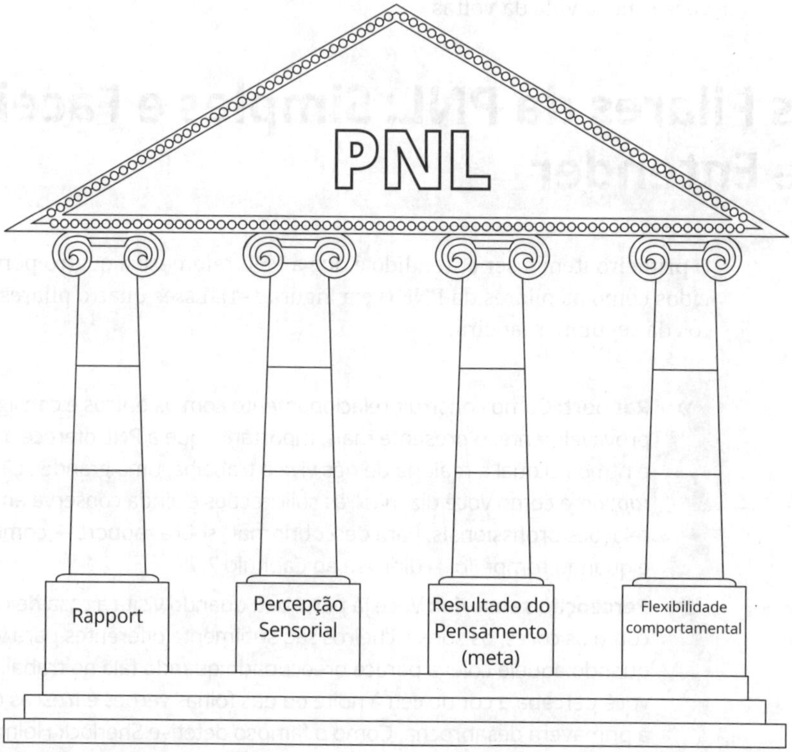

FIGURA 1-1: Os pilares da PNL

Segue um exemplo do que estes quatro pilares podem significar para você no cotidiano. Suponha que você tenha encomendado um software para armazenar todos os nomes, endereços e números de telefones de amigos ou clientes. Você o transfere para o seu computador, usa-o algumas vezes, e, então, ele para de funcionar sem motivo aparente. Há um defeito (*bug*) no sistema, mas você já investiu muitas horas na instalação e digitação de todos os seus contatos. Você telefona para o fornecedor, e as pessoas do serviço de atendimento ao cliente não ajudam, ao ponto de serem grosseiras.

Você precisa revelar todas as suas habilidades em construir rapport com o serviço de atendimento ao cliente antes que alguém ouça a sua queixa. Você precisará comprometer-se com seus sentidos — especialmente seus ouvidos para escutar com atenção o que o fornecedor está dizendo —, perceber como controlar seus sentimentos e escolher a melhor resposta. Precisará ser muito claro quanto aos *resultados* desejados — o que quer que aconteça depois da sua reclamação? Por exemplo, pretende uma devolução integral do dinheiro ou a troca do software? E, por fim, pode haver necessidade de ser flexível *no seu comportamento* e considerar opções diferentes se você não alcançar o que quer na primeira tentativa.

Modelos e Modelagem

Como descrevemos na seção anterior, "Onde tudo começou e para onde caminha", a PNL começou como um molde de como as pessoas se comunicam e partiu de estudos a respeito de grandes comunicadores. Portanto, o conceito de modelos e modelagem é o coração da PNL.

A premissa da PNL é a seguinte: se você pode encontrar alguém que seja bom na atividade que realiza, então pode observar esse modelo e aprender com ele. Isso significa que pode seguir os passos de quem quer que você admire — altos executivos ou personalidades do esporte, o garçom do seu restaurante preferido ou seu professor de aeróbica.

Utilizando o modelo de comunicação da PNL

O modelo da PNL explica como processamos as informações que recebemos. De acordo com a PNL, você se movimenta não pela resposta ao mundo à sua volta, mas pela resposta ao seu modelo ou mapa daquele mundo. Daremos exemplos de modelo no Capítulo 5.

O princípio fundamental da PNL é que "o mapa não é o território" e que cada indivíduo possui mapas do funcionamento do mundo diferentes. Isso significa que você e eu podemos vivenciar a mesma situação, mas percebê-la de forma diferente.

Imagine que você vá a uma festa — vai se divertir, encontrar amigos, degustar boa comida e bebida e talvez assista algum espetáculo. Contudo, se no dia seguinte perguntarem a você e a outra pessoa que estivesse na mesma festa sobre a experiência, cada um contará uma história diferente, pois as representações internas que fazemos sobre os eventos externos são diferentes do evento em si: "o mapa não é o território".

Ou imagine que de repente você seja transportado para uma cultura completamente diferente, do outro lado do mundo. Os pensamentos e preceitos dos seus novos vizinhos a respeito de como a vida funciona serão muito diferentes dos seus.

LEMBRE-SE

A PNL não muda o mundo — ela simplesmente ajuda a mudar o modo como você observa/percebe o seu mundo. A PNL o ajuda a construir um mapa diferente, que o ajuda a ser mais eficiente.

CASOS E CAUSOS

John é um arquiteto que trabalha em um escritório alugado caro no centro da cidade. Ele costumava reclamar que os escritórios não eram limpos o bastante, de acordo com seu alto padrão, a equipe era preguiçosa, e nunca estava satisfeito com a gerência. Ao encontrar John em seu escritório, descobrimos que ele trabalhava no caos, deixando o escritório com planos e ideias de projetos em qualquer lugar disponível, não arrumando coisa alguma. Ele costumava trabalhar noite adentro e reclamava se o interrompiam, então os faxineiros trabalhavam sem se atreverem a incomodá-lo.

John, através do coaching (treinamento), percebeu que não considerava que alguém tivesse um ponto de vista diferente do dele e não percebia a tarefa difícil que era limpar o escritório ao seu redor. Seu "mapa" da realidade era totalmente diferente do mapa da equipe de administração do escritório e dos profissionais da limpeza. Depois disso, John construiu um novo mapa, que incorporou a realidade de como era a vida no escritório para seus colegas, e passou a ter mais consideração com eles. Ao mudar apenas este mapa de experiência, outros aspectos da vida de John também melhoraram, e ele se tornou mais consciente dos efeitos de sua desorganização. Por exemplo, agora ele se sente mais confortável ao convidar possíveis namoradas para seu apartamento arrumado.

Modelando excelência

O modelo de excelência é outro tema que discutiremos a fundo neste livro, pois muito da PNL é orientado e aplicado a criar, no futuro, mudanças positivas — não importa se é uma melhor qualificação pessoal, maior qualidade de vida ou um mundo melhor para a próxima geração.

O enfoque da PNL é o de que você pode aprender melhor se encontrar outra pessoa que já tenha se sobressaído em qualquer coisa que você queira aprender. Ao moldar outra pessoa, você pode dividir seu aprendizado em suas partes componentes. Esta é uma perspectiva poderosa, e um encorajador para transformar grandes e cansativos projetos em vários pequenos e descobrir pessoas que já passaram por isso e que podem indicá-lo o melhor caminho.

Usando a PNL para Obter Melhores Resultados

Como você vai descobrir ao longo deste livro, a aplicação prática da PNL refere-se ao aumento de suas escolhas em vez de deixá-lo cair na armadilha de ser restringido por sua experiência e palavras, "é desta forma que ajo e é assim que deve ser". Para obter benefícios da PNL, você precisa estar aberto e dar a si mesmo e aos outros o benefício de questionar e desafiar as normas de forma propícia. Seguem algumas dicas para lembrá-lo como fazê-lo.

Entendendo que as atitudes vêm primeiro

A essência da PNL é uma atitude em relação à vida e à tecnologia que o autoriza, com ferramentas e habilidades, a mudar qualquer coisa em sua vida que não reflete quem você é hoje. Qualquer coisa e tudo é possível se você tem em mente as atitudes que sustentam o seu sucesso. Se suas atitudes não o sustentam levando uma vida premiada com riqueza, então você pode querer considerar a mudança. Mudando sua mente e atitude, você realmente muda a sua vida.

LEMBRE-SE

Muitas pessoas gastam muito tempo dando atenção ao lado negativo de suas vidas — como detestam seus empregos ou o quanto querem parar de fumar ou emagrecer. Ao condicionar a si mesmo a se concentrar no que realmente quer, você pode atingir resultados positivos bem rápido.

Estar curioso e confuso é bom para você

Há dois atributos úteis para carregar consigo: *curiosidade* – aceitar que você não conhece todas as respostas – e uma *disposição para ficar confuso* – porque a confusão precede um novo entendimento. Como o grande hipnoterapeuta Milton Erickson (mais sobre ele nos capítulos posteriores) disse: "O esclarecimento é sempre precedido pela confusão."

DICA

Se você acha que as ideias contidas neste livro o deixam confuso, agradeça ao seu inconsciente, pois a confusão é o primeiro passo da compreensão. Tome o sentimento de confusão como um sinal de que você está processando informações para avaliar e encontrar o caminho adiante, e o fato de você, intuitivamente, já conhecer mais do que percebe conscientemente.

Mudar é uma escolha sua

Já se foram os dias em que você precisava ficar preso numa espiral decrescente de comportamentos e reações repetitivas que são entediantes e ineficazes. Hoje, a PNL trata sobre a produção de resultados mensuráveis, que elevam a qualidade de vida das pessoas sem a longa e dolorosa jornada de volta ao passado.

Enquanto lê os capítulos neste livro, você descobre a natureza experimental da PNL — que trata de novas experiências, tentativas. Teste as ideias do seu jeito — não o faça apenas baseado em nossas palavras.

A responsabilidade pela mudança é sua, e este livro é o facilitador. Se você não está aberto para mudar, não vai aproveitar este livro ao máximo. Por isso, nós o encorajamos a realizar os exercícios, observe seu novo processo e então ensine e compartilhe com os outros, pois ensinar é dobrar seu conhecimento. No momento em que terminar o livro, você pode se surpreender com o quanto já mudou!

Aproveite a viagem! Divirta-se no caminho!

Quando Clint Eastwood foi entrevistado por Michael Parkinson no British TV, ele deu um bom conselho: "vamos levar o trabalho a sério e não a nós mesmos." A PNL envolve muita diversão e risadas. Se você se programa para se tornar perfeito, coloca uma pressão enorme e pouco realista sobre si mesmo. Então tome consciência de seu próprio bom humor enquanto viaja e tenta perceber um mundo de mudanças: aprender é um trabalho sério, que é seriamente divertido.

NESTE CAPÍTULO

Entendendo os pressupostos da PNL

Testando os pressupostos da PNL

Seguindo as trilhas

Desenvolvendo flexibilidade a fim de alcançar 100% de responsabilidade em qualquer relação

Capítulo 2
Alguns Princípios Básicos da PNL

Brenda tem uma filha única e muito amada, Mary. Aos dez anos, Mary era um pouco mimada, pois havia chegado após Brenda e Jim terem perdido a esperança de ter um bebê. Mary era propensa a ter acessos de raiva, os quais você tem sorte de não ter presenciado. Ela atirava coisas no chão, gritava e batia os braços e as pernas.

Brenda não obteve progresso com o mau humor de Mary, até que um dia em que Mary estava no chão, exercitando seus pulmões com fantástico desamparo, quando a tão sofrida Brenda tirou algumas panelas do armário e juntou-se à Mary no chão. Brenda batia os potes no assoalho, chutava e gritava muito mais do que Mary. Você pode imaginar o que aconteceu? Mary, deitada no chão, ficou atônita olhando para a mãe. Ela percebeu que a mãe podia ser bem mais furiosa do que ela, e Mary perderia o combate de fúria todas as vezes. A menina entendeu que seguir com aquele tipo de atitude era inútil e, então, a partir daquele momento, cessaram os ataques de fúria. Brenda tomou o controle da sua interação com Mary ao mostrar uma flexibilidade maior de comportamento.

Esse caso ilustra como "a pessoa mais flexível do sistema influencia o sistema". Essa afirmação não é resultado de um experimento conduzido em laboratório. Em vez disso, é um pressuposto da PNL (ou princípio), que, se praticado e adotado, pode ajudar a facilitar sua jornada pela vida. A história acima mostra apenas um dos muitos pressupostos — também chamados de pontos de vista convenientes — que são a base da PNL.

Introdução aos Pressupostos da PNL

Os pressupostos da PNL nada são além de generalizações sobre o mundo, que podem se mostrar úteis quando você as toma como verdade. Neste capítulo, explicaremos alguns dos pressupostos que consideramos serem os mais influentes dentre todos os desenvolvidos pelos fundadores da PNL.

O mapa não é o território

Um dos primeiros pressupostos é o de que "o mapa não é o território". Esta afirmação foi publicada em *"Science and Sanity"*, em 1933, por Korzybski, um conde polonês que era matemático. Korzybski falava a respeito do fato de você vivenciar o mundo através dos seus sentidos (visão, audição, tato, olfato e paladar) — o território. Você, então, pega este fenômeno externo e faz uma representação interna (RI) disso dentro do seu cérebro — o mapa.

Esse mapa interno que você cria do mundo externo, formado pelas suas percepções, nunca é exatamente igual ao mapa formado por outra pessoa que vive no mesmo ambiente que você. Em outras palavras, o que está do lado de fora pode não ser a mesma coisa que está na sua mente.

Imagine a seguinte analogia. Se você perguntar a um botânico o que significa Belladonna, ele poderá dizer o nome original da planta e descrever as flores e seu cheiro sutil, enquanto reproduz uma fotografia da planta em sua própria mente. Um homeopata poderá explicar o uso medicinal da planta no tratamento de certos sintomas, enquanto reproduz a foto de um paciente que tratou. Se perguntar a um autor de livros de mistério sobre Belladonna, talvez ele diga que é um veneno.

Ou tente esta outra: se estiver dirigindo em Londres, com o mapa da cidade, as "estradas" do mapa são completamente diferentes daquelas nas quais você está realmente dirigindo. Só para começo de conversa, as estações de metrô pelas quais você passou estão em três dimensões e em cores, enquanto, no mapa, elas são representadas como um círculo azul com uma linha vermelha no meio.

LEMBRE-SE

A questão é que dependendo do contexto e do conhecimento de cada um, pessoas diferentes formam RIs diferentes a respeito de uma mesma coisa.

Passando as percepções pelo seu filtro pessoal

Seus sentidos o bombardeiam com milhões de informações diferentes por segundo, mesmo que sua mente consciente consiga lidar com apenas alguns pedaços individualmente a qualquer momento: o resultado é que uma quantidade absurda de informação fica de fora. Este processo de filtragem é influenciado pelos seus valores, suas crenças, memórias, decisões, experiências e seu conhecimento cultural e social, para permitir apenas o que os seus filtros estão sintonizados à receber.

PASSATEMPO NA PNL

Quando estiver com outra pessoa ou grupo, escolha alguma coisa do ambiente e peça que cada um escreva uma breve descrição do que observou: por exemplo, a vista de uma janela. Note que as descrições de cada pessoa são individualmente modeladas por suas próprias experiências de vida.

Alguns europeus e norte-americanos podem experimentar um choque cultural maior quando visitam países como Índia ou México. Por causa de sua experiência cultural, eles podem sentir-se chocados pelo nível de pobreza em algumas áreas, considerando que as pessoas do local aceitam a pobreza como parte da vida. As pessoas aceitam a familiaridade de seus próprios cenários.

Território desconhecido: Percorrendo o mapa de outra pessoa

O resultado deste filtro pessoal é que cada um de nós tem um mapa muito individual do mundo. Para tornar a comunicação mais fácil, um exercício realmente útil é, no mínimo, tentar entender a RI ou o mapa da pessoa com quem você está se comunicando.

CASOS E CAUSOS

Eu estava comprando peixe e batata frita e me pediram que preenchesse um formulário sobre a qualidade, o serviço e o preço da comida. As mulheres que serviam atrás do balcão estavam muito chateadas, porque o homem que tinha acabado de sair havia se recusado, de forma grosseira, a preencher o formulário. Perguntei às senhoras se elas consideraram a possibilidade do homem ser analfabeto e dele ter sido rude pelo fato de ter se sentido envergonhado. A mudança nas duas mulheres foi surpreendente. "Oh, eu não havia pensado nessa possibilidade", disse uma delas. O comportamento delas mudou imediatamente: de raiva e ressentimento para uma profunda compaixão. Elas também se sentiram muito melhor consigo mesmas e foram capazes de esquecer todos os sentimentos negativos que estavam remoendo.

ALERTA DE JARGÃO NA PNL

O seguinte exercício lhe ajudará a encontrar tolerância ou, pelo menos, ganhar capacidade de compreensão quando se encontrar em uma situação na qual a resposta da outra pessoa surpreenda, irrite, ou apenas o deixe embaraçado.

O MAPA DO MUNDO DE UMA CRIANÇA

O mapa do mundo de uma criança, algumas vezes, pode nos fazer mudar de opinião! Essa situação é claramente ilustrada por um agradável fragmento de um e-mail que estava circulando.

"Um policial estava na viatura com seu cão policial quando percebeu um garotinho olhando fixamente para eles. O menino perguntou se aquilo era um cachorro na viatura. O policial confirmou que o outro ocupante era, de fato, um cão. O menininho ficou extremamente intrigado e perguntou: "O que foi que ele fez para ser preso?"

1. **Conte todas as bênçãos da sua vida.**
2. **Com exemplos de suas próprias conquistas em mente, seja a pessoa mais generosa que puder.**
3. **Pergunte-se sobre o que pode estar acontecendo no mundo da outra pessoa e que poderia justificar aquele comportamento.**

Uma vez que tenha começado a dominar este processo, você poderá descobrir que é mais feliz com a sua sorte, e também aceitará as pessoas e suas peculiaridades com tranquilidade.

As pessoas reagem de acordo com seus mapas do mundo

Como todos os seres humanos, você reage de acordo com o mapa do mundo que traz na cabeça. Este mapa é baseado nas suas convicções sobre sua identidade, seus valores e suas crenças, assim como suas atitudes, memórias e seu conhecimento cultural.

Algumas vezes, a forma como o mapa do mundo de algumas pessoas opera pode não fazer sentido para você. Contudo, um mínimo de compreensão e tolerância pode enriquecer a sua vida.

CASOS E CAUSOS

Quando minha mãe era acadêmica de medicina, ela costumava visitar um hospital psiquiátrico. Um dos pacientes expressava-se muito bem, era um professor universitário de inglês extremante instruído. Um de seus pontos fracos era que gostava de caminhar à noite com um guarda-chuva aberto. Ele tinha certeza de que os raios de luar causavam a "demência da lua". Contudo, o professor sentia grande satisfação em compartilhar sua paixão pela literatura inglesa com os membros da equipe, cujas vidas eram enriquecidas pelas interações diárias com o professor.

Se a equipe houvesse sido intolerante com o "professor maluco" e o ignorasse ou o marginalizasse, eles poderiam não perceber, mas suas vidas seriam mais pobres sem a riqueza da literatura e do senso de humor dele, que, com frequência, referia-se a si mesmo como o "paciente impaciente".

Não há falhas, apenas feedback

Este é um pressuposto poderoso no qual se basear. Todo mundo comete erros e tem experiências frustrantes. Você pode escolher entre permitir-se cair em ciladas e ter resultados indesejáveis, ou aprender as lições que se apresentam, levantar a poeira e dar a volta por cima, deixando as barreiras para trás.

Eu participei de um curso ministrado por um maravilhoso perito havaiano, Sege Kahili King, durante o qual ele disse que nunca cometeu erros. Essa declaração causou alguns risos, pois nenhum de nós acreditou nele e o brilho em seus olhos se sobrepôs à falta de expressão em seu rosto. Ele, então, acrescentou que nem sempre alcançava os resultados pretendidos, mas nunca cometia erros.

CASOS E CAUSOS

Uma das mensagens que recebemos ao ouvir a empresária e grande marketeira Liz Jackson, no evento do Dia Internacional das Mulheres foi para não termos medo do fracasso. Liz teve de se adaptar ao desafio de perder a visão e mesmo assim conseguir gerir uma empresa bem-sucedida. Ela diz que o fracasso é uma das ferramentas mais poderosas para a aprendizagem; ela inspira as outras pessoas a sua volta a vencerem as barreiras para o sucesso ao falarem sobre quais são suas ambições e a saírem de suas zonas de conforto, mesmo que isso signifique ficar assustado por um tempo. Ela diz que "somente os fracassos nos ensinam".

ALERTA DE JARGÃO NA PNL

Na linguagem comum, o termo "feedback" está associado ao recebimento de informação ou ao fato de conseguir uma resposta de outra pessoa. O significado de feedback foi expandido no contexto deste pressuposto da PNL para incluir o resultado ou consequência que você pode obter de uma situação específica.

Você pode descobrir muito a respeito de feedback com Thomas Edison.Embora ele seja famoso por ter inventado a lâmpada, ele foi um inventor engenhoso. Sua genialidade residia em testar suas ideias, aprender a partir de resultados inesperados e reciclar conceitos de experimentos que não funcionaram em outras invenções. Onde as outras pessoas viam milhares de tentativas de Edison de inventar a lâmpada como fracassos, Edison via apenas como experimentação e até um outro caminho para aprender como não fazer uma lâmpada.

LEMBRE-SE

Preocupar-se com o erro o mantém focado no passado e nos problemas. Se observar os resultados que já obteve, mesmo não sendo os esperados, você poderá transferir seu foco para as novas possibilidades e seguir em frente.

ALERTA DE JARGÃO NA PNL

Quando você se deparar com um erro, poderá usar este pressuposto da PNL para encontrar oportunidades de crescimento, fazendo a si mesmo as seguintes indagações:

Pense em um "erro" que você cometeu e pergunte-se:

- » O que almejo alcançar?
- » O que consegui até aqui?
- » Que tipo de feedback obtive?
- » Que lições aprendi?
- » Como posso direcionar as lições positivamente?
- » Como medirei o meu sucesso?

Então, recupere-se e tente outra vez!

Consegue imaginar um mundo no qual você desiste de aprender a caminhar simplesmente porque caiu quando ficou em pé pela primeira vez? Como você acha que a estação de Waterloo, em Londres, se pareceria na hora do rush se apenas poucas pessoas dominassem a arte de caminhar?

O significado da comunicação é a resposta que ela obtém

Não importa quão honestas as intenções das suas comunicações sejam, o sucesso da interação depende de como a mensagem é recebida pelo interlocutor/ouvinte, não pelo que você pretendeu comunicar. Em outras palavras, o significado da comunicação é a resposta a que ela obtém.

Esse ainda é um pressuposto muito forte sobre a comunicação: ele coloca o ônus da responsabilidade de se fazer entender bem à sua porta, como um comunicador. Uma vez que adotar esse pressuposto, não poderá mais culpar as outras pessoas por quaisquer mal-entendidos. Se a resposta que você tem não é a que esperava, então, como um estudante de PNL, terá ferramentas para utilizar seus sentidos para perceber que a outra pessoa não entendeu a questão. Você também terá flexibilidade para fazer coisas de forma diferente, a partir de seu comportamento e suas palavras.

LEMBRE-SE

Então comece pelo final em sua mente e pense no resultado que deseja para a sua comunicação. O que aconteceria se um construtor iniciasse uma obra jogando tijolos, um em cima do outro, sem um planejamento? Você, com certeza, não teria a sua catedral. Para construir um prédio com fundações firmes é necessária a visão de um arquiteto desde o início para o sucesso do produto final. Um bom caminho também é conter suas emoções quando estiver envolvido em uma situação complicada.

Se quer saber mais sobre consciência sensorial, por favor, dê uma olhada no Capítulo 7. O Capítulo 5 mostrará mais meios de praticar a flexibilidade de comportamento e dará mais algumas dicas para lidar com as emoções quando a situação piorar.

Se o que você está fazendo não funciona, faça algo diferente

Este pressuposto é tão simples e, mesmo assim, você nem sempre modifica seu comportamento quando as coisas não saem do jeito que você quer. Afinal de contas, perambular pela vida desejando a mudança nos outros é mais fácil, e você passa a desfrutar da angústia de pensar todas aquelas besteiras a respeito das outras pessoas!

Lembre-se de que nem todos possuem os seus recursos internos, e o simples fato de você estar lendo este livro demonstra sua iniciativa em fazer mudanças na vida. Sugerimos que gaste um pouco mais de energia para mudar a si mesmo e menos para moldar os outros conforme os seus ideais.

Se você aceita este princípio da PNL, reconhece que é melhor mudar de estratégia do que continuar a bater a cabeça contra a parede ou perder tempo lamentando-se. Entretanto, antes que possa mudar sua tática de fato ou fazer algo diferente, precisa entender mais sobre a sua atual situação.

Então, por que o que está fazendo não está funcionando? Será que você não comunicou exatamente o que pretende? Talvez o interlocutor não tenha entendido quais os recursos necessários para ajudá-lo a alcançar seu resultado. Assim, o que você pode fazer de diferente para alcançar os resultados desejados?

Por exemplo, se você não está recebendo todos os abraços que quer, talvez deva dizer claramente ao seu parceiro que você gosta de receber abraços. Lembre-se de que o feedback positivo funciona muito bem. Então, se o seu parceiro der alguma abertura para o contato físico, tenha certeza, saberá o quanto você aprecia o contato.

O SEU GUIA OU SISTEMA DE REPRESENTAÇÃO PRIMÁRIA

ALERTA DE JARGÃO NA PNL

Você experimenta o seu mundo através dos cinco sentidos, que são: visual (olhos), auditivo (ouvidos), cinestésico (sensações e toque), olfativo (cheiro) e gustativo (paladar). Em certas ocasiões, particularmente quando está estressado, você pode utilizar mais um sentido do que os outros para coletar dados sobre o mundo. Isso é chamado de *guia ou sistema de representação primária* e influencia como aprendemos e o modo como você representa seu mundo externo na sua mente. Nós contaremos mais a respeito disso no Capítulo 6.

CASOS E CAUSOS

Patrícia era uma estudante que aprendia melhor pela sensação e pelo contato. Isso significa que ela sentia dificuldade em seguir o padrão das aulas "quadro e giz", que são mais adequadas às pessoas que são visuais ou auditivas. Como resultado, era difícil para Patrícia ser uma boa aluna na sua turma, e ela estava falhando em alcançar o seu potencial.

Um professor menos hábil culparia Patrícia e a estigmatizaria como uma aluna sem inteligência ou indisciplinada para os estudos. Por sorte, a professora dela identificou a razão dos seus problemas e assumiu a responsabilidade de realizar algo diferenciado para ajustar os métodos de ensino para auxiliar Patrícia da melhor forma. A professora de Patrícia fez a diferença: ela foi flexível e tornou-se responsável pela efetividade do seu ensino. Melhor do que culpar Patrícia pela dificuldade de aprendizagem, a professora encontrou um outro meio de alcançar o objetivo.

Você não pode não se comunicar

Você já sorriu para alguém, disse algo muito educado, mas pensando "vai para o Inferno"? Não? Ainda bem, porque nós apostaríamos que a sua expressão corporal ou o rangir dos seus dentes não enganariam ninguém. Sabemos que, se o interlocutor da mensagem aprendeu PNL ou tem alguma acuidade sensorial, ele detectaria a falta de receptividade em seus olhos, a careta no seu sorriso, ou a rispidez na sua voz. Embora você não diga "vai para o Inferno!", você ainda está comunicando a mensagem.

Isso também é mostrado em um estudo fascinante, conduzido pelo Professor Albert Mehrabi, que estabeleceu que, quando falamos sobre nossos sentimentos e nossas atitudes — particularmente quando existe uma discrepância entre a linguagem corporal e a falada —, o que dizemos tem um impacto muito pequeno comparado ao tom de voz usado e aos gestos. As influências sugeridas por outros estudos subsequente são em termos percentuais, como se segue:

- » Verbal (as palavras que utiliza) 7%
- » Tonalidade (como você fala) 38%
- » Fisiologia (sua linguagem corporal) 55%

Os indivíduos possuem todos os recursos necessários para alcançar os resultados desejados

Nós amamos este pressuposto por ele ser tão positivo! Essa expressão significa que todas as pessoas têm potencial para o desenvolvimento e crescimento. O ponto importante aqui é que você pode não ter todos os recursos internos de que precisa, mas possui os recursos internos para adquirir novos recursos internos e externos.

CASOS E CAUSOS

Tom, um garotinho de oito anos, estava sofrendo bullying na escola. Ele tinha recursos suficientes para pedir ajuda ao pai para lidar com a situação. Seu pai o orientou que ele agisse de forma firme e confiante. Tom não tinha ideia de como fazer aquilo.

O herói de Tom era Arnold Schwarzenegger, e o pai ensinou-lhe o exercício do *círculo da excelência* (que explicamos no Capítulo 9), pedindo que Tom imaginasse ser Arnold quando entrasse no círculo. A nova descoberta de Tom mudou o seu comportamento, sua linguagem corporal e sua atitude. Como resultado, o tormento de Tom desapareceu e sua credibilidade cresceu com outras pequenas vítimas, que imploravam para aprender sua técnica. O círculo de excelência é uma técnica psicológica brilhante para si mesmo, que constrói um recurso poderoso, e você pode saber mais sobre esse assunto no Capítulo 9.

Todo comportamento tem uma intenção positiva

Infelizmente, este pressuposto também se aplica a comportamentos ruins ou não produtivos. Com mau comportamento, a intenção positiva por trás dele, chamada ganho secundário, é ofuscada.

ALERTA DE JARGÃO NA PNL

Ganho secundário é o benefício que a pessoa obtém inconscientemente a partir de um comportamento peculiar que é, em geral, considerado impróprio ou ruim. Por exemplo, uma criança pode bancar o palhaço da turma, a fim de conquistar a aceitação dos seus colegas, embora os professores e pais considerem essa atitude bastante destrutiva quando desejam que ela se comporte.

CASOS E CAUSOS

Caçula de cinco filhos, Janet sofria de dor nas costas há tanto tempo que nem lembrava quando começara, mas os médicos não entendiam a razão. A mãe de Janet era uma mulher descuidada e egoísta, que vivia mais interessada em festas do que na família. Quando criança, os irmãos de Janet a ajudavam a carregar os livros e tomavam conta dela.

A situação mudou para pior depois que a filha de Janet nasceu, e então o marido fazia as compras e cuidava do bebê. A menininha cresceu para tornar-se "a pequena ajudante da mamãe" e estava sempre à disposição. Quando Janet, por fim, concordou em visitar um terapeuta, estava pronta a admitir que a dor nas costas era psicossomática. Ela percebeu que era a sua forma de conseguir amor e atenção que almejava da mãe, mas nunca alcançou.

O comportamento de Janet é uma demonstração brilhante deste pressuposto, pois o ganho secundário para ela era ter a família ao seu redor. Isso era o que ela queria de fato: ter a sua necessidade de amor e atenção suprida. Logo que Janet compreendeu sua necessidade, também estava apta a entender que já recebia aquela quantidade massiva de amor e atenção do marido e da filha. Um dos efeitos colaterais da terapia foi que Janet se tornou capaz de compreender que o comportamento de sua mãe era baseado nos problemas que esta tinha, e Janet não era culpada disso.

LEMBRE-SE

Quando você identifica a intensão positiva oculta que está levando uma pessoa a se comportar de uma forma peculiar, pode aumentar sua flexibilidade, além da sua habilidade de se comunicar de forma eficaz com aquela pessoa. Você pode, então, ajudar a mudar o comportamento indesejado ao satisfazer a intenção daquele comportamento de uma forma mais positiva.

CASOS E CAUSOS

Quando uma das autoras trabalhava em uma empresa multinacional, um gerente de vendas, Patrick, ocupava uma das mesas livres no canto da sala. Alguns dos termos mais gentis usados pelas pessoas para referirem-se ao Patrick eram "detestável" e "sem consideração". Patrick expandia-se. Ele espreguiçava-se em sua cadeira, tornando-se espaçoso, deixando as pessoas do canto da sala espremidas. Ele era espalhafatoso, reclamava de todos ao seu redor e era extremamente desagradável com a secretária.

Um funcionário tagarela contou ao restante de nós que o comportamento do coitado do Patrick era produto de uma mãe dominadora e, ainda mais, uma esposa autoritária. Infelizmente, a necessidade de aceitação e, principalmente respeito, fez com que ele se comportasse de forma a dar um resultado exatamente oposto do que ele queria. Um ponto positivo de conhecer o histórico de Patrick foi que a maioria de nós passou a pensar nele de forma um pouco mais gentil, e a presença dele passou a não mais fazer nossa pressão arterial elevar-se. Demonstrando-lhe um grau de aceitação, começamos a satisfazer um pouco suas necessidades e abrandar seu comportamento.

As pessoas são muito mais do que seus comportamentos

Eu estava assistindo a um programa de televisão sobre discursos de figuras históricas importantes. Chamou-me a atenção um no qual ouvi Martin Luther King Jr. responder a um jornalista como lidava com racistas. Martin Luther King poderia estar se referindo ao pressuposto de que as pessoas são mais do que o comportamento delas quando disse: "Eu estou falando sobre um tipo de amor que o fará amar a pessoa que faz o mal enquanto odeia a ação que a pessoa realiza."

O ponto é que o mau comportamento não faz do indivíduo uma pessoa ruim. É realmente importante separar o comportamento do indivíduo. As pessoas podem comportar-se mal se não tiverem os recursos internos ou a capacidade para agir de forma diferente. Talvez elas estejam em um ambiente que as impeça de ser melhores. Ajudar alguém a desenvolver competências e habilidades ou mudar-se para um ambiente mais útil pode, frequentemente, transformar radicalmente o comportamento de outras pessoas, impulsionando-as para novos níveis de excelência.

CASOS E CAUSOS

Bob, um rapaz muito agradável e gentil, foi diagnosticado como disléxico. Bob adora animais e cuida bem daqueles que estão machucados ou feridos. Infelizmente, devido às circunstâncias, Bob foi estigmatizado como encrenqueiro e teve problemas com a polícia por causa de drogas. Os vizinhos de Bob o veem como mau caráter. Logo que Bob foi auxiliado a modificar suas crenças sobre suas habilidades, tornou-se um colaborador muito valioso para a sociedade pelo seu trabalho de assistência aos animais.

Cada um de nós comporta-se de formas diferentes em áreas distintas das nossas vidas. Você lerá sobre níveis lógicos no Capítulo 11, quando aprenderá que as pessoas têm diversos níveis nos quais funcionam:

- Identidade
- Valores e crenças
- Habilidades e competências
- Comportamento
- Ambiente

Com ajuda, Bob (da anedota acima) melhorou suas competências. Suas crenças em si mesmo começaram a mudar. Essa mudança permitiu-lhe se colocar em um ambiente no qual ele passou a sentir-se valorizado. O resultado foi que Bob vivenciou uma mudança de identidade, que passou de "sou um fracasso" para "eu sou realmente capaz de contribuir". A mudança de identidade de Bob alterou seu comportamento, e o feedback dos animais e das pessoas com as quais o rapaz trabalhava fizeram dele valorizado, o que apenas reforça sua identidade. Então, embora o comportamento de Bob fosse ruim, isso não fazia dele uma pessoa ruim; ele é muito mais do que seu comportamento, ele é amoroso e gentil, como vimos.

A mente e o corpo são interligados e afetam um ao outro

A medicina holística trabalha com a premissa de que a mente afeta o corpo e o corpo afeta a mente. A fim de manter um ser humano saudável um médico tem que fazer mais do que apenas eliminar os sintomas. Ele tem de examinar a mente e o corpo, e tratar ambos de forma integrada.

Uma pesquisa recente sobre as emoções em nível celular no corpo mostra como a conexão corpo-mente funciona. Neurotransmissores são substâncias químicas que transmitem impulso junto aos nervos. Esses são os meios pelos quais o cérebro se comunica com o resto do corpo. Cada pensamento alcança a célula mais distante e minúscula do corpo via neurotransmissores.

Além disso, uma pesquisa mais recente descobriu que os mesmos neurotransmissores encontrados no cérebro também podem ser produzidos pelos seus órgãos internos. Então, a ideia de que as mensagens são iniciadas e transmitidas em linhas diretas ao longo dos neurônios não é mais uma verdade; essas mensagens podem ser iniciadas e transmitidas pelos seus órgãos internos também. A Dra. Candace Pert, do National Institute of Mental Health, utiliza o termo "corpomente" — a mente e o corpo trabalhando integrados como uma única coisa, pois no nível dos neurotransmissores não existe separação entre as duas partes.

PASSATEMPO NA PNL

Para alcançar um entendimento melhor sobre essa conexão e para vê-la em ação, siga estes passos:

1. **Faça um círculo com os dedos indicador e o polegar esquerdos.**
2. **Agora una os seus dedos indicador e polegar direitos através do primeiro círculo.** (Os círculos estão interligados e somente se separarão se você puxar um ou outro de suas mãos.)
3. **Pense em alguém que você goste de verdade e puxe com força para romper os círculos.** Bastante resistente, não é?
4. **Pense em alguém de quem você realmente não gosta e puxe com força para romper os círculos.** Um pouco mais fácil?

Muitas pessoas percebem que precisam de menos esforço para separar os círculos ao pensar em alguém de quem não gosta. Se um simples pensamento pode afetar a pressão que seus músculos podem externar, o que você acha que acontece com o seu corpo quando o sujeita a estresse constante?

Ter opção de escolha é melhor do que não ter

A PNL estimula a escolha para um indivíduo como um caminho de vida saudável. Às vezes, você pode sentir que não tem escolha para mudar de emprego, mudar-se para outro país ou sair de um relacionamento que não é feliz. Você pode descobrir-se dizendo "Não tenho escolha", "Tenho que fazer isso".

Medo de mudar, falta de confiança em si mesmo, ou, às vezes, não saber do que suas forças são capazes, são fatores que demonstram a necessidade de mudança. Para combater este problema, a PNL diz "E se as coisas fossem diferentes?", e objetiva abrir novos horizontes, tornando-o consciente de todos os recursos que você já tem e pode adquirir.

A PNL o ajuda a explorar suas razões para querer mudanças, ainda que seja apenas um pouco de descontentamento. Mudar pode ser agitado, como cavalgar velozmente, e as pessoas que nós conhecemos e que fizeram essas mudanças por si mesmas estão muito mais satisfeitas e no controle de suas vidas.

Você encontrará ajuda para decidir o que quer da vida e como começar a implementar seus planos no Capítulo 4.

CASOS E CAUSOS

Uma empresa multinacional estava demitindo muita gente. Muitos empregados esperavam, esperançosos de não serem forçados a ir embora. A indústria de TI estava em má situação e os empregos eram escassos; a crença geral era de que as pessoas não tinham outra escolha a não ser agarrarem-se ao emprego que tinham, não importando se eram mandados para longe pela empresa. Eles acreditavam que não tinham escolha.

Os únicos que estavam aliviados para sair daquele estresse eram os que já sabiam o que queriam do emprego e tomaram providências para migrarem para possíveis carreiras alternativas; ou olhavam para todas as opções possíveis, não importando quão absurdas parecessem.

Modelar um desempenho de sucesso conduz à excelência

Se você deseja ser um corredor de longas distâncias como Paula Radcliffe e tem as capacidades físicas, sua determinação e uma rede de apoio para tal, poderá desenvolver suas crenças e valores para alinhar seu ambiente, capacidades e comportamento para alcançar suas aspirações (leia mais sobre estas categorias na seção anterior "As pessoas são muito mais do que seus comportamentos").

A PNL fornece ferramentas para modelar uma pessoa, aproveita o que ela faz bem, e duplica essa habilidade. No entanto, você não precisa ter ambições tão grandes: pode ser algo mais simples, como modelar as habilidades de um colega de trabalho que sempre traz projetos em tempo ou um amigo que sempre sabe o que dizer na hora certa. Você pode sondar as pessoas que quer seguir para descobrir o que pode servir de inspiração, como saber a hora certa para fazer o que elas fazem, e como se mantêm concentradas em suas metas.

No caso de colegas, eles podem ter uma série de estratégias para alcançar o alvo que você pode aprender a reproduzir. Modelar o sucesso de alguém é uma forma sensacional para tornar sentimentos potenciais de inveja ou ciúme em um processo construtivo para experimentar o sucesso por si mesmo. Nós nos aprofundamos neste tema no Capítulo 19.

Palavras Finais sobre os Pressupostos: Absorva e Veja

Teste os pressupostos deste capítulo por si mesmo, comportando-se como se as generalizações fossem verdadeiras. Pratique aqueles que você considera particularmente utéis até que se tornem naturais para você. Ao experimentar os pressupostos da PNL, faça uma lista e, a cada dia, selecione um item da lista para vivenciar. Você perceberá, de repente, que está vivenciando os pressupostos e "a vida está mais fácil"!

DICA

Uma ótima forma de aumentar o seu entendimento sobre a PNL é explorar as suas concepções, ou pressupostos, sobre a vida. O que quer que você pense atualmente sobre pessoas diferentes e problemas, como você se comunica e o que é importante, às vezes, ter uma nova perspectiva pode ajudar a despertar novas ações e comportamentos.

LEMBRE-SE

Não há resposta correta. Conforme descobre mais sobre cada um dos pressupostos, considere-os atentamente. Você não tem de concordar com todos. Você pode, simplesmente, experimentá-los e ver, ouvir e sentir o que acontece.

NESTE CAPÍTULO

- Entendendo o inconsciente
- Aprendendo como o cérebro funciona
- Superando os medos
- Descobrindo suas motivações

Capítulo 3

Descobrindo Quem Conduz Sua Vida

Respirar é algo que você faz inconscientemente. Até pedirmos que tome consciência da sua respiração, você não nota cada respiração, o ar passando pelo seu nariz ou o movimento do seu peito a cada inspiração e expiração. Ao prestar atenção na sua respiração, você a traz para sua "consciência consciente". Conforme continua lendo, você para de perceber a sua respiração novamente, que deixará a sua consciência junto com outros processos que percorrem o seu corpo.

Você sabe conscientemente quando é hora de sentir sede, ou sabe realmente como, conscientemente, pegar um copo d'água quando está com sede? Nós o desafiamos a ativar conscientemente cada músculo do seu braço para pegar um copo d'água e levá-lo à boca. Impossível? Você precisa de uma graduação em Anatomia ou Fisiologia antes de aventurar-se a levantar seu braço conscientemente? Utilizamos este exemplo para mostrar a enorme influência que o seu inconsciente opera no funcionamento do seu corpo, além da sua mente consciente.

Se você ainda tem alguma dúvida da força do seu inconsciente sobre seu corpo, considere apenas uma experiência dirigida pelo pesquisador Paul Thorsen, que hipnotizou um homem e disse-lhe que a caneta que Paul estava segurando era um espeto quente. Paul, então, tocou o braço do sujeito com a caneta e... veja só, uma bolha formou-se no lugar onde o sujeito tinha sido tocado com a caneta.

Neste capítulo, você conhecerá o seu inconsciente e aprenderá como usar seu cérebro, focando-o em ajudá-lo a alcançar suas metas mais fácil e rapidamente. Você entenderá a psicologia do Transtorno de Estresse Pós-Traumático e as fobias, e descobrirá como pode superá-las. E o mais importante, aprenderá sobre os seus valores — os dispositivos que o motivam. Quando você descobre que suas crenças têm uma estrutura que pode ser alterada, se sentirá à vontade para tomar conta das suas emoções, suas lembranças e a forma como escolhe responder às pessoas e aos eventos na sua vida, sem que a bagagem do passado o oprima.

Como Seus Medos Podem Conduzi-lo para a Direção Errada

Seu inconsciente não apenas controla o funcionamento do seu corpo, mas também pode ter um impacto tremendo nos resultados que você obtém na sua vida. Você já quis fazer alguma coisa conscientemente, mas acabou fazendo outra totalmente diferente?

Você pode decidir conscientemente que quer alcançar uma meta, mas se seu inconsciente não estiver de acordo, ele poderá ajudá-lo a cumprir sua agenda particular, que pode ser contrária ao que você conscientemente pensa que quer. Imagine o que conseguiria se estivesse em harmonia e cooperação com o seu inconsciente e apto a seguir na direção que o levaria à sua meta rapidamente.

CASOS E CAUSOS

Roger começou a trabalhar por conta própria. A despeito de estabelecer metas e ter habilidade excepcional em seu campo, ele não estava conseguindo alavancar o negócio, e ficou em pânico ao ver sua economia ir pelo ralo. Ele tinha a crença de que todo aquele sucesso o atrapalhava. Roger tinha medo de que o sucesso parasse sua experiência de vida e extinguisse sua criatividade. Logo que ele percebeu que poderia escolher viver como um milionário ou como um vagabundo, seu comportamento mudou e seu negócio desenvolveu-se de forma impressionante.

LEMBRE-SE

A chave para sincronizar o seu inconsciente com seus desejos e metas conscientes é entender a força que tem cada parte e como elas funcionam. As seções seguintes dirão o que você precisa saber.

Consciente e inconsciente

Em termos de PNL, seu consciente é a parte da mente que tem consciência das coisas ao seu redor e dentro de você em qualquer momento, o que, de acordo com a pesquisa conduzida por George Miller em 1956, é uma mostra de informação escassa de sete bits (com margem de erro de mais ou menos dois).(Para mais informações sobre as descobertas de Miller, dirija-se ao Capítulo 5.) O consciente pode ser comparado à ponta de um iceberg, e o inconsciente aos nove décimos do iceberg que estão submersos.

Seu consciente e inconsciente destacam-se em aspectos diferentes (veja a Tabela 3-1). Um bom complemento à metáfora da mente consciente/inconsciente pode ser pensar na sua mente consciente como a que está mais relacionada com o lado esquerdo do seu cérebro, e o inconsciente, com o lado direito. Saber para o que cada uma é mais adequada pode ajudá-lo a reconhecer se você é melhor ao usar mais o lado lógico do cérebro, que é o esquerdo, ou mais o lado direito, que é o criativo. Você pode, então, decidir focar-se nos aspectos do seu desenvolvimento mental, por exemplo, aprender a desenhar, se você usar mais o lado esquerdo; ou aprender matemática aplicada, se usar mais o lado direito. Certamente, aprender a meditar desenvolverá os traços de ambas as partes e permitirá que elas comuniquem-se melhor.

TABELA 3-1 **Comparando o Consciente e o Inconsciente**

O consciente sobressai em	O inconsciente é melhor em
Trabalho linear	Trabalho holístico
Processo sequencia	Intuição
Lógica	Criatividade
Criatividade	Subtração — comparável a – subtraindo dois objetos
Linguagem Verbal	Movimentação do corpo
Matemática	Cuidados emocionais
Análise	Armazenamento de memórias

Seu inconsciente peculiar

Como com qualquer amigo e seus pequenos pontos fracos, seu inconsciente tem algumas peculiaridades interessantes com as quais seria útil para você se familiarizar a fim de conviver melhor. O ideal seria ter seu consciente e seu inconsciente trabalhando integrados.

DICA

Ao manter seu inconsciente a bordo, trabalhando com você ao invés de contra você, você será capaz de alcançar muito mais na vida, como estabelecer e alcançar metas instigantes com muito menos esforço.

Seu inconsciente não pode processar pensamentos negativos

Se dissermos a você "não pense em assistir um filme", você pode captar a ideia de você em frente à TV ou no cinema, assistindo a um filme, antes de mudar seu pensamento e cumprir a instrução.

Este exercício mostra que antes de você parar de pensar em algo, você precisa lidar com o pensamento que surge automaticamente na sua cabeça.

Seu inconsciente não pode processar pensamentos negativos. Ele interpreta tudo o que você pensa como pensamento positivo. Então, se você pensa "eu não quero ser pobre", seu inconsciente foca no"pobre"e, por ele não fazer negativas, o pensamento transforma-se em "eu quero ser pobre." Ser pobre, então, torna-se o objetivo do seu inconsciente e, como uma criancinha afoita para agradar, ele o ajuda a comportar-se de forma a manter-se pobre; o que, obviamente, não é o que você quer.

Eis porque situar suas metas no positivo é tão importante. Nesse exemplo, ao contrário de pensar "não quero ser pobre", você deveria pensar "quero ser rico", pois isso cria as representações do que ser rico significa para você na sua mente e o ajuda a manter-se focado no que você quer. Para mais informações sobre a importância de situar metas de forma positiva, dirija-se ao Capítulo 4.

Seu inconsciente precisa de direção

Praticantes de yoga comparam o inconsciente a um macaco travesso, sempre pulando de galho em galho. O meio de manter o macaco ocupado e sem fazer travessura é colocar uma vara no chão e direcionar o macaco a subir e descer a vara. Se o seu consciente não fornece uma direção para o seu inconsciente, este a procurará onde quer que seja. Um rapaz desorientado, por exemplo, pode achar que se juntar a uma gangue de rua fornecerá uma estrutura para a sua vida e, então, entenderá que recebe sua direção do líder e das leis da gangue. Seu inconsciente faz a mesma coisa, precisa de direcionamento e foco, ou pode desenvolver em você comportamentos destrutivos.

Para direcionar o inconsciente, você precisa abrir canais de comunicação entre o seu consciente e o seu inconsciente. Esse canal de comunicação (rapport) é desenvolvido ao se encontrar um tempo para meditação ou relaxamento, e examinando as lembranças apresentadas a você pelo seu inconsciente.

Seu inconsciente, o protetor da memória

Em 1957, o estudo Penfield indicou que todas as suas experiências são gravadas fielmente na memória. Enquanto estava acordada, o cérebro de uma mulher era estimulado com um eletrodo, e, assim, Penfield descobriu que a mulher podia, nitidamente, relembrar uma festa da sua infância, nos mínimos detalhes. O armazenamento e a organização dessas lembranças são de responsabilidade do inconsciente.

LEMBRE-SE

Uma parte da função do inconsciente é reprimir as lembranças com emoções negativas não resolvidas.

CASOS E CAUSOS

O relacionamento de Diane com Tom terminou, e ela começou a ter fortes cólicas estomacais, para as quais os médicos não encontravam causas fisiológicas. Em terapia, Diane lembrou o dia em que a mãe dela abandonou a família por causa de um outro homem. Ela lembrou-se da mãe indo embora, enquanto, soluçando, falava: "Volte, mamãe, minha barriga está doendo". Diane percebeu que a dor no estômago , que ela usava como forma de trazer sua mãe para perto, era recriada pelo seu inconsciente como uma manobra para trazer Tom de volta. A memória ficou adormecida por todos esses anos.

Uma outra função do inconsciente é apresentar as memórias reprimidas para avaliação, a fim de libertar emoções presas. Infelizmente, como uma criancinha que embaraça seus pais em público, o inconsciente nem sempre apresenta a lembrança no momento mais apropriado a ser examinada. Então, você pode estar em uma reunião familiar, gozando de sentimentos de amor e contentamento, quando seu inconsciente diz: "Lide com a memória de quando seu pai deu-lhe uma palmada no seu aniversário... agora!", e de repente você cai em lágrimas no seu bolo, em frente aos seus parentes extremamente constrangidos.

Seu inconsciente é uma máquina de aprender

Seu inconsciente floresce com experiências novas. Ele precisa ser alimentado com novas possibilidades e causará problemas, caso você o permita ficar entediado.

CASOS E CAUSOS

Nós conhecemos uma pessoa muito gentil, generosa, extremamente inteligente, que ficou muito entediada no trabalho. Em vez de encontrar formas construtivas de aliviar esse tédio, ele se viciou em jogos de computador. Esse vício teve algumas repercussões sérias na vida dele. Por sorte, um novo emprego trouxe novos desafios, e ele agora é muito bem-sucedido na profissão escolhida.

Você pode encontrar meios construtivos de manter sua mente ocupada, tais como ler, fazer palavras cruzadas ou praticar algum hobby. Atividades como essas fazem com que as células do seu cérebro produzam mais dendritos físicos (um ramo das células do cérebro) e o mantêm mentalmente saudável. E para acalmar a sua mente, manter os níveis de estresse à distância e aumentar sua criatividade, não há nada melhor do que a meditação.

Seu inconsciente comporta-se como um ser altamente ético

O inconsciente o mantém no caminho reto e estreito de qualquer moral que ele aprender ao impor essa moral a você, mesmo que a sociedade a julgue errada.

Um terrorista matará e destruirá sem receios porque seu código moral ensina que ele luta pela liberdade. Por essa razão, ele acredita que está comportando-se realmente como uma pessoa ética na luta contra uma sociedade criminosa. Um membro de uma gangue pode matar para proteger a honra da sua gangue sem qualquer sentimento de culpa, porque aprendeu que a honra da gangue é mais importante do que o mandamento cristão "não matarás" ou a lei dos homens que diz que assassinato é ilegal.

Se, entretanto, seu inconsciente decide que você merece ser punido, então você será arruinado pela culpa e exibirá comportamentos para punir a si mesmo, ainda que não haja leis para dizer que o que seu inconsciente vê como ruim, de fato o é.

CASOS E CAUSOS

Jane, que teve alguns relacionamentos insatisfatórios, estava em um relacionamento assim quando procurou Romilla. Durante uma série de sessões avançadas, Jane admitiu sentir que manipulava os homens e os descartava conforme percebia que eles queriam compromisso. Investigações revelaram uma memória de quando ela tinha cinco anos e manipulou seu pai, que era verbalmente violento, a se desculpar com ela. Quando Romilla sugeriu que o pai de Jane realmente a amava, apesar de não demonstrar, e havia encontrado os recursos dentro de si mesmo para expressar seu amor desculpando-se com ela, Jane ficou realmente chocada.

Uma das consequências de identificar os sentimentos negativos de culpa que Jane sentiu durante toda a sua vida foi permitir que ela seguisse em frente e deixasse um relacionamento que não estava preenchendo as suas necessidades, e modificasse os comportamentos que a direcionavam a relacionamentos que não eram gratificantes.

Rastreando Informações: Seu Sistema de Ativação Reticular

Com bilhões de fragmentos de dados recebidos através dos seus cinco sentidos a cada segundo, você precisa de um jeito de manter sua sanidade. Portanto, você filtra essa enxurrada de informações através de uma rede de células no seu cérebro, para que apenas uma proporção de informações por minuto seja distribuída pelo restante do cérebro. Essa rede de comunicação é chamada Sistema de Ativação Reticular ou SAR, para abreviar. O SAR funciona como uma antena, observando, estimulando e alertando seu cérebro para prestar atenção. O SAR permite apenas informações que encontram, no mínimo, um dos seguintes critérios:

» **A informação é importante para a sua *sobrevivência*.**

Por exemplo, quando você está dormindo profundamente, mas acorda por causa de um barulho estranho na casa; ou se você está caminhando, falando sozinho, sonhando acordado, você será alertado para carros vindo em sua direção.

» **A informação é uma *novidade*.**

Lembra-se da última vez que você decorou um cômodo? A princípio, você teve esse sentimento real de prazer cada vez que entrou no cômodo e viu o papel de parede novinho a sua volta. Porém, depois de algumas semanas, você poderá perceber que um quadro está torto ou um ornamento não está bem centralizado, mas não necessariamente percebe a estampa do papel de parede ou a cor do quadro. É porque a novidade perdeu o efeito.

» **A informação tem um conteúdo de grande *emoção*.**

O aspecto de sobrevivência também se aplica aos outros e a você mesmo, e você ficará alerta instantaneamente se a respiração do seu bebê mudar, mas dormirá com seu marido roncando ou murmurando.

Você consegue lembrar a última vez que se perdeu de alguém próximo em um shopping center e ficou procurando em todo lugar, prometendo fazer as piores coisas com a pessoa por estar perdido? E, então, é como se você vislumbrasse essa pessoa querida no meio da multidão e percebesse que se enganou. Se não existisse nenhuma conexão emocional com a pessoa, ela seria apenas um outro corpo na multidão. Mas por ela ser uma pessoa querida, se sobressai como placa luminosa.

O SAR opera efetivamente como um estimulante que está acima do seu limiar de observação. A rotina comum e diária se perde nesse limiar, o que o ajuda a perceber as coisas que são relevantes para as suas metas atuais.

Você pode lembrar-se de fazer uma lista e colocá-la na parede? Você pode tê-la notado por um tempo e, então, não tê-la visto mais, mesmo passando por ela várias vezes ao dia. Esta mudança acontece porque a lista deixa de ser uma novidade e por ela ter se perdido no limiar de observação.

Nós temos certeza de que você conhece pessoas cronicamente sem sorte, aquelas que dizem coisas como: "Eu nunca ganhei nada" ou "Rompantes de sorte não cruzam meu caminho". Essas são as pessoas cujo sistema de crenças as interrompe de ver as oportunidades. Se uma oportunidade se jogasse a sua frente, elas diriam: "É bom demais para ser verdade", ao passo que esquivam-se da oportunidade. Então, algumas pessoas, mesmo que após momentos de dificuldade, têm sucessos, são as pessoas sortudas, aquelas que estão sempre abertas às possibilidades. Sua forma de pensar os mantém buscando o sucesso ao invés do fracasso, pois seus sistemas de crença dizem que elas merecem vencer.

Suas crenças afetam o nível de limiar do SAR. Alguém que acredita ser um pobre digitador pode não enxergar um anúncio para uma vaga de redator, mesmo que algumas deficiências possam ser minimizadas com a ajuda da tecnologia; além disso, esta pessoa pode ser bem melhor em investigação de histórias do que outras que não possuam habilidades de digitação e que se candidataram para o trabalho. Ao ter consciência de suas crenças, que são essencialmente pressuposições que você acredita serem verdadeiras, é possível identificar como elas podem impedi-lo de alcançar seus objetivos.

DICA

Pense em um momento em que você realmente queria fazer alguma coisa, porém, por qualquer motivo, não foi capaz de encontrar a oportunidade de atingir seu objetivo. Agora examine suas crenças. Você pode descobrir que essas crenças o impediram de perceber as oportunidades que permitiriam que você alcançasse seu objetivo.

Como as Memórias são Criadas

Entender o funcionamento do seu cérebro e como as memórias são criadas é importante, pois este entendimento amplia as suas escolhas de comportamento. Muitas das memórias, emoções e comportamentos decorrentes são inconscientes e você está preso numa armadilha sem forças para ajudar a si mesmo, até que consiga entender como suas memórias foram criadas e possa escolher quais delas afetarão o seu presente.

As memórias são, normalmente, criadas quando a informação do SAR é enviada para uma parte do cérebro chamada corpo amigdaloide, onde recebe um peso emocional antes de passar para o hipocampo. O hipocampo avalia a informação em relação àquelas mantidas na memória de longo prazo, as apresenta ao córtex para análise e as devolve ao arquivo da memória de longo prazo. A Figura 3-1 mostra onde essas partes do cérebro com nomes estranhos estão localizadas.

Transtorno do estresse pós-traumático (TEPT)

O público em geral tomou consciência do transtorno do estresse pós-traumático (TEPT) quando os filmes sobre veteranos da Guerra do Vietnã começaram a ser produzidos. Hoje, a cobertura da imprensa nos fez muito mais conscientes de que TEPT é comum entre pessoas que trabalham em serviços emergenciais, bem como pessoas que são vítimas de guerras, abusos e crimes.

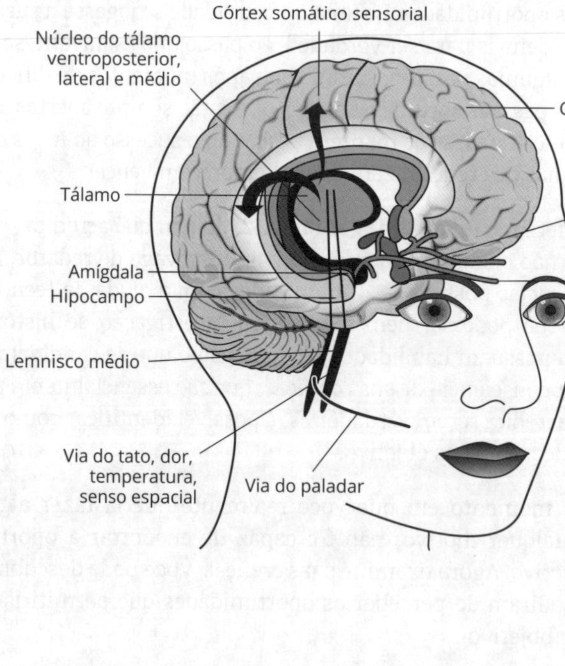

FIGURA 3-1: Encontrando seu caminho ao redor do cérebro humano

O TEPT ocorre quando a amígdala cerebral recebe dados com valor emocional muito alto, entra em pânico e não é capaz de enviar a informação para o hipocampo. Por conta disso, o acontecimento traumático acaba preso dentro da amígdala e o hipocampo não é capaz de apresentar a memória ao neocórtex para avaliação, o que significa que o cérebro não pode tomar conhecimento do evento. Por a amígdala ser o órgão essencialmente envolvido com a sua sobrevivência, em vítimas do TEPT ela fica em um estado constante de excitação, causando flashbacks e altos níveis de ansiedade.

Virginia Wolf escreveu *Mrs. Dalloway* no início da década de 1920 e o retrato de Septimus Smith claramente o identifica como um sofredor do estresse pós-traumático depois dos horrores da Primeira Guerra Mundial. Infelizmente, na época, a medicina convencional era relativamente inexperiente em lidar com problemas psicológicos. Pacientes como Septimus Smith eram aconselhados a descansar para recuperarem-se e recebiam conselhos inúteis como "se acalme, cara".

Fobias e TEPT são parte de um grupo de *transtornos da ansiedade*. Ambas têm uma estrutura similar, na qual a memória fica presa na amígdala. Felizmente, nos dias atuais, temos a técnica da PNL para a cura rápida de fobias que cura a fobia avançada e pode ser muito útil para ajudar pessoas a restabelecerem-se de ambas as ansiedades. Dirija-se à seção "Aplicando a Técnica de Cura Rápida de Fobias", mais à frente neste capítulo, para mais detalhes.

DIVERTINDO-SE COM AS FOBIAS

Abaixo estão algumas palavras para nos divertir. Uma advertência... Por favor, não acuse membros do sexo oposto de serem portadores de fronemofobia (medo de pensar); e você pode desejar que alguém que sofra de ablutofobia (medo de banho) sente-se perto da sua sogra caso você sofra de penterofobia (medo da sogra).

- **Peladofobia — medo de pessoas carecas**
- **Filofobia — medo de apaixonar-se ou amar**
- **Fobofobia — medo de fobias**
- **Xirofobia — medo de barbeadores**
- **Galeofobia — medo de gatos**
- **Triscaidecafobia — medo do número 13**
- **Octofobia — medo do número 8**

Fobias

Os especialistas diferem nas opiniões sobre as origens das fobias. Alguns psicólogos dizem que as fobias são o resultado de um trauma, por exemplo, ter um sapo que pula repentinamente nas suas costas; outros, que as fobias são uma resposta aprendida, como quando uma criança de dois anos defronta-se com uma cobra e torna-se fóbica como resultado das reações dos adultos ao seu redor. Dê uma olhada em "Aplicando a Técnica de Cura Rápida de Fobias" mais à frente, neste capítulo, para ajudá-lo a superar as fobias.

CASOS E CAUSOS

Romilla tinha fobia de cobras. A fobia era tão intensa, que quando sonhava com cobras, o que era bem frequente, ela acordava com seus membros travados com câibra e precisava, conscientemente, relaxar cada um deles. Na verdade, ela ficou muito mal quando entrou na sala da casa de algum amigo e pirou na frente de um grupo de estranhos. A razão de seu comportamento atípico era uma cobra empalhada em um quadro.

Ela superou sua fobia notavelmente em um pequeno zoológico em Mombasa, Quênia. Na ocasião, ela foi convencida a deixar uma jiboia em seu pescoço em frente de alguns nativos (e por falar nisso, as cobras não se veem como seres nojentos!).

Se ela conhecesse a PNL naquela época, o processo de superação de sua fobia teria sido muito menos traumático, usando a técnica de cura rápida de fobias.

Aplicando a Técnica de Cura Rápida de Fobias

A cura rápida de fobia permite que você reviva um trauma ou uma fobia sem experimentar o conteúdo emocional do evento ou ter de enfrentar a situação que normalmente desencadearia a resposta fóbica. Você precisa assegurar-se de que trabalhará neste processo em um ambiente em que sinta-se completamente seguro, na presença de uma pessoa que possa ajudá-lo a manter-se calmo, caso entre em pânico.

Este processo faz com que você examine uma experiência enquanto está duplamente dissociado da memória, criando uma separação entre você (agora) e as emoções de um trauma ou uma resposta fóbica. Na lista que segue, a dupla dissociação é feita através da situação em que você se vê dentro um cinema (dissociação) enquanto assiste a si mesmo no telão (dupla dissociação). Você pode encontrar mais sobre dissociação no Capítulo 10.

1. **Identifique quando você tem uma resposta fóbica a um estímulo ou um trauma ou lembrança desagradável que você deseja superar.**

2. **Lembre-se de que você estava seguro antes e está seguro depois da experiência desagradável.**

3. **Imagine-se sentado no cinema, assistindo a si mesmo em uma tela pequena, em preto e branco.**
4. **Agora se imagine flutuando do "você" que está sentado na poltrona do cinema para dentro da cabine de projeção.**
5. **Você pode ver-se agora na cabine de projeção, assistindo a si mesmo sentado, assistindo ao filme sobre você na tela.**
6. **Rode o filme em preto e branco, na tela minúscula, começando antes de você experimentar a lembrança que você deseja superar e exibindo-a até depois da experiência, quando já estava seguro.**
7. **Agora congele o filme ou deixe a tela completamente branca.**
8. **Flutue para fora da cabine da projeção, para fora do seu assento e vá para o final do filme.**
9. **Volte o filme bem depressa, em questão de um ou dois segundos, colorido, como se estivesse vivenciando o filme, direto de volta ao início, quando você estava seguro.**
10. **Você pode repetir as etapas 8 e 9 até que esteja confortável com a experiência.**
11. **Agora vá para o futuro e vivencie um tempo imaginário, em que você teria experimentado a resposta fóbica.**

DICA

No Capítulo 9, você descobrirá tudo sobre o ajuste de âncoras. Você pode utilizar a criação de âncoras para levar a si mesmo ou a um cliente para um estado emocional qualificado antes de executar a Técnica da Cura Rápida de Fobias.

Crenças e Valores Fazem a Diferença

Você pode ouvir alguém dizer: "Esses adolescentes de hoje não têm valores." Todos têm valores; eles apenas são diferentes para pessoas diferentes e para grupos diferentes. Seus valores e suas crenças são filtros inconscientes que você usa para decidir que partes das informações recebidas através dos seus sentidos você absorverá e que partes serão ignoradas. Você sabe o que significa, não sabe? Que 90% do seu inconsciente fica quieto, construindo todo tipo de crenças e tomando toda sorte de decisões sobre você, sobre seu ambiente e você não tem nem mesmo consciência deles.

O poder das crenças

Suas crenças podem, quando permitidas chegar ao extremo, ter poder da vida e da morte sobre você. Suas crenças podem ajudá-lo para a saúde, riqueza e felicidade, ou mantê-lo indisposto, pobre e miserável.

LEMBRE-SE

As crenças de que estamos falando são diferentes das crenças religiosas — elas são generalizações que você faz sobre suas experiências de vida. Essas generalizações continuam a formar a base da sua realidade que, então, dirige o seu comportamento. Você pode utilizar uma crença de empoderamento, por exemplo, para ajudá-lo a desenvolver outra crença para o próximo nível de realização. Então, "eu sou um ótimo digitador" o ajuda a desenvolver a crença de que você gosta de palavras e é bastante articulado. Esta convicção pode guiá-lo a acreditar que você pode contar histórias e, de repente, descobrir que tem a coragem de enviar um pequeno conto para uma revista; e daí, pode virar um autor famoso.

Assim como você tem crenças positivas, poderosas, também pode ter crenças negativas e sem força. Se você teve a infelicidade de ter sofrido bullying nos tempos de escola, pode acreditar que as pessoas, em geral, são desagradáveis. Esta convicção pode fazer com que se comporte de forma bastante agressiva em relação às pessoas ao acabar de conhecê-las. Se algumas pessoas, então, reagirem da mesma forma, o comportamento delas pode reforçar a ideia de que "as pessoas são desagradáveis". Você pode nem mesmo notar quando alguém reage de forma amigável por seus filtros de crença não serem guiados a perceber pessoas agradáveis.

LEMBRE-SE

Conscientize-se de que uma crença limitada pode ser uma emboscada, caso você se encontre falando ou ouvindo expressões como "não posso", "devo", "não devo", "podia", "não podia", "faria". Como Henry Ford disse: "Consegue aquele que pensa que pode, e não consegue o que pensa o contrário. Essa é uma lei inexorável, incontestável."

Sendo impactado pelas crenças dos outros

O verdadeiro pensamento amedrontador é que os preconceitos das pessoas pode dar lugar a falsas limitações sobre si mesmo, especialmente se os outros são professores, patrões, família e amigos.

CASOS E CAUSOS

Um estudo muito interessante conduzido com um grupo de crianças testadas e avaliadas como tendo inteligência dentro da média, ilustra como a crença de um professor pode reforçar ou inibir a capacidade que uma criança tem para aprender.

Os alunos foram divididos em dois grupos ao acaso. Foi dito ao professor de um dos grupos que os alunos eram superdotados, enquanto ao outro foi dito que os estudantes tinham problema de aprendizado. Ambos os grupos fizeram um segundo teste de inteligência um ano depois. A pontuação da inteligência do grupo que o professor pensava ser de superdotados foi mais alta do que quando testados anteriormente; em contrapartida, o grupo que o professor pensava ter dificuldade de aprendizagem marcou uma pontuação menor no teste de inteligência do que antes.

Infelizmente, estas limitações não acontecem apenas em escolas superlotadas, mas existem em lares em que os pais colocam os filhos em uma posição "aceitável". Outros exemplos incluem: quando seus amigos o lembram de ser cauteloso ao pensar em sair de um trabalho seguro para correr atrás de um sonho, ou quando um chefe, cujo estilo de comunicação difere do seu, afeta negativamente o seu desenvolvimento profissional. Nós temos conhecimento de casos em que médicos dizem aos seus paciente que eles nunca se recuperarão e das consequências que esta negativa causa sobre a expectativa de vida de cada um. Alguns destes profissionais não só acham que sabem mais do que você, como você também, provavelmente, os coloca em um pedestal.

Pode ser difícil para uma criança superar as deficiências de um professor sem assistência paterna, e até mais quando há restrição de um pai ou ambiente familiar. Como um adulto, você pode pesar os prós e os contras dos conselhos que recebe vendo a partir do ponto de vista de outra pessoa. Há mais sobre este assunto no Capítulo 7, onde escrevemos sobre como explorar posições perceptivas. Ao entender as razões por trás das opiniões das outras pessoas, você pode escolher seguir ou não um conselho que recebe. Além disso, adquirindo este conhecimento, você sempre poderá passar a utilizar o estilo de comunicação do seu chefe para se fazer entender e progredir na carreira que escolheu.

Modificando crenças

Algumas crenças que você carrega podem capacitá-lo. Outras, podem limitar o modo como pensa e travá-lo. A boa notícia é que crenças podem e devem mudar. Tome o exemplo do quilômetro de quatro minutos. Por anos, os atletas não acreditavam ser possível correr um quilômetro em quatro minutos. Roger Bannister alcançou esse feito em maio de 1954. Logo depois, esse mesmo recorde foi quebrado várias vezes.

Você deve estar pensando: "Por que eu ia querer mudar alguma coisa que forma quem eu sou?" Sim, as crenças formam quem você é, mas é para melhor ou para pior? Se uma crença o puxa para trás, mude-a. Se você acha que precisa da segurança de uma velha crença, sempre poderá mudá-la de volta.

Quando você pensa em uma crença que tenha, você pode imaginar uma cena, sentir, ouvir algo ou experimentar algumas combinações ou todas as três sensações. Essas qualidades das suas crenças — visual (imagens), auditiva (sons) e sinestésica (sentimentos) — são chamadas de modalidades, que podem ser adaptadas ao se utilizar as submodalidades: qualidades como brilho, tamanho e distância, para imagens; ruído e tom, para sons; e pressão, aquecimento e localização, para sensações. Dê uma olhada no Capítulo 6 para mais a respeito de sensações e modalidades.

Uma forma de mudar uma crença é ajustar suas submodalidades. Este processo é útil, pois o ajuda a se livrar das amarras que uma crença limitadora impõe sobre você e reforçar os efeitos de uma positiva, para promover o desenvolvimento de uma crença mais encorajadora. Suponha que você se sinta muito intimidado por pessoas e ouve com frequência que ser subjetivo é uma característica ruim — alterar sua crença para "Eu me dou bem com as pessoas" pode fazer uma grande diferença para sua autoconfiança ao lidar com os outros. De forma igual, se você sabe que é bom em Artes, esta convicção pode ajudá-lo a optar por uma carreira com maiores influências artísticas. Você pode ler mais sobre mudança de crenças no Capítulo 10.

ALERTA DE JARGÃO NA PNL

Como membro da raça humana, quais as crenças estão travando seus preconceitos (sexismo, discriminação etária, racismo) e quais deles estão travando você? Um grupo de crenças é chamado de sistema de crenças. Uma crença ou um sistema de crenças pode sustentar um valor particular. Valores são os motivos pelos quais você age de certa maneira. As crenças direcionam seu comportamento, que, então, o ajuda a satisfazer um valor — contanto que, é claro, seu inconsciente não crie conflitos.

Valores

Os valores são os atalhos que conduzem todos os seus comportamentos e são seus motivadores e desmotivadores inconscientes: você age por causa dos seus valores.

Após tomar qualquer atitude, você utiliza esses valores para julgar se a ação foi boa ou ruim. Por exemplo, se você valoriza a honestidade, pode decidir ficar com uma carteira que encontrou na rua por segurança e entregá-la à polícia.

DICA

Quando pensar a respeito de seus valores, pergunte-se "o que é importante para mim?". Suas respostas serão um reflexo de seus valores.

Os valores o afetam na escolha de amigos e parceiros, os tipos de produtos que você adquire, os interesses que persegue e como passa o seu tempo livre. Sua vida pode ter muitas facetas. Você provavelmente é membro de uma família, uma equipe no trabalho, e talvez pertença a um clube na sua busca por um passatempo, só para exemplificar. Cada uma dessas áreas de sua vida — família, trabalho, lazer e outras — terá seus próprios valores hierárquicos, com o valor mais importante no topo.

Os valores no topo da hierarquia são geralmente mais abstratos do que aqueles que estão na base e exercem mais influência em sua vida. Por exemplo, na Figura 3-2, família e amigos são completamente concretos, considerando que a felicidade é mais intangível.

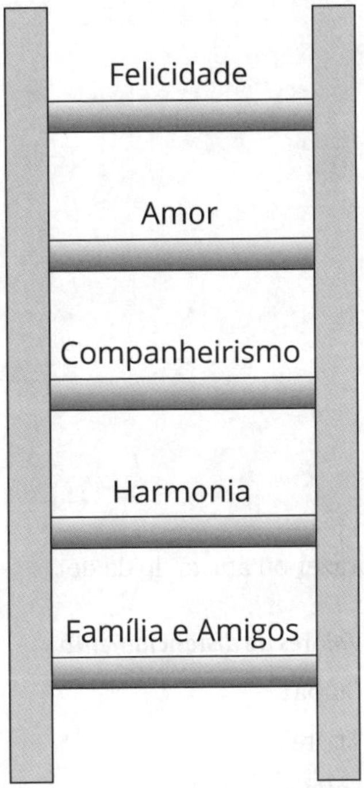

FIGURA 3-2: Escada de valores

Idenfiticando os valores "meios para alcançar um objetivo"

Os valores podem ser tanto valores de objetivo como valores de meio, com valores de meio ocorrendo na base da hierarquia, funcionando como os degraus da escada que permitem com que você alcance os valores de objetivo. Liberdade é um valor de objetivo, e todos os outros valores na Figura 3-3 são valores de meio. Valores de meio são aqueles que precisam ser satisfeitos para que você consiga chegar aos seus valores de objetivo finais. É mais difícil quantificar liberdade do que, digamos, dinheiro. No exemplo, você pode ter dinheiro sem ter liberdade, mas para ter liberdade, você precisa ter dinheiro. Portanto, liberdade — que é um valor de objetivo — depende de dinheiro, que é um valor de meio.

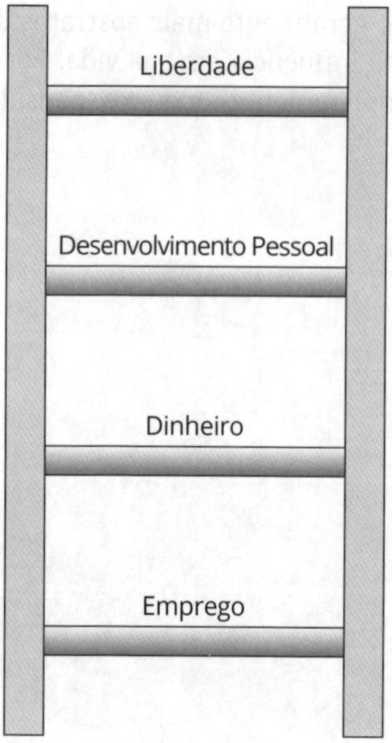

FIGURA 3-3: Escada para a felicidade

Seus valores podem aproximá-lo do prazer ou afastá-lo da dor.

Valores de aproximação	***Valores de distanciamento***
Amor	Culpa
Liberdade	Tristeza
Saúde	Solidão
Felicidade	Raiva
Prosperidade	Pobreza

Valores com tendências de afastamento são indicativos de emoções negativas, decisões negativas ou traumas emocionais que podem estar exercendo uma influência na sua vida. Essas tendências podem ser amenizadas usando técnicas como Terapia da Linha do Tempo. O propósito principal de qualquer técnica é aprender as lições que podem ser de valor de eventos negativos para que o inconsciente libere as emoções presas.

Basicamente, a Terapia da Linha do Tempo trabalha com o princípio de que suas memórias são organizadas ao longo de uma linha do tempo, e, ao mudar uma memória ao longo da linha do tempo, você pode libertar-se de algumas lembranças que o ajudarão a ganhar mais controle sobre suas reações a eventos, e ter mais escolhas em sua vida. Para mais informações sobre essa técnica, vá ao Capítulo 13.

Criação de valores

Seus valores são essencialmente formados em três períodos da sua vida.

- » O período de *gravação* ocorre da época do seu nascimento até aproximadamente os sete anos. Nessa época, você aprende primária e inconscientemente a partir dos seus pais.
- » O período de *modelagem* ocorre entre as idades de oito e treze anos, quando você aprende consciente e inconscientemente imitando os amigos. Alguns de seus valores mais importantes, valores essenciais, são formados quando você está por volta dos dez anos de idade.
- » O período de *socialização* ocorre entre as idades de 14 e 21 anos. É nessa época que você apreende valores que afetam os seus relacionamentos.

Trazendo seus valores à tona

Se há áreas na sua vida que você pensa que poderia melhorar, você pode examinar os seus valores. Você pode ter uma pista que pode habilitar você a fazer a mudança positiva. Seguindo esses passos, poderá descobrir o que o está impedindo de conseguir o que quer.

PASSATEMPO NA PNL

1. **Tome uma área (ou contexto) da sua vida com a qual não está feliz ou quer melhorar.**

   Por exemplo, você está morando ou trabalhando em um ambiente do qual não gosta e quer torná-lo mais enriquecedor?

2. **Faça uma lista do que é importante para você neste contexto.**

   Você perceberá que os primeiros valores virão à sua mente muito rápido. Permaneça com eles e perceba que uma série de valores aparecerá.

3. **Coloque esses valores em ordem de importância para você, com os mais importantes aparecendo no topo.**

   Se você tiver dificuldade em reorganizar a lista, pergunte-se: "Se eu pudesse ter A, mas não B, estaria tudo bem?" Se a resposta for sim, A é mais importante do que B; se a resposta for não, então B precisa ser colocado acima do A. Por exemplo, na lista de valores abaixo, que está relacionada ao seu emprego, você pode decidir que segurança é muito mais importante para você do que a aventura:

   Sucesso
   Poder
   Realização

Aventura

Segurança

Assim que você colocar tudo isso em ordem de importância, provavelmente identificará as que têm grande significado para você.

4. **Depois de organizar seus valores, pergunte-se se há um valor que seria útil para você ter nessa área de sua vida, mas que está faltando. Onde ele se encaixa na lista de valores existentes?**

Por exemplo, se você valoriza seu emprego, mas não consegue alcançar o nível de sucesso que quer, talvez você precise do elemento "satisfação" nesta hierarquia. Na verdade, ao passar por este processo, você pode decidir que a sua nova hierarquia fique da seguinte maneira:

Sucesso

Satisfação

Realização

Aventura

Segurança

DICA

Você pode achar o passo 3 mais fácil de fazer escrevendo seus valores em pedaços de papel; você, então, pode mudá-los de ordem em vez de cortá-los ou, ainda, adicionar mais valores.

Conflito de valores

LEMBRE-SE

Quando seus valores de meio estão alinhados (veja a seção anterior), é muito mais fácil alcançar seus valores de objetivo. Infelizmente, seus valores podem acabar em conflito. Você acha que quer mover-se em direção a um resultado, mas seu inconsciente tem outras ideias que, na verdade, o afastam de seu objetivo.

Você pode ter passado por uma infância financeiramente pobre e ter um forte valor de distanciamento da pobreza, o que está em conflito direto com o valor de aproximação da riqueza. Então, você quer ser rico, mas mantém o pensamento "não quero ser pobre", que é o que seu inconsciente o ajuda a criar em sua vida.

Outro conflito pode ocorrer quando você quer mover-se rumo a dois resultados simultaneamente e pensa que pode apenas ter um ou outro. Um exemplo desse conflito seria se você não só quisesse emagrecer, mas também ter condição de desfrutar da comida.

Existe um valor de substituição que está impedindo você de obter satisfação em outras áreas da sua vida? Por exemplo, ter o dinheiro como seu valor número um poderá fazê-lo incrivelmente rico, no entanto, pode prejudicá-lo em relação a um relacionamento satisfatório.

DICA

Certifique-se de não gastar tanto buscando seus valores de meio que se esqueça de alcançar seu valor final/de objetivo!

Mudando os valores

Quando pensa em seus valores, pode criar imagens, sons ou sentimentos. Nesta seção, nós o encorajamos a mudar a hierarquia dos seus valores ao alterar as características da imagem que o valor cria. Digamos, por exemplo, que seus valores de vida aparecem na seguinte ordem de importância:

1. **Liberdade**
2. **Realização**
3. **Segurança Financeira**
4. **Diversão**
5. **Família**
6. **Saúde**

Contudo, você se encontra desapontado pela saúde fraca. Você decide que é mais importante ter saúde do que diversão e resolve fazer uma troca em sua hierarquia. Você pode fazer isso usando a técnica seguinte:

1. **Quando pensa em diversão, perceba a imagem que você faz em termos do seguinte:**

   Tamanho

   Cor/preto e branco

   Posição

   Imagem congelada ou em movimento

   Em foco ou obscuro

2. **Observe a imagem que você cria quando pensa em saúde.**
3. **Troque as qualidades das imagens.**

   Da mesma forma como mudar a qualidade da imagem de uma crença (dê uma olhada no Capítulo 10), alterar as qualidades da imagem que você tem para saúde para torná-las as mesmas da imagem que você cria para diversão traz a saúde para níveis acima e a posiciona no mesmo nível que a diversão. Agora, mude a imagem da diversão até que ela tenha as mesmas qualidades que aquela que você tinha para saúde. Este processo faz com que a diversão fique alguns níveis abaixo da saúde.

Sonhando Acordado com Sua Realidade Futura

Ao contrário do que os seus professores podem ter falado quando o viram olhando fixamente para o lado de fora da janela da sala de aula, deixar seus pensamentos livres pode ser um poderoso primeiro passo para a realização de suas metas. Ao usar as técnicas descritas nas seções anteriores deste capítulo, você pode descobrir o que o seu coração deseja e dar os primeiros passos rumo à realização de tudo o que você sonhou acordado.

PASSATEMPO NA PNL

Então, permita-se sonhar e agir. O que você gostaria que acontecesse se uma fada madrinha aparecesse para você e lhe concedesse um desejo? Imagine que você tem toda a influência, contatos e recursos de que você precisa para satisfazer o desejo do seu coração. Alcançou a sua meta? Agora siga esses passos:

1. **Faça uma lista do que é importante para você sobre sua meta, todas as razões por que você a quer, e as coloque em ordem de importância.**

   Você está surpreso pelos seus valores? Percebeu que alguma coisa que você pensou ser importante não era tão importante depois de tudo? Você pensou em um valor que estava faltando no começo?

   Se você não tem certeza de como executar este exercício, volte à seção anterior "Trazendo seus valores à tona", neste capítulo.

2. **Agora, enquanto ainda está sonhando acordado, imagine-se flutuando para fora do seu corpo rumo ao futuro, para um tempo em que você já alcançou sua meta.**

3. **Perceba as imagens, sons e sensações e manipule-os.**

   Você pode torná-los cada vez mais fortes e vibrantes.

4. **Do futuro, dê uma olhada para o presente e deixe seu inconsciente perceber o que precisa saber para ajudá-lo a alcançar sua meta.**

   Lembre-se de observar qual seria o primeiro passo.

5. **Ao saborear o sonho por completo, volte para o presente e *dê o primeiro passo*!**

   Você pode se surpreender!

NESTE CAPÍTULO

Entendendo que sentir-se bem ou mal é uma escolha sua

Influenciando em como o mundo o trata

Posicionando-se firmemente na direção da própria vida

Trabalhando o seu cérebro para alcançar seus objetivos

Descobrindo a fórmula do sucesso

Capítulo 4
Cuidando da Sua Própria Vida

Suas lembranças podem ser um presente maravilhoso ou um terrível castigo. Elas podem deixá-lo envolto em fios de seda ou amarrá-lo em um emaranhado de fios de navalha. Suas lembranças podem conduzi-lo a sonhos ou atá-lo a uma armadilha do passado. Com a ajuda da PNL, e ao compreender como programar sua mente, seu passado não necessariamente afetará o seu futuro de forma negativa.

Este capítulo trata de tudo o que pode torná-lo condutor, e não passageiro, na história da sua vida. Então, coloque seu cinto de segurança e prepare-se para esta jornada!

Controlando a Sua Memória

Suas memórias são gravadas como imagens, sons e sentimentos, e ajustando a qualidade de como você enxerga, ouve e vivencia essas experiências, você pode realçar as positivas e deixar de lado as memórias negativas que o atormentam. Convidamos você a ler mais sobre o ajuste da qualidade das suas memórias no Capítulo 10. Contudo, você pode começar a flexionar a tomada de controle dos músculos da sua memória com os exercícios descritos a seguir. Eles são bem simples:

ALERTA DE JARGÃO NA PNL

No primeiro exercício, você descobrirá como evocar e manipular uma lembrança positiva para que se sinta bem, ou melhor, quando quiser. Siga estas etapas:

1. **Pense em um dia em que você estava feliz de verdade.**
2. **Observe o que vê, ouve e sente quando evoca a memória.**
3. **Se a lembrança for uma imagem, ajuste a sua qualidade ao deixá-la maior, mais brilhante, aproximando-a.**

   Se você está observando a si mesmo, tente entrar na imagem e ver se ela faz você se sentir melhor.

   Você pode descobrir sobre "entrar na imagem" no Capítulo 10. Ajustar a qualidade da cena o ajudará a intensificar as emoções positivas.

4. **Preste atenção em todos os sons que podem estar na sua memória.**

   Tornar os sons mais audíveis ou imaginar que pode ouvi-los dentro ou fora da sua mente aumenta os sentimentos positivos?

5. **Analise todos os sentimentos que tiver.**

   Com que parte do seu corpo os experimentou? Eles têm cor, textura ou peso? Mudá-los de lugar ou sua cor, textura e peso alteram estes sentimentos? Ajuste esses parâmetros para acentuar as sensações.

Este exercício permite que você manipule as qualidades das experiências que teve e, o mais importante, ver que pode mudar a estrutura das suas memórias a fim de diminuir o sentimento de experiências negativas e repetidas, e alimentar as alegres.

PASSATEMPO NA PNL

É óbvio que nem todas as lembranças são boas. Este segundo exercício mostrará como você pode mudar as qualidades de uma lembrança desagradável e distanciar-se dela. Ao modificar os atributos da lembrança negativa, você será capaz de libertar-se de emoções negativas às quais pode ainda estar preso. Siga as seguintes etapas:

1. **Pense em uma lembrança que seja ligeiramente desagradável.**

   CUIDADO

   Para este exercício, até você se tornar mais treinado nas técnicas da PNL, pense em uma memória que não seja muito desagradável. Por favor, deixe de lado lembranças como traumas; exteriorize-as quando estiver com um terapeuta ou praticante de PNL experiente.

2. **Observe as imagens, sons e quaisquer sensações que a memória traga.**
3. **Se você está na imagem, saia dela para tornar-se um observador.**

   Você pode descobrir como “entrar e sair de uma imagem” no Capítulo 10. Por ora, imagine-se atrás de uma câmera, filmando-se de fora da memória.

4. **Torne todos os sons mais suaves, ou talvez faça com que as pessoas na cena falem com vozes engraçadas.**

   Então, se há sons como sirenes ou choro, reduza o volume e a sensação ruim deles. Se ouve alguém dizer algo desagradável, faça com que fale com a voz boba de um desenho animado para suavizar as palavras duras.

5. **Ajuste a qualidade da imagem.**

   Torne-a menor, mais escura e em preto e branco; afaste-a até que se torne um ponto e fique quase invisível. Você pode querer enviá-la em direção ao Sol e vê-la desaparecer. Desta forma, você tem a experiência de destruir as amarras que aquela lembrança tinha sobre você com suas próprias mãos.

LEMBRE-SE

Modificar as lembranças não significa que aquela experiência não tenha acontecido. Aconteceu; contudo, significa que você tem uma escolha sobre como a memória o afeta hoje e o impacto que tem no seu futuro.

Você Vê Porque Acredita

Se você faz parte de um grupo que testemunhou um roubo, provavelmente nenhum de vocês dará o mesmo depoimento à polícia.

Isso se dá porque as pessoas recebem as informações que criam sua realidade através dos seus cinco sentidos (visual/olhos, auditivo/ouvidos, cinestésico/toque, gustativo/paladar e olfativo/cheiro). Entretanto, seus sentidos bombardeiam seu cérebro com tanta informação ao mesmo tempo que, para manter sua sanidade, só processa uma pequena parcela das informações recebidas. O que o seu cérebro acessa é ditado por filtros, que são combinações de quem você acredita ser, seus valores e suas crenças e memórias. Você aprenderá mais sobre esses filtros no Capítulo 5.

Assim como seus filtros direcionam o que você percebe, eles afetam o que você incorpora no seu mundo. Talvez você se encontre rodeado de pessoas irritadas, egoístas ou invejosas. Caso isto seja verdade, pode ser que esteja nutrindo uma raiva não resolvida, acreditando num cenário de perdas e ganhos por não haver o bastante no mundo para todos, que o sucesso de alguém depende do seu fracasso ou esteja sentindo inveja das vitórias de outra pessoa.

CASOS E CAUSOS

Uma das clientes de Romilla, Mary, estava muito infeliz no trabalho, porque estava sendo ameaçada. A supervisora e a secretária de seção juntaram-se contra ela e estavam comportando-se de forma muito desagradável e extremamente mesquinha.

Romilla ajudou Mary a reconhecer que a supervisora era uma mulher muito solitária, que não tinha amigos e não era popular no trabalho. Toda vez que Mary olhava para a supervisora, ela imaginava que a mulher segurava uma placa que dizia: "Sinto que não tenho valor e sou mal-amada". Mary passou a sentir compaixão em vez de medo. Percebeu que sua própria autoestima precisava de um ânimo e passou a ser mais firme — aprendeu a questionar suas colegas sempre que eram grosseiras com ela.

No início, não foi fácil, mas Mary não apenas levantou seu senso de valor próprio, como também não era mais afetada pelo comportamento da supervisora. Mudar seus pensamentos a respeito de suas próprias qualidades positivas aumentou sua autoconfiança, o que a guiou para uma alteração no comportamento das pessoas ao seu redor.

LEMBRE-SE

Uma forma de mudar as coisas à sua volta é examinando e modificando a si mesmo. Você pode alcançar isso tornando-se responsável pelos seus pensamentos e suas ações, superando obstáculos, tais como culpar os outros.

Focando em culpar os outros

É muito mais fácil culpar o outro pelos nossos fracassos do que tomar a responsabilidade para colocar as coisas em ordem. Não é fácil reconhecer que, ao culpar o outro, estamos legando nosso poder a ele. Ao culpar o outro, vestimos o manto de vítima e perpetuamos os problemas.

CASOS E CAUSOS

Mary reclamou que sua chefe se recusava a aumentar seu salário, o que era verdade. Contudo, Mary era extremamente modesta sobre suas realizações na empresa, e, porque a chefe não tinha muitos recursos, não estava consciente sobre o bom trabalho que Mary desenvolvia. Romilla certificou-se de que Mary havia se preparado bem para a avaliação seguinte. Estava pronta para apresentar uma lista de seus sucessos desde a última avaliação, bem como as áreas de aperfeiçoamento. Ela falou sobre suas metas no trabalho e sugeriu trabalhar com o gerente para alcançá-las.

ALERTA DE JARGÃO NA PNL

Em termos de PNL, quando você dá foco a alguma coisa, você "enquadra" esta coisa. Por exemplo, ao focar no problema, "eu não posso consertar meu telhado porque não tenho o dinheiro", você se coloca em um enquadramento de problema. Culpar outra pessoa pelo seu problema — por exemplo, "eu não tenho o dinheiro porque o parasita do meu ex não me pagou o que devia" — o coloca num enquadramento de culpa. Os dois tipos de enquadramento estão intimamente ligados devido a tendência que apresentam em culpar alguém ou uma circunstância por um problema; e colocar enquadramentos em torno de experiências como estas, limita seus pensamentos. Ao criar um novo enquadramento para uma experiência, contudo, você passa a pensar diferente e pode quebrar padrões de pensamentos restritivos.

Mary se afastou do enquadramento de culpa — no qual ela culpava sua chefe por não receber aumento de salário — e passou a tomar mais atitudes por si só. Quando ela percebeu a falta de capacidade da chefe em reconhecer sua energia no trabalho, Mary demonstrou a flexibilidade de um mestre em comunicação pela mudança de seu comportamento para obter dela a resposta que desejava... e, claro, recebeu o aumento e uma promoção!

LEMBRE-SE

Para alcançar uma mudança positiva para si mesmo, é preciso se afastar do enquadramento de culpa e iniciar ações que assegurem o que você quer.

Prendendo-se a um enquadramento de problema

Como uma generalização grave, por causa da nossa cultura centrada na solução de problemas, tendemos a olhar para trás quando as coisas não caminham bem, para analisar o que não deu certo. Um dos efeitos desagradáveis dessa atitude é estender a culpa. A questão com o enquadramento do problema é que ficamos presos e deixamos de tomar as seguintes ações positivas:

» Seguir adiante
» Pensar sobre o resultado que queremos de fato
» Examinar os sucessos anteriores e modelá-los para uso futuro
» Aprender com o que funcionou com outros e repetir as estratégias
» Resolver a questão

Em vez disso, quando nos voltamos para analisar o motivo pelo qual as coisas não funcionaram da forma que gostaríamos, tendemos a focar nos seguintes aspectos negativos:

» O que está errado?
» Por quanto tempo tivemos esse problema?

» De quem é a culpa pelo problema?

» Por que esse problema ocorreu?

» Por que não tomamos uma atitude em relação ao problema?

Perguntar-se constantemente "por quê?" é uma abordagem negativa e o força a ir ainda mais fundo no problema, reagir de forma defensiva e se afastar cada vez mais de encontrar uma solução positiva. Um caminho mais construtivo pode ser perguntar-se o que você esperava conseguir com determinada atitude ou quais eram as suas pretensões por trás daquela atitude.

PASSATEMPO NA PNL

Lembre-se de uma época em que você estava tão preso a um problema que não enxergava uma solução. Talvez esteja com um problema assim neste momento. Pergunte a si mesmo: "Eu estou concentrado no resultado pretendido ou estou muito preso à emoção do momento para ter clareza?"

A ajuda está à mão na forma de processo de enquadramento de resultado, que introduzimos na seção seguinte, e na forma de processo de resultado bem estruturado (descrito na seção "Tornando-se mais inteligente do que SMART: Criando resultados efetivos", mais adiante neste capítulo).

Mudando para o enquadramento de resultado

A abordagem do enquadramento de resultado é um processo inteligente e construtivo, que sugere uma forma diferente de pensar sobre seus problemas e questões; um processo que ajuda a identificar e focar no que queremos positivamente. Quando você acrescenta um processo eficiente de traçar metas e monitorar cada etapa do processo, é possível corrigir qualquer desvio de planos para atingir os resultados facilmente e no tempo certo.

Frequentemente, você pode encontrar-se vivendo em um ciclo dos mesmos problemas. Na sua experiência, este ciclo comumente indica que você tem algo a ser resolvido.

PASSATEMPO NA PNL

Sempre pergunte-se que lição precisa aprender de modo que este problema não seja mais uma questão.

Um dia, após um tempo fazendo esta pergunta a si mesmo — ou, talvez, apenas por um instante — a resposta aparecerá. De forma estranha, depois de ter aquele grande momento de realização, você poderá descobrir que não vê mais aquele problema como algo recorrente.

Talvez a mudança aconteça por você não estar mais investindo energia emocional no problema ou por você ter seguido em direção a outras lições. Qualquer que seja a razão, o processo funcionou!

A Trilha para a Excelência

O cérebro humano é uma máquina de aprender que precisa ser mantida ocupada. Se isso não acontece, ela pode começar a permanecer focada no lado negativo e te levar a todos os tipos de problemas. Como um ser humano, você precisa utilizar todo o seu talento para direcionar o cérebro e ajudá-lo a alcançar os objetivos. Se você puder criar um futuro instigante e irresistível, seu cérebro o ajudará a alinhar o seu comportamento de modo a alcançar seu objetivo de forma rápida e fácil. O primeiro passo é planejar o que você quer.

Conhecendo o que quer

Alice (Alice no País das Maravilhas, de Lewis Carroll) pergunta ao Gato: "Você poderia me informar, por favor, qual caminho devo seguir para sair daqui?", sem ter uma ideia clara de para onde quer ir, ela quer apenas ir para algum lugar. O Gato responde à Alice que ela com certeza chegará a algum lugar se caminhar o suficiente. Como Alice, imagine a próxima vez em que for a uma estação ferroviária e pedir uma "passagem para algum lugar".

Quando você está tentando seguir em frente e alcançar suas metas, tudo se torna mais fácil se você passar a ser muito claro sobre o que realmente quer. Muitas vezes na vida, você fica preso no que não quer e desperdiça muita energia, tanto física quanto emocional, evitando o resultado indesejado.

Para entender o que você quer e direcionar sua energia para consegui-lo, sente-se e escreva o seu próprio obituário. Você pode, então, decidir sobre o legado que quer deixar para a posteridade e as ações que precisa realizar para cumprir o seu legado. Para mais informação sobre essa técnica, dirija--se ao Capítulo 3. Lá, você descobrirá que o seu inconsciente é um aliado maravilhoso para ajudá-lo a alcançar os seus objetivos.

CASOS E CAUSOS

Uma cliente, Denise, estava tentando fugir de seu segundo casamento. Uma de suas primeiras frases foi: "Sou péssima com relacionamentos". Ao lidar com as questões dela, descobrimos que ela havia perdido o avô quando era bem menina. O trauma desse evento, em especial, ficou profundamente marcado em seu íntimo, e o medo da perda a levava a terminar os relacionamentos antes que pudesse experimentar a dor da perda outra vez. Por Denise estar, em nível subconsciente, no que não queria (a dor da perda), seu inconsciente estava auxiliando-a a manter comportamentos que a faziam evitar a dor. Infelizmente, essa abordagem criava outros problemas. Para ela ter o relacionamento que desejava, ela teve de pensar a respeito e planejar exatamente o que queria em uma relação e, então, focar em criar este cenário na vida.

PASSATEMPO NA PNL

Um caminho para descobrir o que quer de verdade é seguir rumo ao futuro. Imagine-se um avô/avó de cabelo grisalho, sentado em uma pedra, sob as estrelas, tendo à frente uma fogueira de acampamento crepitante e os netos aos seus pés, pedindo mais uma história sobre a sua vida. Você gostaria de contar-lhes sobre o tempo em que perdeu a chance de satisfazer um sonho por ter muito medo ou ter sido influenciado por outros, ou preferiria contar-lhes que, a despeito de todas as probabilidades e mantendo os seus valores, você realizou algo espetacular?

Avance para o futuro e olhe para a sua vida agora. Faça uma lista de sonhos que você se atreveria a ter caso tivesse todo o dinheiro e influência no mundo e soubesse que não falharia.

Você pode decidir querer coisas materiais, como um bom pé-de-meia, uma casa grande, belos carros; ou pode querer uma casa e formar uma família; ou pode decidir que quer ser influente no cenário político. Você escolhe o que quer para sua vida. Ao passar pela próxima seção e ao ler no Capítulo 5 sobre valores, descobrirá as razões pelas quais você quer as metas que traçou e receberá ajuda para ajustar os botões certos que o levarão à meta.

Tornando-se mais inteligente do que SMART: Criando resultados efetivos

Metas SMART (em livre tradução, metas inteligentes) eram o objeto desejado por todos há alguns anos no mundo corporativo. De acordo com o modelo SMART, as metas tinham de ser Específicas (Specific), Mensuráveis, Alcançáveis, Realistas e De Duração Específica (Timed). Notável na medida em que ocorriam. Contudo, o que a PNL faz é adicionar informação sensorial específica, que pode ajudá-lo a modificar seu comportamento ou buscar ajuda na forma de recursos extras, incluindo guias e conselheiros.

A PNL torna as metas SMART ainda mais inteligentes, ao ajudá-lo na prática do que você quer, usando o processo de objetivos bem-formulados/estruturados. A PNL, no enfoque SMART, o faz usar todos os seus sentidos para alcançar as metas, e ajustá-los de forma afinada para que elas sejam mais do que apenas Específicas, Mensuráveis, Realizáveis, Realistas e Com Duração Específica.

Esse processo requer que você responda uma série de perguntas que vão, na verdade, explorar os "comos", "porquês" e motivos do seu resultado desejado. Seguindo o processo, você vai realmente começar a entender os verdadeiros motivos de querer essas metas e estará apto a pesar os prós e os contras do sucesso versus fracasso. Um exemplo bem comum de um objetivo bem estruturado pode ser querer um emprego mais bem remunerado.

CASOS E CAUSOS

Quando o seu resultado desejado encontra os critérios descritos a seguir, a PNL diz que satisfaz as condições bem estruturadas. Para cada resultado que você deseja alcançar, sugerimos que faça a si mesmo as seguintes perguntas:

1. **A meta está situada no positivo?**
2. **Foi autoiniciada, mantida e está sob meu controle?**
3. **Descreve o procedimento de evidência?**
4. **O contexto está claramente definido?**
5. **Os recursos necessários estão identificados?**
6. **Eu avaliei se é ecológico?**
7. **O primeiro passo que preciso dar está identificado?**

As seções seguintes explicam esses pontos com mais detalhes.

A meta está expressada positivamente?

O que você quer? Ou, colocado de outra forma, o que preferiria ter?

Essas perguntas o ajudam a clarear o resultado desejado, pois você precisa saber de forma bastante clara o que quer para focar e direcionar. Um objetivo vago, como "eu quero mais dinheiro", não funcionará, porque o objetivo será satisfeito se você encontrar uma nota de cinco reais no chão.

Uma meta melhor seria "quero 1.000 reais na minha conta bancária" ou "quero um salário bruto de 35.000 reais por ano". Além disso, ter metas negativas como "não quero ficar neste emprego", levar seus desejos para o caminho contrário (veja o box "Insistir no negativo pode prejudicar a sua saúde"). Então, quando se pegar dizendo "eu não quero...", ao invés disso, pergunte-se: "O que eu quero?"

Esta meta partiu de iniciativa própria, foi mantida e está sob meu controle?

Com frequência, quando questionada, uma pessoa que quer abandonar o fumo responde: "Minha esposa quer que eu pare." Uma pessoa tem chances muito maiores de obter sucesso se a vontade de alcançar um resultado específico vem de dentro, por exemplo: "Eu quero desfrutar de uma vida longa e saudável", em contraste a: "Eu quero duas semanas de férias no mês de março." Seu patrão pode não concordar, e isso, portanto, não está sob seu controle.

Faça a si mesmo as seguintes perguntas:

- » Estou fazendo isso por mim ou por outra pessoa?
- » O resultado é confiado exclusivamente a mim?

INSISTIR NO NEGATIVO PODE PREJUDICAR A SUA SAÚDE

Romilla conhece no mínimo duas pessoas que conduziram inconscientemente suas demissões ao adotar comportamentos nocivos fora de seus padrões. Quando examinaram a situação posteriormente, elas percebem que teriam se comportado de forma diferente se tivessem focado sua energia na definição do emprego que queriam e o tivessem conseguido. Em vez disso, concentraram a energia apenas no fato de não quererem mais estar naquelas atividades e adotaram comportamentos destrutivos e atípicos.

CASOS E CAUSOS

Quando Kate começou a prestar consultorias de marketing, ela percebeu que alguns projetos envolviam trabalho direto com clientes corporativos, que eram extremamente estressados, muito ocupados e desorganizados. Ela gastava muito tempo em reuniões com os clientes em suas mesas caóticas, ao passo que faziam ligações telefônicas ou organizavam as informações para o projeto, enquanto ela esperava.

Contudo, seu objetivo bem estruturado para futuras atribuições de clientes, era "trabalhar de uma maneira calma, eficiente e comercial". Observando sua meta, pode parecer de início que ela não tinha o controle do resultado porque dependia que os clientes fizessem a parte deles. Contudo, ao aplicar os princípios da PNL para um resultado bem-estruturado, ela estabeleceu expectativas mais claras com clientes desorganizados. As estratégias de Kate incluíam reuniões marcadas em escritórios tranquilos e sem distrações, ou fazer videoconferências em vez de ir até o cliente. Sua meta envolvia o estabelecimento de limites específicos, como a definição de horários de início e fim dos encontros e distribuição de objetivos, agenda, além de ações e informações necessárias por escrito. Além disso, ao discriminar cada ação de acordo com o tempo e ao cobrar pelo tempo gasto — como os advogados fazem —, ela também percebeu um impacto direto em fazer os outros mais eficientes.

De início, o objetivo de Kate de "trabalhar de modo calmo, eficiente e comercial" não parecia depender unicamente dela e, por essa razão, ao se dar conta disso, ela pode não ter sido capaz de satisfazê-lo. Contudo, ao demonstrar flexibilidade de comportamento, ela estava pronta para tomar a responsabilidade sobre aquele objetivo, influenciando os clientes com total honestidade.

Ela descreve um método de evidência?

Método de evidência é uma outra forma de se perguntar: "Quando saberei que alcancei a minha meta?" As perguntas seguintes são extremamente importantes, pois podem ajudá-lo identificar os objetivos que são muito superficiais, ou se você não está muito certo quanto ao resultado.

- Como saberei que estou alcançando o resultado?
- O que estarei fazendo quando alcançá-lo?
- O que verei, ouvirei e sentirei quando o tiver?

CASOS E CAUSOS

Em um dos workshops de Romilla, David, um contador, queria tornar-se autônomo. Seu único desejo claro era ganhar o bastante em três meses. Ao responder as perguntas acima, ele descobriu que não havia exercitado o que realmente queria do trabalho por conta própria. Seu objetivo inicial, embora determinado positivamente, era muito vago para ajudá-lo a chegar a algum lugar. Foi tão ruim quanto dizer: "Eu sei que não quero trabalhar para mais ninguém" (uma negativa). Em vez disso, ele seguiu o processo de objetivo bem estruturado e entendeu o que realmente queria fazer: ensinar outros contadores autônomos a vencer nos negócios, treinando-os em PNL — baseado em técnicas de vendas.

Seu contexto está definido adequadamente?

Faça a seguinte pergunta a si mesmo: "Onde, quando, como e com quem eu quero atingir a minha meta?" Essa pergunta é muito boa para ajudá-lo a ajustar a qualidade do que você quer, eliminando o que não quer. Por exemplo, se você sabe que não gostou daquelas férias na Lua, então sua meta de "eu quero minha própria casa de veraneio" excluiria a Colônia Lunar, ou, se os marcianos não forem o seu tipo preferido de pessoas, você saberá que não quer passar uns dias em Marte.

Para definir quando quer algo, você pode, ao longo do processo, se deparar com passos que precisam ser tomados antes de conseguir o que quer. Por exemplo: "Eu quero minha própria casa de veraneio apenas quando eu puder mantê-la" pode fazer com que você constate que precisa de uma renda de 50.000 reais por ano antes de comprar o seu refúgio de férias.

CASOS E CAUSOS

Quando Kate foi orientadora de Simon, dono de uma pequena empresa que queria expandir seu negócio no ramo de tecnologia, seu primeiro resultado esperado era construir um anexo para seu negócio nos fundos de casa. Como resposta à pergunta sobre o contexto, seu objetivo passou a ser a premissa de encontrar um escritório fora de casa. Ele percebeu que seu negócio estava afetando sua vida familiar. O resultado feliz foi que sua equipe de seis funcionários mudou-se para um luxuoso prédio comercial, próximo a uma universidade, com aluguel baixo, com espaço que permitia a expansão do negócio. A esposa e ele recuperaram dois cômodos principais em casa, com o bônus de ter a qualidade do tempo de lazer, sem o incômodo de morar em cima da empresa.

Ela identifica os recursos necessários?

As perguntas abaixo o ajudam a identificar o que você precisará, como pessoas, conhecimento e tudo o mais, para satisfazer o seu resultado. Elas o ajudam a recordar experiências passadas nas quais você utilizou recursos que podem ser úteis no exercício atual. Para dar a você uma noção das variadas respostas que podem ser úteis, nós também listamos aquelas que Peter (que quer aprender a voar de asa-delta, mas tem medo de altura) daria.

- **Que recursos tenho agora?**

  Peter: "Tenho o desejo de aprender e possuo amigos que praticam o voo de asa-delta que podem me orientar. Sou atlético e aprendo facilmente novos esportes. Não pode ser tão diferente de esqui aquático."
- **Que recursos preciso adquirir?**

  Peter: "Preciso vencer o meu medo de altura; para isso, procurarei um terapeuta ou um hipnoterapeuta que possa me ajudar a vencê--lo. Também preciso encontrar um clube onde possa contratar um instrutor e alugar uma asa-delta. Preciso ajustar meus horários para ter tempo de praticar esse novo esporte."
- **Tenho evidências de já ter alcançado este tipo de meta anteriormente?**

  Peter: "Bem, hoje sou um bom motorista, mas, quando aprendi a dirigir, eu era um rapazinho medroso. A primeira vez que um carro de polícia apareceu atrás de mim, tocando a sirene e piscando os faróis, fiquei apavorado."
- **O que acontece se eu agir como *se* tivesse os recursos?**

  Peter: "Ah, posso me sentir voando e não sinto o estômago embrulhar quando olho para baixo. Nunca pensei em deixar a terra firme sem metal sob meus pés. Não posso esperar para voar!"

LEMBRE-SE

Agir como se tivesse os recursos agora o ajuda a identificar e substituir as crenças que podem prendê-lo. Também permite que você experimente a dimensão do resultado — você pode mudar seu pensamento neste ponto. Esta abordagem é uma ajuda incrível, pois pode evitar que você gaste dinheiro em equipamentos que acabarão tomando muito espaço da sua garagem, caso, mais tarde, descubra que o novo hobby não era exatamente para você.

Avaliei se a meta é ecológica?

PASSATEMPO NA PNL

O dicionário define ecologia como "o ramo da Biologia que trata dos hábitos, modos de vida e a relação dos seres vivos e o meio que os rodeia". Na PNL, quando falamos verificações ecológicas, estamos apenas fazendo perguntas para nos certificar de que seus objetivos se encaixam a todos os aspectos da sua vida. A verificação ecológica joga um raio de luz muito forte em quaisquer intenções secretas ou ganhos secundários dos quais você pode não estar ciente quando define seus objetivos. Um ganho secundário ou subproduto positivo é definido como um comportamento que parece ser negativo ou causador de problemas, quando, na verdade, ele está cumprindo uma função positiva em algum nível.

Estas perguntas são um guia que o ajudarão a delimitar o cerne dos seus desejos. Ao fazer estas perguntas, tome consciência das imagens, sons e, especialmente, sentimentos que o seu inconsciente traz. Seja empático com as respostas e ajuste-as de acordo com os seus objetivos.

» Qual é o propósito real pelo qual eu quero isso?
» O que perderei ou ganharei se eu conseguir?
» O que acontecerá se eu conseguir?
» O que não acontecerá se eu conseguir?
» O que acontecerá se eu não conseguir?
» O que não acontecerá se eu não conseguir?

CASOS E CAUSOS

Um dos clientes de orientação de carreira de Kate, Raz, encontrava-se em um dilema. Ele era um estudante regular e havia obtido boas notas para ingressar na faculdade e estudar Artes. Sua paixão verdadeira, entretanto, era trabalhar com madeira. Kate o encorajou a utilizar o processo de objetivo bem estruturado para decidir sobre o seu futuro. Ele estava certo de que queria trabalhar com algo criativo, então a graduação em Artes era compatível. Ele conseguia enxergar-se em exposições, conversando com pessoas sobre o seu trabalho. Ele sabia que era talentoso e lia sobre o assunto, por isso tinha os recursos de que precisava. Entretanto, quando ele partiu para a verificação ecológica sobre a ida para a universidade, percebeu que não queria passar anos aprendendo teoria. Descobriu que o que queria, de fato, era trabalhar junto a um marceneiro de móveis e aprender de forma bastante prática.

A meta identifica o primeiro passo que preciso dar?

Lao-Tsé, um filósofo taoista antigo, dizia que uma jornada de milhares de quilômetros sempre começa com um simples passo. É um ponto que merece ser lembrado. A mudança geralmente não se dá com um avanço dramático, mas gota a gota, o efeito pinga-pinga que, aos poucos, alcança o ponto desejado. O detalhamento do plano de ação, com o passo a passo do que o levará aos seus objetivos, é uma necessidade.

Então, se você decidiu que o seu desejo é ser um roteirista ganhador de um Oscar, tem de ingressar em um curso e começar a escrever. Se a cada vez que pretende sentar-se para escrever, você se permite fazer outra coisa, deixando a meta de lado, seu objetivo permanecerá apenas como um sonho. A fim de transformar o seu sonho em uma realidade concreta, você precisa dar o primeiro passo de vital importância, porque, sem ele, você pode não desenvolver o momento para dar o próximo passo... E o passo seguinte.

A Fórmula dos Quatro Pontos para o Sucesso

A fórmula dos quatro pontos para o sucesso consolida a informação de criar seu resultado bem-estruturado (a qual descrevemos na seção anterior "Tornando--se mais inteligente do que SMART: criando resultados efetivos"). Esta fórmula pode ser aplicada às metas de longo prazo, para toda a vida, tão efetivamente quanto às metas a curto prazo.

LEMBRE-SE

É muito mais fácil atacar um alvo claramente definido e visível. Robin Hood nunca teria conquistado a Maid Marion se não tivesse mirado em seu objetivo!

Para acertar o alvo, siga os seguintes passos:

1. **Conheça o seu resultado.**

   É importante especificar precisamente o que você quer. Você pode usar o enquadramento de resultado para sintonizar o resultado desejado (dê uma olhada na seção anterior "Mudando para o enquadramento de resultado") e satisfazer as condições do processo de objetivo bem estruturado na seção anterior "Tornando-se mais inteligente do que SMART: criando resultados efetivos".

2. **Tome atitudes.**

   A menos que você dê o primeiro passo, e depois os seguintes, nada acontecerá para ajudá-lo na direção da sua meta, não importa quão claramente esteja definida.

3. **Tenha consciência sensorial.**

   Se você tem consciência de ver, ouvir e sentir o que não está funcionando, pode mudar seu comportamento para atingir o resultado desejado. O Capítulo 6 mostrará como desenvolver a consciência sensorial.

4. **Tenha flexibilidade comportamental.**

   Este passo está em consonância com o seguinte pressuposto da PNL: "Nas interações entre pessoas, aquela com maior flexibilidade comportamental controla a interação." Ou, de forma mais direta: "Se não está funcionando, faça algo diferente". Dirija-se ao Capítulo 2 para uma explicação detalhada desse poderoso pressuposto.

LEMBRE-SE

Se você sempre faz o que costuma fazer, sempre conseguirá o que costuma conseguir.

Girando a Roda da Vida

Essa seção o ajudará a identificar se você tem uma vida regrada, se há espaço para desenvolvimento e quais áreas precisam ser trabalhadas para balancear a sua vida de forma simples e efetiva.

Dê uma olhada no diagrama da roda da Figura 4-1. Se você fosse preencher as "fatias" da roda com as palavras que indicam as áreas mais importantes da sua vida, quais escolheria? Elas estão relacionadas com as que já escrevemos na figura? É típico que as pessoas escolham incluir trabalho e carreira (incluindo o trabalho de casa), finanças e dinheiro, amigos e família, relacionamentos, crescimento pessoal e aprendizagem, diversão e lazer, espiritualidade e ambiente material.

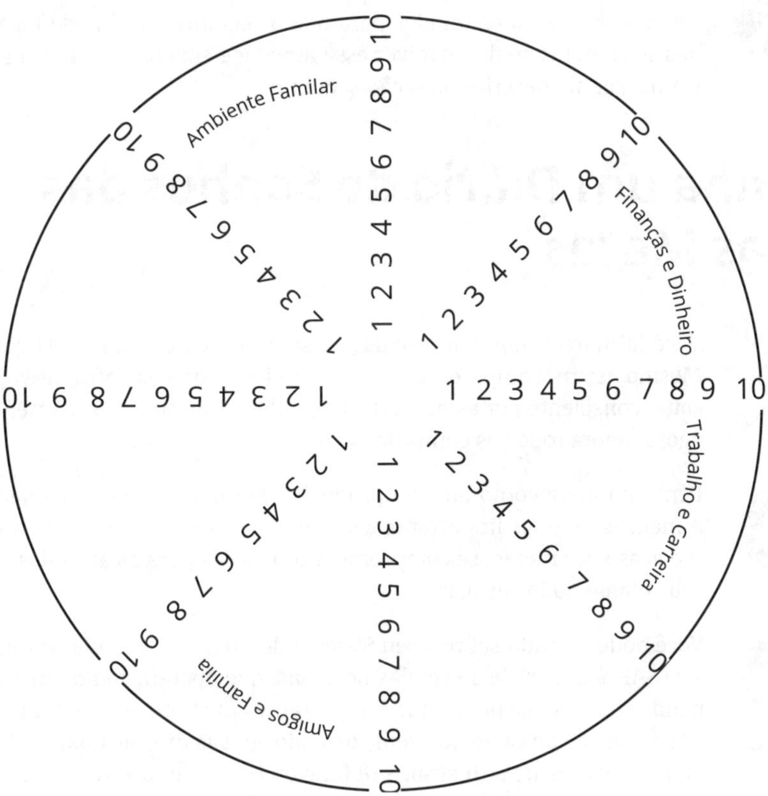

FIGURA 4-1: Um exemplo da roda da vida

PASSATEMPO NA PNL

Tome o centro da roda como 0 e a outra extremidade como 10. Posicione o seu grau de satisfação em cada área da vida, traçando uma linha reta ou curva, ligando cada número, para criar um novo limite externo. O novo perímetro do círculo representa a sua roda da vida pessoal. A situação ideal, obviamente, é ter todas as seções no 10, dando-lhe uma linda roda da vida como da Figura 4-1.

Em uma vida normal, no entanto, esperar atingir 10 em todas as áreas, sempre, não é realista. A vida simplesmente não é assim. Quando você está trabalhando duro, outro aspecto da sua vida pode perder a prioridade. Se tem passado muito tempo cuidando das funções domésticas, por exemplo, é improvável que esteja se encontrando com os amigos. Ou, ainda, se tem estudado muito para uma prova, sua rotina de exercícios pode ter sido deixada de lado.

Ao identificar aquelas áreas da sua vida nas quais o nível de felicidade não te satisfaz, você tem a possibilidade de estabelecer a si mesmo um objetivo bem estruturado direcionado àquela área. Você, por exemplo, quer pagar as contas do seu cartão de crédito e ter uma boa vida financeira ou quer se registrar numa agência de casamentos para conseguir mais romance na sua vida? Ao focar no que realmente quer, você toma o controle da sua vida ao invés de apenas reagir ao que acontece.

DICA

O fim do ano é sempre uma boa época para se recolher, rever toda a sua vida e estabelecer novos resultados para o ano seguinte. Você pode focar ainda mais nas suas metas ao desenvolver essa atividade em conjuntura com um diário de sonhos, como descrito na seção seguinte.

Tenha um Diário de Sonhos das Suas Metas

Você já marcou um compromisso e se esqueceu de anotar? O que aconteceu? Mesmo assim, compareceu ao compromisso? Em caso afirmativo, agradeça ao seu inconsciente por estar alerta. Se perdeu o compromisso, aprendeu a lição e, agora, anota todos os compromissos?

DICA

Pense na meta como um compromisso com um resultado desejado e anote-a. A mensagem mais importante a ser tirada deste diário é: esteja certo de anotar todas as suas metas, se comprometa com ações para alcançá-las e trabalhe em seus planos todos os dias.

ALERTA DE JARGÃO NA PNL

Você pode ler tudo sobre o seu Sistema de Ativação Reticular (SAR) no Capítulo 3. O SAR é uma rede de células nervosas, que operam como um radar, direcionando sua atenção para o que é importante para você. Por exemplo, seu SAR liga a sua atenção ao carro que vem correndo em sua direção quando você está dirigindo e sua mente se distrai. SAR funciona como uma antena, filtrando oportunidades, pessoas e outros recursos que você precisará para alcançar suas metas. O seu SAR também o mantém alerta quanto a oportunidades ligadas às suas metas. Crucialmente, o ato de escrever suas metas liga o seu SAR.

Por isso, em seus workshops, "Rumo ao Objetivo", Romilla recomenda que os participantes comprem ou confeccionem um "diário de sonhos". A ideia é ter um diário que seja bom para segurar e bonito para admirar, a fim de manter os participantes atraídos a ter contato com ele regularmente. Então, eles ficam mais motivados a escrever seus sonhos e aspirações e, com isso, se posicionam melhor para realizá-los.

DICA

Crie seu diário de sonhos simplesmente comprando um diário que o atraia; talvez um daqueles com a capa preta, discreta; talvez um com uma linda capa, vibrante e colorida, com fechos magnéticos.

Se você estiver num momento muito criativo, cubra um fichário comum com algum material que goste. Você pode até mesmo colocar um material acolchoado entre o fichário e o que está utilizando para cobri-lo, tornando seus sonhos uma experiência sensorial de verdade.

PASSATEMPO NA PNL

Tome algumas áreas da sua vida nas quais você gostaria de ter metas. Este pode ser um processo um pouco envolvente, então o faça no seu tempo e saboreie cada estágio, porque o que está fazendo, de fato, é determinar o futuro que você quer. Basicamente, você criará seu diário de sonhos e irá preenchê-lo com seus próprios sonhos e metas. Siga estes passos:

1. **Compre ou confeccione seu diário de sonhos. Apenas esteja certo de que você gostará de trabalhar com ele todos os dias; utilize divisórias e canetas coloridas.**
2. **Desenhe e preencha uma roda da vida (como ilustramos na Figura 4-1).**
3. **Tome as áreas da vida que você quer planejar ou remodelar e identifique cada divisória com a área que pretende trabalhar.**

   Você pode decidir trabalhar apenas uma ou duas áreas para começar.
4. **Pense em alguns objetivos para cada área.**

   Considere metas tanto a longo prazo (a vida toda, cinco anos, ou mais) como a curto prazo (de seis meses a um ano).
5. **Aplique o processo do objetivo bem estruturado para as suas metas.**

   Relembre o assunto na seção "Tornando-se mais inteligente do que SMART", anteriormente neste capítulo.
6. **Anote suas metas e inclua a data em que você pretende alcançá-las.**
7. **Divida as metas em mensais, semanais e diárias, e anote-as na sua agenda com as datas.**
8. **Toda noite, antes de dormir (isto leva apenas alguns minutos), olhe para os seus sonhos e faça uma lista do que fará no dia seguinte para alcançar sua meta.**

LEMBRE-SE

Saboreie o sentimento de realização ao assinalar as metas que alcançou e o faça com gratidão tanto pelas oportunidades que está tendo quanto pelas pessoas que tem encontrado ao longo do caminho e que o ajudaram a chegar onde está.

DICA

Depois de todas essas atividades, ponha os pés pra cima e tenha o seu descanso e recuperação merecidos, assista ao filme Up: Altas Aventuras, e veja como Ellie cria seu diário (vá até o Capítulo 24 para mais sobre Up e o diário de Ellie).

Siga Apenas para a Meta

CASOS E CAUSOS

Em seus workshops "Paixão por Publicações", Kate orienta muitos novos autores em estágios variados de seus projetos; autores como Janice, que investiu tempo, esforço e paixão para pesquisar e escrever um guia de viagem. Em certo ponto, ela começou a perder a motivação e contou sobre um parente que diminuía seus esforços, dizendo coisas do tipo: "Não espere que alguém vá comprar este livro".

Janice estava magoada e surpresa, se perguntando qual era o motivo pelo qual ela não era capaz de passar por cima do seu bloqueio de escrever. Então, ela percebeu que estava fazendo o que aquele parente negativo havia desejado (e errado). Janice estava seguindo sua paixão, apesar de os familiares estarem com uma grande inveja das suas aventuras de viagem.

Infelizmente, você encontrará pessoas no mundo que funcionam a partir de uma posição em que acreditam ter poucas ou nenhuma opção, e projetam seus medos e falta de confiança nos outros. Elas odeiam o fato de os outros serem livres de tais limitações e, por isso — lembrando do pressuposto da PNL de "não existem falhas, apenas feedback" —, você pode ser como Janice e ter a coragem de buscar seus sonhos.

2

Fazendo Amigos e Influenciando Pessoas

NESTA PARTE...

Você já pensou no que o faz agir, mas sem saber por onde começar? Ou ficou confuso quando as pessoas se comportaram de maneiras inesperadas? Não se preocupe: esta parte o ajudará a entender melhor diversos pontos para que você seja capaz de se conectar da forma apropriada com todos os tipos de personalidades. Você sabe que a vida trata de pessoas se conectando entre si. Você saberá mais sobre dois assuntos-chave da PNL, conhecidos como Acuidade Sensorial e Rapport: o primeiro trata da maior percepção do mundo a sua volta e como você se compromete com ele, e, sem o segundo, você simplesmente não será ouvido.

Nós também o mostramos o valor de ouvir como as pessoas utilizam as palavras de formas diferentes, e como trocar perspectivas para que você consiga observar a situação a partir de outro ponto de vista. Nós queremos que você se torne um especialista nas habilidades dos grandes comunicadores e, se você ler os capítulos nesta parte, estará bem neste caminho.

NESTE CAPÍTULO

- Aprendendo o modelo de comunicação da PNL
- Assumindo total responsabilidade sobre qualquer interação
- Entendendo como os outros se comunicam
- Descobrindo como se comunicar efetivamente
- Desprendendo-se das suas emoções e focando nos seus resultados

Capítulo 5
Ativando os Dispositivos de Comunicação

Ao travar um diálogo, você é responsável por qual parcela da comunicação? Você respondeu 50 por cento? Afinal, há duas pessoas envolvidas em um diálogo, então, logicamente, cada um de vocês tem metade da responsabilidade de perguntar e de responder.

Se você está familiarizado com os pressupostos da PNL (explicados em detalhes no Capítulo 2), responderia 100%:

- » O significado da comunicação é a resposta que ela consegue.
- » Se o que você está fazendo não está funcionando, faça algo diferente.
- » A pessoa com mais flexibilidade dentro de um sistema influencia o sistema.

Este capítulo mostra como assumir total responsabilidade em qualquer comunicação na qual esteja envolvido. Nós fornecemos ferramentas para ajudá-lo a se tornar mais consciente de como as pessoas com quem está se comunicando transformam a mensagem que recebem através de seus sentidos: o que elas o ouvem dizer, o que veem e sentem. Quando você compreende o processo de raciocínio delas, tem os meios para adaptar suas palavras, ações e iniciativas para conseguir a reação que deseja.

Tenha em mente que, neste capítulo, lhe damos uma visão geral de como os filtros pessoais afetam as mensagens que as pessoas recebem. Exploramos este aspecto em mais detalhes em outros capítulos: por exemplo, o Capítulo 8 descreve os metaprogramas que você executa, e o Capítulo 15 lhe diz mais a respeito de omissões, distorções e generalizações, assuntos estes que nós introduzimos neste capítulo.

LEMBRE-SE

O que você pretende comunicar não é necessariamente a mensagem que o destinatário entende.

Introdução ao Modelo de Comunicação da PNL

O modelo de comunicação da PNL é baseado na psicologia cognitiva e foi desenvolvido por Richard Bandler e John Grinder.

ALERTA DE JARGÃO NA PNL

De acordo com o modelo de comunicação da PNL, quando alguém se comporta de determinada maneira (seu comportamento externo), uma reação em cadeia é estabelecida dentro de você (sua resposta interna), que, por sua vez, o faz responder de alguma maneira (seu comportamento externo), que, então, cria uma reação em cadeia dentro da outra pessoa (a resposta interna dela), e o ciclo continua. A Figura 5-1 mostra essa reação em cadeia.

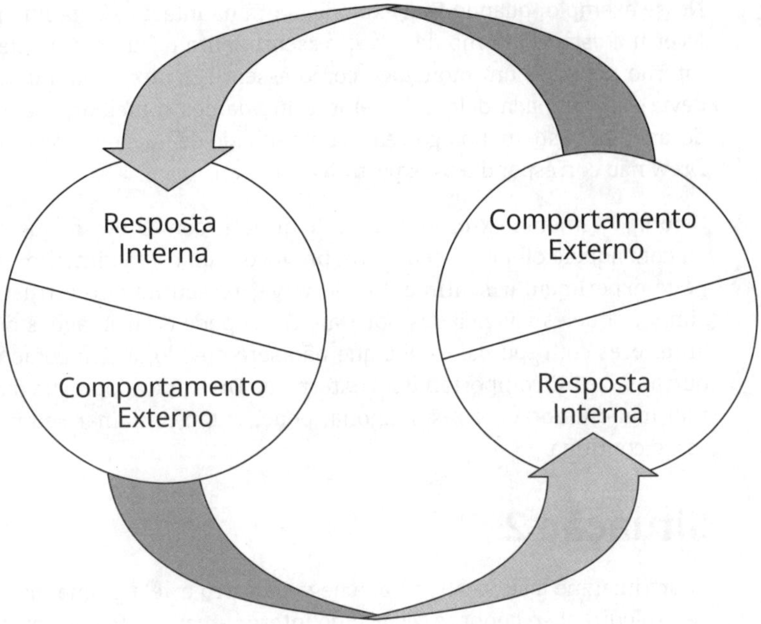

FIGURA 5-1: Círculo da comunicação.

A resposta interna é constituída de um processo interno e um estado interno. O processo interno consiste de conversa consigo mesmo, imagens e sons, e o estado interno são as sensações experimentadas.

A seção seguinte apresenta duas situações que mostram o modelo de comunicação da PNL na prática.

Situação 1

Para algumas pessoas, hoje foi um agradável dia quente de verão. Mas o ar-condicionado do escritório não estava funcionando, e Dan teve um dia terrível. Ele entrou no carro e, com um suspiro de alívio, ligou o ar-condicionado para combater o calor em seu fatigante caminho de volta para a casa. Seu filho, Drew, havia prometido cortar a grama. Dan estava ansioso para sentar-se em um gramado fresco, aparado e limpo, com um copo de cerveja bem gelada. Enquanto se aproxima de casa, percebe que a grama não havia sido cortada.

Dan entra em casa como um furacão, tão envolvido em suas emoções, que tudo o que sentia era um sabor amargo de ressentimento crescendo. Ele começa dando um sermão em Drew, que se recolhe, emburrado, em seu mundo de adolescente, resmungando sobre o cortador de grama quebrado, um detalhe que Dan não ouviu. Finalmente, Drew vocifera: "Corte essa grama você mesmo", e sai furioso. Nem um nem outro está querendo comunicar coisa alguma, e ambos pioram a situação com uma espiral de gritos, portas batendo e, finalmente, silêncio.

Nesse exemplo, quando Dan explode, a grama intacta é o gatilho para estabelecer um estado interno de raiva, ressentimento e frustração nele. O processo interno pode ser um monólogo como esse: "Ele prometeu. Eu sabia que não devia esperar nada dele. Nós sempre lhe damos o melhor, e ele sempre nos desaponta." Este monólogo vem acompanhado de imagens do passado, quando Drew não correspondia às expectativas de Dan.

O comportamento externo do Dan de discutir com Drew, naquele tom de voz ou com aquele olhar em seu rosto, provocou um estado interno em Drew, que pode experimentar sentimentos de raiva, ressentimento e frustração muito similar àqueles vivenciados por Dan. Drew pode criar imagens de discussões anteriores com seu pai e sabe que não será ouvido, assim como em todas as outras vezes. O comportamento externo de Drew, de adotar sua maneira habitual mal-humorada e resmungona, pode, então, inflamar seu pai... e o processo continua.

Situação 2

Agora imagine a situação 2: Dan chega de carro e vê a grama intacta. Ao invés de explodir, ele reconhece seu estado interno e como isto pode afetar seu comportamento. Então, ele respira fundo e pergunta a Drew por que a grama não foi cortada. Drew, esperando recriminações, toma a defensiva enquanto explica que o cortador de grama quebrou. Por experiências passadas, Dan percebe que é provável que Drew se feche, e então, se oferece para mostrar a Drew como consertar o cortador. Ele refresca-se com um copo de cerveja antes de ajudar Drew a fazer os reparos. Drew corta a grama antes da família sentar-se junta para uma refeição.

Nesse panorama, o pai muda seu processo interno e faz um esforço consciente para se lembrar de quando era adolescente, precisando de orientação e de uma mão firme. Ele decide o resultado que quer a partir da interação com o adolescente e, tendo-se libertado de suas emoções, está pronto para continuar o caminho que mantém o canal de comunicação aberto, a fim de alcançar o resultado desejado: fazer com que Drew corte a grama.

Esta situação ilustra como, colocando os pressupostos da PNL em prática, Dan é capaz de alcançar seu resultado de ter a grama aparada por Drew (por exemplo, o pressuposto de que "a pessoa com maior flexibilidade em um sistema é a vencedora!"). O acordo de cavalheiros é um bônus adicional. A resposta que ele obtém de Drew, quando o adolescente começa a ficar na defensiva, não é obviamente a que Dan quer. Dan tem a flexibilidade para reconhecer os padrões de comportamento de Drew e modificar suas próprias respostas para conseguir seu resultado e, por meio disso, controlar o sistema.

Entendendo o Processo de Comunicação

John Grinder e Richard Bandler descobriram que as pessoas que são mestres em comunicação têm três grupos de habilidades:

- Elas sabem o que querem.
- São muito boas em observar as respostas que obtêm.
- Têm a flexibilidade para modificar seus comportamentos até conseguirem o que querem.

CASOS E CAUSOS

Simon ensinou a Kate algumas lições valiosas sobre como lidar com as pessoas. Simon sempre se controla para manter a calma e geralmente alcança o seu objetivo mesmo nas situações mais difíceis. Ele consegue isso distanciando-se de suas emoções e mantendo seu foco no resultado que deseja. Ele também tenta entender o ponto de vista da outra pessoa, com o propósito de chegar a um resultado satisfatório para ambas as partes.

Cada um de nós processa informações de forma diferente e, assim, reage às situações de forma diferente. Não seria muito útil entender como o cérebro dos outros funciona? Continue a ler para ter algumas dicas.

Processando partes de informações

O professor George Miller conduziu uma pesquisa sobre quantos bits de informações as pessoas podem processar em um dado tempo. Ele chegou à conclusão de que uma pessoa pode reter sete bits de informação, com margem de erro de mais ou menos dois; nove pedaços se a pessoa está se sentindo bem ou tem interesse em um assunto; e apenas cerca de cinco se ela está se sentindo um pouco mal ou não tem interesse no que estão tentando lembrar. Se você não é uma pessoa que consegue desempenhar várias funções ao mesmo tempo, pode ter dificuldade de reter mais de um bit!

Você recebe milhões de informações por segundo. Se você tentasse lidar com esse enorme volume de informações, você ficaria louco. A fim de preservar sua sanidade, você filtra as informações que chegam antes que o seu cérebro as processe e faz as representações internas dessas informações (nós discutimos as representações internas em mais detalhes no Capítulo 2).

Além disso, todas as suas experiências diferentes e filtros influenciam o processo pelo qual você cria estas representações internas dos eventos externos que você percebe através dos seus sentidos.

O caminho pelo qual os estímulos externos do mundo são convertidos em representações internas, em seu cérebro, envolve três processos fundamentais: omissões, distorções e generalizações. As seções seguintes lhe dão uma visão geral resumida destes processos. Para informações mais aprofundadas, vá para o Capítulo 15.

Omissão

Omissões acontecem quando você presta atenção em alguma informação recebida através dos seus sentidos, mas está completamente alheio a outros estímulos. Pense em um professor excêntrico, tão absorto em seu trabalho que sai de casa usando chinelos.

CASOS E CAUSOS

A história de Kate a respeito de sua sogra ilustra muito bem a forma como seu inconsciente realiza omissões. Sua sogra costumava viajar de ônibus para Kennington, em Londres, para trabalhar na Children's Society, uma casa de caridade britânica. Geralmente, ela colocava o lixo para fora antes de voltar para apanhar sua bolsa e sua pasta. Por estar um pouco atrasada, certa manhã ela apanhou as três sacolas: bolsa, pasta e saco de lixo. Quando deu por si, estava sentada no ônibus, achando que o coletivo estava "fedorento" naquela manhã. Percebeu, então, que havia levado seu saco de lixo para dentro do ônibus.

Distorção

A distorção ocorre quando você tira conclusões não necessariamente verdadeiras das informações que chegam através dos seus sentidos: por exemplo, quando uma esposa reclama que seu marido não a ajudou e acredita que ele não liga para ela. Você pode ver o que quiser para reforçar seu ponto de vista em vez de enxergar o que está bem na sua frente. Distorções também podem envolver omissão de informações.

PERSEGUIDO PELO NÚMERO SETE

A seguir, uma citação de George Miller, do artigo "The magical number seven plus or minus two" (em tradução livre: "O mágico número sete mais ou menos dois"):

Meu problema é que tenho sido perseguida por um número inteiro. Por sete anos, esse número me rondou, invadiu as minhas informações mais particulares e me atacou nas páginas dos jornais mais lidos. Este número assume uma variedade de disfarces, sendo, às vezes, um pouco exagerado e, algumas vezes, um pouco menor que o usual, mas nunca mudando tanto a ponto de ficar irreconhecível. A persistência com que esse número me acompanha está longe de ser apenas um acidente do acaso. Há, como disse um senador famoso, alguma intenção escondida. Há algo incomum sobre o número sete ou estou sofrendo de mania de perseguição.

Um cético diria que estar apaixonado é uma forma de distorção, em que você não consegue enxergar a realidade através de seus olhos enamorados, completamente inconsciente das falhas do seu parceiro "perfeito". Talvez você esteja tão entusiasmado por encontrar seu amor verdadeiro, que ignore os aspectos do comportamento da pessoa que podem arruinar a relação a longo prazo.

CASOS E CAUSOS

Romilla estava dirigindo para casa, voltando de Bristol, em uma noite escura, quando começou a chover. Era uma chuva muito fina, uma garoa com neblina. Ela pôde ver uma figura branca, à distância, na calçada. Com o coração apertado, começou a ter uma conversa com seus botões mais ou menos assim...

"Oh, minha nossa, é um fantasma. "

"Não seja estúpida, fantasmas não existem."

"Você sabe que está sendo idiota. Não é um fantasma."

"Sim, é. E se for um fantasma?"

"Mas não é."

"É, sim."

E continuou. Para seu alívio, mas também para o seu desapontamento, apareceu um mendigo com um saco branco cobrindo a cabeça, parecendo realmente fantasmagórico naquela chuva.

Esta história envolve a distorção de uma imagem, mas você também pode distorcer o significado das ações de outra pessoa.

CASOS E CAUSOS

Jacqui tinha um chefe, Tom, que, por causa da sua base cultural, achava muito difícil lidar com mulheres no trabalho e era muito rude em suas interações com as funcionárias. Jacqui interpretou mal o comportamento de Tom e decidiu que ele não gostava dela; ela distorceu os fatos. A situação poderia ter fugido do controle caso Jacqui não houvesse confidenciado suas preocupações para outra colega. Assim que Jacqui entendeu que a formação de Tom é que era a culpada pelo comportamento dele, ela deixou de reagir emotivamente. Como resultado, o comportamento dela passou a refletir mais confiança em si mesma, que resultou na melhora na maneira como Tom a tratava.

Generalização

Você faz uma generalização ao transferir as conclusões às quais chegou a partir de uma experiência para outras situações ou eventos similares. Imagine que você fez um excelente discurso, que agradou a todos. Posteriormente, você pode formar uma generalização de que é bom em falar em público.

As generalizações podem ser úteis; elas o ajudam a construir um mapa cognitivo do mundo. Se você não generalizasse, teria de reaprender o alfabeto e aprender a juntar as letras individualmente, cada vez que fosse ler um livro. As generalizações o permitem fazer o que você já sabe, sem ter de reinventar a roda.

Contudo, elas também podem ser limitadoras. As crenças que você tem em relação ao seu mundo são generalizações, e você dá o seu melhor para deletá-las e distorcê-las para mantê-las com você. Então, em outras palavras, suas generalizações podem se tornar restritivas, pois podem diminuir a probabilidade de você aceitar ou confiar em ações e eventos que não se encaixem com suas noções preestabelecidas.

Esta tendência pode, por sua vez, guiá-lo a profecias autorrealizáveis. Segurança e insegurança são dois lados da mesma moeda. Quando você se sente confiante em fazer algo, as chances são de que você se saia bem por esperar um resultado positivo. Mesmo nas situações incomuns em que as coisas não saiam exatamente como você desejou, você segue adiante. Se você estiver cheio de inseguranças, no entanto, e certo de que algo não vai dar certo ou que ninguém vai falar com você em algum evento, existe uma chance muito grande da sua experiência atender às suas crenças. Você vive uma leve decepção quando alguém ou uma situação não corresponde às suas expectativas? E se sente um pouco vitorioso quando realmente se desaponta? Às vezes, ter suas generalizações negativas confirmadas é mais satisfatório do que se sair melhor do que o esperado em uma situação. Como isso é contraditório!

Dominando as reações pessoais

Quando pessoas diferentes são expostas ao mesmo estímulo externo, elas se lembram do evento e reagem a ele de formas diferentes. A diferença se dá com base em seus próprios metaprogramas, valores, crenças, atitudes, memórias e decisões: nós discutiremos estes aspectos nas próximas seções.

Metaprogramas

Os metaprogramas, discutidos com mais detalhes no Capítulo 8, são filtros. Eles são os caminhos nos quais você revela os seus padrões de comportamento através da sua linguagem. Por exemplo, alguém que tende a dar ordens e agir (o que significa que apresenta comportamentos proativos) pode dizer: "Não dê desculpas, só resultados!". Enquanto isso, alguém que prefere ter tempo para pensar antes de agir (reativo) pode dizer: "Não se afobe, pense em todos os fatores e tenha certeza de que o resultado estará certo."

Se estas tendências forem exageradas e combinadas com uma propensão a generalização, você pode acabar estereotipando as pessoas: por exemplo, "você está falando do Tom, aquele nerd tímido?" (distorção) ou "aquele vendedor típico, sempre atrás de você" (generalização). Contudo, é importante lembrar que as pessoas podem mudar os seus padrões de comportamento, dependendo do ambiente e da situação em que se encontram.

A Tabela 5-1 fala um pouco sobre tendências introvertidas e extrovertidas e o modo como elas afetam o seu processo de filtragem. Ambas as tendências são metaprogramas básicos. Apesar de seus metaprogramas estarem em segundo plano, você tende a ter uma propensão a focar em certos aspectos de metaprogramas particulares, dependendo de situações variadas. Por exemplo, pense em interações sociais e como uma pessoa sociável se comporta em comparação a alguém mais solitário.

TABELA 5-1 **Comparação Entre Metaprogramas Introvertidos e Extrovertidos**

Introvertido	Extrovertido
Deseja ficar sozinho para recarregar suas baterias.	Precisa ter pessoas ao seu redor quando precisa descansar ou relaxar.
Tem poucos amigos com quem tem uma relação profunda.	Tem muitos amigos com quem se relaciona em nível mais superficial.
Pode ter uma indiferença real ou imaginária quanto a sentimentos.	Pode não perceber a indiferença e, se percebe, pode atribuir isso à outra pessoa em um mau dia
Interessa-se por poucos tópicos, que conhece em detalhes.	Sabe sobre muitas coisas, mas não conhece os detalhes, como o introvertido.
Tende a ser mais solitário.	É mais sociável.

LEMBRE-SE

Um introvertido não é superior a um extrovertido, e um extrovertido é tão bom quanto um introvertido.

Uma maneira útil de pensar em como um metaprograma funciona é imaginar uma escala móvel tendendo em direção a um aspecto ou a outro em dado momento e num ambiente específico (como ilustra a Figura 5-2).

No trabalho, onde você é confiante e gosta do ambiente, você pode perceber que se comporta como um extrovertido. Esta tendência permite que suas antenas captem maiores quantidades de informações e o faz perceber contatos e oportunidades que o ajudam na sua função. Ao encontrar colegas de trabalho em um contexto social, no entanto, pode se sentir bastante desconfortável e deslizar pela escala, e até mesmo mostrar tendências introvertidas. Como resultado do seu desconforto, você pode deletar mensagens sutis, que seriam muito óbvias para você quando dentro do familiar ambiente de trabalho.

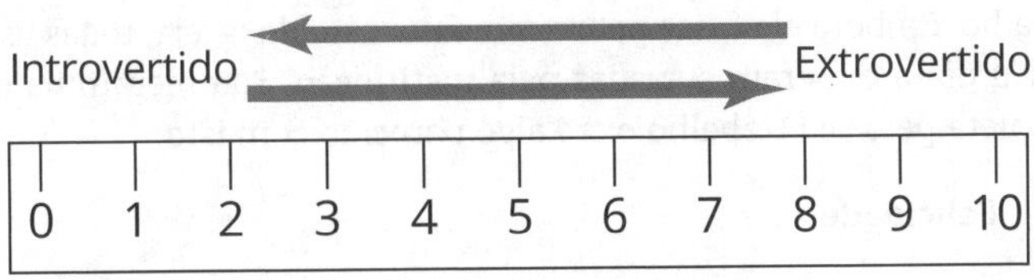

FIGURA 5-2: Os metaprogramas funcionam ao longo de uma escala móvel.

DICA

Os extrovertidos podem realmente irritar seus amigos e conhecidos mais introvertidos. Então, extrovertidos, por favor, tenham cuidado com o tom quando encontrarem alguém que talvez não seja tão receptivo quanto vocês, e tenham cuidado para não invadir o espaço do outro!

CASOS E CAUSOS

Um extrovertido estudioso da PNL (um que pratica a PNL com todos e tudo, todo o tempo) dançava com uma pobre introvertida que encontrou em uma festa, bailando por todo o salão, invadindo o espaço corporal da moça, que continuava a movimentar-se na tentativa de recuperar seu espaço corporal, mas sem resultado.

ALERTA DE JARGÃO NA PNL

Lembrando que as pessoas podem mostrar tendências diferentes em ambientes diferentes, você pode pensar de que lado da escala está mais próximo? Tem algum palpite ao avaliar seus amigos e parentes? Eis uma dica: a resposta para a pergunta "você prefere estar acompanhado ou ficar sozinho quando precisa recarregar suas baterias?" pode dar-lhe uma pista muito forte das tendências de alguém.

Alguns extrovertidos podem ter uma ligação muito forte com seus animais de estimação e buscam a companhia de um amigo de quatro patas em vez de procurar outros humanos quando precisam recarregar a bateria.

Valores

Seus valores também são filtros inconscientes, embora menos do que os metaprogramas, descritos na seção anterior. Você aprende seus valores, quase que por osmose, de seus pais e parentes próximos por volta dos seus sete anos de idade, e a partir daí, com seus colegas e amigos. Os valores são o que o motivam a fazer alguma coisa, mas eles também podem atuar como freios, que o impedem de alcançar seus objetivos. Esses são fatores importantes para você e o permitem avaliar se alguma coisa que você fez ou está pensando em fazer é boa ou ruim. Eles influenciam a maneira como você deleta, distorce ou generaliza informações de estímulos recebidos.

Os valores são organizados em uma hierarquia, com o mais importante deles no topo da escada. Exemplos de valores são: saúde, riqueza, felicidade, honestidade, amizade, satisfação no trabalho, e por aí vai. Você pode descobrir mais a respeito de valores no Capítulo 3.

CASOS E CAUSOS

James trabalhava para uma instituição de caridade e ajudava a organizar um programa educacional na África. Ele tinha uma família jovem e adorava seu trabalho. Embora ele fosse pobre como um rato de igreja, todas as necessidades do seu dia a dia eram supridas pela instituição. Sua hierarquia de valores era completa pelo seu trabalho e era algo parecido com isto:

1. **Felicidade**
2. **Melhorar a vida do próximo**

3. **Estar com minha família**
4. **Liberdade**
5. **Diversidade**
6. **Rede de amparo**

Estes valores foram obtidos a partir da seguinte pergunta a James: "O que importa para você no seu trabalho?"

Pelos valores de James estarem sendo satisfeitos, ele não prestava atenção (omissão) a qualquer outra oferta de emprego que lhe aparecia, por maior que fosse o salário, pensando que os outros aspectos que ele valorizava do seu trabalho seriam prejudicados. Ele admite que embarcou em uma distorção de que todo (generalização) interesse ocidental na África visa a explorar a população local. Todavia, mais tarde, ele percebeu que, em alguns casos, esta visão era simplesmente uma desculpa para que algumas pessoas não se responsabilizassem por suas próprias vidas.

LEMBRE-SE

Os valores são muito contextuais, o que significa que alguns deles se aplicam apenas em certas áreas de sua vida, e sua importância hierárquica também muda, dependendo de qual aspecto da sua vida você está observando. Os valores de James eram relevantes apenas na área do seu trabalho.

PASSATEMPO NA PNL

Para saber quais valores são importantes para você em determinada área da sua vida, você tem de parar, se afastar da correria da vida e pensar! Para isso, siga estes passos:

1. **Escolha um aspecto da sua vida em que você pode não ser tão bem-sucedido quanto gostaria.**

   Você pode usar o trabalho ou pensar sobre relacionamentos, formação, o ambiente em que vive, etc. O Capítulo 4 traz mais sugestões.

2. **Faça uma lista do que é importante para você neste contexto.**
3. **Olhe para a lista e pense outra vez. Você precisa acrescentar algo que esteja faltando e que seja importante para você?**
4. **Organize a lista em ordem de importância.**

   Pergunte-se se o seu segundo valor é, de fato, mais importante que o terceiro, ou se quinto valor deve mudar para a segunda posição.

5. **Para cada valor, você consegue identificar como pode estar fazendo uma omissão, distorção ou generalização que está atrapalhando a concretização do seu desejo?**

   É uma questão primordial!

6. **Observe também se algumas decisões restritivas são armadilhas que podem impactar os seus valores.**

Nós tratamos das decisões restritivas a seguir, na seção "Decisões".

CASOS E CAUSOS

Durante uma sessão de relaxamento profundo, James lembrou-se que, quando tinha cerca de seis anos de idade, seus pais discutiram a respeito do aumento do aluguel proposto pelo proprietário da casa onde moravam. Ele recordou-se do quanto seus pais pareciam preocupados. James se deu conta de que havia formado uma crença de que pessoas ricas eram mesquinhas e más.

Crenças

As crenças são realmente poderosas; elas podem impulsioná-lo para o sucesso ou levá-lo ao mais profundo fracasso, pois, parafraseando Henry Ford, "se você acredita que pode ou que não pode... você está certo".

Suas crenças são formadas em todos os tipos de formas inconscientes. Você aprendeu que é muito talentoso com seus pais, que não pode desenhar com o seu professor, que tem de apoiar seus amigos com seus companheiros, etc. Em alguns casos, como quando seu professor lhe disse que você é incapaz de desenhar, você elimina qualquer oportunidade que tenha de aprender a desenhar. Afinal, foi um professor quem disse que você não conseguia desenhar.

As crenças podem começar como um zumbido em sua mente (lembra-se de Morpheus conversando com Neo no filme Matrix?) e, como irritam e incomodam, você começa a encontrar exemplos que validam esse barulhinho; e, após um período de tempo, desenvolve uma crença concreta.

DICA

Escolha as suas crenças com muito cuidado, porque elas têm a tendência de tornarem-se profecias autorrealizáveis!

Atitudes

Sua atitude é o seu modo de pensar a respeito de um assunto ou talvez um grupo de pessoas: ela diz aos outros como você se sente ou o seu estado mental sobre alguém ou alguma coisa. É um filtro do qual você está muito consciente e é constituído por um conjunto de valores, crenças e opiniões sobre um assunto específico. Mudar uma atitude é muito desafiador porque o seu consciente está envolvido ativamente na construção e apreensão de atitudes.

Você pode ter alguma consciência da atitude de outra pessoa a partir do que ela diz ou como se comporta. No trabalho, alguém que se esforça mais e é bem-humorado é considerada uma pessoa com uma boa atitude, ao passo que alguém que foge das responsabilidades e não utiliza todas as suas habilidades é mal vista.

Por sua atitude ser baseada em seus valores e crenças, ela afeta suas habilidades ao fazer com que se comporte de certa forma. Alguém com uma atitude positiva sempre espera um resultado positivo. Demonstrando uma conduta agradável e prestativa, uma pessoa influencia as outras a comportarem-se num mesmo estado de espírito.

PASSATEMPO NA PNL

Da próxima vez que estiver com uma pessoa propensa a lamentar-se, experimente fazer com que ela contraia o seu vírus da positividade. Se encontrar alguém se queixando de ter que pagar contas, pergunte se ele gostaria de morar em uma caixa de papelão e dormir numa calçada, lembrando à pessoa de que mendigos não precisam pagar contas. Se você conhece uma pessoa que vive falando mal das manhãs de segunda-feira e de todas as tarefas que tem pela frente, lembre-a de como será a tarde de sexta ao ver todo o trabalho concluído. Ou se ouvir uma pessoa falando mal de outra, diga algo positivo a respeito da vítima. Diga ao reclamão que quem tem uma atitude positiva em relação à vida é menos estressado e vive bem mais. Você pode até ver este mesmo reclamão fazendo algo bom e decidir elogiá-lo!

Memórias

Suas memórias determinam como você se previne e como se comporta e se comunica com os outros. Memórias do seu passado podem afetar o seu presente e o seu futuro. O problema ocorre quando suas memórias não permanecem na ordem em que são registradas. Quando as memórias se misturam, elas trazem à tona todas as emoções de quando realmente aconteceram. Com isso nós queremos dizer que a sua experiência atual invoca memórias antigas, e você acaba reagindo às suas memórias e emoções do passado em vez de a experiência que está vivenciando.

CASOS E CAUSOS

Tamara trabalhava com uma mulher chamada Sheila, e o relacionamento entre elas era complicado, para colocar de forma suave. Sheila era uma brigona de primeira, que concentrava suas atenções em Tamara. Para piorar, Sheila era supervisora de Tamara. Quando, muito aliviada, Tamara conseguiu um novo emprego, ela viu que estava trabalhando, em uma situação muito parecida, com uma outra Sheila. Por sua nova colega também se chamar Sheila e ser sua superior, Tamara demorou um certo tempo para convencer- -se de que a segunda Sheila era, na verdade, uma pessoa adorável, e, até que ela aceitasse essa nova realidade, era muito cautelosa quanto a ela. Se suas memórias tivessem permanecido na ordem correta, Tamara não teria revivido as memórias e emoções negativas do passado. Ela fez generalizações e distorções acerca da segunda Sheila a partir da experiência com a primeira.

Decisões

Suas decisões estão intimamente ligadas às suas memórias e afetam todas as áreas da sua vida. Esta habilidade é especialmente importante porque diz respeito a decisões que limitam as opções que você sente ter na vida — o que a PNL denomina decisões restritivas. Exemplos de decisões restritivas incluem:

"Não consigo escrever", "o dinheiro é a origem de todos os males, então, para ser bom, eu não devo ser rico" e "se eu fizer dieta, não poderei saborear a minha comida".

Muitas de suas decisões restritivas são criadas inconscientemente; algumas, quando você é muito jovem, podem ser esquecidas. Conforme você cresce e se desenvolve, seus valores podem mudar, e você precisa reconhecer e repensar quaisquer decisões que o estejam atrapalhando.

CASOS E CAUSOS

Na seção anterior, "Valores", nós falamos sobre James, que trabalhou na África por muitos anos. Bem, quando James retornou à Inglaterra, ele estava ainda mais pobre, e tinha, agora, de sustentar sua família sem a ajuda da instituição para a qual trabalhava. Pensando sobre sua situação, ele estabeleceu um novo conjunto de valores, que ficou assim:

» Felicidade
» Melhoria de vida
» Vida familiar
» Segurança
» Independência financeira
» Diversidade

Ao decidir que precisava de liberdade financeira, ele percebeu que a crença cultivada por ele desde pequeno, de que pessoas ricas eram gananciosas e más, o estava impedindo de sustentar sua família. Ele pensou como poderia ganhar um bom dinheiro, ajudar as pessoas e ficar perto da mulher e dos filhos. Atualmente, James é extremamente feliz, tem uma vida financeira bastante confortável e ajuda a melhorar vidas. Como? Ele concluiu seu mestrado em Administração de Empresas com PhD em Psicologia. E viaja com sua esposa, ministrando workshops por todo o mundo.

Experimentando a Comunicação Efetiva

Como mostram as seções anteriores, muito da forma como você pensa e se comporta é inconsciente; suas respostas são formadas e impactadas pelos seus valores, crenças, memórias, etc. Felizmente, você não tem de estar à mercê do seu inconsciente.

DICA

Estando consciente, você pode, de fato, ter controle sobre a sua comunicação com os outros, e isso é, na verdade, um pensamento libertador e poderoso. Apenas tenha estes indicadores em mente:

» **Organize na sua mente antes de falar:** Pense no resultado que você deseja ao interagir com as pessoas, e fale e comporte-se tendo aquele objetivo em mente.

» **Comporte-se gentilmente:** Este conhecimento lhe confere poder, e isso, como todos sabemos, pode corromper. Por outro lado, o poder também pode livrá-lo do medo. Poder também o permite trabalhar com generosidade e gentileza, e, desta forma, com o conhecimento do modelo de mundo de uma outra pessoa, você pode chegar a conclusões satisfatórias para ambos os lados.

NESTE CAPÍTULO

Explorando o surpreendente poder dos seus sentidos

Entrando verdadeiramente em contato com o mundo ao seu redor

Observando como as pessoas pensam de forma diferente pela linguagem que elas preferem

Observando e decifrando os movimentos oculares das pessoas

Capítulo 6

Ver, Ouvir e Sentir. Os Meios para uma Comunicação Melhor

No Capítulo 1, nós o introduzimos aos quatro pilares principais da PNL. Um destes importantes elementos é o que a PNL chama de acuidade sensorial, a habilidade de entender como as pessoas percebem o mundo e criam suas próprias realidades através de seus sentidos.

Por um minuto, imagine uma criatura especial com percepção pessoal altamente desenvolvida. Bem, na verdade, esta criatura é você. Você caiu neste mundo como um novo bebê humano, pronto para descobrir tudo sobre o ambiente a sua volta. A menos que tenha nascido com algum tipo de debilidade, você nasce como uma pequena máquina de aprender, com olhos, ouvidos e senso de olfato, paladar e tato; além das mais variadas características humanas — a habilidade de vivenciar uma conexão emocional com os outros.

Ao passo que se desenvolve, você forma mapas mentais do mundo e adquire hábitos de pensamento e comportamento ao longo de sua infância. Descobre como aprender sobre o mundo em certos termos que funcionam mais para você ao observar, tocar, sentir o gosto e o cheiro das coisas, além de ouvir as palavras.

A PNL o estimula a se tornar curioso a respeito de como você forma este mapa mental. Compreender como você utiliza seus sentidos para representar suas experiências o capacita a reparar como suas percepções são delineadas, influenciando, assim, sua habilidade de se comunicar com outras pessoas.

Você já ouviu que quando não utilizamos uma habilidade nós a perdemos? Através das suas experiências de vida, você se torna condicionado, o que pode fazer com que fique um pouco preguiçoso quando o assunto é aprendizado. Ao descobrir que é bom em fazer algo de certa maneira, aquele será o método que você seguirá utilizando. Então, suponha que, quando criança, você pintava quadros, cantava ou dançava, e adorava fazer e receber apoio de um professor. Claramente, você era mais propenso a concentrar mais atenção naquela área bem-sucedida, na qual mostrava mais comprometimento do que em outras atividades.

A mesma coisa pode acontecer com sua acuidade sensorial. Você se torna muito bom na utilização de um método de pensamento, processamento e, de fato, em compartilhar informações em um contexto particular, que fica mais natural focar conscientemente naquele sentido do que nos outros. É claro que você utiliza seus outros sentidos, mas não está consciente deles. Por exemplo, quando você assiste a um filme em 3D, pode não estar tão consciente da trilha sonora como acontece com as imagens em frente aos seus olhos.

Leonardo da Vinci dizia que um ser humano comum "olha sem ver, escuta sem ouvir, toca sem sentir, come sem saborear, movimenta-se sem a consciência física, inala sem a consciência do odor ou da fragrância e fala sem pensar".

Que convite para o desenvolvimento pessoal!

Neste capítulo, nós o convidamos a testar algumas maneiras novas de se comprometer com o mundo, afinando seus sentidos incríveis e percebendo que diferenças acontecem na sua vida ao se fazer isso. Você pode esperar ansiosamente pela diversão e autoconhecimento ao longo do caminho.

Confrontando os Sentidos

O modelo da PNL descreve a forma pela qual você experimenta o mundo externo — que, por falar nisso, é chamado de vida real — através dos seus cinco sentidos: visão, audição, tato, olfato e paladar.

Repare o que acontece dentro da sua cabeça e no seu corpo, por exemplo, quando escrevemos: "Pense numa refeição deliciosa que você já comeu." Você pode ver uma imagem da mesa cheia de pratos coloridos, ouvir o som dos talheres e um garçom lhe falando a respeito dos pratos do dia ou um amigo batendo um papo na cozinha. Talvez você note uma expectativa gostosa dentro de você enquanto os aromas da comida enchem o ambiente, ouve o som de uma garrafa de vinho sendo aberta ou sente um copo de água bem gelada em sua mão; então, você prova a primeira garfada: uma experiência deliciosa e multissensorial. E você está apenas pensando sobre isso.

Até agora, você pode não ter pensado em como você pensa (o processo), apenas no que pensa (o conteúdo). No entanto, a qualidade do seu pensamento determina a qualidade da sua experiência. Então, o como é tão importante, se não for mais importante, quanto o conteúdo.

Esta seção faz uma introdução de algumas dimensões dos seus processos de pensamento, dos quais você pode nunca ter tomado consciência anteriormente. Ao passo que você abre sua consciência para como pensa e compreende o mundo, alguns fatos interessantes acontecem. Você passa a perceber que pode controlar como pensa sobre uma pessoa ou situação. Você também pode decidir que a vida pode ser bem mais gratificante quando você passa a pensar de forma diferente ao dar mais atenção a sentidos diferentes.

Filtrando a realidade

Ao vivenciar a realidade, você filtra e faz uma seleção das informações do seu ambiente em três vias, conhecidas na PNL como visual, auditivo e cinestésico — VAC, para encurtar:

- **Dimensão visual:** Algumas pessoas enxergam imagens claras das visões.
- **Dimensão auditiva:** Outras pessoas têm afinidade com ouvir os sons.
- **Dimensão cinestésica:** Um terceiro grupo percebe os aspectos emocionais ou táteis — elas vivenciam uma consciência corporal (para nossos propósitos, nós incluímos o olfato e o paladar neste grupo).

Por um momento, pense na sua experiência ao ler este Para Leigos. Todo mundo que escolhe este livro percebe o visual, o som e se sente de forma diferente quanto a ele. Pegue três leitores individualmente. O primeiro escolhe o livro por causa do layout simpático e charges engraçadas. O segundo aprecia o que é dito e discutido no texto. O terceiro gosta da textura ou do cheiro do papel, ou tem certeza de que será muito interessante ter contato com ele. Talvez sua experiência com o livro seja uma mistura destes três sentidos.

Observe como é para você. Ao utilizar este livro, passe a reparar como você prefere absorver informações. Comece a observar quais páginas prendem mais a sua atenção. O que funciona mais para você? Você é mais influenciado pelas palavras, figuras ou sentimentos?

No dia a dia, você acessa naturalmente seus sentidos VAC. No entanto, em qualquer contexto particular, um sentido pode dominá-lo. Ao passo que se torna mais sensível às três vias de sentidos (visual, auditivo e cinestésico) no trabalho e lazer, nós prometemos que você será beneficiado por este exercício.

Imagine, por exemplo, que você queira mudar um cômodo da sua casa. Você pode ter pensado sobre esta tarefa apenas em termos visuais — que cores escolher para as paredes ou que estampas para os tecidos. Se você passa a se comprometer com a dimensão auditiva, pode pensar sobre os sons dos objetos no cômodo, aquele piso que range, a música ou papos que quer ouvir e ter lá, e como acabar com o barulho do trânsito lá fora ou deixar entrar o som dos pássaros cantando. Ou, o que acontece se você considerar o espaço em termos de textura — a dimensão cinestésica? Talvez, então, você escolha um tapete felpudo e aveludado ou esteiras. Você pode ter paredes de tijolo aparente ou preferir um novo acabamento de gesso lisinho, dependendo do sentido que mais te domina.

No contexto do aprendizado, quando você ouve a respeito de VAC, pode começar a ter experiências com formas diferentes de absorver informação. Digamos que no passado você tenha estudado algum idioma ouvindo CDs em seu carro. Talvez, agora, em vez disso, você possa fazer mais progresso ao assistir filmes e peças estrangeiras, ou ao praticar esportes, marcando jantares ou tendo aulas de dança com nativos daquela língua. Quando as pessoas descobrem como desenvolver suas habilidades de acesso a imagens, palavras e sentimentos, elas frequentemente descobrem talentos dos quais não tinham conhecimento.

CASOS E CAUSOS

Quando Kate começou a aprender italiano com sua amiga Paola, em Abruzos, ela, inicialmente, queria ver tudo escrito num papel para que se lembrasse da pronúncia que tinha ouvido; e ela sentia que deveria aprender o vocabulário por repetição. Paola a encorajou a relaxar num sofá bem confortável após cada lição, ouvir o que havia praticado anteriormente e deixar que as palavras fossem absorvidas naturalmente. Esta abordagem salvou Kate de ficar ansiosa sobre como ela lembraria todo o conteúdo e tornou a experiência divertida.

Como uma professora que estudou PNL, Paola reconheceu duas coisas importantes: alunos aprendem melhor quando estão em estado imaginativo; e alunos têm suas próprias formas de aprender.

ALERTA DE JARGÃO NA PNL

Um estado imaginativo é um daqueles estados em que você é capaz de estar aberto, curioso para aprender e capaz de acessar todos os recursos de que precisa para resolver qualquer problema com o qual esteja lidando. Os recursos que você acessa podem ser internos — como sua característica natural de desejo de aprendizado — ou externos — que incluem outras pessoas ou dispositivos técnicos. Em um estado imaginativo, você tem a sensação de que está se comportando com um propósito, onde tem opções, em vez de com um efeito, onde você se sente sem poder e que aquela vida é projetada para você.

ALERTA DE JARGÃO NA PNL

Na linguagem da PNL, os canais diferentes através dos quais os seres humanos representam ou codificam informações internamente utilizando seus sentidos são chamados de sistemas representativos, também conhecidos como modalidades (em PNL, falar sobre a modalidade visual é o equivalente a falar do sistema representativo visual). Você também pode ouvir especialistas em PNL falarem em sistemas rep., para abreviar, preferências VAC ou sistema representativo preferencial. Características visuais, auditivas e cinestésicas formam os sistemas representativos principais. As submodalidades são as características de cada sistema representativo, tais como cor e brilho (visual), intensidade e tom (auditivo) e pressão e temperatura (cinestésico).

As palavras sensoriais específicas (como "imagem", "palavra", "sentimento", "cheiro" ou "paladar") que utilizamos — sejam elas substantivos, verbos ou adjetivos — são chamadas de predicados. Mais exemplos destes predicados são dados na Tabela 6-1, que você pode encontrar na seção "Construindo rapport através das palavras", mais adiante neste capítulo.

Ouvindo como as pessoas estão pensando

Seres humanos fazem naturalmente uma mistura rica e deliciosa das dimensões VAC, ainda que as pessoas tendam a preferir uma modalidade sobre outras.

PASSATEMPO NA PNL

Como você decide se você ou os outros têm uma preferência pela dimensão visual, auditiva ou cinestésica? Para descobrir mais sobre suas modalidades primárias, experimente o divertido questionário a seguir em você mesmo e com amigos e colegas — este não é um teste científico, mas ele leva apenas alguns minutos para ser feito:

1. **Para cada uma das afirmativas seguintes, circule a opção que melhor o descreve.**

   1) **Eu tomo decisões importantes baseado em:**

      a) Entender os pontos importantes de forma clara

      b) Nas opções que me parecem melhores

      c) O que me parece certo

   2) **Quando participo de uma reunião ou apresentação, eu a considero bem-sucedida quando as pessoas:**

      a) Ilustram os pontos-chave claramente

b) Articulam argumentos plausíveis

c) Entendem as questões reais

3) As pessoas sabem se estou em um bom ou mau dia:

a) Pelo jeito que me visto ou me apresento

b) Pelos pensamentos e sentimentos que exponho

c) Pelo tom da minha voz

4) Se eu tenho um desentendimento, sou mais influenciado:

a) Pelo que a outra pessoa fala

b) Pela minha percepção da outra pessoa

c) Pela conexão com os sentimentos da outra pessoa

5) Eu sou muito consciente:

a) Dos sons e barulhos a minha volta

b) Do toque de roupas diferentes em meu corpo

c) Das cores e formas a minha volta

2. Copie as letras das suas afirmações preferidas de acordo com o seguinte:

1a C	2a V	3a V	4a A	5a A
1b A	2b A	3b C	4b V	5b C
1c V	2c C	3c A	4c C	5c V

3. Some quantos Vs, As e Cs você tem.

4. Confira como você foi!

Você obteve mais Vs, As ou Cs, ou seu total foi empatado? Cheque suas preferências a seguir e veja se nossas explicações fazem algum sentido para você:

» **V — visual:** Uma preferência visual pode significar que você é capaz de ver seu caminho claramente, manter seus olhos nas coisas e ter visão em longo prazo. Você pode gostar de imagens visuais, design, assistir a esportes e dos símbolos envolvidos no estudo da Física, Matemática ou Química. Pode ter necessidade de viver ou trabalhar em um ambiente com design bastante atrativo.

- **A — auditivo:** Uma preferência auditiva pode significar que você é capaz de se conectar com novas ideias, manter relacionamentos harmoniosos e que você fica feliz em saber mais sobre as pessoas e ouvir as opiniões dos outros. Você pode gostar de música, teatro, escrever, falar e de literatura. Talvez seja muito ligado aos sons do seu ambiente.
- **C — cinestésico:** Uma preferência cinestésica pode significar que você é capaz de lidar com novas tendências, manter o equilíbrio e se manter preso à realidade. Você pode gostar de esportes de contato, atletismo, escalada e trabalhar com materiais — eletrônica, artesanato, ser cabeleireiro ou trabalhar na construção civil. Você pode ser sensível a texturas e ao seu ambiente.

Na Inglaterra e nos Estados Unidos, pesquisadores estimam que o visual é o estilo dominante em aproximadamente 60 por cento da população; o que não é de se estranhar, dado o bombardeio diário que sofre nossa visão.

LEMBRE-SE

Tenha cuidado ao rotular as pessoas como visuais, auditivas ou cinestésicas — uma generalização grosseira. Em vez disso, pense nas pessoas como tendo uma preferência ou comportamento habitual num contexto particular, não identidades. Esteja ciente, além disso, de que um sistema não é melhor ou pior do que os outros (é necessário operar em todos os modos diferentes, mesmo que isso aconteça inconscientemente). Os sistemas são simplesmente caminhos diferentes de absorção, processamento e expressão de informações, ao passo que você vivencia o mundo a sua volta. Afinal de contas, cada ser é único.

Ouça o Mundo das Palavras

A noção de consciência sensorial não é nova; nasceu lá atrás, nos tempos do filósofo grego antigo Aristóteles, que falava a respeito dos sentidos em seu livro Da Alma. O psicólogo do século XIX, William James, foi o primeiro a discutir a primazia das modalidades, à qual a PNL se refere como os sistemas representativos visual, auditivo e cinestésico (verifique a seção anterior "Confrontando os Sentidos").

Antigamente, na PNL, seus idealizadores, Richard Bandler e John Grinder, ficaram fascinados por como as pessoas utilizavam a linguagem de formas variadas. A noção geral da PNL das modalidades surgiu de seus seminários e grupos de estudo, quando eles identificaram padrões de fala ligados aos sentidos VAC. Pessoas representam suas experiências através de seus sentidos, e, então, a PNL passou a chamá-los de sistemas representativos (ou modalidades).

Os sistemas representativos são muito mais do que canais de informações absorvidos através dos olhos, ouvidos e mãos. O termo se refere a todo um sistema complexo de atividades, que incluem recebimento, processamento, armazenamento, recuperação e, então, expressão.

Por exemplo, você pode receber uma informação através dos seus olhos — tal qual a imagem do rosto de uma pessoa querida — e processar mentalmente aquela informação, armazená-la para o futuro, recuperar esta memória da próxima vez que se sentir um pouco triste e dizer a si mesmo: "Deixe pra lá, as coisas vão estar melhores amanhã." Tudo isso acontece fora da sua consciência.

A linguagem diária que você utiliza fornece dicas para o seu sistema representativo preferencial, aquele que você desenvolve ao longo da sua vida. Para reforçar suas próprias habilidades de comunicação, ouça os tipos de palavras que as pessoas usam e pergunte a si mesmo se estas palavras são visuais, auditivas, cinestésicas ou neutras (sem especificidade sensorial). Você pode encontrar todos os tipos de dicas hábeis, como o que está acontecendo dentro da cabeça das pessoas e se elas são mais reativas a imagens, palavras ou sons. Você pode, então, perceber que tipo de linguagem é a indicada para obter a melhor resposta de uma pessoa.

Construindo rapport através das palavras

Em nossas próprias sessões de treinamento, nós testamos frequentemente o método dos sistemas representativos e observamos como grupos com as mesmas preferências podem construir rapport tão fácil e rapidamente. Tais pessoas acham que se relacionar com aqueles que "falam a sua língua" é naturalmente mais fácil.

Então, o que você pode fazer quando percebe que está falando uma língua "diferente" e a conversa se torna mais difícil? Comece por ouvir mais e identificar a linguagem preferencial da outra pessoa. Então você estará em ótima posição para ajustar seu padrão de linguagem até que ele se alinhe com aqueles a sua volta e, por consequência, construirá rapport através das similaridades de seus padrões de comunicação.

A Tabela 6-1 lista algumas das palavras e frases sensoriais específicas — os predicados VAC, mencionados previamente na seção "Filtrando a realidade" — que você ouve as pessoas dizerem. Você pode começar a montar sua própria lista e observar quais palavras são ditas ou escritas por você com frequência. Quando você tiver dificuldade em se comunicar com certas pessoas, observe se você está preso em vícios da sua própria linguagem.

TABELA 6-1 Expressões e palavras VAC

Visual	Auditivo	Cinestésico
Brilho, em branco, claro, cor, turvo, focado, gráfico, iluminado, à vista, luminosidade, perspectiva, visão	Discutir, perguntar, surdo, debater, alto, harmonia, melodia, franqueza, pergunta, ressoar, dizer, gritar, guincho, cantar, contar, sintonizar, pronunciar, som, vocal, berro	Frio, elasticidade, excitação, percepção, firmeza, fluidez, agarrar, movimentar, empurrar, sólido, pingo, toque, marcha, peso
Parece que...	Isso soa como...	Eu sinto que...
Um vislumbre de realidade	Como você diz	Remodelamos o trabalho
Visualizamos nossos interesses	Ouvi dos seus próprios lábios	Mover-se
É um jeito novo de ver o mundo	Quem está sintonizado?	Atingir o objetivo
Agora, olhe aqui	Fácil de ouvir	Ter uma sensação
Está claro	Importante me fazer esta pergunta	Resolver problemas
Colírio para os olhos	Palavra por palavra	Ser chato
Vejo que você quer dizer...	Estamos no mesmo nível	Duro como uma rocha
Luz no fim do túnel	Entrar	Cada coisa a seu tempo
Parece que...	Música para os meus ouvidos	Conduzir uma organização
Que dia brilhante	Parece familiar	A pressão é grande

Também existem algumas palavras olfativas e gustativas, como as seguintes: fragrância, fresco, suculento, odor, picante, salgado, cheiro, defumado, azedo, apimentado, doce e bafo.

Muitas palavras em seu vocabulário não possuem nenhuma ligação com sentidos. Estas palavras são não sensoriais e, por serem neutras, você não as conecta nem desconecta com a modalidade de outras pessoas. Palavras neutras incluem as seguintes: analisar, responder, escolher, comunicar, complexo, educar, experimentar, favorito, imaginar, aprender, questionar, lembrar, transformar, pensar, entender, utilizar e desejar.

Quando os pensamentos e palavras das pessoas são altamente lógicas, conceituais e fora da linguagem sensorial, a PNL chama este estilo de processamento digital. Documentos de companhias de seguros são tipicamente de linguagem digital, como no seguinte exemplo: "A obrigação de prover esta informação continua até o momento em que existe um contrato de seguro concluído. Falhas no processo conferem aos fiadores, caso queiram, a evitar que o contrato do seguro entre em vigor e, então, os permite repudiar a responsabilidade."

RICO OU DIGITAL?

CASOS E CAUSOS

Em qualquer meio social, as pessoas desenvolvem seus próprios estilos de linguagem rápida com parceiros de trabalho, amigos e família. Ouça a um grupo de médicos, adolescentes ou construtores; eles têm suas próprias maneiras de comunicar uma mensagem de forma rápida e eficiente.

Baseados em nossa experiência pessoal, podemos generalizar de forma segura que muitas pessoas da área dos negócios, e especialmente aqueles que trabalham com TI, estão altamente familiarizadas com seu estilo próprio de linguagem digital. Cercados por tecnologia, eles se esquecem de como inserir qualquer palavra sensorial específica em sua comunicação (até que descubram a PNL, lógico!).

Questões de comunicação surgem quando pessoas de quaisquer grupos são expostas a outros grupos.

Com muita frequência, pessoas não entendem a linguagem corporativa. Apenas compare o roteiro de uma apresentação de *Morte por Powerpoint* em empresas por todo o mundo com o discurso inspirador "Eu Tenho um Sonho", de Martin Luther King, e você entenderá porque muitos executivos dormem pesado em frente a seus computadores no meio da tarde.

A solução está na paixão. Quando uma pessoa vive sua paixão e deseja dividi-la com o mundo, ela naturalmente compromete todos os seus sentidos, e esta realidade é refletida nas palavras que ela fala. Se você analisar os discursos de Barack Obama ou Winston Churchil, ou a narração de uma série de TV sobre o renomado naturalista David Attenborough, perceberá a riqueza e a utilização das palavras sensoriais específicas nestes discursos.

Estimulando os tradutores

Duas pessoas podem, às vezes, lutar para se comunicar, apesar de compartilharem pontos de vista parecidos, pois falam com estilos de linguagem diferentes. Uma pode utilizar um estilo auditivo, por exemplo, e outra um estilo visual ou cinestésico. Para ser um comunicador eficaz, você precisa ser capaz de fazer duas coisas: conhecer seu próprio estilo ou modalidade preferidos e também praticar os demais.

Você, alguma vez, já ouviu uma discussão que se pareça com a seguinte entre um gerente e um membro da equipe no trabalho? Para demonstrar os estilos de linguagem diferentes, nós mostramos os predicados (as palavras e expressões sensoriais específicas) em itálico:

> Gerente (Betty): "Eu posso *ver* seu ponto de vista sobre sua avaliação." (Visual)

Funcionário (Bill): "Bem, nós podemos *falar* sobre isso mais adiante?" (Auditivo)

Betty: "Está perfeitamente *claro* para mim — só não está *preto no branco*." (Visual)

Bill: "Se você discutisse sobre isso, o ambiente poderia ficar mais harmonioso." (Auditivo)

Betty: "Olhe um pouco mais de perto. Eu tenho certeza de que você vai ganhar uma perspectiva melhor." (Visual)

Bill: "Você nunca *escuta*, não é mesmo? Fim de *conversa*." (Auditivo)

Betty, a gerente, permanece com linguagem visual, e o funcionário, Bill, está preso no modo auditivo: eles estão desconectados e sem nenhum progresso.

Aqui está como uma terceira pessoa — talvez Bob, do recursos humanos ou outro departamento — que pode ajudar a amenizar a disputa:

1. **Bob recapitula a situação no modo visual de Betty e no modo *auditivo* de Bill. A conversa segue mais ou menos assim:**

   "Então, Betty, parece que você tem uma imagem clara da situação (visual). E, Bill, você ainda tem algumas questões importantes a *serem ditas* (auditivo)." Movimentos de cabeça positivos.

2. **Então, Bob entra no terceiro sistema (cinestésico), o que é um terreno neutro para as duas partes.**

   "Vocês dois querem resolver o problema, seguir adiante e tirá-lo do cronograma. Então, o que acham de colocarmos tudo para fora, por uma hora em minha sala, reformularmos o problema e, finalmente, acabarmos com ele?"

CASOS E CAUSOS

Uma de nossas colegas de trabalho, Helen, era um pouco cética quanto às diferenças de linguagem, quando se viu, pela primeira vez, curiosa sobre a PNL. Até que viveu um daqueles maravilhosos momentos de iluminação quando descobriu seus próprios sistemas representativos e decidiu brincar com eles em casa, antes de testá-los na vida profissional. Ela percebeu como seu marido, Peter, às vezes se fechava e parecia pouco interessado quando ela queria falar sobre decisões importantes. Ela perguntou a si mesma se mudar as palavras que usava daria algum resultado.

Helen diz: "Eu sempre estava pronta para falar com ele sobre questões maiores, como em qual escola matricular nossas filhas ou se nós deveríamos gastar uma bolada na reforma da cozinha, e ouvir apenas um 'sim, tudo bem' ou 'não, agora não'. Eu percebi que, tendo uma forte preferência cinestésica, eu sempre começava a conversa com: 'Peter, o que você pensa sobre XYZ?' Também percebi que ele usava muito a linguagem visual. Então, eu compreendi que deveria tentar perguntar da seguinte forma: "Peter, como você vê a questão de XYZ?"A diferença, quando eu passei a jogar com isso e inserir mais palavras visuais no papo, foi bastante surpreendente. Foi tão fácil fazer a mudança que, num instante, eu ganhei a atenção dele. Foi como mágica!"

A PNL diz que todos temos a capacidade de desenvolver nossos sistemas representativos ao, simplesmente, nos esforçar em desligar o celular para ver o que está acontecendo a nossa volta.

Como em qualquer sistema, operar uma mudança em uma parte causa um efeito em todas as outras, e esta mudança começa ao se prestar atenção ao que está acontecendo a nossa volta.

Conhecendo a Importância dos Olhos

A linguagem corporal oferece dicas maravilhosas dos sistemas representativos preferenciais das pessoas. Como elas respiram, param, se movimentam, seu tom de voz e tempo de fala, tudo tende a variar de acordo com o estilo visual, auditivo e cinestésico. Em particular, no início da PNL, Bandler e Grinder observaram que as pessoas movem seus olhos em direções sistemáticas, dependendo da modalidade que estão acessando. Esses movimentos são chamados de pistas visuais de acesso.

Portanto, quando as pessoas movem seus olhos em resposta a uma pergunta, você pode perfeitamente adivinhar se elas estão acessando imagens, sons ou sentimentos. Você pode estar se perguntando por que notar esses movimentos é útil. A resposta é que você tem uma grande chance de saber, mesmo sem que o outro emita uma palavra, qual sistema ele utilizará e como você pode falar de um jeito que ele dê uma resposta positiva. A Tabela 6-2 diz quais movimentos oculares estão associados a que modalidades.

TABELA 6-2 **Fornecendo indicações**

Padrão	Olhos mudam com o assunto	O que está acontecendo no interior	Exemplos de linguagem
Visual construtivo	Direita superior	Vê imagens novas ou diferentes	Pensa em um elefante coberto de glacê rosa
Visual lembrado	Esquerda superior	Vê imagens já vistas	Pensa no rosto do seu parceiro
Visual	Olhar fixo em frente	Vê tanto imagens novas como antigas	Vê o que é importante
Construtivo **auditivo**	Centro direita	Ouve sons novos ou diferentes	Escuta seu nome ao fundo
Auditivo lembrado	Centro esquerda	Lembra de sons já conhecidos	Ouve a campainha da própria porta
Auditivo interno (diálogo interno)	Esquerda inferior	Conversa consigo mesmo	Pergunta a si mesmo o que quer
Cinestésico	Direita inferior	Sensações, emoções, sentido do toque	Observa a temperatura dos seus dedos dos pés

A Figura 6-1 mostra o tipo de processamento que a maioria das pessoas executa quando movem seus olhos em direções específicas. Uma pequena porcentagem da população, incluindo algo em torno da metade de todos os canhotos, tem movimentos reversos — seus movimentos oculares são uma imagem espelhada dos mostrados na figura.

A ilustração na Figura 6-1 foi desenhada como se você estivesse olhando para o rosto de outra pessoa e mostra como você vê os movimentos dela. Portanto, por exemplo, se os olhos da outra pessoa estão se movendo para cima e para a sua direita, na posição da "lembrança visual", seus próprios olhos estariam se movendo para cima e para a sua esquerda, caso esteja testando em você mesmo, em frente a um espelho.

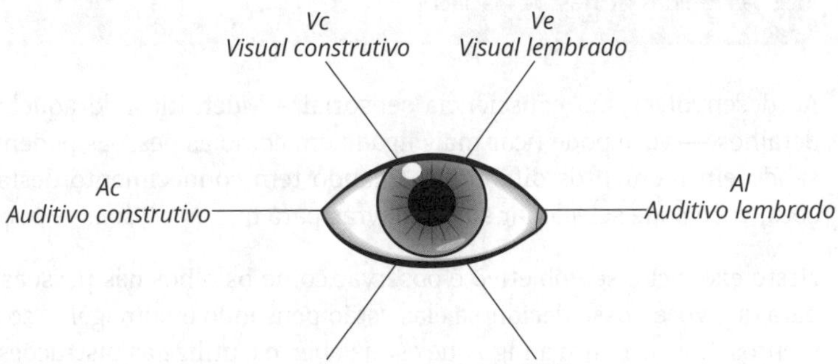

FIGURA 6-1: Pistas visuais de acesso

OS SINAIS INTRIGANTES DE UM MENTIROSO

Você acha que pode identificar um mentiroso? Você pode acreditar que tem as manhas e pode ver instintivamente quando alguém está mentindo, mas muitos estudos científicos dos últimos 30 anos mostram que a maioria das pessoas conseguem saber apenas quando estão ouvindo mentiras leves. Na verdade, as pessoas podem até mesmo ser enganadas com as mentiras mais ultrajantes.

Anos de pesquisa de Paul Ekman, respeitado mundialmente por seus estudos das emoções, revelam que as mentiras secretas estão escondidas nas nossas microexpressões. Em torno de 42 músculos diferentes se movimentam no rosto de uma pessoa para criar milhares de microexpressões diferentes. Estas expressões mudam o tempo todo de formas sutis e muito variadas. Tão sutis, na verdade, que se você puder descobrir como focar e vir esses movimentos super-rápidos, terá todas as informações de que precisa para identificar os mentirosos.

O problema é que, com tantas possibilidades, qualquer ser humano tem dificuldade de registrar as discrepâncias que mostram uma emoção falsa — uma mentira. Nem mesmo as máquinas mais modernas podem ler estas expressões corretamente o tempo todo. Então quem pode pegar esses malandros com precisão? A pesquisa de Ekman classifica os melhores identificadores de mentirosos como sendo do Serviço Secreto dos Estados Unidos, detentos e um monge budista tibetano.

Você espera que agentes do Serviço Secreto sejam altamente treinados para identificar suspeitos; e detentos vivem em um ambiente de pessoas que viveram no crime e na mentira, e precisam distinguir em quem confiar a fim de sobreviver. Enquanto isso, o membro budista da pesquisa não havia passado por essas experiências, mas tinha passado milhares de horas meditando e aparentava ter a sensibilidade de ler as emoções das outras pessoas de forma muito precisa a partir de suas rápidas expressões faciais.

Ao desenvolver sua consciência sensorial — identificando aqueles pequenos detalhes — você pode ficar mais ligado em como as pessoas podem estar pensando em momentos diferentes. Quando tem conhecimento destas informações, você pode selecionar suas palavras para que as pessoas te ouçam.

PASSATEMPO NA PNL

Neste exercício, seu objetivo é observar como os olhos das pessoas se movem, para que você possa decidir se elas estão pensando em imagens, sons ou sentimentos. Encontre um amigo que esteja aberto e utilize as instruções, perguntas e os diagramas da ficha do Jogo dos movimentos oculares, na Figura 6-2. Cada expressão neste jogo é formulada com o intuito de atrair os sentidos — no passado ou futuro. Siga estes passos:

1. **Faça seu amigo pensar sobre algo neutro para que você possa perceber como fica seu rosto em um estado neutro.**

   Lavar louças ou dobrar meias pode ser uma sugestão segura e banal.

2. **Fale uma instrução ou pergunta da ficha do Jogo dos movimentos oculares por vez. Ao fazer isso, preste muita atenção aos olhos de seu amigo.**
3. **Aponte na Figura 6-2 para registrar a direção na qual os olhos de seu amigo se movem.**

Suas marcações devem combinar com as posições das pistas visuais de acesso (mostradas na Figura 6-1, na seção "Conhecendo a Importância dos Olhos"), de modo que os movimentos podem ser para cima, centro e para baixo, e para a direita ou esquerda. Quando tiver registrado os movimentos oculares de seu amigo, veja se seus olhos vão para a posição que você esperava, baseado no padrão das pistas visuais de acesso, mostradas da Tabela 6-2 (na seção anterior "Conhecendo a Importância dos Olhos").

1. Como a Rainha da Inglaterra aparenta na TV?
2. O que você vê quando acorda?
3. Imagine um elefante rosa.
4. Um círculo preenche um triângulo; quantas formas existem ali?
5. Lembre-se do som de uma buzina.
6. Quais foram as primeiras palavras que disse hoje?
7. Imagine o Pato Donald falando seu nome e endereço.
8. O que você diz para si mesmo quando cometeu um erro bobo?
9. O quão quente você gosta da água do seu banho?
10. Qual é a sensação de ter farelo de comida na sua cama?

FIGURA 6-2: Jogo do Movimento dos Olhos.

Fazendo com que o Sistema VAC Funcione para Você

Quando você se torna consciente das dimensões VAC (as quais descrevemos na seção "Filtrando a realidade"), a vida passa a ser mais interessante. Seguem algumas ideias de como você pode aplicar essas técnicas e usá-las em seu benefício:

» **Influenciando uma reunião de negócios, sessão de treinamento ou apresentação.** Lembre-se que quando você fala para uma sala cheia de pessoas, todas elas possuem uma preferência por como recebem informações e você não sabe quais são. Infelizmente, as pessoas não têm um rótulo em suas testas, informando o que querem saber e como querem receber esses dados — me dê as imagens, me fale as palavras, compartilhe seus sentimentos sobre este assunto. Então, você precisa garantir que se conectará com cada uma das pessoas na sala, ao apresentar suas ideias com uma variedade de formas de comunicação. Varie seus estilos de apresentação e ajude os visuais a enxergarem as informações com imagens, os auditivos a ouvirem os dados em alto e bom som e os cinestésicos a vivenciarem a informação com sentimento.

» **Tornando projetos de casa mais divertidos para todos.** Reconheça que cada membro da família tem uma forma diferente de pensar sobre um mesmo projeto. Talvez você queira aumentar a casa, redecorar um cômodo ou reorganizar o jardim. Nem todo mundo quer gastar horas conversando a respeito disso, com discussões que avançam a madrugada. Seu companheiro pode querer analisar as plantas da casa, enquanto seus filhos ficarão motivados com a chance de estarem envolvidos e sujarem as mãos com tinta ou terra.

» **Desenvolvendo suas metas para que elas sejam reais para você.** Quando você estabelece metas em sua vida pessoal ou profissional, elas se tornam reais se você utilizar todos os seus sentidos de forma eficiente. Pense em qual será a aparência das suas metas, seus sons e sentimentos que despertará quando você já as tiver realizado e em todas as fases do processo. Praticantes da PNL se tornam hábeis em imaginar todos os detalhes de suas experiências futuras — você pode ouvir a frase "tudo colocado numa tela de cinema" para descrever como as pessoas podem criar seus próprios sonhos. No entanto, se você deseja motivar alguém (ou a si mesmo) a sair da sua zona de conforto, ajude a pessoa a explorar como as coisas estarão quando a tarefa e o trabalho duro estiverem concluídos.

» **Ajudando as crianças a aprenderem melhor.** É ótimo ver que a educação tem mudado radicalmente desde que saímos da escola, e os professores agora reconhecem que alunos aprendem de formas diferentes. Como pai e/ou professor, você precisa dar suporte às crianças para entender como elas aprendem da melhor forma — e entender que o método delas pode ser diferente daquele que lhe foi ensinado ou prefere aprender. Estudantes visuais se beneficiam de imagens, cartazes e diagramas. Estudantes auditivos precisam ouvir o que está sendo ensinado — através de discussões, palestras e música. Os cinestésicos aprendem com aulas práticas e encenações: eles preferem colocar as mãos na massa. Professores de grupos de estudantes precisam prover uma abordagem multissensorial que funcione para todos os estilos. Crianças podem ser rotuladas como "lentas" quando, na verdade, o estilo dominante de ensino não se encaixa com sua maneira preferida de aprender. Todos estes princípios também se aplicam aos estudantes adultos.

- **Aumentando o impacto da palavra escrita.** Quando você coloca palavras num papel ou numa tela — de uma descrição de trabalho, uma proposta a um cliente, informações sobre um produto ou artigo para uma newsletter da sua comunidade — você precisa ampliar seu vocabulário para chegar a todos os sistemas representativos. Para atingir a todos os leitores, escolha palavras que incluam as três dimensões.
- **Conectando-se com clientes e colegas de trabalho pelo telefone.** Hoje em dia, acontecem mais acordos de negócios pelo telefone e e-mail do que pessoalmente. Você pode nunca chegar a encontrar alguns dos seus clientes ou parceiros. Tenha sempre um bloco próximo ao telefone e anote que tipo de linguagem essas pessoas utilizam — você ouve uma linguagem visual, auditiva ou cinestésica? Enquanto ouve e dá respostas, forme suas frases de modo a suprir as preferências do interlocutor.

FOQUE EM UM SENTIDO POR DIA

ALERTA DE JARGÃO NA PNL

Enquanto lia este capítulo, você pode ter ficado mais curioso sobre como você e as pessoas com quem passa algum tempo pensam e experienciam a vida. Para aumentar suas habilidades no futuro, você pode explorar seus sentidos de maneiras variadas, por exemplo, tomando um sentido por dia.

Talvez você possa fazer de hoje um dia olfativo e prestar atenção em todas as fragrâncias, cheiros e aromas. Ou um dia visual, em que você desliga a música e foca nas paisagens, formas e imagens — e realmente vê o que está a sua volta. Um dia tátil pode ser divertido, ao fazer você sentir as texturas que o rodeiam ou ter contato com seus sentimentos em pontos específicos do seu dia.

Se você é uma criatura metódica, que leva o cachorro para passear toda manhã ou faz o mesmo caminho todos os dias, repare o que muda quando você presta atenção em um sentido por vez.

NESTE CAPÍTULO

Fazendo as pessoas te ouvirem em situações desafiadoras

Lidando com pessoas difíceis

Melhorando sua habilidade de dizer "não"

Aumentando suas opções de resposta

Tendo insights com as experiências dos outros

Capítulo 7
Criando Rapport

O rapport está no coração da PNL como um pilar central, ou ingrediente essencial, que o guia para a comunicação bem-sucedida entre dois indivíduos ou grupos de pessoas. Rapport é um caminho de respeito mútuo de se estar com os outros e fazer negócios em qualquer ocasião. Você não precisa gostar das pessoas para criar rapport com elas. Além disso, rapport não é uma técnica que você utiliza e deixa de lado quando quer, mas algo que deve fluir constantemente entre as pessoas.

Rapport é como o dinheiro: você só sabe que está com um problema quando não tem o suficiente. A primeira regra da comunicação é estabelecer rapport antes de esperar que alguém te ouça. E esta regra se aplica a todas as pessoas e situações, independente de você ser professor, aluno, esposa, amigo, garçonete, taxista, treinador, médico, terapeuta ou executivo.

Não se engane achando que pode tirar o rapport da cartola instantaneamente para certas reuniões, conversas ou resoluções de problemas. O verdadeiro rapport é baseado em um sentido instintivo de confiança e integridade. Este capítulo o ajuda a focar em situações em que você tem (ou não tem) rapport com alguma pessoa. Nós dividimos algumas ferramentas e ideias especiais da PNL para capacitá-lo a construir rapport e o encorajamos a fazê-lo, de modo que ele mostre seu valor.

Conhecendo a Importância do Rapport

A palavra rapport vem do verbo francês rapporter, que traduzido significa "devolver ou trazer de volta". Definido no dicionário como "relação compreensiva ou compreensão": rapport trata de estabelecer uma conexão entre duas partes. Você sabe que estabeleceu uma conexão quando vivencia um sentimento genuíno de confiança e respeito com outra pessoa, quando se compromete confortavelmente com alguém, independente do quão diferentes vocês sejam, e quando sabe que está ouvindo e sendo ouvido.

Apesar de preferir passar algum tempo com pessoas que são como você, o mundo está repleto de tipos de pessoas diferentes, todas com qualidades, opiniões e bases específicas. O rapport é a chave para a boa influência e o sucesso tanto na sua vida pessoal como na profissional, pois trata de apreciar e trabalhar com as diferenças. Ele faz com que tarefas sejam concluídas com muito mais facilidade, permite que você atenda os outros de modo melhor e também aproveite o que isso vai lhe proporcionar como consequência. Por fim, o rapport preserva seu tempo, dinheiro e energia. Que ótima maneira de viver sem estresse!

Reconhecendo o rapport quando o vir

Você não pode tomar uma pílula mágica para adquirir rapport instantaneamente; é algo que você desenvolve intuitivamente. Por isso, para que você entenda como você cria rapport e o que é importante para você em diferentes relações, preste atenção nos seguintes passos:

1. **Pense por um momento sobre alguém com quem você tem rapport.**

   Que sinais você envia e recebe desta pessoa, que permitem que você saiba que estão na mesma vibração? Como você cria e mantém o rapport?

2. **Pense por um momento sobre alguém com quem você não tem rapport, mas gostaria de ter.**

   Que sinais você envia e recebe desta pessoa, que permitem que você saiba que não estão na mesma vibração? O que se põe no caminho da criação e manutenção do rapport com esta pessoa?

3. **Pense na experiência com a primeira pessoa.**

   O que você pode mudar em seu comportamento com a segunda pessoa de modo a criarem uma relação mais forte?

CASOS E CAUSOS

QUEM ESTÁ DENTRO?

Você já encontrou um grupo de pessoas e, então, se esqueceu de seus nomes quase imediatamente? Ou tinha a intenção de se concentrar e percebeu que estava perdendo o foco? Ou, talvez, deu bom dia a seus colegas de trabalho e não teve tempo de olhar em seus olhos?

Robert Dilts conta a história de uma tribo do oeste da África e sua forma de se cumprimentar:

A Pessoa A diz: "Eu vejo você, [nome]."

A Pessoa B responde: "Estou aqui. Eu vejo você, [nome]."

Pessoa A responde: "Eu estou aqui."

Tente esta abordagem com algum amigo que tope a brincadeira! Leva apenas alguns segundos a mais do que "oi, amigo" ou "bom dia!" e faz com que você se concentre naquela pessoa e faça contato genuíno.

Você pode pensar que com a primeira pessoa (com quem você tem rapport) é simples de se relacionar e que a segunda (com quem você ainda não tem rapport) é uma pessoa difícil. Apesar disso, ao ser mais flexível em seu comportamento e pensamentos sobre a segunda pessoa, você pode descobrir que pode construir rapport através de ações simples.

LEMBRE-SE

Você precisa de algum tempo para conhecer e saber o que é importante para uma pessoa e não deve esperar que ela se adapte a você e a seu estilo. Ao longo deste capítulo, nós forneceremos dicas para isso!

Identificando pessoas com quem queira construir rapport

Neste ponto, você deve estar curioso a respeito das pessoas a sua volta — aquelas com quem trabalha, divide a casa ou socializa. Talvez você queira conhecer melhor alguns tipos individuais, tais como o gerente de um projeto ou um novo membro da família. De repente, queira influenciar seu gerente do banco ou a pessoa que te entrevistará para uma vaga importante.

A seguir, fornecemos um modelo para ajudá-lo a pensar a respeito de qualquer um com quem deseje ter mais rapport. Nós pediremos para que escreva suas ideias e pare para pensar sobre elas, de modo que você possa voltar a essas notas no futuro. Bons relacionamentos demandam investimentos sérios — tempo para construção e manutenção. Você poderá ver que as questões requerem que você pense sobre suas necessidades e as da outra pessoa. Rapport é uma via de mão dupla.

Nome: ______________________________

Empresa/grupo: ______________________________

Que relação tem com esta pessoa? ______________________________

Especificamente, o que você gostaria que mudasse no seu relacionamento com essa pessoa? ______________________________

____

____

Que impactos estas mudanças teriam sobre você?

____

____

Que impactos estas mudanças teriam sobre a outra pessoa?

____

____

Vale a pena investir tempo e energia nestas mudanças?

____

____

Com que tensões esta pessoa tem de lidar?

____

____

O que é mais importante para a pessoa neste momento?

____

____

Quem você conhece que tenha estabelecido rapport de forma bem-sucedida com esta pessoa e que você possa procurar? E o que você pode descobrir sobre esta outra pessoa?

____

____

Que outras formas de ajuda você pode conseguir para criar rapport?

____

____

Que ideias você tem neste momento para seguir adiante com esta relação?

____

Qual é o primeiro passo? ____

____

____

QUANDO O RAPPORT É REALMENTE IMPORTANTE

Empresas de produtos de giro rápido produzem condições de trabalho estressantes. Tome o mundo frenético das agências de publicidade como exemplo: altamente competitivo, equipes novas e jovens, temperamentos artísticos, grandes orçamentos e prazos loucos. Em uma indústria em que as pessoas frequentemente trabalham a noite toda, erros estão propensos a acontecer.

Em agências publicitárias de todo o mundo, você pode estar certo de que um grande número de problemas de clientes explode a todo momento. Mídias, como jornais e revistas, surgem nas mesas dos executivos, e o que acontece quando o anúncio da semana passada de um cliente é publicado esta semana? Muito frequentemente, ligações ansiosas vão e voltam pelas linhas telefônicas quando a propaganda errada aparece no jornal, ilustrações são perdidas e computadores quebram misteriosamente, levando com eles a versão mais atualizada de um projeto importante.

Um de nossos amigos publicitários, certa vez, produziu um catálogo para um cliente corporativo, no qual algumas das fotografias principais apareceram em preto e branco: elas deveriam ser coloridas. Na correria, ele não havia checado as provas cuidadosamente. Quando as impressões foram entregues, ele ligou para o cliente, confessou o erro, se desculpou e assumiu toda a responsabilidade pelo erro caro. Como ele trabalhava em sua própria agência, ele sabia que se ele tivesse que pagar pela reimpressão, a conta de muitos milhares de dólares sairia diretamente
e seu lucro.

Do outro lado da linha, a primeira reação da jovem executiva de marketing da empresa ao ouvir sobre a falha foi a de que todo o trabalho teria de ser reimpresso; ela discutiu a situação com o chefe e retornou a ligação para ele.

(continua)

(continuação)

Com uma hora, a cliente ligou novamente para dizer que o chefe havia dito que aquele havia sido um erro genuíno. Pela boa relação de trabalho entre eles, a empresa aceitaria o erro e seguiria adiante. O chefe havia lembrado das vezes em que nosso amigo fez o possível e o impossível em fins de semana e tarde da noite para entregar trabalhos dentro do prazo. O chefe também levou em conta o tempo que ele havia levado para entender o negócio da empresa, além da consultoria e experiências que eles compartilharam sobre o bom uso de orçamentos.

E qual é a moral da história? Simplesmente que investir tempo em construir boas relações é tão recompensador quanto ver o trabalho pronto.

Técnicas Básicas para a Construção do Rapport

Ter rapport como a base para qualquer relação significa que quando surgem questões difíceis, você pode discuti-las, encontrar soluções e seguir em frente mais facilmente. Por sorte, você pode aprender como desenvolver rapport.

Rapport acontece em qualquer nível e você pode desenvolvê-lo constantemente através do seguinte:

- Os lugares e as pessoas com quem você passa o tempo
- Sua aparência, como soa e se comporta
- Habilidades que desenvolve
- Seus valores
- Suas crenças
- Seu objetivo de vida
- Sendo fiel a sua identidade natural

Aguçando seu rapport com oito dicas rápidas

DICA

Como primeiro passo, tente as seguintes formas rápidas para começar a construir rapport:

- Tenha interesse genuíno em saber o que é importante para a outra pessoa. Comece a entender o outro em vez de esperar que o outro entenda você primeiro.

» Pegue as palavras chave, frases preferenciais e maneira de falar que a pessoa utiliza e insira estes aspectos sutilmente dentro da sua própria conversa.

» Repare como a pessoa gosta de absorver informações: muitos detalhes ou apenas uma visão geral? Enquanto fala, retribua com informações nas mesmas proporções.

» Respire no mesmo ritmo da outra pessoa. Você pode fazer isso discretamente ao observar o pescoço e o peito da outra pessoa, reparando quando ela inspira e expira, e, então, acompanhe a respiração dela.

» Verifique como a pessoa usa os sistemas representativos, com linguagem visual, auditiva ou cinestésica (sobre os quais você pode ler mais no Capítulo 6), e use palavras similares ao longo de suas conversas.

» Se atenha à intenção geral de uma pessoa — o objetivo subliminar dela — ao invés de ater-se exatamente às coisas ditas ou feitas. As pessoas podem não acertar sempre, mas trabalhe com a suposição de que o coração das pessoas está no lugar certo.

» Adote uma postura parecida com a da outra pessoa em termos de linguagem corporal, gestos, tom de voz e velocidade da fala.

» Respeite o tempo, a energia, amigos e associações favoritas e o dinheiro dos outros. Estes itens são fontes importantes para você.

As próximas quatro seções contêm técnicas de construção de rapport mais avançadas.

A roda da comunicação e a construção do rapport

A pesquisa clássica do Professor Mehrabian, da University of California, em Los Angeles (UCLA), observou como as pessoas recebem e reagem à comunicação presencial. Ele sugere que, quando existe uma incongruência entre o que você diz e a forma como diz, 7 por cento da mensagem é transmitida através de suas palavras, 38 por cento é transmitida através da qualidade da sua voz e massivos 55 por cento são passados através de seus gestos, expressões e posturas (dê uma olhada na Figura 7-1).

Apesar de opiniões divididas a respeito das porcentagens corretas, a maioria dos pesquisadores está de acordo que a mensagem não é transmitida apenas em palavras, mas que o tom de sua voz e a linguagem corporal têm um impacto forte. Se você alguma vez já ouviu as pessoas dizerem "está tudo bem" quando, claramente, elas não estavam bem, você sabe que o impacto do que você vê o influencia mais do que o que foi dito.

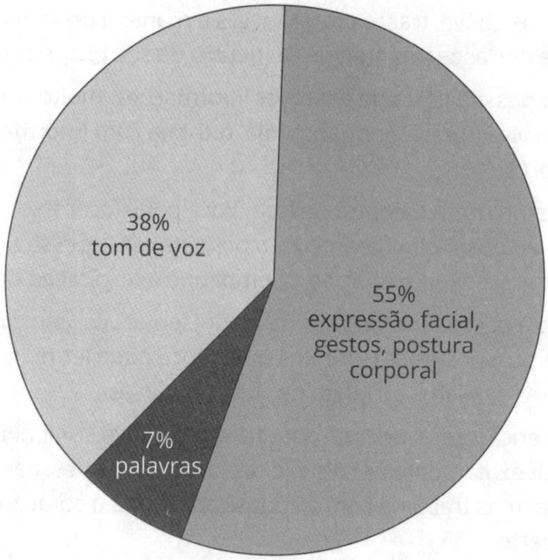

FIGURA 7-1: O impacto da sua comunicação

Evidentemente, a primeira impressão importa. Você chega para reuniões e compromissos acalorado e perturbado ou tranquilo e controlado? Quando começa a falar, você murmura suas palavras de cabeça baixa ou as direciona confiantemente ao seu público, falando alto e claramente?

Em termos de construção de rapport, você é a mensagem. E você precisa das suas palavras, imagem e discurso trabalhando em harmonia. Se você não parecer confiante — em outras palavras, se não acreditar na sua mensagem —, as pessoas não ouvirão o que você está dizendo.

Rapport envolve a capacidade de olhar no olho das pessoas, conectar-se com suas vibrações. Uma grande porcentagem da percepção da sua sinceridade parte não do que você diz, mas de como você fala e como mostra um apreço pelos pensamentos e sentimentos do outro.

LEMBRE-SE

Quando você tem rapport com alguém, pode discordar com o que o outro diz ao mesmo tempo em que continuam a se relacionar de forma respeitosa. O ponto importante é conhecer as outras pessoas como os indivíduos únicos que são. Por exemplo, você pode muito bem ter visão política ou religiosa distinta da dos seus colegas ou clientes, mas não tem necessidade de brigar por isso. As pessoas têm preferências diferentes quanto ao que comerem no jantar, e, mesmo assim, você concorda que discorda da sua família neste ponto.

Atente-se ao fato de que você simplesmente discorda das opiniões dos outros, e que estas diferenças não são um reflexo daquela pessoa. Pule para o Capítulo 11 para ler sobre níveis lógicos e como a PNL faz uma distinção entre crenças e valores em um nível, e identidade em um nível mais avançado. Pessoas são mais do que elas dizem, fazem ou acreditam.

Acompanhamento e espelhamento

Quando está em bares e restaurantes (ou até no refeitório do seu trabalho, caso tenha a sorte de poder comer no trabalho), já reparou como ficam duas pessoas entre as quais existe rapport? Mesmo sem ouvir os detalhes da conversa, você pode ver que aquela interação é como uma dança: as pessoas se movem naturalmente de acordo com os passos da outra. Um sentimento de compatibilidade preenche suas linguagens corporais e a forma como falam — unindo elegantemente seus movimentos e discurso. A PNL chama esta situação de acompanhamento e espelhamento.

ALERTA DE JARGÃO NA PNL

Acompanhamento e espelhamento acontece quando você assume o estilo de comportamento, habilidades, valores ou crenças de alguém com o objetivo de criar rapport.

Em comparação, pense em alguma vez em que, sem querer, testemunhou uma discussão embaraçosa de um casal em público, ou entre um pai e um filho na rua ou no supermercado: não uma briga, mas quase. Mesmo que estejam falando baixo, você logo percebe quando pessoas estão totalmente fora de sincronia uma com a outra, a partir de suas posturas corporais e gestos. A PNL chama esta situação de desacompanhamento.

QUANDO O RAPPORT O AJUDA A DIZER "NÃO"

CASOS E CAUSOS

Talvez você seja uma dessas pessoas que preferem dizer "sim" a tudo, para ser útil e agradável com o chefe, clientes e familiares. É a primeira pessoa a levantar a mão em reuniões de comitês, aquele que organiza os bazares de caridade da escola ou jantares beneficentes, que leva e busca as crianças e é sempre quem acaba tendo que realizar todas as tarefas. Descobrir como dizer "não" às vezes é uma das melhores habilidades para a vida moderna, se quer evitar que você fique sobrecarregado e acabe adoecendo com tanto estresse.

No trabalho, um gerente pode facilmente ser tentado a pedir ao funcionário mais disposto para que faça sempre mais coisas. Veja a história de James.

Como um professor de Matemática que ama seu trabalho, James achava cada vez mais difícil dizer: "Eu não vou fazer isso." Ele sentia que estava deixando as pessoas chateadas ao dizer "não" e estava correndo sério risco de ficar doente devido à grande carga de trabalho. Ele descobriu que simplesmente ao alinhar sua linguagem corporal com a do chefe do departamento, ele se sentia mais confortável em dizer de forma educada: "Eu adoraria fazer isso, mas meu tempo já está totalmente comprometido. Caso queira que eu assuma responsabilidades extras, você precisa decidir o que quer que eu pare de fazer a fim de ter tempo para a nova função." Desta forma, ele se recusou a assumir mais cargas do que ele poderia carregar.

Acompanhamento e espelhamento são maneiras de se tornar altamente ligado a como alguém está pensando e vivenciando o mundo: é uma forma de ouvir com todo o seu corpo. O espelhamento simples acontece naturalmente quando você tem rapport.

A PNL diz que você também pode acompanhar e se espelhar em alguém intencionalmente para construir rapport, até que isso se torne natural. Para isso, você precisa acompanhar o seguinte:

» Posturas corporais e gestos
» Ritmos respiratórios
» Velocidade dos movimentos e níveis de energia
» Tonalidade da voz (como sua voz soa) e velocidade do que se é falado

CUIDADO

Tome cuidado com a linha tênue entre se mover no mesmo ritmo que alguém e imitação. As pessoas sabem instintivamente quando você está tirando sarro delas ou quando não está sendo sincero. Se você decidir experimentar o espelhamento, faça isso gradualmente em situações que não ofereçam riscos ou com estranhos que você nunca mais encontrará. Não se surpreenda, no entanto, se esta técnica funcionar a ponto de estranhos resolverem ser seus amigos!

Marchando para ser um bom líder

Construir grandes relações requer que você esteja alinhado com outras pessoas. Como uma metáfora, a PNL compara se alinhar com pessoas com correr ao lado de um trem. Se você tentar pular direto para dentro de um trem em movimento, é muito provável que você não consiga. Para pular neste trem em movimento, você precisa tomar velocidade ao correr ao lado dele até que estejam se movendo na mesma velocidade, antes de saltar.

Para guiar pessoas — influenciá-las com seu ponto de vista —, lembre-se de estar alinhado com elas antes. Esta abordagem significa ouvi-las verdadeiramente, conhecê-las minuciosamente, realmente entender de onde elas vêm e ser paciente quanto a isso.

LEMBRE-SE

Para construir rapport, o conselho da PNL é que você se alinhe, se alinhe e se alinhe novamente antes de guiar. Alinhamento é como a PNL descreve sua flexibilidade de escolher e acompanhar, de forma respeitosa, o comportamento e o vocabulário de outras pessoas, além de ser onde você as ouve efetivamente. Guiar é quando você se esforça para conseguir que o outro mude ao, sutilmente, colocar aquele indivíduo em uma nova direção.

No mundo corporativo, empresas bem-sucedidas em introduzir grandes programas de mudança o fazem em passos calculados, permitindo aos funcionários aceitar as mudanças gradativamente. As pessoas são pouco dispostas a ser guiadas a novos métodos de trabalho até que elas tenham, antes, sido ouvidas e reconhecidas (ou seja, sintam-se alinhadas). Os líderes mais eficazes são aqueles que alinham a realidade das experiências daquelas pessoas primeiro.

Quando você assiste a vendedores eficazes em ação, pode ver como eles dominam a arte de se alinhar com o cliente e demonstrar interesse verdadeiro (por eficaz, nós estamos pensando nas pessoas que vendem um produto genuíno com integridade, em vez da abordagem ao estilo ataque de tubarão). Eles ouvem, ouvem e ouvem mais sobre quais são as necessidades do cliente — o que a pessoa realmente quer — antes de tentarem vender qualquer coisa. As pessoas não gostam da tentativa de venda, mas amam ser ouvidas e falar sobre o que importa para elas. Um amigo que é negociador de antiguidades vem aperfeiçoando sua arte ao longo de muitos anos, guiando seus clientes gentilmente através do seu afeto genuíno por seus artigos, vendido dentro de sua própria casa, e compartilhando seu conhecimento.

CASOS E CAUSOS

Quando Kate comprou um carro familiar há anos atrás, ela foi a seis concessionárias diferentes em que os vendedores se apressaram em vender as qualidades daquele carro sem mostrar nenhum interesse por como o veículo se encaixava em seu estilo de vida. Naquela época, ela tinha uma família jovem e fazia longas viagens com as crianças no carro.

O vendedor que fez a venda foi o que mostrou bem suas excelentes habilidades de relacionamento e mostrou a Kate um carro prático e indicado para famílias. Ele se alinhou bem com Kate, ouvindo-a cuidadosamente, tratando-a com respeito (diferente daqueles que acharam que a decisão da compra seria tomada por seu marido) e confiou as chaves do carro para que ela pudesse dar uma volta imediatamente. Enquanto ela dirigia, ele obteve gentilmente as informações de que precisava para adequar o modelo de carro aos seus critérios de compra, percebendo que ela não aceitaria uma venda seca e direta. Dentro de meia hora, ela comprou o carro e se tornou uma defensora daquela marca e concessionária.

Construindo rapport na comunicação virtual

Há vinte anos, a internet e ferramentas de e-mail eram limitadas aos laboratórios de pesquisa e aos especialistas em computação. Transações de negócios normais envolviam cheques, cartas e faxes, e a maior parte era arquivada em cópias impressas: ir de carro encontrar fornecedores e colegas era parte de um dia de trabalho. Hoje, a vida é diferente. Obviamente, as pessoas ainda escrevem e fazem ligações — os escritórios sem papel continuam distantes —, mas a porcentagem de transações eletrônicas aumentou muito. As pessoas estão escrevendo em seus twitters, blogs e gerenciando suas vidas online. Se você tem um problema com a conexão do seu computador ou fica sem acesso ao seu e-mail, pode sentir- -se perdido e sem esperança imediatamente.

Equipes que mantêm reuniões virtuais apenas não estão em um local de trabalho; você provavelmente utiliza teleconferências para compartilhar informações ou conversar com grupos sociais. As pessoas estão confortáveis quanto ao gerenciamento de equipes de projetos multiculturais espalhadas por todo o globo e trabalhando separadas graças à tecnologia — conferências telefônicas, por e-mail ou vídeo. Gerenciar suas finanças online ou através de suporte via internet é o padrão, não mais lidar com a equipe de uma agência bancária ou funcionários dos Correios.

Neste ambiente de contato pessoal reduzido, você perde as nuances das expressões faciais, linguagem corporal e a sutileza de poder conhecer o colega que está na mesa ao lado (como acontece quando trabalha próximo aos outros). Como ponto positivo, uma equipe virtual tem mais liberdade e flexibilidade de práticas de trabalho, diversidade e grande riqueza de habilidades; como características negativas, você trabalha de forma solitária, isolada e menos eficiente.

O desafio de construir rapport através do trabalho virtual é, agora, maior do que nunca. Não é de se admirar que as pessoas estejam sendo contratadas mais por suas habilidades emocionais — a capacidade de influenciar e negociar — do que pelas competências técnicas.

Aqui estão dez dicas para desenvolver rapport por telefone e em teleconferências:

- Tenha certeza de que todos os lugares estão conectados e podem se ouvir pelo telefone. Apresente e cumprimente as pessoas usando uma lista de chamada.
- Trabalhe com uma agenda clara. Estipule metas para a conferência e as combine com todos os participantes.
- Certifique-se de que todos participaram da conferência. Se necessário, encoraje os participantes mais quietos a darem suas opiniões; por exemplo: "Mike, quais são suas impressões quanto a isso?"
- Desaprove discussões e conversas paralelas: mantenha a equipe focada em apenas um assunto, uma reunião e uma agenda.
- Fale mais devagar e de forma mais precisa do que falaria em reuniões presenciais. Lembre-se de que você não obterá dicas a partir da linguagem corporal das pessoas.
- Preste atenção ao estilo da linguagem — verifique se as pessoas têm preferências visuais, auditivas ou cinestésicas, e faça com que seu estilo de linguagem acompanhe o delas, como sugerimos no Capítulo 6.
- Consiga a atenção antes de apresentar seu ponto (de outra forma, a primeira parte da mensagem será perdida). Comece com frases como: "Existe algo que eu gostaria de mencionar aqui... é sobre..."
- Utilize os nomes das pessoas mais do que em reuniões presenciais. Direcione perguntas às pessoas e agradeça a elas por sua contribuição utilizando seus nomes.

- Visualize a pessoa do outro lado da linha ao passo que ouve a conversa (ter uma foto da pessoa à vista pode ajudar).
- Resuma e verifique sua compreensão sobre os tópicos e decisões constantemente.

Saiba Como e Por que Interromper o Rapport

Em alguns momentos, você pode querer desacompanhar pessoas por um tempo por ter decidido interromper o rapport. Desacompanhamento é o oposto do acompanhamento ou espelhamento (que descrevemos na seção anterior "Acompanhamento e espelhamento"). Para desacompanhar alguém, seu objetivo deve ser fazer algo diferente daquela pessoa, como se vestir de forma bem diferente, falar em tom ou velocidade diferente, adotar outra postura física ou se comportar de forma oposta a outra pessoa.

CASOS E CAUSOS

Nós trabalhamos com uma equipe de médicos que estava sofrendo de um aumento de carga de trabalho devido a um de seus colegas estar doente há muito tempo. Na avaliação inicial, nós percebemos que, enquanto um encontro com um paciente durava cerca de uma hora, uma consulta com um dos médicos demorava quase o dobro. Essa médica, em particular, tinha a fama de ser especialmente educada e prestativa com seus pacientes; ela superava sua popularidade a cada consulta. Na verdade, ela era uma ótima ouvinte, e os pacientes amavam sua abordagem. No entanto, para que pudesse realizar seu procedimento normal durante o tempo previsto de cirurgias, ela precisou descobrir como limitar o tempo que passava com cada paciente de uma forma mais disciplinada. Ela encontrou uma maneira de realizar o desacompanhamento de forma delicada e passou a concluir sua lista de pacientes.

Descobrindo como interromper o rapport delicadamente

Três mudanças específicas em seu comportamento podem ajudá-lo a interromper o rapport em curto prazo:

- **Através de sua aparência e movimentos:** Você pode afastar-se fisicamente de alguém, interromper o contato visual ou utilizar uma expressão facial para passar sua mensagem. Sobrancelhas levantadas dizem muito. Virar de costas é ainda mais eficaz, apenas cuide para fazê-lo nos momentos certos.

- **Através da sua voz:** Você pode alterar a entonação ou o volume de sua voz; torne-a mais forte ou suave, alta ou baixa, e lembre-se do poder do silêncio.
- **Através das palavras:** Lembre-se daquela frase útil "não, obrigado". Às vezes, pode ser muito difícil dizê-la, então pratique para quando for necessário. Em grupos multiculturais, retornar para sua linguagem habitual é outra forma clara de dizer "eu preciso de um tempo".

Você vai querer dizer "obrigado" e "até breve" muitas vezes. Perceba quais situações são mais fáceis para você lidar e quais exigem certa prática:

- **Você está fazendo um acordo:** Vendedores quebram momentaneamente a conexão com o cliente na hora de assinar o contrato. Eles se afastam e deixam o cliente avaliar a papelada sozinho em vez de permanecerem conectados com ele até a assinatura final. Esta abordagem ajuda a manter o rapport por um período longo, caso bata o remorso do comprador.
- **Você tem informações suficientes:** Talvez seu cérebro tenha chegado ao limite naquele momento e você esteja entrando num estado de sobrecarga sensorial. Você quer tempo para pensar e digerir o que ouviu, e saber mais em outro momento.
- **Você vê outra pessoa com quem queira conversar:** De repente, em uma confraternização, você esteja preso com uma pessoa chata e veja alguém muito mais interessante do outro lado do salão.
- **Você está cansado:** Todas as coisas boas têm um fim, e você precisa saber quando chega a hora de sair de uma festa e ir para casa.
- **Você está ocupado:** Em algum momento você viverá a experiência de ter muitas tarefas sob sua responsabilidade. Mantenha-se focado em seu objetivo ao invés de satisfazer os objetivos do outros.
- **Você está entrando em assuntos complicados:** Sexo, política e religião são temas para se evitar em uma negociação. Elas também causam conversas excessivamente intensas, em que você pode querer se manifestar e fingir que concorda com o outro quando a discussão ficar acalorada.

DICA

Saber como interromper rapport e terminar uma conversa é uma grande habilidade, principalmente se seu melhor amigo ou sua mãe querem bater um papo. Faça-o com consideração. Dê um feedback claro de que você adoraria falar por tanto tempo caso fosse a hora, lugar e duração certas. Você se importa com eles, portanto, arrume um tempo para conversar quando terminar seu trabalho do dia.

BASTA

CASOS E CAUSOS

Ralph era um engenheiro muito competente e um ótimo contador de casos. Ele havia viajado muito, encontrado todos os superiores da empresa em que trabalhava enquanto subiam de cargo e tinha tido trabalhos interessantes. Todos os novatos da equipe adoravam ouvir suas histórias e façanhas nos intervalos — por um tempo.

Infelizmente, Ralph não percebia quando as pessoas já haviam ouvido o bastante. Quando os colegas estavam educadamente voltando para as suas mesas ou tentando desesperadamente deixar o prédio à noite, Ralph os cercava e os sufocava com suas histórias, ignorando os olhares entediados ou esforços de terminar a conversa. Quanto mais eles tentavam escapar, mais ele tornava-se forte para o próximo episódio: "Deixa só eu te falar sobre..." Você tinha a impressão que, se fosse embora e voltasse no ano seguinte, ele retomaria a narrativa do ponto em que parou.

Por fim, os membros da equipe começaram a evitá-lo. Faziam piada sobre ele pelas costas, porque ele se recusava a entender as pistas de que ele ocupava mais espaço que o permitido. Deixaram de convidá-lo para as reuniões com medo de que ele dominasse o espaço. Seu crescimento profissional foi prejudicado. Os colegas interromperam o rapport com ele deliberadamente, a fim de se protegerem.

Quanto mais Ralph era excluído da equipe, mais desesperado ele ficava para contar suas histórias e reunir um público em volta dele.

O poder da palavra "mas"

Às vezes, uma palavra bem pequena pode fazer uma grande diferença na sua habilidade de manter ou interromper o rapport. A PNL atenta a estes detalhes no padrão de conversa e, então, oferece algumas dicas úteis para você influenciar a comunicação. O trabalho de Robert Dilts a respeito dos padrões dos artifícios da boca tem demonstrado o poder das palavras no enquadramento das experiências das pessoas: a PNL dá a isto o nome de reenquadramento verbal. Até mesmo simples conjunções, como "e" e "mas", fazem com que interlocutores foquem sua atenção de formas diferentes. Quando você utiliza a palavra "mas", as pessoas tendem a lembrar-se o que é dito a seguir. Quando você usa "embora", o efeito é ter a atenção focada na primeira parte da frase, como em: "Hoje está nevando, embora o rapaz da meteorologia tenha dito que o tempo estaria limpo." Ao alterar a ordem das palavras em uma frase, você pode mudar a experiência das pessoas.

LEMBRE-SE

Atente-se para o fato de que, quando você faz um comentário com alguém, aquela pessoa pode captar apenas parte do que você diz. Considere o exemplo a seguir: "A empresa teve cinco milhões de lucro neste ano, mas estamos encerrando as operações em São Francisco." Se você passa a notícia desta forma, as pessoas podem lembrar-se apenas do que disse após a palavra "mas". Agora, veja o seguinte: "A empresa teve cinco milhões de lucro este ano, e estamos encerrando as operações em São Francisco." Dito desta forma, as pessoas podem muito bem lembrar-se do que foi dito antes e depois do "e".

PASSATEMPO NA PNL

Descubra quanta diferença pequenas palavras podem fazer na sua comunicação diária com o jogo do "sim, mas...", para três ou mais jogadores.

1. **Faça um círculo com seus amigos.**
2. **A primeira rodada começa com a Pessoa A dando uma "boa ideia". Por exemplo: "É um dia ensolarado, que tal tirar a tarde de folga para irmos à praia?**
3. **A Pessoa B: "sim, mas...", e dá outra "boa ideia" como resposta. Por exemplo: "Sim, mas temos que terminar alguns trabalhos."**
4. **A Pessoa C e todos os outros jogadores dão suas ideias, cada um na sua vez, sempre começando com "sim, mas...". Por exemplo: "Sim, mas vamos perder o almoço."**
5. **A segunda rodada continua com a Pessoa A dando uma boa ideia; ela pode ser a mesma da primeira rodada ou algo diferente. Por exemplo: "É um dia ensolarado, que tal tirarmos a tarde de folga e darmos um passeio perto do rio?"**
6. **A Pessoa B: "Sim, mas..." e dá outra "boa ideia" como resposta. Por exemplo: "Sim, mas podemos fazer um piquenique no caminho."**
7. **A Pessoa C e todos os outros participantes dão suas ideias como resposta, sempre começando com "sim, mas...". Por exemplo: "Sim, mas vou checar o mapa da trilha."**

Reparou a diferença? Apesar da instrução de começar com uma boa ideia, parece que o uso da palavra "mas" guia a conversa naturalmente para um lugar negativo e distrai as pessoas da boa ideia inicial. Ao contrário disso, "e" traz sucessivas boas ideias.

Entendendo Outros Pontos de Vista

Pessoas bem-sucedidas desfrutam da flexibilidade de serem capazes de ver o mundo de maneiras diferentes. Elas captam múltiplas perspectivas, permitindo a si mesmas explorar novas ideias. A PNL dispõe várias técnicas para ajudar as pessoas a construir rapport em relações muito desafiadoras, especialmente naquelas em que existe algum tipo de conflito emocional. Essas técnicas também são usadas para explorar novas formas de construção de rapport, mesmo em relações levemente problemáticas ou confusas.

Explorando posições perceptivas

Uma das formas através das quais a PNL o ajuda a construir rapport com outras pessoas é ao distinguir, pelo menos, três pontos de vista distintos. A PNL chama esses pontos de posições perceptivas. Esta abordagem é muito parecida com olhar para um prédio de todos os ângulos — passar pela entrada principal, ir até os fundos e, então, olhar de cima para baixo, como na visão de um pássaro sobrevoando a construção:

- **A primeira posição** é sua perspectiva natural, em que você está totalmente consciente do que pensa e como se sente, independente das pessoas a sua volta. Esta pode ser uma posição de poder — quando está muito certo do que quer e dos seus valores e crenças —, mas também uma posição inacreditavelmente egoísta, até que se torne consciente dos desejos das outras pessoas por vontade própria.
- **A segunda posição** trata de se colocar na pele das outras pessoas — imaginando como é aquela situação para elas. Você pode já ser muito bom em sempre considerar as necessidades dos outros: por exemplo, mães desenvolvem rapidamente a habilidade de cuidar de crianças pequenas. Você coloca o ponto de vista de alguém em primeiro lugar.
- **A terceira posição** envolve ter uma visão independente, em que você age como um observador isolado, percebendo o que está acontecendo na relação. Como ponto positivo, esta é uma posição de amadurecimento a partir da qual você avalia a situação dos dois lados. Algumas vezes, no entanto, isto pode significar que você está relutante em se comprometer integralmente em uma situação — você fica em cima do muro.

Dominar todas essas perspectivas o coloca em um lugar sensato, que o permite aproveitar a vida mais plenamente.

DICA

Habitue-se a alterar seu pensamento mentalmente para a segunda e a terceira posições em uma conversa.

Investigando o meta espelho da PNL

O meta espelho é um exercício, criado originalmente por Robert Dilts, que o permite reunir várias perspectivas ou posições perceptivas diferentes. A base do meta espelho é a ideia de que o problema ou conflito pelo qual está passando é mais um reflexo de você e de como você se relaciona consigo mesmo, do que sobre a outra pessoa. O enfoque do meta espelho o permite recuar e observar o problema pelo qual está passando sob uma nova perspectiva — por isso, a idcia de espelho.

O meta espelho o ajuda a se preparar para (ou avaliar) vários cenários possíveis:

- Conversas difíceis com um adolescente ou um membro da família
- Apresentações no trabalho
- Reuniões com o gerente do banco
- Negociações de contratos
- Discussões delicadas com um companheiro ou amigo
- Formas de se relacionar com seu chefe ou um colega de trabalho
- Métodos de lidar com clientes difíceis

CASOS E CAUSOS

William estava passando por uma reforma em casa e achava que o pedreiro não estava se mantendo dentro do cronograma, por estar com vários serviços ao mesmo tempo. Ao perceber que sua raiva pelo pobre pedreiro estava aumentando, Kate guiou William através das três posições perceptivas para planejar uma difícil conversa com o profissional, em vez de estimular um confronto que parecia inevitável à medida que o conflito se agravava.

William reconheceu que o pedreiro tinha sérias questões financeiras e estava passando por um período difícil com a família. "O exercício me fez parar e pensar que ele não estava perdendo o cronograma intencionalmente. Então, eu o levei para tomar uma cerveja, expliquei o quanto estava insatisfeito e nós dois combinamos um cronograma um pouco mais apertado, em que eu pagaria quantias menores à medida que o trabalho fosse concluído. Este acordo melhorou a situação para as duas partes e evitou uma ação judicial."

PASSATEMPO NA PNL

O exercício seguinte toma quatro posições perceptivas. Você pode querer testá-lo com a assistência de um coach ou um amigo para ajudá-lo a se concentrar no processo, de forma a trabalhar apenas com os problemas.

Para começar, escolha um relacionamento que gostaria de explorar. Talvez você queira ter algumas percepções relacionadas a uma conversa difícil ou um embate do passado ou do futuro. Determine quatro lugares no chão, que representem as quatro posições (como mostra a Figura 7-2): você pode utilizar pedaços de papel ou adesivos de anotações. Você deve deixar espaços entre cada posição de modo a conseguir se mover entre estes lugares. Então, movimente um pouco seu corpo ou olhe pela janela, e pense o que terá para o jantar à noite!

1. **Fique na primeira posição, seu ponto de vista, imaginando que está olhando para a outra pessoa, que está na segunda posição.**

   Pergunte-se: "O que estou vivenciando, pensando e sentindo ao olhar para esta pessoa?"

2. **Agora, livre-se desta percepção e vá para a segunda posição, imaginando que é a pessoa olhando para você (na primeira posição).**

   Pergunte-se: "O que estou vivenciando, pensando e sentindo ao olhar para esta pessoa?"

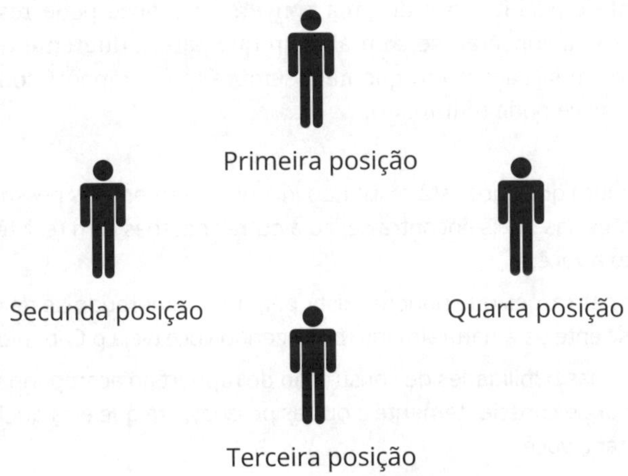

FIGURA 7-2: O exercício do meta espelho na PNL

3. **Agora, livre-se da segunda percepção e vá para a terceira posição, aquela do observador independente, olhando para as duas pessoas desta relação imparcialmente.**

   Olhando para si mesmo na primeira posição, como você reage a este "você"?

4. **Agora, livre-se da terceira percepção e vá para o lugar mais externo, a quarta posição.**

   Pense nos seus pensamentos na terceira posição, comparados com suas reações na primeira posição e troque-os. Por exemplo, na primeira posição, você pode ter se sentido confuso, enquanto na terceira, pode ter sentido tristeza. Independente de suas reações, em sua imaginação, troque os sentimentos pelos da posição oposta.

5. **Volte e pare novamente na segunda posição.**

   Pergunte-se: "Que diferenças sinto agora? O que mudou?"

6. **Termine voltando para o seu lugar, a primeira posição.**

   Pergunte-se: "Que diferenças sinto agora? O que mudou?"

DICA

Apesar de esses exercícios poderem parecer muito estranhos de primeira, persista. Quando você se move fisicamente para lugares diferentes, é importante considerar as perspectivas diferentes. Simplesmente ao mover seu corpo para outro lugar naquele ambiente, você liberta os pensamentos da posição anterior. Você também pode praticar estes exercícios ao sentar em cadeiras diferentes.

DICA

Nos círculos da PNL, resistência é frequentemente citada como falta de rapport. Por exemplo, alguém pode resistir a suas investidas de ter maior contato ao ficar distante e excluir você de uma conversa. Ou você pode resistir a fazer um esforço para conectar-se com alguém que pareça diferente de você. Caso encontre-se em situações em que nem sempre tenha rapport com as pessoas necessárias, você pode tentar isto:

» Reconheça que você está resistindo inconscientemente às pessoas ou situações nas quais encontra-se, ou a outras pessoas com resistência quanto a você.

» Pense nas razões que podem existir para isso, lembrando-se de que o seu inconsciente está naturalmente protegendo você (veja o Capítulo 3).

» Refine suas habilidades de construção de rapport ao acompanhar, espelhar e alinhar-se conscientemente a outras pessoas, até que elas queiram se conectar a você.

Dominar sua resistência em construir rapport com alguém pode levar algum tempo, pois você precisa avaliar seu passado para entender seu comportamento defensivo. Você pode precisar da ajuda de um coach ou amigo para obter este entendimento: por exemplo, pode ter justificativas reais para suas dúvidas sobre se aproximar muito de alguém. Quando você descobre a razão para sua própria resistência, pode dar a si mesmo a permissão para desenvolver o rapport que deseja.

NESTE CAPÍTULO

Descobrindo metaprogramas — seus filtros inconscientes

Revelando os metaprogramas das outras pessoas

Modelando as características da personalidade de pessoas que você admira

Capítulo 8

Entender para Ser Entendido: Metaprogramas

Em 1956, George Miller coordenou uma pesquisa sobre os milhões de bits de dados que bombardeiam os sentidos dos humanos todos os segundos. Ele descobriu que o consciente pode lidar com aproximadamente cinco ou nove partes de informação por vez, o que significa que uma quantidade enorme de informações fica de fora.

Metaprogramas são alguns dos filtros inconscientes que direcionam a que você presta atenção, a forma como processa quaisquer informações recebidas e como você as comunica.

Quando você quer construir rapport rapidamente com alguém e encontra-se preparado para tal, pode escolher se vestir, se comportar ou, pelo menos, falar como aquela pessoa. E, com isso, não queremos dizer que você imite o sotaque de alguém, mas, em vez disso, que você utilize o vocabulário da pessoa. Quando começa a ouvir os metaprogramas dos outros, você tem a opção de usar as mesmas palavras e expressões que a pessoa com quem está interagindo. Por as pessoas utilizarem metaprogramas de forma quase inconsciente, quando você acompanha seus metaprogramas, o que você diz tem uma nova dimensão sobre a comunicação com o inconsciente delas simultaneamente com o seu inconsciente.

Neste capítulo, nós o introduzimos a sete metaprogramas que o ajudam a se comunicar de forma mais eficaz e rápida; e ao experimentar os benefícios de uma comunicação melhor, nós esperamos que você fique motivado a descobrir mais sobre outros metaprogramas.

Familiarizando-se com as Bases dos Metaprogramas

Quando era criança, você absorvia metaprogramas dos seus pais, professores e da cultura na qual você era criado. Suas experiências de vida podem alterar estes programas que lhe foram ensinados à medida que você cresce. Por exemplo, se você cresce sendo reprovado por ser muito subjetivo, você pode começar a praticar o distanciamento e aprender a reprimir seus sentimentos. Você pode entender que essas características, então, afetam a sua escolha de carreira. Em vez de buscar uma profissão de contato, pode optar por utilizar mais o seu intelecto. Seu estilo de aprendizagem também pode ser influenciado, e você pode tender a focar mais em dados e símbolos. Caso seja professor, você poderá se basear mais em sistemas do estilo "quadro-negro e palestra" do que em envolver seus alunos com experiências práticas.

Dos muitos metaprogramas identificados, nós escolhemos sete, que, para nós, são os mais úteis com os quais se começar. Por exemplo, selecionamos o metaprograma global e detalhado, pois acreditamos que ele tem grande potencial para conflitos, e porque, ao reconhecer a capacidade dos outros de funcionarem ao fim da escala global ou detalhada, você deverá ser capaz de evitar problemas. Ao entender os outros seis metaprogramas, você poderá desenvolver uma ótima percepção das maneiras sutis através das quais as pessoas pensam, o que o dará as ferramentas para influenciar e facilitará a mudança ao motivar não apenas você, mas também os outros.

No Capítulo 5, você pode encontrar uma discussão a respeito do metaprograma introvertido e extrovertido. Os metaprogramas discutidos neste capítulo são os seguintes:

- » Proativo/reativo
- » Opções/procedimentos

- Em direção a/Afastando-se de
- Interno/externo
- Geral/Específico
- Semelhanças/Diferenças
- Perspectivas de tempo

Ao pensar em metaprogramas, tenha o seguinte em mente:

- Metaprogramas não são uma escolha ou esse ou aquele. Você funciona em metaprogramas o tempo todo; no entanto, dependendo do contexto no qual você se encontra, você foca mais em um aspecto de um metaprograma particular.
- Metaprogramas não são meios de classificar pessoas; eles são úteis para expandir sua compreensão sobre a variedade de maneiras as quais as pessoas pensam, para melhorar a comunicação
- Metaprogramas não são certos ou errados; você simplesmente utiliza várias combinações de metaprogramas, dependendo do contexto de comunicação e ambiente no qual se encontra.

Observando metaprogramas e padrões de linguagem

Se você for capaz de observar a linguagem das pessoas, poderá descobrir seus padrões de comportamento antes do comportamento se tornar visível. Leslie Cameron-Bandler, entre outros, conduziu uma pesquisa sobre os metaprogramas, desenvolvida por Richard Bandler. Ela e seu aluno, Rodger Bailey, estabeleceram que pessoas que utilizam padrões de linguagem similares apresentam padrões de comportamento similares. Por exemplo, pessoas com perfil empresarial podem ter padrões parecidos — extrovertidas, boas em persuadir pessoas, autoconfiante, etc — mesmo que trabalhem em campos bem diferentes.

Imagine um encontro dos chefes da Organização das Nações Unidas sem nenhum tradutor: não existiria muita comunicação. Uma falha de comunicação parecida pode ocorrer se você não estiver consciente dos metaprogramas sendo empregados pela pessoa com quem você está tentando se comunicar. Aprender sobre metaprogramas permite que você se torne apto a traduzir os mapas mentais que as pessoas usam para navegar seus caminhos por suas experiências.

Os pioneiros da PNL, Bandler e Grinder, perceberam que as pessoas que utilizam padrões de linguagem parecidos desenvolvem rapport profundo mais rapidamente do que aquelas que utilizam padrões diferentes. Sem dúvida, você já ouviu alguém que não fala francês reclamando da falta de hospitalidade dos franceses. Outras pessoas, aquelas que falam francês, discordam desta opinião. Os metaprogramas são uma forma poderosa de estabelecer rapport verbalmente ao se ouvir os padrões que as pessoas estão utilizando e, então, ao responder com uma linguagem que elas possam entender facilmente.

Para ajudá-lo a entender o tipo de linguagem característica dos vários metaprogramas, nós incluímos expressões que você provavelmente ouvirá com cada um deles nas seções seguintes.

Explorando os metaprogramas e o comportamento

No livro Encyclopedia of Systemic NLP and NLP New Coding, Robert Dilts e Judith DeLozier explicam os metaprogramas em termos de duas pessoas com as mesmas estratégias de tomada de decisão obtendo resultados diferentes quando recebem a mesma informação. Por exemplo, apesar das duas pessoas poderem formar uma imagem dos dados em suas mentes, uma pessoa fica sobrecarregada com a quantidade de informação, enquanto a outra alcança uma decisão rapidamente, baseada nos sentimentos que a imagem produz (você pode encontrar mais sobre como as pessoas processam as informações recebidas através de seus sentidos nos Capítulos 6 e 10). A diferença está nos metaprogramas que cada pessoa acessa, o que causa impacto em suas estratégias de tomada de decisões.

Suponha que você queira ser como Richard Branson, o fundador do grupo Virgin. Você pode fazer isto da maneira difícil, tentando implementar os processos que você pensa que ele utiliza. Ou, com a ajuda dele, você pode fazê-lo de forma mais rápida e fácil, ao modelá-lo; e parte do processo de modelagem requer que você entenda e utilize os metaprogramas dele.

As seções seguintes deste capítulo descrevem os comportamentos e preferências associadas com os diferentes metaprogramas que nós dispomos aqui. Ao ser capaz de reconhecer o metaprograma que a pessoa está sujeita a operar em dado grupo, você pode começar a acompanhá-la para que se torne mais parecido com ela e tenha sua mensagem ouvida com mais facilidade. Ao experimentar o modelo de mundo de alguém, você pode obter uma perspectiva diferente e adicioná-la às opções disponíveis para você em outras áreas da vida — um bônus extra.

UMA HISTÓRIA BREVE DOS METAPROGRAMAS

Os seres humanos têm tentado entender os tipos de personalidades há mais tempo do que sabemos. Hipócrates definiu quatro temperamentos, baseado em suas observações de fluidos no corpo humano desde o ano 400 a.C. Ele chamou estes temperamentos de melancólico, sanguíneo, colérico e fleumático. Apesar das classificações de Hipócrates terem caído em desuso, outras são muito utilizadas.

Em 1921, Carl Jung publicou Tipos Psicológicos. Este livro teve como base os estudos de Jung com centenas de pacientes psiquiátricos e foi sua tentativa de classificar seus pacientes para que fosse capaz de prognosticar seus comportamentos a partir da personalidade deles. Jung definiu três pares de categorias, nas quais uma categoria de cada par seria mais utilizada, em detrimento da outra:

- **Um extrovertido tira energia da interação com o mundo externo, enquanto um introspectivo recarrega suas baterias ao ter tempo para estar consigo mesmo.**
- **Um sensitivo obtém informações através dos cinco sentidos, enquanto um intuitivo se baseia mais em instintos e intuição para obtê-las.**
- **Um pensativo toma decisões com base na lógica e pensamento objetivo, enquanto um sentimental toma decisões com base em valores subjetivos.**

Os tipos de personalidades de Jung formam a base da Classificação Tipológica de Myers-Briggs, que é uma das ferramentas de construção de perfil mais usadas hoje. No início dos anos 1940, uma equipe formada por uma mãe (Katherine Briggs) e sua filha (Isabel Briggs Myers) adicionou uma quarta categoria: um julgador tende a fazer com que seu ambiente se adapte para se encaixar a ele, enquanto um perceptivo tenta entender o mundo externo para se adaptar a ele.

Como George Bernard Shaw disse: "Pessoas racionais adaptam-se ao mundo. Pessoas irracionais tentam adaptar o mundo a elas. Todo o progresso, no entanto, depende das pessoas irracionais."

Proativo/Reativo

Se você tem mais tendência a agir e tomar iniciativas, você funciona do lado proativo. Se você, no entanto, tende a pensar muito e esperar pelas coisas acontecerem, você provavelmente é mais reativo. Seguem descrições mais detalhadas:

» **Proativo:** Se você é proativo, você toma o controle e age. Você é bom em encontrar soluções para situações que requerem controle constante. Pode ser atraído por trabalhos com vendas ou autônomos. Você percebe que irrita um pouco as pessoas, especialmente se são mais reativas, pois elas o vêem como uma pessoa prepotente.

» **Reativo:** Se você é mais reativo, pode ser bastante pessimista. Você espera que outros tomem o controle ou age apenas quando sente que é o momento certo. Talvez precise tomar um pouco mais de cuidado para não analisar demais a si mesmo e parar no tempo.

CASOS E CAUSOS

Você pode exibir tendências proativas e reativas, dependendo do contexto dentro do qual está operando. Robert, apesar de ótimo em seu trabalho, é bastante reativo sobre se impor a respeito de pedir uma promoção e aumento de salário. Ele espera que seu chefe lhe ofereça, em vez de pedi-los. Ele prefere aguardar instruções antes de começar a trabalhar, em vez de iniciar os projetos. Contudo, ele ama suas férias e se comporta de forma extremamente proativa quando visita seu agente de viagens, conversa com as pessoas e faz buscas online para planejá-las.

Você pode observar a diferença entre uma pessoa proativa e uma reativa através da linguagem corporal. Uma pessoa proativa é mais propensa a ter movimentos rápidos, dando sinais de impaciência. Estas pessoas tendem a se manter eretas, com ombros para trás e peito estufado, prontas para agir. Já uma pessoa reativa tem movimentos mais lentos e pode permanecer com a cabeça baixa e ombros relaxados.

DICA

De acordo com Shelle Rose Charvet, em seu livro Words That Change Minds, ao publicar um anúncio de uma vaga que exija uma pessoa proativa, você deve pedir ao candidato que entre em contato por telefone, em vez de enviar um currículo. Como regra geral, pessoas reativas são menos propensas a falarem por telefone.

DICA

Para descobrir se alguém é proativo ou reativo, você pode perguntar: "Você considera fácil tomar atitudes quando se percebe em uma nova situação ou precisa estudar e entender o que está acontecendo primeiro?"

» Uma pessoa proativa usa frases como "faça", "vá com tudo", "vá em frente", "avance" e "tenha controle".

» Uma pessoa reativa é mais propensa a usar frases como "analise por um tempo", "vá no seu tempo", "avalie os dados", "pese os prós e contras" e "pense antes de agir".

Em Direção a/Afastando-se de

As pessoas investem tempo, energia e recursos seguindo em direção ou se afastando de algo que elas consideram agradável ou querem evitar. Elas usam seus valores para julgar se uma ação é boa ou ruim e se o resultado em que chegarão dará a elas prazer ou dor.

Você consegue se lembrar da última vez em que começou a praticar exercícios ou uma nova dieta? Talvez você estivesse muito animado e ansioso para começar e, por isso, tenha feito progressos incríveis: notou perda de peso e passou a se sentir bem melhor por causa do exercício. De repente, apesar de tudo isso, sua empolgação diminuiu, seu peso se estabilizou — ou pior, começou a aumentar. As visitas à academia se tornaram mais esporádicas. À medida que as coisas pioravam, você se empolgou novamente, até que... ficou preso numa montanha-russa de motivação e perda de foco.

Você se desesperava, perguntando: "O que aconteceu?" A possibilidade é que, quando a questão é a sua saúde, você tem um metaprograma afastando-se de, o que significa que você é propenso a agir de forma a se afastar de algo, neste caso o seu peso ou, talvez, letargia. A Figura 8-1 ilustra como alguém cuja motivação em relação à saúde é primariamente de afastamento pode passar por um "efeito sanfona" por um período de tempo.

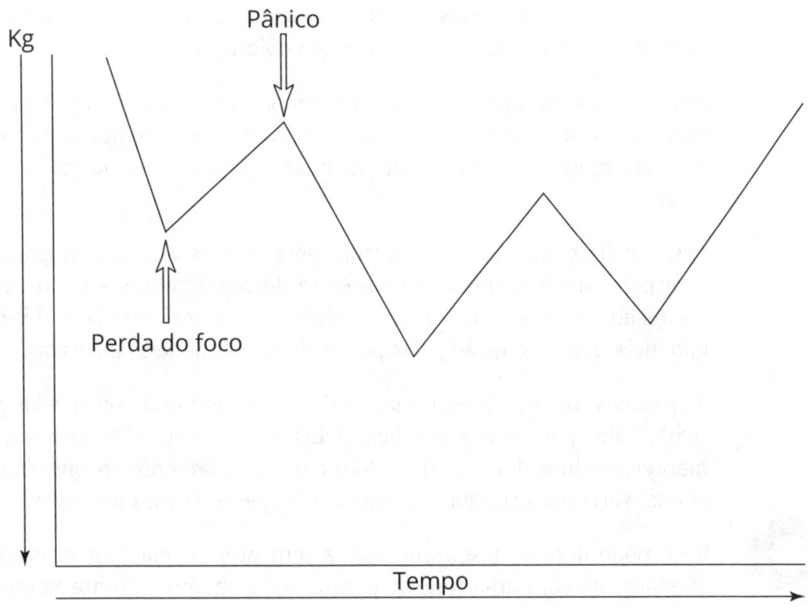

FIGURA 8-1: Um exemplo de como ter um metaprograma afastando-se de em relação à saúde pode afetar seus planos de perda de peso

Por outro lado, se você é atraído por uma meta, em um contexto particular, e é capaz de manter-se focado, você mostra mais propensão a ser direcionado a objetivos.

Como regra geral, as pessoas movem-se tanto em direção a quanto afastando-se de coisas. De acordo com Sigmund Freud, seu id, que representa suas necessidades instintivas, o move em direção ao prazer e o afasta da dor.

De forma interessante, profissões e culturas diferentes mostram uma influência de metaprogramas de direcionamento a objetivos ou de afastamento. Tome o exemplo da medicina convencional em oposição às práticas alternativas. Que preferências você acha que os praticantes das duas áreas podem ter? Como uma dica, médicos convencionais referem-se à medicina alternativa como "medicina preventiva". Segundo a avaliação de Romilla, a medicina convencional está mais sujeita a ter uma tendência ao afastamento no que diz respeito à saúde, pois enfatiza a cura da doença depois dela já ter aparecido, em vez de focar na geração e manutenção da boa saúde.

As pessoas com padrão de afastamento parecem muito negativas para aquelas com padrão de direcionamento a objetivos.

Pessoas que se afastam têm tendência a reparar o que pode dar errado e são muito úteis nas áreas de manutenção de produções fabris e de aviação, administração em períodos de crise ou condução de análises críticas. Estas pessoas são mais motivadas pela pressão do que pela recompensa. Você pode motivar pessoas com preferências a se afastar com ameaças de perda de emprego e consequências negativas de não atingirem objetivos financeiros.

Pessoas com metaprogramas de direcionamento podem ser vistas como ingênuas pelas pessoas que se afastam, pois elas nem sempre pensam a respeito de suas metas e acabam por arrumar problemas ao longo do processo de alcançá-las.

Pessoas direcionadas são motivadas pela promessa da recompensa. Conte-lhes a respeito dos benefícios do aumento de rendimentos e sobre certo bônus a ser recebido, e veja seus olhos brilharem. Esta reação não é necessariamente ganância, mas excitação pelas possíveis consequências positivas.

As pessoas com metaprogramas de direcionamento são motivadas pelo "incentivo". Falar para elas sobre benefícios e rendimentos é uma boa maneira de manter os olhos delas atentos. Não é necessariamente porque elas são gananciosas, seria mais porque estão excitadas pelos ganhos positivos.

DICA

Você pode descobrir se uma pessoa tem preferências por direcionamento ou afastamento com uma série de perguntas, como no seguinte exemplo:

Pessoa A: "O que é importante para você sobre seu trabalho?"

Pessoa B: "Saber que tenho segurança."

Pessoa A: "Então, o que é importante para você sobre segurança?"

Pessoa B: "Eu não preciso me preocupar em pagar minhas contas."

Pessoa A: "E o que é importante para você sobre pagar suas contas?"

Pessoa B: "Isso significa que não tenho dívidas."

Fazer pelo menos três níveis de perguntas é útil porque, inicialmente, as pessoas podem tender a ter respostas positivas, o que pode esconder seu padrão de afastamento. No exemplo acima, a resposta inicial é em direção à segurança, apesar de as respostas seguintes revelarem uma preferência a afastar-se dela.

DICA

Ao vender um produto, observe os padrões de linguagem do cliente. Você pode, então, avaliar se a pessoa quer comprar aquele produto para obter algum benefício — como comprar um carro esportivo de modo a ter mais diversão e sentir a empolgação de viajar com o teto solar abaixado, sentindo o vento batendo nos cabelos — ou para evitar algum problema — como, por exemplo, comprar um carro familiar seguro e estável com foco em manter a família longe de problemas. Modifique sua linguagem a fim de poupar tempo e atingir resultados.

Você se afasta ou vai em direção a seus valores. Caso afastar-se de seus valores não esteja atendendo as suas necessidades, você pode decidir mudá-los. Se praticar esportes na escola era uma experiência dolorosa e, consequentemente, lhe proporcionaram dias de humilhação, você pode ter problemas em manter uma rotina de exercícios. Uma forma de liberar as emoções investidas em memórias negativas é através da Terapia da Linha do Tempo® (da qual falamos mais no Capítulo 13).

» Uma pessoa com metaprograma *em direção a* utiliza palavras como "realizar", "conseguir", "obter", "ter", "alcançar", "atingir" e "incluir".

» Uma pessoa que opera um metaprograma mais *afastando-se de* utiliza palavras como "evitar", "remover", "prevenir", "livrar-se de algo" e "solução".

Opções/Procedimentos

Se você é uma pessoa mais de opções, você gosta de testar novas formas de fazer coisas. Caso seja uma pessoa de procedimentos, você mostra uma preferência por seguir metodologias.

Uma pessoa de opções adora variedade. A analogia que vem à mente é oferecer a um cozinheiro uma tábua de aperitivos ou vários pratos diferentes e deixar que ele escolha e saboreie o que foi oferecido.

Se você é uma pessoa com preferência por um metaprograma de opções, você é bom em iniciar projetos, ainda que possa não enxergá-los em longo prazo. Você é bom em selecionar procedimentos, mesmo que não seja a pessoa mais indicada para segui-los! Por causa da sua predileção por testar novos caminhos, você não é capaz de resistir a melhorar os métodos mais rigorosos e já testados ou de encontrar formas de burlar as regras de uma empresa.

CASOS E CAUSOS

Não peça a uma pessoa de opções para conduzir algo, a menos que queira ter noção de perspectivas: estas pessoas gostam de tomar caminhos diferentes a cada momento. Romilla sempre se permite levar muito tempo para chegar a novos lugares, pois tem a tendência a se perder. Quando ela chega ao seu destino sem se perder pelo caminho, sente-se enganada.

DICA

Deus te ajude caso esteja planejando pedir uma pessoa de opções em casamento! Mesmo que esta pessoa te ame muito, você pode passar por maus bocados para conseguir comprometimento, pois pessoas de opções temem ficar presas, deixar de viver experiências e por aí vai. Para conseguir um "sim" de uma pessoa de opções, você precisará mostrá-la todas as oportunidades que se abrirão para ela caso aceite seu pedido.

Se você tem preferência por procedimentos, você gosta de seguir regras estabelecidas e processos, e gosta que eles sejam criados para você, não de criá-los.

Quando tem um processo de trabalho, você o segue repetidamente, sem modificações. Você pode sentir-se forçado a cumprir cada passo de um procedimento até o final e sente-se mal se alguma circunstância o impedir de fazê-lo. Você respeita os limites de velocidade e fica ofendido quando outros motoristas dirigem enquanto falam no celular ou com apenas uma mão no volante.

CASOS E CAUSOS

Romilla só entendeu as diferenças entre as duas preferências quando estava aprendendo a técnica de cura de Huna, no Havaí. Duas de seu grupo de três pessoas queriam sentar-se embaixo de uma árvore, à beira de um lago, para trabalhar em um exercício de experimentação. Richard, o terceiro elemento, ficou extremamente aflito e estava prestes a discutir e encontrar outro grupo com o qual trabalhar: ele precisava permanecer no mesmo ambiente onde o exercício havia sido demonstrado e conduzi-lo exatamente da mesma maneira que ele tinha visto.

Você pode descobrir qual das duas preferências uma pessoa tem em um dado contexto ao perguntar: "Por que escolheu esta carreira?", "Por que decidiu vir a esta festa?" ou "Por que escolheu este carro especificamente?"

Pessoas de opções podem lhe dar uma lista de valores que foram satisfeitos pela escolha da carreira, da festa ou do carro. Você pode ouvir as razões delas para aquela escolha e as possibilidades que aquelas opções abriram para elas.

Pessoas de procedimento ingressam em uma história ou lista de passos que as levaram até aquela carreira, festa ou compra do carro. Por exemplo:

Eu já tinha meu Ford Puma há sete anos e precisava trocá-lo. Comprei revistas sobre carros por alguns meses e avaliei os prós e contras de cada marca, mas, no fim, ao saber que eu só precisaria fazer revisão no carro a cada 16.000 quilômetros rodados, optei por esta marca.

» Você pode ouvir alguém com um metaprograma essencialmente de opções usar palavras e expressões como "ser espontâneo", "burlar as regras", "possibilidades", "vamos nos divertir com isto" e "tente de outras formas".

» Você pode ouvir alguém com um metaprograma essencialmente de procedimento usar expressões como "seguir os passos", "obedecer às regras", "passo a passo"; e palavras como "primeiro", "segundo (e assim por diante)" e "finalmente".

Interno/Externo

Se você confia em seu julgamento ao tomar decisões ou ao saber que fez um bom trabalho, você funciona na área interna deste metaprograma.

Se você precisa de feedback de outras pessoas para saber se seu trabalho foi bem feito, provavelmente você tem uma preferência externa.

O ponto crucial deste metaprograma é se a zona que o motiva, julga suas ações e toma decisões está dentro de você ou em outras pessoas.

Crianças possuem um enquadramento de referência externo, que é desenvolvido à medida que assimilam lições conscientes e inconscientes de seus pais e professores. A maturidade, no entanto, frequentemente altera este ponto de referência para um mais interno, ao ganhar mais entendimento de você mesmo e, logo, mais confiança em seus julgamentos e decisões.

Uma transição similar pode ocorrer quando você aprende algo novo. Você pode ter uma referência mais externa de primeira, precisando que outras pessoas digam a você se está fazendo certo. Experiência e conhecimento podem, então, alterar a referência para interna.

Você é propenso a trabalhar na área interna, em um determinado contexto, quando questiona o feedback negativo que recebe, mesmo que várias pessoas tenham dito mais ou menos a mesma coisa. Você não precisa ser elogiado por fazer um bom trabalho porque já sabe que você foi bem.

Pessoas que tendem a ser internas podem ser bem-sucedidas como empresárias, pois não precisam esperar que outra pessoa diga a elas o que ou como fazer algo.

LEMBRE-SE

Chefes, caso tenham enquadramento ou referência interna, precisam lembrar-se de dar feedback a sua equipe, que pode ter enquadramento ou referência externa e buscar elogios e direcionamentos.

Se você tem uma inclinação externa, no entanto, precisa receber feedback de outras pessoas para saber se está indo bem em uma atividade e para manter-se motivado.

A menos que explique a necessidade dos resultados que deseja em um trabalho, funcionários internos podem ser difíceis de gerenciar, particularmente se o seu estilo seja o microgerenciamento. Eles querem executar atividades à sua maneira e operar a partir de seus próprios critérios. Pessoas externas, por outro lado, são mais fáceis de se gerenciar, desde que entenda que precisam de direcionamentos e elogios.

Para descobrir em que área uma pessoa opera, faça as seguintes perguntas: "Como você sabe que fez um bom trabalho, comprou o carro ideal ou tomou a decisão correta?" Uma pessoa interna pode responder "eu apenas sei quando fiz um bom trabalho", ao passo que uma externa pode dizer "minha família ama este carro".

- Ao conversar com uma pessoa que funciona a partir de um enquadramento ou referência interna, você pode obter grande vantagem se utilizar expressões como "apenas você pode se julgar", "é uma decisão inteiramente sua", "veja com seus próprios olhos" e "analise os fatos como uma forma de ajuda na sua decisão".
- Ao conversar com alguém com referências mais externas, você pode conseguir respostas melhores ao utilizar expressões como "as estatísticas/pesquisas mostram...", "todos aprovarão", "a opinião especialista é" e "isto tem sido um sucesso".

Geral/Específico

Quando começam a trabalhar em um projeto ou estão estabelecendo uma meta, algumas pessoas percebem que ter uma visão geral é fácil. Outras concluem que ter uma perspectiva tão global é difícil, mas enxergam mais facilmente os passos a serem dados a fim de alcançar as metas e, por isso, preferem trabalhar com detalhes menores.

ALERTA DE JARGÃO NA PNL

Tamanho do segmento refere-se à escala de tarefas com a qual uma pessoa prefere trabalhar. Uma pessoa com preferência global divide as tarefas em segmentos maiores do que uma pessoa com preferência específica, que precisa ter tarefas segmentadas em pedaços menores, mais fáceis de administrar.

Se você prefere trabalhar em um nível global ou conceitual e tem problemas para lidar com detalhes, gostará mais de descrições gerais a respeito do que está prestes a aprender ao se deparar com algo novo. Se seu professor começar direto com os detalhes do assunto, você pode ter dificuldades para entender o novo tema. Você vê uma floresta com facilidade, mas fica confuso com a quantidade de árvores. Se você prefere trabalhar de forma global, ou seja, com uma visão geral, você pode encontrar-se desconcentrado ou impaciente com a quantidade de informações que um professor com perfil detalhado pode te dar.

DICA

Ao ensinar outras pessoas, dê uma visão geral do assunto antes de entrar em detalhes específicos para evitar perder as pessoas com perfil global antes mesmo de começar.

Se, por outro lado, você preferir engolir um elefante pedacinho por pedacinho, você tem uma predisposição para lidar com detalhes. Você pode achar difícil compartilhar a visão de alguém com perfil global. Pessoas com perfil específico lidam com informações em passos sequenciais e podem ter problemas quanto a suas prioridades, pois são incapazes de realizar conexões mais gerais com outras áreas dentro do que estão trabalhando. Estas pessoas são muito boas em funções que requerem muita atenção a detalhes, especialmente se for por um período de tempo; por exemplo, em uma linha de produção ou na condução de testes em laboratórios.

CUIDADO

Pessoas com perfil detalhado têm a tendência de mergulharem de cabeça em uma tarefa sem avaliar o impacto de cada passo para a meta final. Como resultado, elas podem não chegar ao objetivo real ou podem vê-lo apenas depois que muito tempo e energia tenham sido gastos, seguindo passos em direção à meta errada.

CASOS E CAUSOS

Quando Romilla trabalhou com TI, era muito interessante ter reuniões semanais em uma empresa multinacional. O gerente era uma pessoa com perfil global e um dos programadores sempre relatava seu progresso no trabalho em mínimos detalhes. O restante da equipe tinha grande dificuldade em manter conversas cara a cara ao perceber as expressões contorcidas no rosto do gerente, que não entendia o que era falado, se entediava e claramente se irritava, até que pressionava um dos responsáveis pelo projeto: "Explique o que isso tudo significa." Por sorte, o perfil do tal responsável pelo projeto estava em algum lugar no meio da escala de tamanho de segmento e era capaz de traduzir os detalhes para o superior. O pobre programador ficava muito tenso e seus níveis de estresse subiam de forma irracional antes das reuniões.

DICA

Se o programador soubesse a razão pela falha de comunicação, ele poderia ter revertido seu trabalho com o gerente. Em vez de falar sobre o código que ele estava escrevendo, ele poderia falar, resumidamente, sobre os resultados que seu trabalho estava produzindo e como isto afetava o projeto do qual o gerente estava à frente.

LUTA, FUGA, PARALISIA E PROCRASTINAÇÃO

Juntamente com luta e fuga, a paralisia é parte do mecanismo de estresse. Um impala (antílope do leste e sul da África) capturado por uma chita entra em um estado de hiperexcitação e paralisa. A reação de sobrevivência por trás deste mecanismo é fazer a guepardo acreditar que o impala está morto, deste modo, dando à presa uma oportunidade de escapar, caso o predador deixe a carcaça para comer depois. A outra razão para esta reação de sobrevivência é que o impala não sentirá a dor de ser rasgado se a chita decidir ter a refeição na hora.

A procrastinação é o equivalente humano à reação de paralisia. Você tem o hábito de procrastinar? Isto pode acontecer por você estar assumindo responsabilidades demais e não saber por onde começar.

PASSATEMPO NA PNL

Quando está procrastinando em relação a uma tarefa específica, o problema pode ser você estar impressionado pelo tamanho do trabalho a ser feito. Utilize o seguinte processo para quebrar a tarefa em segmentos administráveis:

1. **Pare!**

   Caso já não esteja paralisado, siga este passo.

2. **Pegue papel e caneta.**
3. **Sente-se e faça uma lista.**

   Pense e escreva o que é realmente importante para você.

4. **Reorganize a lista em ordem de importância.**

   Você pode querer transferir alguns itens para outra lista de ações.

5. **Comece!**

Para descobrir em que ponto da escala de perfil global e específico uma pessoa está, pergunte-a sobre um projeto concluído recentemente. Uma pessoa de perfil específico o dará uma descrição passo a passo como esta:

> *Eu e Jim nos encontramos para almoçar na segunda terça-feira do último mês de julho. Eu me lembro de ter que fazer muitas perguntas a Jim, pois ele não parava quieto e eu precisava mantê-lo focado em cada passo. Eu estava muito nervoso no início, mas me senti bem mais feliz quando passamos algum tempo reunindo todas as informações sobre um planejamento de projeto.*

Uma pessoa de perfil geral fala sobre coisas de forma aleatória, resumindo o desfecho. Veja:

Eu e Tom nos encontramos para um almoço no ano passado e decidimos trabalhar na construção de um santuário para animais. É muito importante dar atenção à biodiversidade. Eu realmente penso que as pessoas precisam de ajuda para administrarem sua realidade, não acha?

- Uma pessoa com tendência a funcionar a partir de uma perspectiva geral reage a palavras como "visão geral", "quadro geral", "em poucas palavras", "generalizado" e "essencial".
- Uma pessoa que funciona do lado específico da escala dá mais atenção a alguém que utilize palavras como "plano", "preciso", "cronograma", "especificamente", "primeiro", "segundo", "terceiro (e assim por diante)", "próximo" e "antes".

Reconhecendo Semelhança, Semelhança com Diferença e Diferença

Se, quando você aprende ou experiencia algo novo, você tenta combinar as informações com o que já sabe, você tem preferência por semelhança. Ou você pode ser uma pessoa que primeiro percebe as semelhanças em situações e fica consciente das diferenças, e, neste caso, você tem preferência por semelhança com diferença.

Se, no entanto, você observa o que é diferente do que já sabe, você prefere uma seleção por diferença.

Como uma pessoa de semelhança, você tem uma vantagem inicial a respeito de rapport (que explicamos no Capítulo 7), pois rapport trata de acompanhar a fisiologia e o pensamento de outra pessoa — provavelmente algo que você faz automaticamente. Você tende a deletar muitas informações recebidas se não puder ver as similaridades com situações pelas quais já passou. Você pode ter dificuldades em aprender algo novo, a menos que possa encontrar padrões com os quais você se familiariza. Por exemplo, aprender um novo idioma é mais fácil quando você encontra similaridades com uma língua que você já fala; holandês pode ser mais fácil para alguém que fale inglês do que, por exemplo, coreano. Você não gosta de mudanças ou sente-se até mesmo ameaçado por elas, e acha que adaptar-se a modificações em seu trabalho e casa é algo complicado. Como regra geral, você não gosta de iniciar grandes mudanças, preferindo evitá-las e procrastinar alterações em sua vida quando uma situação fica realmente difícil. Isto significa que você, provavelmente, não muda muito de casa ou trabalho.

Se você tem preferência por semelhança com diferença, você considera aprender coisas novas mais fácil do que uma pessoa com preferência por semelhança, mas, ainda assim, acha esta tarefa difícil a menos que consiga encontrar ganchos familiares que o ajudem a lidar com novas informações.

Se você prefere um metaprograma de diferença, você tem sucesso com mudanças. Você ama uma revolução na sua vida, é bem-sucedido em mudanças frequentes e cria modificações com o objetivo de mudar. Assim como pessoas de similaridade, você também tem uma tendência a deletar grandes quantidades de dados, exceto por, no seu caso, deletar informações nas quais não consegue enxergar as diferenças. Algumas pessoas podem considerá-lo difícil por causa da sua tendência a sempre ver o outro lado da moeda. Você ama aprender coisas novas, mas muito superficialmente, a menos que tenha uma necessidade real de se aprofundar. Você desenvolve rapport facilmente com pessoas que consideram focar em diferenças uma tarefa tranquila, mas precisa fazer um esforço consciente para encontrar pontos em comum ao falar com pessoas que tenham preferências mais voltadas para semelhança ou semelhança com diferença.

DICA

Um membro muito próximo da família de Romilla tem preferência por diferenças. Até ela descobrir a PNL, a comunicação entre ela e seu parente era difícil, para não entrar em detalhes. Agora, Romilla realmente valoriza a capacidade dele. Ao trabalhar em um novo projeto, ela realiza todas as discussões de ideias com amigos e outros parentes. Quando está trabalhando com uma ideia já bastante sólida, ela procura seu parente com tendência a diferenças, que pode identificar as faltas e problemas que os primeiros não enxergaram. Este processo poupa muito tempo, que, caso contrário, seria desperdiçado em tentativas e erros.

Para encontrar o metaprograma preferido por uma pessoa em determinado contexto, pergunte sobre a relação entre seu trabalho atual e o anterior.

Uma pessoa com tendência por semelhança pode responder: "Não existem diferenças, eu ainda escrevo programações".

Uma pessoa que funciona com um metaprograma de semelhança com diferença pode responder: "Eu ainda escrevo programações para o setor de contabilidade, mas agora eu tenho a responsabilidade de supervisionar três programadores iniciantes".

Uma pessoa de diferença pode responder: "Eu fui promovido a supervisor de programadores iniciantes e está tudo diferente".

PASSATEMPO NA PNL

Pergunte a uma pessoa a respeito da relação entre os retângulos da Figura 8-2. Todos eles têm o mesmo tamanho, mas não dê esta informação antes de fazer a pergunta.

Uma pessoa que opera um metaprograma de semelhança pode dizer: "São todos retângulos" ou "Os retângulos têm o mesmo tamanho".

Uma pessoa que dirige o metaprograma de semelhança com diferença pode responder, "Todos eles são retângulos, mas um está posicionado verticalmente".

É provável que uma pessoa com um metaprograma de diferença diga: "Eles estão posicionados de forma diferente".

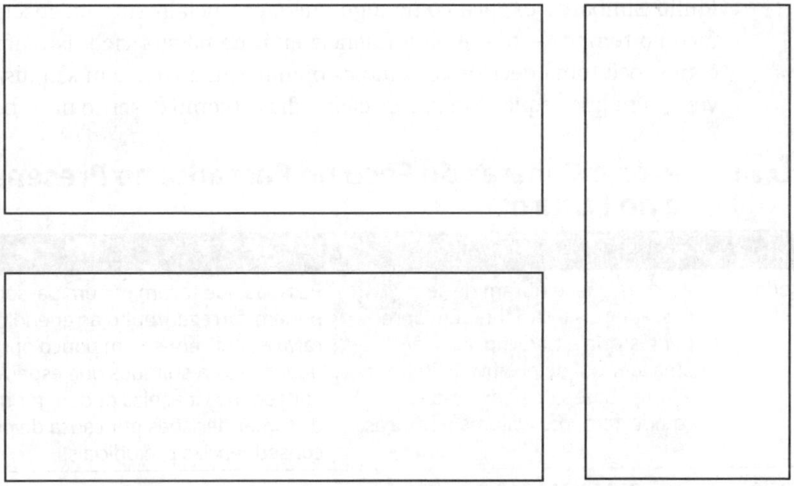

FIGURA 8-2: Jogo da semelhança/semelhança com diferença/diferença.

Se você não tiver retângulos, tapetes ou porta-copos, utilize moedas de mesmo valor e posicione duas delas com a cara virada para cima e uma com a coroa e pergunte sobre a relação entre elas.

- Pessoas com preferência por semelhança utilizam palavras como "igual", "similar", "em comum", "como sempre", "fixo", "inalterado", tanto... quanto" e "idêntico".
- Pessoas que operam a partir de uma base de semelhança com diferença usa palavras e expressões como "o mesmo, exceto...", "melhor", "progresso", "gradual", "aumento", "progressivo", "menos", "apesar de" e "igual, mas a diferença é...".
- Pessoas que funcionam do lado das diferenças utilizam palavras e expressões como "extremamente diferentes", "diferente", "alterado", "mudado", "revolucionário", "novo em folha" e "sem comparação". Para conectar-se com pessoas deste tipo, use estas expressões e outras como: "Não estou certo se você concorda ou não..."

Enfrentando Perspectivas de Tempo

Nós mostraremos no Capítulo 13 que suas memórias têm uma estrutura e que elas estão em uma forma de continuidade: uma linha do tempo ligando passado, presente e futuro. Nesta seção, você descobrirá que existe outra dimensão para o modo como pensa sobre tempo: se você tem uma propensão para focar mais no passado, no presente ou no futuro. Em seu livro The Time Paradox, Philip Zimbardo explica como algo que é essencialmente inconsciente — seu foco no tempo — tem uma influência enorme na sua vida: isto afeta a forma como você toma decisões e como as opiniões que você tem são dispostas para você, sem que sequer esteja consciente disso (como descrito na Tabela 8-1).

TABELA 8-1 Prós e Contras do Foco no Passado, no Presente e no Futuro

Foco em	Prós	Contras
Passado	Pessoas que lembram de seu passado positivamente têm apreço por história e tradição. Elas têm uma identidade positiva forte, e fortes bases de padrões de comportamento, valores e crenças.	Pessoas que focam em um passado negativo podem carregar muito arrependimento e raiva e sentirem-se um pouco oprimidas quanto aos resultados que esperam e atingem na vida; elas podem ter medo de tomar decisões por causa de possíveis consequências prejudiciais.
Presente	Pessoas com foco no presente podem concentrar-se na tarefa que estão realizando e progredir no trabalho.	Pessoas com foco no presente não aprendem com os erros do passado em sua correria para finalizar um trabalho e seguirem em frente, além de não se programarem para um futuro feliz.
Futuro	Pessoas com foco no futuro, mas com moderação, fazem planejamentos e são racionalmente esperançosas e, por isso, otimistas.	Pessoas que estão sempre pensando no futuro têm a tendência de correrem pela vida, prontas para a próxima experiência, mas perdem os benefícios que devem ser desfrutados ao se parar e aproveitar as coisas boas que estão em volta.

Você pode observar a preferência temporal de uma pessoa ao prestar atenção ao tempo verbal que ela utiliza. Por exemplo, uma pessoa focada no passado pode usar expressões como "lembrar", "quando eu era mais novo", "as coisas eram melhores do que..." e "se eu tivesse...". Uma pessoa com foco no futuro pode usar expressões como "quando..." e "eu vou...". Pessoas com foco no presente adotam o tempo presente e falam sobre o que está à sua volta, como por exemplo "é assim que as coisas são" e "o que está acontecendo é...". Para influenciar pessoas, adapte sua linguagem para acompanhar o tempo verbal que elas tendem a utilizar.

QUANDO UM CONFLITO SOBRE O FOCO TEMPORAL ACONTECE NO CASAMENTO

CASOS E CAUSOS

Apesar de terem trabalhos muito bem remunerados, John e Sandra nunca pareciam capazes de viver dentro de suas possibilidades, e viviam um dia após o outro. Eles não poupavam dinheiro ou planejavam férias, mudanças de casa e como estariam vivendo dali a cinco anos. Dinheiro era sempre um ponto de discórdia, pois eles o gastavam com compras impulsivas. Durante uma sessão de aconselhamento para casais, eles perceberam que, quando tinham dinheiro, o foco de Sandra estava no presente, enquanto John estava sempre sonhando com a casa maravilhosa que eles teriam e onde eles passariam as próximas férias, etc. Ele tinha suas visões direcionadas para o futuro. Quando o casal tomou consciência de sua diferença de pensamentos, eles decidiram, em curto prazo, estabelecer metas para como elaborariam um orçamento e fariam planos para os dois, até mesmo simulando datas. Estabelecer pequenos objetivos como estes serviu de prática para planos maiores. Eles também ganharam confiança em administração de finanças ao reconhecer que poderiam guardar dinheiro, mas sem abrir mão de coisas que gostavam de fazer.

John ainda luta para fazer com que Sandra pense em planos para um futuro próximo. Durante seções de aconselhamento mais avançadas, Sandra notou que a razão pela qual "ela vivia no hoje" era o fato de seu pai ter perdido seu negócio e ela o ter visto chorar e dizer para sua mãe: "Eu pensei que tinha tudo sob meu controle, para que servem os planos?" O baque de ver seu pai, um homem forte, chorando abalou Sandra, e suas palavras foram parar direto em seu inconsciente, impedindo a moça de fazer planos para sua vida. Sandra aprendeu que, apesar de nada ser imutável, sua memória inconsciente do passado estava travando suas chances de criar qualquer possibilidade de um futuro confortável para ela e John. Mesmo que ainda seja difícil para ela encontrar esta confiança no futuro, ela, pelo menos, está consciente de seus medos e não coloca mais barreiras quando John quer fazer planos.

DICA

Se uma pessoa está presa em uma experiência passada negativa, concordar com ela é útil (sem cair no drama da história), pois isto o permite guiar a pessoa para dentro de um estado mais positivo. Ao passo que discordar desde o início, antes de ser estabelecido um nível de rapport, pode gerar um conflito que desvie o caminho para um resultado favorável.

LEMBRE-SE

As memórias positivas que você cria hoje são as memórias positivas que você poderá apreciar amanhã.

Assim como com a maioria das coisas na vida, a chave para o sucesso é alcançar um equilíbrio. Quando encontrar-se alternando demais entre o passado, o presente e o futuro, faça um esforço consciente para reorientar seu foco, até que isso se torne uma segunda natureza.

Se você tem uma tendência a focar mais nos eventos do passado ou idealizar sobre o futuro e quer desfrutar das experiências do presente, treine-se a parar e dar uma boa olhada em seu ambiente. Note as pessoas à sua volta, a arrumação de um cômodo ou o que vê de uma janela. Ou, se estiver em um ambiente aberto, dê uma olhada no espaço entre os galhos e folhas das árvores, na cor do céu, nas formas das nuvens e perceba como isto faz você se sentir por dentro.

DICA

Aprender lições a partir de acontecimentos negativos do passado pode ajudá-lo a liberar as amarras que eles têm sobre você. O Capítulo 13 mostrará como liberar emoções negativas e decisões limitadoras.

Combinações de Metaprogramas

Você possui uma combinação de metaprogramas que prefere adotar quando está dentro da sua zona de conforto. Tente se lembrar que esta preferência pode mudar dependendo de circunstâncias diferentes nas quais você se encontra. Por exemplo, um gerente de projetos pode combinar preferências por diferença, proatividade, especificidade e direcionamento a objetivos quando está no trabalho, mas escolher semelhança, reatividade e um perfil geral quando está em casa.

Além disso, perceber que certas combinações de metaprogramas podem servir melhor do que outras a determinadas profissões é importante, assim como entender que muitos metaprogramas disponíveis podem ser úteis para você.

Você gostaria que o piloto do seu jatinho tivesse uma combinação de metaprogramas que incluísse perfil geral e de diferença? Você pode ficar um pouco nervoso por estar nas mãos de alguém que decida pular algumas das verificações de voo por achar os procedimentos chatos e que pode ser divertido ver o que acontece quando a luz vermelha acende!

Você gostaria que sua prescrição fosse feita por um farmacêutico que adora testar resultados ao adicionar algumas gotinhas extras daquele lindo líquido azul no seu medicamento para o coração?

Estes exemplos estão aqui para ilustrar que trabalhos podem ser melhores quando o perfil pessoal se encaixa aos parâmetros de cada função. Por exemplo, você pode decidir que a melhor combinação de metaprogramas para preencher uma vaga no controle de qualidade de uma empresa é o de uma pessoa com preferências por detalhamento, afastamento e procedimentos.

Desenvolvendo as Habilidades dos Seus Metaprogramas

Metaprograma é um dos temas que mais despertam o interesse nos workshops da Romilla, provavelmente porque os participantes percebem o poder da utilização da aclamada linguagem certa: ou seja, as palavras e expressões que têm maior significado para a pessoa com quem você está se comunicando. Utilizar linguagem apropriada favorece a construção de rapport e faz com que sua mensagem seja melhor recebida, o que não acontece com alguém que não seja capacitado na arte dos metaprogramas.

Com essas informações em mente, nós o convidamos a desenvolver suas habilidades ao considerar os seguintes aspectos:

» Você é capaz de identificar os metaprogramas que você utiliza em diferentes áreas da sua vida? Este exercício pode ser particularmente útil quando você quer modelar uma parte bem-sucedida da sua vida com o intuito de melhorar outro aspecto que não esteja tão bem.

  Se você percebe que é melhor ao planejar suas férias do que em progredir na sua carreira, esta discrepância pode se dar por você ser mais proativo, direcionado a objetivos e focado em procedimentos quando se trata das suas férias, mas não em relação à carreira? Você se sente como uma pequena engrenagem em uma roda gigante e resiste a ser proativo em relação à sua carreira? Talvez você permita que seu chefe dite seu futuro, o que pode ser devido a seu passado, memórias negativas (dê uma olhada na seção anterior "Enfrentando Perspectivas de Tempo"). Trabalhar com um coach ou terapeuta permitiria que você absorvesse as lições do seu passado e focasse no futuro para promover o progresso na sua carreira, estabelecendo um mapa a ser seguido.

  Talvez, após decidir sua grande meta de carreira, você possa precisar ser mais voltado para processos a ponto de definir e ater-se aos passos que o levarão até ela. Você também pode precisar focar na direção do objetivo e se tornar mais proativo quanto a alcançá-la.

» Se está tendo problemas com outra pessoa, talvez vocês estejam nos lados opostos da escala dos metaprogramas. Você é capaz de identificar os metaprogramas que você e a outra pessoa estão usando? Por exemplo, os metaprogramas geral/específico podem causar muita mágoa entre pessoas. Se você fala sobre um quadro global e geral e a pessoa com quem está se comunicando é uma pessoa detalhada e específica, faça um sacrifício e vá para uma zona de informações mais específicas e detalhadas (como descrevemos na seção anterior "Geral/Específico"). Metaprogramas desalinhados podem resultar em uma vasta gama de conflitos e falhas de comunicação. Então, esforce-se para ouvir a linguagem que as pessoas estão usando e utilize estas palavras ao conversar com elas.

» Caso esteja fazendo um recrutamento para uma vaga de trabalho, escreva as qualidades do candidato ideal quando já tiver identificado as funções e responsabilidades inerentes ao cargo. Pergunte a si mesmo que questões precisa fazer para o quão bem um candidato se adéqua ao cargo, porque empregar a pessoa errada pode sair muito caro. Portanto, se for contratar um contador, você pode concluir que a pessoa precisa ser:
  - *Proativa* para manter-se informado sobre as mudanças na legislação fiscal.
  - *Voltada para procedimentos e detalhes* para cumprir as leis.
  - *Focada no exterior* para ser receptiva quanto às regras do governo.
  - *Inclinada à diferença* para observar quaisquer discrepâncias nos assuntos fiscais das pessoas.

3

Abrindo a Caixa de Ferramentas

NESTA PARTE...

Você encontrará a caixa de ferramentas e técnicas da PNL, que possibilita que você lide com situações difíceis. Conforme se torna mais proficiente com as ferramentas e torna-se apto a adaptar seus pensamentos e suas ações. Pelo uso de técnicas de apoio para viajar ao longo da sua existência pessoal, você descobre o que é essencial e permite mudar e construir seu repertório. Adapte-se para ter um futuro mais interessante!

NESTE CAPÍTULO

Entendendo os efeitos dos sons, visões, cheiros e sensações

Controlando o modo como você se sente

Superando a fase do nervosismo

Mudando o modo de pensar sobre o passado e o futuro

Capítulo 9
Libertando-se das Âncoras

"Não sei o que deu em mim!". Expressão familiar? Já teve a sensação de que as suas reações a uma situação foram excessivas? Suas sensações podem surpreender ou até mesmo oprimir você. Talvez você até diga que não era você agindo daquele jeito.

Todos temos reações emocionais o tempo todo: algumas delas são boas — paixão, alegria e prazer — outras nem tanto — decepção amorosa, tristeza e dor. São essas sensações que tornam a vida e o trabalho interessantes e divertidos, assim como confusos e imprevisíveis. Geralmente, em nosso trabalho, conversamos com gerentes que suspiram e desejam que seus colegas de trabalho deixem as emoções em casa. E em casa, inúmeras pessoas gostariam que seus parceiros deixassem o estresse da profissão no seu local de trabalho.

Talvez você tenha presenciado situações em que alguém tenha "explodido" inesperadamente. Isso ocorre com frequência, e, avaliando o evento, sempre parece ter sido por uma provocação boba. A maioria das pessoas sente desconforto ou agitação ao encontrar-se neste estado. De fato, a PNL adota o termo estado com o significado de observar e tornar-se mais consciente de como você se sente em determinado momento.

Levado aos extremos, essas sensações de opressão e perda do controle podem assustar as pessoas. Elas podem afetar a sua carreira e a sua vida social. As pessoas se questionam se tal indivíduo é confiável em termos de responsabilidade ou se pode representar a empresa.

Por sorte, com a influência estabilizadora da caixa de ferramentas da PNL, a ajuda está à mão para controlar a si mesmo, o seu estado a qualquer momento e o efeito que você causa nas outras pessoas. E logo que você descobre estas habilidades, os efeitos se tornam fantásticos.

Dando a Partida com as Âncoras da PNL

ALERTA DE JARGÃO NA PNL

As ferramentas da PNL que o ajudam a criar estados positivos em si mesmo são conhecidas como técnicas de ancoragem, com base em uma âncora de um barco, que dá estabilidade na água. A PNL define uma âncora como um estímulo externo que causa uma reação ou estado interno específico.

As pessoas estabelecem e reagem às âncoras todo o tempo, por exemplo, você sabe que deve parar o carro no sinal vermelho e percebe que certos alimentos enchem sua boca d'água.

Você deve estar curioso do porquê das âncoras serem tão úteis. A resposta é que, quando você domina a técnica da ancoragem, pode pegar todas as suas experiências e memórias positivas e utilizá-las para lidar de forma melhor com certas situações.

A ideia da ancoragem na PNL vem da modelagem de técnicas do hipnoterapeuta Milton Erickson. Erickson, frequentemente, utilizava sugestões como gatilho para ajudar as pessoas a mudarem o seu estado interno. Mais recentemente, no trabalho de um dos criadores da PNL, John Grinder, em seu NewCode NLP (veja o Capítulo 1), é dada grande ênfase a guiar clientes e praticantes para estados positivos, como o "estado de alta performance" e o de "não saber".

LEMBRE-SE

Os humanos descobrem e desenvolvem o comportamento em resposta aos estímulos: não são apenas os golfinhos que aprendem truques maravilhosos! Desde a concepção, você é programado a reagir a certos estímulos e muda seu estado em resposta ao ambiente constantemente, com flexibilidade de comportamento inacreditável.

DE TWITMEYER A PAVLOV, OU COMO TUDO COMEÇOU

O que o psicólogo russo Pavlov descobriu com o seu famoso experimento com cães foi um exemplo inicial de ancoragem. Forneça um estímulo, comida, e tenha uma resposta consistente, salivação. Associe o som de um sino — um estímulo condicionado — ao ato de dar comida na boca do cão, e, logo, o animal aprenderá a responder ao soar do sino.

O colega menos conhecido de Pavlov, Twitmeyer, estava observando o reflexo automático dos seres humanos em 1902, antes mesmo de Pavlov estudar a salivação nos cachorros. Twitmeyer batia um martelo no joelho de uma pessoa e soava uma campainha com a pancada do martelo. Como com tantos avanços da ciência, uma mudança acidental no experimento conduziu a uma das mais excitantes descobertas. Um dia, ele tocou a campainha sem deixar cair o martelo. E o que aconteceu? Sim, o joelho da cobaia reagiu sozinho ao som da campainha.

Infelizmente, para Twitmeyer, ele estava um pouco à frente do seu tempo, e os médicos ignoraram a sua contribuição à ciência do behaviorismo (a teoria da personalidade que ignora o funcionamento interno da mente e foca em como as pessoas são condicionadas a reagir a estímulos do ambiente). Logo à frente na história, apenas dois anos depois, em 1904, o trabalho de Pavlov sobre os cães roubou a atenção das pessoas, e ele ganhou o prêmio Nobel de Fisiologia.

Desde então, estudos do comportamento de animais têm se tornado mais científicos e sofisticados. A cada dia, você pode ler mais pesquisas sobre o cérebro e aumenta o nosso conhecimento sobre a inteligência e comportamento humanos.

Estabelecendo uma âncora e construindo um estado de recursos

Nossas memórias são armazenadas como associações com os nossos sentidos. Os cheiros são âncoras particularmente poderosas para períodos de tempo e acontecimentos. Então, por exemplo, você sente um perfume peculiar, e isso o transporta de volta ao seu primeiro e formidável encontro com a colônia ou a loção pós-barba. Ou, se você já tomou um porre de uísque, talvez apenas o cheiro da bebida seja suficiente para fazê-lo sentir náuseas. Nós criamos âncoras positivas e negativas para nós mesmos o tempo todo.

Os professores de PNL sugerem várias técnicas para o estabelecimento de âncoras. Ian McDemott e Ian Shircore descrevem os três seguintes passos simples da técnica da PNL para controlar o seu próprio estado estabelecendo âncoras de recursos:

1. **Esteja certo do estado positivo ideal em que você deseja estar.**

   Seu estado positivo pode ser confiante, divertido, energético, antecipatório ou entusiasmado. Seja claro e específico em suas próprias palavras para descrevê-lo.

2. **Evoque uma ocasião específica no passado em que você esteve naquele estado.**

   O que você está vendo aqui é uma experiência comparável, embora o contexto possa ser diferente.

3. **Reviva o momento o mais ativamente que puder.**

   Comprometa-se completamente com a experiência — imagens, sons, cheiros, sensações físicas e impressões internas.

Ao concluir estes três passos e estar no mais alto estado positivo, chegará o momento de estabelecer uma âncora para si mesmo. Os movimentos das mãos funcionam bem como âncoras físicas (cinestésica). De maneira simples, observe o que as suas mãos estão fazendo quando você se compromete com a experiência e mantenha um movimento distinto sob controle — como punhos cerrados, ou polegar e o indicador em círculo (um aperto de mão não funciona porque é muito comum e habitual). Alternativamente, como uma âncora auditiva, ouça um som. Para aqueles com preferência visual, crie uma imagem que simbolize o estado positivo.

Quando você precisa voltar para o estado positivo, simplesmente ativa a âncora como um estímulo para mudar o seu estado. Para isto, recrie o movimento ou lembre-se do som ou imagem que usou como gatilho para o estado positivo. Outro método para estabelecer âncoras proveitosas é o exercício clássico denominado "círculo de excelência", descrito posteriormente neste capítulo, na seção "Empregando âncoras nas apresentações".

LEMBRE-SE

As âncoras precisam ser:

» Distintivas — movimentos diários característicos e diferentes, sons ou imagens.

» Únicas — especiais para você.

» Intensas — estabelecidas quando você experimenta o clímax do estado de forma plena e vívida.

» Adequadas — capturar o melhor momento para fazer a associação.

» Reforçadas — pegue ou largue. Ancoramento é uma habilidade desenvolvida com a prática.

UM GOSTO DE PASSADO: ÂNCORAS DE USO CORRENTE

Só por um momento, lembre do seu primeiro dia de escola. Ouça os sons ao seu redor e perceba o que sente ao estar naquele novo ambiente. Sons e cheiros são particularmente evocativos para trazer de volta memórias da infância — boas e más. Talvez haja alguns gatilhos que imediatamente o façam lembrar da escola. O que o faz recordar lembranças do seu tempo de escola? Provavelmente o cheiro de certos alimentos ou de um chão encerado, a visão de um troféu de escola ou o som de um sinal ao fim das aulas.

O cheiro de tempero transporta Romilla imediatamente para sua idílica e colorida infância indiana. Contudo, para Kate, apenas ouvir a palavra "merenda" traz visões, sons, gostos desagradáveis e vontade de voltar vingativa; junto com memórias de ansiedade das moças do refeitório forçando as crianças a comerem alimentos que elas não queriam.

Se você trabalha com adultos em treinamentos, lembre-se que algumas pessoas não têm memórias agradáveis de suas experiências na escola, e em tais casos você pode encontrar alguma resistência. Felizmente, com bons professores e coaches a maioria das pessoas descobre como é recompensador — além de divertido — continuar a aprender mesmo quando adulto, mesmo que essa experiência não tenha sido boa quando criança.

CUIDADO

É fácil estabelecer uma âncora negativa sem planejá-la. Imagine, por exemplo, um gerente estressadíssimo voltando de carro para casa à noite, após o trabalho, tendo falado ao celular sobre problemas de trabalho durante todo o trajeto. Assim que entra em casa, seus sentimentos negativos sobre o trabalho atingem o ponto máximo. Nesse momento, sua esposa aparece e lhe dá um beijo de boas-vindas quando ele entra casa. Ele pode, sem querer, conectar o beijo da esposa a preocupações profissionais, é assim que as âncoras são estabelecidas. E adivinha o que vem depois? A esposa o beija, ele começa a se sentir ansioso e nem sabe por quê.

O senso comum sugere que você não estabeleça uma âncora negativa deliberadamente. Então, como evitar isso? O segredo é reconhecer o que dispara uma resposta negativa em você e perceber que tem uma escolha na forma de responder. Se você criou o hábito de responder negativamente em certas situações, e tem consciência disso, está em posição de decidir se essa é uma resposta útil e apropriada, ou se gostaria de fazer algumas mudanças.

Deduzindo e calibrando os estados

Você sabe quando alguém está em um estado positivo ou não? Quais são os sinais? Quando encontra alguém e está construindo uma relação social ou profissional, a calibragem é útil.

ALERTA DE JARGÃO NA PNL

A PNL define a calibragem como o processo de aprender a interpretar as respostas das pessoas. Bons comunicadores aprenderam a intensificar suas habilidades de observação. Em vez de adivinhar como alguém está pensando, eles observam e reconhecem pistas sutis e expressões faciais das pessoas com quem interagem.

Por exemplo, se você sabe que a sua chefe fica quieta e contrai os músculos faciais quando se depara com um prazo de entrega curto, você faz bem em não bater papo com ela ao perceber tais sinais. Ou, se você está em uma negociação, pare um pouco para conhecer as pessoas com quem está negociando. Perguntas sociais amigáveis no cafezinho ou no elevador podem ajudá-lo a calibrar a linguagem corporal das pessoas e desenvolver sua percepção às respostas delas.

PASSATEMPO NA PNL

Experimente esse jogo rápido com um amigo para calibrar os seus estados. Observe as mudanças na fisiologia deles. O que acontece com os seus movimentos faciais, mudança de cor da pele e com a linguagem corporal.

1. **Primeiro observe a posição inicial — para verificar se seu amigo parece neutro.**

   Para colocá-lo em estado neutro, você pode fazer uma pergunta tola como: "Qual é a cor das suas meias hoje?"ou "quantas canetas você tem na gaveta?"

2. **Então lhe peça que pense um minuto em alguém de quem realmente goste, cuja companhia aprecie e preste atenção a quaisquer imagens, sons ou sensações que surjam.**

   (Dê um tempo para que a pessoa entre na experiência.)

3. **Peça-lhe que esqueça esse sentimento.**

   A PNL denomina isso quebra de estado.

4. **Peça-lhe que pense um pouco em alguém de quem realmente não gosta, cuja companhia não lhe agrada, prestando a atenção a qualquer imagem, som ou sensação que venha.**

5. **Compare as diferenças na reação do seu amigo para uma experiência positiva e uma negativa.**

Algumas pessoas terão mudanças drásticas na linguagem corporal, enquanto outras exibirão diferenças tão sutis que você mal conseguirá notar.

LEMBRE-SE

Há um pressuposto na PNL que diz: as pessoas não conseguem não se comunicar. Goste ou não, você influencia outras pessoas continuamente. Apenas com um olhar ou uma palavra, você tem a capacidade de gerar estados nos outros e em si mesmo, e isso acontece muito facilmente — sendo você mesmo e agindo do seu jeito, sem esforço consciente.

DICA

Quando alguém, por exemplo, um chefe, pai, professor ou parceiro, lhe elogia, dá uma bronca, ou expressa alegria ou desapontamento, você percebe que é usado um tom de voz específico. Bem, seu próprio tom de voz também funciona como âncora. Variar o seu tom de voz é uma maneira de mudar o estado de outras pessoas. Experimente essa técnica quando quiser mudar o estado de uma plateia ou indivíduo com quem você esteja falando — em algumas vezes é preciso estar animado, outras vezes, autoritário, outras calmo ou tranquilizador.

Estabelecendo o seu próprio repertório de âncoras

Uma boa maneira de trabalhar com os conceitos de PNL é encontrar estados otimizados para si mesmo; em suma, a melhor maneira de ser você mesmo. A ideia é desenvolver esta habilidade de maneira análoga a ampliar seu repertório de saques de tênis ou tacadas de golfe. Para começar, pergunte a si mesmo qual seria a melhor forma de fazer o seguinte:

» Aprender efetivamente
» Fazer o seu melhor
» Contar para outras pessoas

Lembre-se de situações passadas em que teve sucesso nessas áreas. O que estava acontecendo com você naquela época? Onde você estava, quem estava com você, o que estava fazendo de útil na época? O que era importante para você?

Crie um leque de âncoras visuais, auditivas e cinestésicas, que façam com que você se sinta bem consigo mesmo e com outras pessoas. Você pode pedir ajuda a um amigo e trabalharem juntos neste projeto.

Reconhecendo as suas próprias âncoras

Quais são os gatilhos, os estímulos que mais o afetam em casa ou no trabalho? Anote na tabela abaixo (Figura 9-1) para começar a tomar consciência das vezes em que estava se sentindo bem ou não tão bem. Seu objetivo é concentrar-se mais nas suas experiências positivas e mudar ou deixar de lado as negativas.

	EM CASA		NO TRABALHO	
	Bom	Ruim	Bom	Ruim
V- Visão				
A- Audição				
C- Tato /Sensação				
O- Olfato				
G- Paladar				

FIGURA 9-1: Tabela de âncora pessoal: V = visual; A = auditiva = C = cinestésica; O = olfativa; e G = gustativa

Pare para recordar alguns detalhes de experiências diferentes que podem fazê--lo sentir-se bem ou mal. Esses eventos do cotidiano podem ser aparentemente insignificantes e serão muito individuais.

Você pode sentir-se bem em casa, na frente de uma lareira ou de um vaso de tulipas na mesa, ouvindo o som do seu CD preferido ou sentindo o cheiro de comida quentinha no fogão. Da mesma forma, a visão do seu computador em uma mesa arrumada, o burburinho das pessoas ou o aroma de uma bebida quente podem ser bem-vindos para trabalhar de manhã.

De outra forma, se você fica bravo quando ligam a TV num volume alto, um e-mail ou pedaço de papel é jogado na sua bandeja de coisas para fazer, você precisa encontrar estratégias para transformar o negativo em positivo. Você só pode começar a conduzir os detalhes minuciosos de sua experiência diária para a direção certa quando identificar o que gosta e o que não gosta.

Organizamos essa tabela pelos diferentes sentidos (veja o Capítulo 6 para saber mais sobre o assunto). Eis algumas âncoras para observar:

- **Visual** — imagens, cores, decoração
- **Auditiva** — música, vozes, canto dos pássaros, sons
- **Cinestésica** — texturas, percepção dos elementos físicos e vibrações emocionais
- **Olfativa** — odores, substâncias químicas, perfumes
- **Gustativa** — sabores, comida e bebida

Reveja a essa estrutura por algumas semanas para aprender o que lhe dá mais prazer. Se você tem um sentido dominante com mais âncoras visuais do que auditivas, por exemplo, verifique se está omitindo ou filtrando informações desnecessariamente.

Suas âncoras mudarão o tempo todo. Conforme se concentra mais e mais em coisas que lhe dão prazer, você começa a perceber que aquelas que o preocupam mais, com o passar do tempo, tornam-se menos relevantes.

PASSATEMPO NA PNL

Eis um exercício que você vai querer tornar um hábito saudável. Todos os dias, selecione cinco eventos ou experiências que lhe deram prazer. Tenha um caderno reservado para anotar o que está indo bem para você. Geralmente, são as coisas pequenas que fazem a diferença: uma conversa agradável, um gesto gentil, o cheiro de padaria ou o sol que aparece dentre as nuvens. Quando estiver sentindo-se sob pressão, reporte-se a um desses fatos e assegure que você passe no mínimo uma parte do seu dia com coisas importantes para você.

Passando pelas Emoções: Organizando os Estados

Pense no dia de ontem. Enquanto você revisa os eventos do dia, pergunte-se como você se sentiu em momentos diferentes. Você estava no mesmo estado durante o dia todo? Pouco provável. Como um termômetro, você pode ter ido do quente ao frio, experimentando todas as dimensões da escala, relaxado e calmo, caloroso e interessado, quente e excitado, enfim, vários graus de variação ao longo do dia.

Como seres humanos, somos abençoados com a flexibilidade e a habilidade maravilhosa de mudar o estado. Na verdade, precisamos mudar. Se operássemos em um nível alto constante, logo ficaríamos exaustos. Quem opera sempre no clímax tem que ser capaz de desligar e regenerar, recarregando. Se não, será consumido. Durante uma apresentação, por exemplo, é importante variar o passo e o ritmo para que o público continue interessado. Às vezes, você precisa deles calmos e receptivos ao que você está falando, outras vezes altamente atentos a detalhes; em outras ocasiões, curiosos e interessados.

Trabalhando em sessões individuais de coaching e enfrentando problemas difíceis, os clientes regularmente demonstram um leque completo de emoções, desde raiva extrema, frustração e preocupação até gargalhadas, em um espaço de tempo muito curto. Às vezes, quando a jornada fica árdua, o território constantemente oscila para um ponto em que alguém exclama: "Não sei se é melhor rir ou chorar!"

O humor oferece um caminho cheio de valores e recursos incríveis para mudar o estado. Por exemplo, personagens de desenhos geralmente nos permitem ver em uma perspectiva oposta à nossa experiência; pegar um assunto sério e pôr sob uma nova luz. As habilidades de qualquer líder, seja como pai ou gerente, reside na sua habilidade de estabelecer um ritmo para os outros através desses estados diferentes e liderá-los a um resultado positivo.

Alterando os estados com âncoras

Seus estados podem mudar constantemente, e a vantagem das âncoras é que elas o permitem alterar o seu estado com um outro recurso quando precisar. Digamos, por exemplo, que você tem uma decisão difícil a tomar, uma pessoa para encontrar, um evento ao qual deve comparecer. Em casamentos e funerais as emoções afloram e seria bom você administrar os seus sentimentos com atenção. Estando no estado certo, você fará as melhores escolhas e sua ação buscará um resultado melhor.

Como analogia, imagine que está navegando em um barquinho em meio a uma tempestade e quer alcançar um porto seguro. Se você desenvolve a habilidade de ativar âncoras, pode garantir um estado calmo para si mesmo ou mudar para um modo energético, de risco, se necessário. Uma âncora, por definição, é vinculada a uma posição estável: o mantém seguro e o faz parar de boiar à deriva. Força e estabilidade são os pontos fundamentais aqui.

Sempre que perceber que não está em um "bom estado", você tem uma escolha. Ou você fica nesse estado porque, por algum motivo, vê vantagem nele, ou identifica o estado e muda para um "melhor". Para tanto, você pode ativar uma âncora para criar um estado mais positivo para si mesmo. (Vá para a seção "Estabelecendo uma âncora e construindo um estado de recursos" para dicas de como fazer isso facilmente, em apenas três passos, e veja o Capítulo 6 para saber mais sobre recursos.)

CUIDADO

Sobrepor constantemente âncoras negativas com positivas pode conduzir a problemas. As âncoras negativas podem ser um alerta do subconsciente indicando que você deve se atentar para um problema oculto. Por exemplo, sentir-se cansado pode ser um indicador de que seus atuais padrões de trabalho estão lhe exaurindo. Se continuar a sobrepor este alerta com uma âncora energética, pode acabar se consumindo.

Dê um toque de barroco

Os gregos da Antiguidade sabiam, os primeiros psicólogos usavam e a ciência moderna confirma: a música afeta tanto a mente quanto o corpo. A música altera as suas ondas cerebrais que indicam a atividade elétrica no cérebro. Quando estamos relaxados, nossas ondas cerebrais são mais lentas e aceleram conforme ficamos mais ativos. A música, com cerca de sessenta batidas por minuto parece ser a mais confortável dentre as culturas, porque corresponde à batida do coração humano em repouso.

A música barroca é especialmente adequada para criar um estado de relaxamento inconsciente, conhecido como estado alfa. Para explorar esse tipo de música, procure passagens lentas de movimentos vagarosos em obras musicais compostas entre 1600 e 1750, por Bach, Mozart, Handel e Vivaldi: todos são bons pontos de partida.

ONDAS CEREBRAIS, DE ALFA A DELTA

Há quatro tipos de ondas cerebrais, medidas em ciclos por segundo:

1. Ondas cerebrais alfa: claro, calmo e relaxado, de 8 a 12 ciclos por segundo
2. Ondas cerebrais beta: alerta e resolução de problemas, de 13 a 30 ciclos por segundo
3. Ondas cerebrais teta: criativo e imaginativo, de 4 a 9 ciclos por segundo.
4. Ondas cerebrais delta: sono profundo, de menos de 6 ciclos por segundo.

DICA

Aqui vão algumas formas diferentes de pensar sobre a música que você ouve. Talvez você esteja enterrado na rotina da sua preferência auditiva:

- **Variar a qualidade de CDs que você compra –** Do barroco ao clássico, jazz e blues ao reggae ou pop e rock à ópera.
- **Mude o ritmo –** Compare ritmos previsíveis com variados e que não são familiares para encorajar a sua criatividade. A *world music* é boa para isso.
- **Instrumental ou lírica?** As músicas com letra podem distrair, já as instrumentais tendem a encorajar o relaxamento.
- **Intuição –** Confie nos seus próprios gostos. Se você não gosta de determinado tipo de música, não force. Desligue, é improvável que você se sinta melhor.
- **Comece o dia de forma diferente –** Quando você se sente bem pela manhã, você vai às estrelas. Tente trocar a conflitante estação de notícias no rádio por música inspiradora e revigorante.

PASSATEMPO NA PNL

Este é um exercício para trabalhar um problema com a ajuda da música:

1. **Pense em um assunto ou em uma decisão que o está aborrecendo, coloque-a em uma escala de preocupação de 1 a 10 e anote o resultado em um pedaço de papel.**
2. **Selecione três músicas de estilos diferentes.**

   Por exemplo, experimente barroco, instrumental, rock pesado ou vocais suaves.
3. **Ponha a primeira música para tocar; então, classifique seus pensamentos em uma escala de 1 a 10. Anote agora como vê o problema e como se sente em relação a ele.**

4. **Ponha a segunda música para tocar; então, classifique seus pensamentos uma escala de 1 a 10. Como vê o problema e como se sente em relação a ele.**

5. **Ponha a terceira música para tocar; então, classifique seus pensamentos em uma escala de 1 a 10. Anote agora como vê o problema e como se sente em relação a ele.**

Seu pensamento mudou? Que música foi mais eficaz em torná-lo mais cheio de recursos?

Colocando-se no lugar dos outros

Outra forma de desenvolver habilidades de PNL é encontrar um modelo positivo, alguém que parece se comportar da maneira que você quer — e passar a usar a linguagem corporal daquela pessoa. Por exemplo, você pode copiar o jeito dessa pessoa — rígido ou maleável, sorridente ou sisudo — e então andar da mesma forma que ele. Você vai acabar aplicando uma técnica chamada andar de mocassim — imaginar que está no lugar da pessoa alvo, como se usasse seus mocassins.

Ao mudar a própria fisiologia, você mudará o seu estado interno e a forma como pensa e reage.

CASOS E CAUSOS

Se você é uma mulher baixinha copiando um homem grande ou vice-versa, isso pode dar-lhe nova compreensão (insights) de como a sua forma física faz a diferença no seu jeito de influenciar as pessoas. Gill, uma de nossas delicadas clientes, estava lutando para ser mais notada nas reuniões. Ao sincronizar sua linguagem física ao seu alvo, um homem, ou seja, com maior massa corporal, ela adaptou seu estilo de apresentação para um mais expansivo e passou a movimentar-se deliberadamente nos locais onde apresentava seu trabalho. Ela agora também espalha os seus papéis e começa a estudá-los em uma ponta da mesa de reunião. Ambas são mudanças para marcar o território e sua autoridade. Similarmente, homens que trabalham com crianças geralmente acham melhor conversar com as crianças em uma posição mais próxima do chão do que se elevando sobre elas.

Tornando-se Sofisticado com Âncoras

Esta seção mostra como as técnicas de ancoramento da PNL podem ajudá-lo a enfrentar situações desafiadoras e assustadoras. Talvez você esteja lutando em vão contra comportamentos prejudiciais, como fumar ou alimentar-se de forma errada. Seria bom elevar a confiança em si mesmo para uma atuação no campo dos esportes ou fazer um discurso em público.

Claro que a PNL não o transformará em um cantor de ópera nem em um atleta olímpico da noite para o dia. A PNL não dará a competência para desenvolver habilidades que você não possui, mas as técnicas de ancoramento poderão ajudá-lo a acessar os seus recursos inatos para que você possa tornar-se o melhor possível.

Substituindo as âncoras negativas

Algumas vezes é preciso ter meios para mudar uma âncora negativa. Por exemplo, mudar um hábito destrutivo. Uma pessoa de dieta que assalta o pote de biscoitos toda vez que toma uma xícara de chá criou uma âncora negativa. Tomar chá equivale a comer biscoitos. Ou um profissional de escritório que fica ansioso cada vez que vai para o trabalho, porque uma vez teve uma discussão com o chefe. Isto pode culminar em uma doença relacionada ao estresse.

Dessensibilizando-se

Um dos enfoques mais comuns da PNL para libertar-se de uma âncora negativa é a dessensibilização. Para fazer isso, você precisa, primeiro, ficar em um estado neutro ou dissociado e, então, introduzir o problema em doses pequenas. Se o assunto for a dieta para emagrecimento mencionada acima, você precisa entrar primeiro em um estado forte quando for capaz de dizer "não, obrigado" para alimentos gordurosos. Então, pratique ser tentado enquanto estiver no estado forte. Trata-se, basicamente, de aprender hábitos novos.

Desmoronando a âncora

Uma outra estratégia é desmoronar a âncora, ativando duas âncoras simultaneamente; uma negativa, indesejada, e outra positiva. Ative a âncora negativa enquanto mantém a positiva por cinco segundos. O estado negativo entra em colapso, liberando o caminho para a permanência do estado positivo.

CASOS E CAUSOS

Jane se divorciou recentemente e ganhou a custódia do casal de filhos. Ela se sentia incontrolavelmente zangada toda vez que seu ex-marido ligava para marcar uma visita aos filhos. Em contrapartida, as crianças estavam ficando muito ansiosas a respeito das visitas de fim de semana ao pai e sua nova parceira. Romilla trabalhou com Jane para desmoronar as âncoras negativas e substituí-las com uma série de âncoras positivas, de modo que ela foi capaz de ter um diálogo forte e aberto com seu ex-marido sempre que tinha que encontrá-lo pessoalmente ou ouvir sua voz no telefone (âncoras negativas indesejadas). Desta forma, Jane se libertou da força que ele exercia sobre ela.

Estendendo a corrente de âncora

Você pode ter vários estados emocionais em um único dia. As âncoras frequentemente funcionam bem em corrente, com um gatilho levando a outro. Às vezes, criar uma corrente de âncoras pode ser útil. Cada elo funciona como estímulo para o próximo, construindo uma sequência de estados. Por exemplo, pense em como um cantor de ópera se prepara para uma grande performance, passando por uma sequência de estados até que estejam mentalmente preparados, concentrados e prontos para subir ao palco.

Você pode criar uma corrente de âncoras como a rota para um estado desejado, se a mudança de seu atual estado para o estado positivo desejado for muito grande, não sendo possível saltar de uma vez só.

Por exemplo, seu estado-problema atual pode ser Raiva e seu estado desejado, Relaxamento. Esta transição é um pulo e tanto para ser realizada de uma vez só. No entanto, você pode passar de Raiva para Preocupação, por causa da sobreposição destes estados. Seu segundo passo pode ser, então, de Preocupação para Curiosidade, pois existem, novamente, similaridades entre os estados. O passo final pode ser de Curiosidade para Relaxamento (veja a Figura 9-2). Para mover-se passo a passo você precisa ativar uma nova âncora — como explicado na seção anterior "Estabelecendo uma âncora e construindo um estado de recursos" — até atingir o estado desejado.

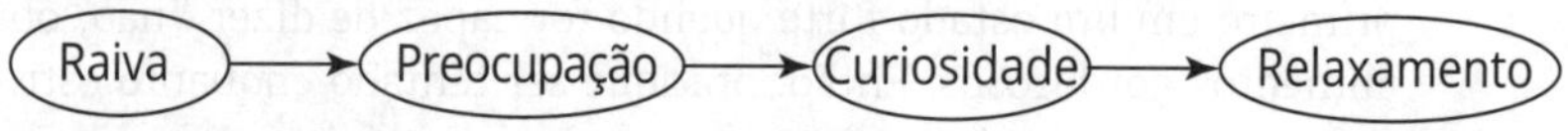

FIGURA 9-2: Transição de uma corrente de âncoras.

Curiosidade e confusão são passos intermediários úteis para alcançar uma mudança de estado para si mesmo e para outros: eles podem desarmar situações carregadas emocionalmente com frequência.

CASOS E CAUSOS

Quando Kate trabalhava num projeto de consultoria, um dos gerentes seniores frequentemente interrompia chamadas de conferência caríssimas com a frase: estou confuso. Alguém poderia repetir tudo de novo para mim?" Isso acontecia o tempo todo, como uma estratégia perfeita para desarmar a situação e levantar novas ideias. Uma pessoa dizendo que estava confusa fazia com que todo mundo diminuísse o próprio ritmo e questionasse o próprio entendimento.

Empregando âncoras nas apresentações

Para muitas pessoas, falar em público representa falar sob pressão extrema. Um número de estudos, reforçados por nossas próprias experiências com clientes, demonstram que algumas pessoas realmente preferem morrer a levantar e falar em público! Aparentemente, nos EUA, falar em público é o medo número um; no Reino Unido, está em segundo lugar, depois do medo de aranhas.

Nós, geralmente, trabalhamos com clientes que sofrem de ansiedade em apresentações, a qual se apresenta na forma de transpiração, perda da voz, cólicas estomacais e desarranjos. Quando, em um jantar, um convidado é solicitado a fazer um discurso, ele geralmente deixa de apreciar a refeição ao se deparar com a perspectiva de entreter o público com a sua sagacidade durante o cafezinho, "petit fours" e conhaque.

Se há uma razão para utilizar o ancoramento para retomar o controle, é esta!

DICA

Se você já teve uma experiência particularmente ruim com falar em público, peça a um praticante de PNL para fazer uma cura rápida de fobias com você, para dessensibilizar a memória. (Veja o Capítulo 3 para uma explicação sobre o método PNL de cura rápida de fobias.)

Usando o Círculo de Excelência

O círculo de excelência da PNL é uma técnica que auxilia a invocar a confiança para realizar uma ação. Você pode usá-lo quando tiver medo de falar em público ou quando quiser aumentar a confiança para dar o seu melhor nos esportes, bem como em várias outras áreas.

O círculo da excelência é a clássica técnica de PNL para praticar com um parceiro, se você é responsável pelo entretenimento após um jantar. Funciona melhor se você recrutar um amigo ou praticante de PNL que o guie tranquilamente pelas suas etapas enquanto mantém rapport com você, sem afobação.

PASSATEMPO NA PNL

Pense na situação que precisa realizar e imagine um círculo no chão na sua frente, de cerca de um metro de diâmetro. Então siga esses passos que descrevem como sair e entrar no círculo, dizendo o que fazer em cada estágio, com a ajuda de um parceiro.

1. **Fique fora do círculo com seu parceiro.**

   Identifique seu melhor estado. Seu parceiro diz: "Lembre-se de uma época em que você estava [insira as palavras exatas]... volte para ela firmemente... veja o que viu nessa época e, então, ouça o que ouviu.

2. **Entre no círculo.**

   Viva novamente a experiência. Torne-a vívida, esteja lá com todos os sentidos. Sinta o que suas mãos estão fazendo e segure ou ancore este estado com um movimento de mãos no ponto em que a memória se tornar mais vívida.

3. **Saia do círculo, de volta a seu parceiro.**

   Repita o exercício com uma segunda experiência de seu melhor estado. A fim de prepará-lo para o evento futuro, seu parceiro diz: "Pense em um momento em que este estado seja útil".

4. **Entre no círculo de novo.**

   Com sua mão na posição ancorada, entre no círculo; seu parceiro lhe pedirá para ver, ouvir e sentir como a experiência pode ser vivida por você agora.

5. **Saia do círculo, de volta a seu parceiro.**

   Relaxe... acabou!

DICA

Repita este exercício com mais exemplos de seu melhor estado a fim de reforçar ainda mais a âncora. Quando precisar acessar seu estado positivo e confiante, você pode imaginar o círculo na sua frente e dar um passo curto e discreto para dentro dele.

Ancoramento espacial

Quando você está dando um discurso ou se apresentando para uma plateia, o ancoramento espacial é um meio de influenciar o público através de âncoras. Quando você faz a mesma coisa no palco repetidamente, no mesmo lugar, as pessoas tendem a esperar um determinado comportamento de você, de acordo com sua movimentação. Um púlpito é uma âncora definitiva — quando você fica em um púlpito, pessoas esperam que você fale.

Quando estiver se apresentando, você pode estabelecer outras expectativas na plateia, deliberadamente, em locais diferentes do palco. Talvez você possa fazer o discurso principal no centro do palco, mas mover-se para um lado quando contar uma história e para outro lado quando falar de coisas técnicas. Você pode, ainda, ter outro espaço para ficar quando quiser usar de bom humor ou de um discurso leve. As pessoas, rapidamente, irão esperar um certo estilo de você de acordo com seu posicionamento.

Um Ponto Final sobre Âncoras

As âncoras podem ou não funcionar quando você as experimenta pela primeira vez. Da mesma forma para as outras ferramentas deste livro, você aprenderá mais rápido se tiver aulas de PNL ou trabalhar com um praticante da área. Qualquer que seja a sua escolha — sozinho ou em grupo — vá em frente. Te encorajamos a persistir mesmo que estabelecer âncoras pareça estranho a princípio. Quando você toma o controle de seu próprio estado, expande suas opções e o resultado, certamente, vale a pena. Ser capaz de gerenciar seu estado emocional é um poder, como diz o famoso poema de Rudyard Kipling, "Se": "Se você pode manter a razão quando todos os outros a perdem..."

LEMBRE-SE

Um pressuposto fundamental da PNL é que a pessoa com a maior flexibilidade em uma situação é a que tem sucesso.

NESTE CAPÍTULO

- Descubra como você pode sentir-se cada vez melhor
- Descobrindo como sintonizar o input a partir dos seus sentidos
- Desapegue de crenças limitadoras e adquira crenças empoderantes
- Saindo de um estado desagradável para um estado desejado
- Aliviando uma experiência dolorosa

Capítulo 10
Ajustando os Ponteiros da Experiência

Faça este teste: pense em uma experiência prazerosa de verdade que você teve. Você não precisa compartilhar a experiência, então pode ir fundo e mergulhar nela. Enquanto está nela, vê, sente ou ouve algo? Se as três coisas ocorrem, excelente, se apenas uma ou duas ocorrem, tudo bem também; trabalharemos neste capítulo para ajudar você a ter as três coisas. Pode começar a intensificar a experiência? Ótimo! Agora, pode intensificar ainda mais?

Bem-vindo de volta! Enquanto você revivia a experiência, como a intensificou? Fez da imagem algo mais brilhante, mais colorido, ou talvez mais próximo? Talvez você tenha aumentado o volume dos sons que ouviu e, se teve uma sensação, a espalhou mais ainda pelo corpo. Você acabou de descobrir como brincar com suas submodalidades.

Submodalidades são os blocos básicos de construção dos seus meios de experimentar o mundo, e portanto, uma mudança bem ligeira em uma submodalidade pode ter um efeito significativo na mudança da experiência. Em outras palavras, você tem o controle sobre a forma como escolhe vivenciar seu mundo. Você pode escolher mudar sua mente para elevar um momento de prazer ou para remover as emoções negativas de um momento de desprazer. Também pode sair de um estado indesejado, como confusão, para um melhor, como compreensão.

Em suma, pode escolher o significado que dá ao que acontece na sua vida. Este capítulo explica como fazer isso.

Ao praticar os exercícios contidos neste capítulo, você se torna melhor em trocar suas submodalidades; descobre o quão facilmente pode mudar a maneira como pensa e vivenciar o mundo ao seu redor. A prática pode ajudá-lo a aumentar as escolhas na sua vida, seja para aliviar o estresse, a dor de memórias ruins ou melhorar as boas lembranças. Quando você define um resultado desejado e conciso para si mesmo, por exemplo, e presta atenção às submodalidades, pode fazer com que cada objetivo fique mais específico e pode dar uma propulsão clara ao seu futuro. Divirta-se!

Gravando Suas Experiências com Suas Submodalidades

Em PNL, seus cinco sentidos — visão, audição, tato (também chamado cinestesia), olfato e paladar — são chamados de modalidades (descrevemos no Capítulo 6 como você vivencia seu mundo através destes cinco sentidos). E os meios pelos quais você realiza a sintonia fina de suas modalidades, a fim de mudar as qualidades delas, são chamados de submodalidades.

Exemplos de submodalidades para sua visão podem ser o tamanho de uma figura, seu brilho ou cor, e se ela é cercada por uma moldura ou não. Submodalidades para a audição podem ser a altura, o tempo, ou o timbre de uma voz, e para o sentir, um peso ou borboletas no estômago. Entende a ideia?

ALERTA DE JARGÃO NA PNL

A análise contrastiva ocorre quando você seleciona duas experiências e compara as submodalidades de cada uma delas em contraste. Se, por exemplo, quando você compara as submodalidades de algo que sabe ser real — suponhamos, um

ção — com algo que sabe ser fantasioso — um unicórnio — você percebe que cada um deles tem diferenças em suas submodalidades.

Conhecendo a Informação Básica: O que Você Precisa Saber Antes de Começar

Submodalidades são a sua maneira de dar significado às suas experiências — seja algo real ou falso, bom ou mau, e por aí vai. Você pode usar submodalidades para mudar a intensidade do significado. No exercício do começo do capítulo, você deu significado à sua experiência — foi prazerosa. Mudando as submodalidades dela você foi capaz de aumentar a experiência e, portanto, seu significado — ela se tornou ainda mais prazerosa.

Então, agora que você pode controlar suas memórias simplesmente mudando as submodalidades das imagens, sons e sensações. E da mesma forma que as modalidades podem ser divididas em submodalidades, estas podem ter divisões também. Por exemplo, uma imagem pode ser colorida e ter diferentes tons de cores, ou pode ser em preto e branco e ter nuances de cinza. Pode ter uma moldura em volta, ou ser panorâmica. Não entendeu muito bem a ideia de panorama? Imagine-se de pé no topo de uma montanha, olhando o cenário à sua frente enquanto move sua cabeça lentamente, em 180 graus. O que você vê é um panorama. Além disso, na próxima seção, você descobrirá como ser associado ou dissociado de uma imagem pode ter um efeito em suas emoções. Por exemplo, sons podem estar dentro de sua cabeça ou nas suas laterais, e sensações podem ter uma textura.

DICA

Como você pode mudar cada uma de suas submodalidades, lhe providenciamos uma lista dela na seção "Planilha de Submodalidades", para ajudá-lo a registrar as mudanças. Recomendamos que a preencha antes de começar a fazer mudanças, assim poderá sempre reverter para a estrutura original de uma submodalidade se a mudança gerar quaisquer ansiedades.

Associar ou dissociar

Esta seção lhe ajuda a entender como você pode mover-se para dentro e para fora de suas memórias, para ter mais opções sobre como elevar ou reduzir a intensidade de suas sensações. Em nossa experiência, este aspecto é uma submodalidade muito importante e precisa de um pouco mais de esclarecimento.

ALERTA DE JARGÃO NA PNL

Quando você visualiza a si mesmo em uma imagem, a experiência é algo como ver a si mesmo em um filme caseiro, e chamamos esta experiência de dissociação. Se, no entanto, você está na imagem, vendo as coisas com seus próprios olhos, isto é associação. Estar associado ou dissociado em uma imagem pode ser uma submodalidade extremamente importante quando vivenciar emoções como resultado das imagens que cria.

Normalmente, as emoções são elevadas se você está associado na imagem. Algumas vezes, as pessoas têm dificuldade em fazer associação ou dissociação. Por exemplo, alguém que passou por uma grande perda ou trauma pessoal pode achar esta associação muito dura e pode precisar trabalhar nisto.

PASSATEMPO NA PNL

Para pegar o jeito de estar associado ou dissociado, crie uma imagem de si mesmo sentado no banco da frente de um carro. Quando você está dissociado, talvez veja uma imagem de si mesmo no carro, meio que vendo a si mesmo na TV ou em uma fotografia. Se quiser associar-se na imagem, imagine-se abrindo a porta do carro e sentando. Agora olhe ao seu redor. O painel está na sua frente. Pode ver sua textura e coloração? Agora olhe para o para-brisa. Está sujo de restos de insetos suicidas (ou aliens, se você viu Homens de Preto)?

Depois desta visualização, algumas pessoas têm dificuldades em dissociar-se. Para fazer isto, imagine-se saindo do carro e indo para a calçada. Vire-se e olhe para o carro e veja a si mesmo sentado no banco da frente. Se ainda não conseguir se dissociar, finja que está vendo um filme e que está na tela, na frente do carro.

LEMBRE-SE

Caso sinta que não está pegando o jeito deste exercício (ou qualquer outro), sinta-se livre para deixá-lo por agora. Você sempre pode voltar e tentar novamente quando tiver mais experiência em PNL na mente e no corpo. Ou você pode encontrar um praticante ou grupo de prática de PNL para auxiliá-lo na melhoria de suas habilidades.

Definindo os detalhes das suas memórias

Enquanto você está sentado lendo este livro, provavelmente não se deu conta da sensação que o assento provoca em suas costas e pernas, mas agora está, já que mencionamos isto. Similarmente, você não está sempre atento às qualidades de suas memórias até que perguntemos para que se lembre de um momento em que estava, digamos, escovando seus dentes, jogando algo, lendo um livro ou cozinhando. Então verá que um leque de qualidades se aplica a estas memórias. Por exemplo, quando você se lembra da leitura de um livro, a imagem que faz de si mesmo, o livro, ou a história, podem vir cercadas por uma moldura, ou em preto e branco. Talvez possa ouvir o tráfego à distância ou o som das páginas virando. Talvez o livro que estava lendo fez você rir e se sinta revigorado e feliz.

Você pode tornar-se consciente das qualidades de suas submodalidades prestando atenção no que vê, ouve ou sente quando recorda-se de uma experiência. As seções seguintes lhe fornecem questões que podem ajudá-lo a estimular a qualidade das submodalidades visuais, auditivas e cinestésicas.

LEMBRE-SE

Decidimos nos focar apenas nas submodalidades visuais, auditivas e cinestésicas neste capítulo, e deixar o sabor e o odor de lado por enquanto. Fazemos isso pois acreditamos que — a menos que você seja um degustador de vinho, chá ou café — estes sentidos não têm o mesmo impacto que visão, som e toque. Com isto, odores e sabores certamente afetam seu cérebro emocional e você pode ser transportado de volta a uma memória de infância, no Natal, pelo cheiro de castanhas.

Descobrindo submodalidades visuais

Você pode definir a qualidade de uma imagem com relação ao seu lugar no espaço quando olha pra ela. Por exemplo, a imagem pode estar diretamente na sua frente, à sua esquerda, à sua direita, ou ligeiramente voltada para cima ou para baixo. Se a imagem é panorâmica, parece que você está de pé em um ponto e movendo a cabeça para olhar a vista à sua frente. A imagem tem outras qualidades, como brilho, forma, e por aí vai. Você pode descobrir como fazer imagens em sua cabeça pensando nas seguintes qualidades:

Submodalidades Visuais	Perguntas para Descobri-las
Localização	Onde, no espaço? Aponte para a figura. É perto ou longe?
Colorido/preto e branco	É colorida ou preto e branco?
Associado ou dissociado	A imagem é associada ou dissociada? Você consegue se ver na imagem ou está vendo de fora com seus próprios olhos?
Tamanho	A imagem é grande ou pequena? Que tamanho você diria que a figura mede?
Bi ou Tridimensional	A imagem é bi ou tridimensional?
Brilho	A imagem é brilhante ou fosca?
Parada ou em movimento	A imagem é uma fotografia ou um filme? Se é um filme, corre em que velocidade?
Forma	A imagem é quadrada, redonda ou retangular?
Emoldurada ou Panorâmica	A imagem tem uma moldura ou é panorâmica?
Nítida ou embaçada	A imagem está nítida ou está embaçada?

Descobrindo submodalidades auditivas

Como as imagens que você cria em sua mente, os sons que ouve têm certas qualidades. Você, talvez, não tenha consciência dos atributos dos sons que ouve até que concentre a sua mente neles, pensando nas perguntas abaixo.

Submodalidades Auditivas	Perguntas para Descobri-las
Localização	Onde você ouve o som? O som vem de dentro da sua cabeça ou de fora? Aponte para o local de onde o som está vindo.
Palavras ou sons	Você ouve palavras ou sons? No caso de palavras, é a voz de alguém conhecido?
Volume	O som é alto ou baixo? O som é um sussurro ou é audível de forma clara?
Altura	O som é alto ou é baixo?
Tom	Se ouve uma voz, que tom tem? É grave, melodioso, nasal ou irritante?
Mono ou estéreo	Você ouve o som de ambos os lados ou apenas de um? Ouve o som ao seu redor?
Constante ou intermitente	O som é contínuo ou intermitente?
Ritmo	O som tem uma batida ou ritmo?
Tempo	O som que você ouve é lento ou rápido?
Melodia	O som tem uma melodia?

Descobrindo as submodalidades cinestésicas

Veja só! As submodalidades referentes às sensações também têm qualidades que as definem.

Submodalidades Cinestésicas	Perguntas para Descobri-las
Localização	Em que parte do seu corpo? Aponte em que parte do corpo você tem a sensação.
Forma	A sensação tem uma forma?
Pressão	A sensação exerce pressão?
Tamanho	A sensação tem um tamanho? É grande ou pequena?
Qualidade	A sensação o faz tremer? Ela se espalha ou fica presa em um lugar só?

Intensidade	O sentimento é forte ou fraco?
Parada ou em movimento	A sensação é de estar em um lugar só ou está se movendo pelo seu corpo?
Temperatura	A sensação é quente ou fria?
Constante ou intermitente	A sensação é constante ou intermitente?
Textura	A sensação tem uma textura?
Foto	Você pode fazer uma foto da sensação?

CASOS E CAUSOS

Tom era propenso a sentir-se muito ansioso antes de suas reuniões semanais com seu gerente. Consequentemente, ele se sentia incapaz de argumentar quando o gerente levantava algumas problemáticas para ele. Após um período de seis meses, Tom percebeu que encarar a ida para o trabalho se tornava cada vez mais difícil e estava desesperado quando consultou Romilla.

Quando questionado, Tom disse que a sensação de ansiedade parecia um cubo negro, metálico e pesado, logo abaixo de seu esterno. Romilla pediu a Tom que mudasse a cor gradualmente de preto metálico para cinza, depois, prata. À medida que a cor mudava, o cubo ficava mais leve, até que Tom ficou com um "quadradinho cutucante". Quando Tom imaginou-se pegando um dos lados do quadrado, foi capaz de "puxá-lo" para fora de seu corpo e permiti-lo flutuar. Tom usou este processo para dissipar muitas outras sensações indesejadas, em situações diferentes.

LEMBRE-SE

Quando estiver trocando as submodalidades de uma memória, você precisa fazer uma lista prévia das trocas. Desta forma, se você começar a se sentir desconfortável com o processo em qualquer ponto, pode fazer as imagens, sons ou sensações voltarem a ser como eram. Na seção "Planilhas de Submodalidades", você pode encontrar uma planilha desenhada para exatamente esse propósito. Faça quantas cópias precisar.

LEMBRE-SE

Sempre se pergunte se seguir adiante com quaisquer mudanças em submodalidades é uma boa ideia. Se você descobrir uma resistência — uma sensação que o deixa desconfortável reconheça a sensação e agradeça ao seu subconsciente por lhe alertar deste possível conflito interno. Você pode simplesmente superar este problema gradualmente, passando um tempo em repouso, ou talvez você descubra que trabalhar com um praticante de PNL é benéfico.

CASOS E CAUSOS

Quando Romilla estava trabalhando em combater o luto com um cliente, ele não queria deixar ir a dor da perda. Ele acreditava que se ele deixasse a dor ir ele também esqueceria de seu pai. Na verdade, libertando-se da dor da perda ele pôde se lembrar de seu pai mais vividamente.

Praticando um pouco

Imagine que você tem um controle remoto com três botões deslizantes, com as etiquetas V, para visual, A, para auditivo e C, para cinestésico. Você pode mudar as qualidades de qualquer imagem que cria em sua mente, som que ouve em sua cabeça, ou sensação que tem em seu corpo apenas girando os botões V, A e C. (Para mais informações sobre modalidades VAC, veja o Capítulo 6.)

Por que você iria querer ajustar as qualidades de suas memórias? Suponhamos que, anos atrás, você estava ensaiando para uma peça na escola e seu professor, altamente estressado, gritou com você: "Sua criança estúpida, você estragou tudo de novo!". Agora, você está em um emprego no qual precisa fazer apresentações firmes para colegas e clientes. No entanto, se toda vez que começa a se apresentar começa a suar e gaguejar e a voz na sua cabeça fala "Sua criança estúpida, você estragou tudo de novo!", seria bom ajustar as qualidades de suas memórias, porque elas lhe impedem de alcançar seu objetivo. Imagine-se girando o botão de brilho e a figura do professor ficando mais escura. Então você gira o botão de tamanho e o professor fica menor e insignificante. Por fim, você ajusta o botão de volume e o grito se torna um sussurro. Agora você pode fazer as apresentações do jeito que sempre quis.

PASSATEMPO NA PNL

Para verificar a efetividade das mudanças de submodalidades, experimente este exercício, usando a planilha da seção "Planilha de Submodalidades":

1. **Pense em alguém que gosta.**
2. **Lembre-se da última vez em que passou um tempo bom, de verdade, com essa pessoa.**
3. **Grave as qualidades da imagem que vê, os sons que ouve, e as sensações que tem.**
4. **Mude a imagem que vê, uma submodalidade visual por vez. Note como cada mudança afeta a memória do tempo que passaram juntos.**
5. **Mude os sons que ouve, uma submodalidade auditiva por vez. Note como cada mudança afeta a memória.**
6. **Mude as sensações que está tendo, uma submodalidade cinestésica por vez. Note como cada mudança tem impacto em toda a experiência do tempo que passaram juntos.**

Entendendo as Suas Submodalidades Críticas

Algumas submodalidades são muito influentes na determinação da resposta de uma pessoa, como o tamanho ou brilho de uma imagem mental. Você pode perceber que ao fazer da imagem maior ou mais luminosa a experiência é elevada. Ou você pode perceber que mover a imagem para outro lugar ou associar-se ou dissociar-se de uma imagem (como discutimos na seção "Associar e dissociar") pode afetar os sons e sensações de uma experiência.

ALERTA DE JARGÃO NA PNL

Uma submodalidade crítica é aquela que, quando modificada, altera outras submodalidades de uma experiência e também afeta as submodalidades de outros sentidos. Por exemplo, se mudarmos o brilho de uma imagem, não somente suas outras qualidades visuais se alteram, mas sons e sensações vivenciadas em conjunto com aquela imagem mudam também, sem intervenção consciente.

CASOS E CAUSOS

Romilla estava trabalhando com uma cliente, Suzy, que estava tendo problemas com uma meta que queria alcançar. Ela estava batalhando por isso há quase seis meses. Quando Suzy explorou as submodalidades de seu objetivo, ela disse que ele se localizava acima dela, na diagonal esquerda (se você imaginar um relógio gigante na sua frente, o objetivo estava no número 11, quase na altura do teto). Quando solicitado, Suzy moveu a imagem, de modo que seu objetivo ficasse bem na sua frente, cerca de um metro de distância.

A reação de Suzy foi fenomenal. Ela saltou da cadeira tão bruscamente que quase caiu e logo em seguida ficou muito corada, não conseguindo parar de rir. Mudar a localização da imagem teve um impacto real em Suzy e lhe deu o objetivo de sua vida; ela sentiu como seria alcançá-lo e movê-lo fez disto algo mais imediato. Usando mais algumas técnicas para estabelecer objetivos, Suzy o atingiu em quatro meses.

LEMBRE-SE

Você vivencia seu mundo através de cinco sentidos: visão (olhos), audição (ouvidos), cinestesia (sensações e toques), olfato (odores), e paladar (sabores). É mais provável que você use um sentido mais que os outros para coletar dados sobre seu mundo, particularmente em horas de estresse. Este sentido é o seu guia ou sistema representacional primário, e influencia como você aprende e o modo como representa seu mundo externo dentro de sua mente.

CASOS E CAUSOS

Durante uma sessão de coaching, Charles descobriu que seu sistema representacional primário era a audição. Também descobriu que era mais cinestésico que visual e sentia emoções de maneira intensa. Charles estava trabalhando para mudar uma voz irritante que minava sua confiança, com a permissão dele, quando ele estava começando algo novo, e esta voz não o deixava dormir à noite com seu blá blá blá. Examinando as qualidades da voz, ele descobriu que era a voz de sua mãe. Infelizmente, ela tinha uma maneira bastante negativa de ver as coisas. Sempre que Charles ouvia esta voz se sentia enjoado e uma sensação como uma rocha negra e brilhante se alojava em seu plexo solar.

Quando Charles fez da voz um sussurro e a moveu para baixo de sua orelha esquerda, fora de sua cabeça, ele percebeu que não estava mais enjoado e sentia um brilho quente no estômago. Charles não estava preparado para mudar ainda mais a voz, no entanto, pois acreditava que ela servia para indicar problemas em potencial. Ele somente precisava mudar a qualidade dela, para poder seguir com sua vida.

Fazendo Mudanças na Vida Real

Enquanto faz os exercícios neste capítulo, esperamos que você comece a ter uma boa noção de sua submodalidade crítica; a submodalidade que pode impactar ou mudar outra. E esperamos que ganhe a convicção de que controla suas experiências e que pode mudá-las a fim de escolher como se sente. À luz deste conhecimento e crença, experimente mudanças reais em sua vida trabalhando nos exercícios das seções seguintes.

LEMBRE-SE

Pense: você pode programar sua mente no trem, em um engarrafamento ou mesmo em uma refeição chata com os parentes de seu cônjuge (bota chata nisso. Brincadeirinha!). E lembre-se, a prática leva à perfeição, então comece a treinar, tendo consciência de que não pode ser preso por mexer nas suas submodalidades, mesmo se o fizer em público.

Removendo a dor de uma experiência

PASSATEMPO NA PNL

Você consegue pensar em uma experiência ruim que teve? Não estamos falando de algo que destrua uma vida, apenas de um incidente que, quando vem à tona, lhe traz um mal-estar. E aí, lembrou?

Agora, usando o formulário da seção "Planilha de Submodalidades", examine e anote as submodalidades da experiência. Com este conhecimento, comece a mudar a imagem, sons e sensações que tiver quando pensar nela. O que aconteceu? Sente-se melhor agora, não? Não? Então veja o que acontece quando você muda as submodalidades da experiência ruim pelas da experiência prazerosa que pedimos para você lembrar-se no início do capítulo.

Mudando uma crença limitante

Com que frequência você se ouviu dizer coisas como "Eu não consigo fazer isso", "Eu não sou bom em matemática" ou "Eu deveria aprender a cozinhar direito"? Todas estas declarações são exemplos de crenças limitantes, generalizações que você faz sobre si mesmo e sobre seu mundo. Estas crenças podem lhe incapacitar, segurá-lo ou empoderá-lo. Crenças podem se tornar profecias autorrealizáveis facilmente e começam apenas como uma noção ou uma dica sobre uma ideia. E então seus filtros (metaprogramas, valores, crenças, atitudes, memórias e decisões — que discutimos no Capítulo 5) começam a se alinhar como portões para deixar passar apenas os fatos e experiências que reforçam suas crenças.

Por exemplo, imagine que você ache que está mais fofinho do que deseja e resolve começar uma dieta. Talvez você se atenha à dieta por alguns dias e a tentação lhe acometa. Neste estágio você declara: "Talvez eu não seja tão bom em seguir uma dieta". Então você tenta de novo e cai em tentação pela segunda vez, até que eventualmente você chega à crença limitante de que "não consegue fazer dieta".

PASSATEMPO NA PNL

1. **Pense em uma crença limitante que você tem, uma que gostaria de mudar.**

   Talvez você acredite que possui dois pés esquerdos para a dança ou que não é um bom nadador.

2. **Pense em uma crença que costumava ter, mas que hoje não lhe é mais verdadeira.**

   Esta crença pode ser algo como acreditar na fada dos dentes. Use o formulário da seção "Planilha de Submodalidades" e anote as submodalidades de sua crença antiga.

3. **Pense em algo que acredita ser verdadeiro.**

   Se não conseguir pensar em nada, pense que "o sol vai nascer amanhã".

   Novamente, usando o formulário, anote as submodalidades desta crença

4. **Pense em uma crença que gostaria de ter.**

   Esta crença pode ser algo oposto à crença limitante do passo 1: "Sou um bom dançarino". Talvez você queira ser melhor estacionando ou mais confiante falando profissionalmente

5. **Substitua as submodalidades de sua crença limitante (passo 1) pelas da crença que considera verdadeira (passo 2).**

6. **Substitua as submodalidades da crença que gostaria de ter (passo 4) pelas da crença que considera verdadeira (passo 3).**

Perceba como sua crença negativa mudou, isso se não desapareceu completamente!

Criando uma crença fortalecedora

Já que as crenças são profecias autorrealizáveis, é útil lembrar que você tem controle sobre as crenças que quer manter.

No exercício anterior, você aprendeu como se livrar de uma crença limitante. Imagine a utilidade de aprender a aumentar as suas escolhas na vida, optando por criar uma quantidade de crenças que irá capacitá-lo a viver sua vida de forma mais autêntica.

PASSATEMPO NA PNL

1. **Pense em uma crença que seja realmente útil para você ter; a chamaremos de crença desejada.**

   Poderia ser, por exemplo, "mereço ter sucesso".

2. **Pense em uma crença que, para você, é absolutamente verdadeira.**

   Por exemplo, o sol nasce de manhã (sim, mesmo por trás das nuvens).

3. **Usando as páginas de referência no final deste capítulo, identifique as submodalidades dessa crença totalmente verdadeira.**

   Por exemplo, quando você pensa que o sol está nascendo, pode vê-lo à sua frente, cerca de dois metros, em um cintilante pálido, cor laranja e muito brilhante. Você pode sentir calor por todo o corpo e ouvir o canto dos pássaros.

4. **Coloque a crença desejada exatamente nas submodalidades da crença absolutamente verdadeira.**

   Movimente a imagem, quando pensar na sua crença desejada, para a mesma posição e distância do nascer do sol e dê as mesmas cores e o mesmo brilho. Então, produza as mesmas sensações de calor e ouça o canto dos pássaros.

Livre-se daquela dor nas costas

Este processo pode ser aplicado para outros sintomas, como dores de cabeça causadas por estresse ou músculos que estão tensos por terem se mantido na mesma posição por muito tempo ou por excesso de esforço.

CUIDADO

Este processo é excelente para aliviar o desconforto rapidamente, sem a necessidade de marcar consulta com um médico ou apelar para remédios, mas se seus sintomas persistirem, ou para tranquilizar sua mente, procure um clínico geral.

PASSATEMPO NA PNL

1. **Calibre (classifique) a sua dor nas costas em uma escala de 1 a 5.**
2. **Crie a imagem da dor nas costas.**
3. **A partir da lista no final do capítulo, observe as submodalidades da dor nas costas.**
4. **Mude cada atributo da sua dor nas costas, um de cada vez.**

   Se a dor tem uma cor, o que acontece quando você atribui uma cor diferente? Como um tom suave de azul, por exemplo? O que acontece se você vê que uma tira de aço se transforma em fitilhos, farfalhando ao vento? Se há uma dor chata, você pode mudar a sensação para uma picada? Se sente calor, pode mudar a sensação para uma brisa fria soprando por todo o local? Essas mudanças já devem ter reduzido a sua dor nas costas, se ela não foi embora ainda.

5. **Agora, imagine que você esteja sentado em frente a uma tela de cinema; remova do seu corpo a dor nas costas e projete a imagem da dor nas costas na tela.**
6. **Diminua a imagem da tela até atingir o tamanho de um balão.**
7. **Agora, veja o balão flutuar, mais e mais alto e para longe, para o céu. Conforme você vê o balão indo embora, a sua dor nas costas vai diminuindo mais e mais.**
8. **À medida que o balão atinge as nuvens, você calibra (classifica) a sua dor nas costas para o nível 1.**
9. **Quando o balão desaparece da sua vista, a dor nas costas desaparece e torna-se apenas mais uma vaga lembrança.**

Usando o swish (troca rápida)

O swish é uma técnica poderosa, baseada, assim como boa parte da PNL, em psicologia comportamental, para realizar mudanças duradouras em hábitos e comportamentos. O padrão swish é desenhado para mudar um comportamento problemático ocasionado por um gatilho. A ideia por trás do swish é anexar uma autoimagem ao gatilho, de modo que toda vez que ele é ativado, você vê uma nova maneira de se comportar e pode mudar seu comportamento sem esforço.

Digamos que você roa suas unhas. O swish permite que você use uma imagem do gatilho — como imaginar-se passando o dedo pela sua unha e sentindo a sua borda áspera ou uma resposta ao nervosismo que cria o comportamento indesejado (roer unhas) — para criar um novo e desejado padrão de comportamento ou nova imagem (suas mãos impecáveis).

DICA

Você pode usar o padrão swish para substituir aquele sentimento de exaustão após um dia de trabalho, por um sentimento de relaxamento e de ânimo para curtir sua noite.

PASSATEMPO NA PNL

1. **Identifique o comportamento indesejado.**

   Você pode querer parar de roer as unhas, parar de fumar ou de ficar irritado com pequenas coisas.

2. **Verifique consigo mesmo se ir em frente com a mudança é uma boa.**

   Simplesmente pergunte a si mesmo: "Tudo bem para mim mudar neste contexto?"

3. **Identifique o gatilho que ativa o comportamento indesejado e faça uma imagem associada (veja a seção "Associar ou dissociar", anteriormente neste capítulo). Esta imagem é a imagem sugestiva.**

   Você pode ver a si mesmo passando seu dedo por uma unha ou em uma situação que lhe deixe nervoso ou com raiva.

4. **Brinque com a imagem para descobrir uma submodalidade crítica.**

   À medida que você se torna mais experiente, será capaz de mudar uma ou duas submodalidades críticas, mas por enquanto comece com uma. Você pode mudar as submodalidades da figura para fazer a imagem sugestiva ficar mais intensa.

5. **Quebre o estado.**

   Quebrar o estado significa mudar o estado ou quadro da mente em que você está. Você pode ficar de pé e dar uma boa sacudida no seu corpo ou mover-se pela sala quando passar de uma fase de exercício para outra, permitindo uma quebra natural das imagens e emoções do primeiro estágio do exercício.

6. **Pense na imagem desejada. Crie uma imagem dissociada de você na conduta ou aparência desejada.**
7. **Quebre o estado.**
8. **Recorde-se da imagem sugestiva. Tenha certeza de que está associado nela e ponha uma moldura em sua volta.**
9. **Crie uma imagem do resultado desejado.**
10. **Esmague a imagem desejada até um ponto bem pequeno e escuro, e coloque-o no canto inferior esquerdo da imagem sugerida.**
11. **Com um som de swissssh, impulsione o pequeno ponto para dentro da imagem fazendo-o explodir, cobrindo a imagem.**
12. **Interrompa o estado.**
13. **Repita o processo muitas vezes e rapidamente.**

DICA

Se você tem mais tendências à cinestesia que à visão ou à audição, você pode achar mais efetividade no swish se mantiver suas mãos afastadas no começo do exercício. Então, enquanto você faz o swissssh, junte as mãos rapidamente.

Planilha de Submodalidades

Submodalidades Visuais	Descreva o que Você Vê
Localização	
Cor/preto e branco	
Associado ou dissociado	
Tamanho	
Bi ou tridimensional	
Brilho	
Parada ou em movimento	
Forma	
Emoldurada ou panorâmica	
Focada ou embaçada	

Submodalidades Auditivas	Descreva o que Você Ouve
Localização	
Palavras ou sons	
Volume	
Tom	
Altura	
Mono ou estéreo	
Constante ou intermitente	
Ritmo	
Tempo	
Melodia	

Submodalidades Sinestésicas	Descreva o que Você Sente
Localização	
Forma	
Pressão	
Tamanho	
Qualidade	
Intensidade	
Parada ou em movimento	
Temperatura	
Constante ou intermitente	
Textura	

NESTE CAPÍTULO

Usando um modelo PNL para alcançar alinhamento

Descobrindo o seu próprio senso de propósito

Tornando-se mais centrado na sua carreira, na sua vida e em si mesmo

Capítulo 11

Trabalhando com os Níveis Lógicos

Neste capítulo, apresentamos um modelo muito usado na PNL, que mostra a você como achar sentido em sua experiência, trabalhar com a abordagem mais flexível e alcançar o ideal PNL de compreensão do resultado que deseja. O desenvolvedor da PNL e treinador Robert Dilts elaborou este modelo — conhecido como níveis lógicos — e o modelo se tornou extremamente popular na PNL.

Este modelo é particularmente útil em várias maneiras:

- » Entender o que faz de você um indivíduo.
- » Compreender como outras pessoas e organizações funcionam.
- » Ver como quebrar uma experiência em partes gerenciáveis.
- » Trabalhar com sua realidade atual e fazer ajustes de forma confiante.

Os modelos de níveis lógicos podem ajudá-lo a orientar-se durante tempos confusos identificando quaisquer áreas de sua vida que não estejam alinhadas.

Entendendo os Níveis Lógicos

Os níveis lógicos na PNL lhe permitem pensar em qualquer experiência ou situação em suas partes integrantes (veja a Figura 11-1). (Você também pode encontrar os níveis lógicos na literatura de PNL como níveis neurológicos.)

FIGURA 11-1: Os níveis lógicos da experiência.

Embora apresentemos os níveis para você na Figura 11-1 como uma hierarquia, também é útil olhar para eles como uma rede inter-relacionada ou como uma série de círculos concêntricos, pois todos os níveis se relacionam. O visual do modelo simplesmente cria alguma estrutura e entendimento sobre como ele funciona.

Em muitos casos, coletar informações nos níveis mais baixos do diagrama é mais fácil que nos mais altos. Então, por exemplo, uma companhia teria mais facilidade em fazer uma auditoria dos prédios (ambiente) do que medir se os valores da organização estão sendo percebidos pelos líderes e empregados (crenças e valores), ou avaliar sua imagem no mercado (identidade). Cada nível tem impacto nos que estão abaixo e acima dele; o valor chave do modelo é que ele providencia uma maneira disciplinada de fragmentar a estrutura de sua experiência, que é a essência da PNL.

ALERTA DE JARGÃO NA PNL

Os franceses usam uma expressão para descrever a sensação que se tem quando se está confortável consigo mesmo e tudo está correndo sem dificuldade. Eles dizem: " Elle va bien dans sa peau" (traduzido literalmente como "ela vai bem em sua própria pele"). Similarmente, os praticantes da PNL usam a palavra congruência para descrever precisamente como você está quando está sendo verdadeiramente você mesmo. Significa que você está firme na sua jornada. Os níveis lógicos de comportamento, habilidade, crenças, valores e competências estão todos na linha. Atenção para esse alinhamento em organizações bem como pessoas. Quando cada um atravessa períodos de mudança, então há, provavelmente, algum desalinhamento. As pessoas podem comportar-se de formas imprevisíveis, que não são um reflexo real do que elas realmente acreditam que é certo.

POR QUE "POR QUÊ" É A PERGUNTA MAIS DIFÍCIL?

No início de sua carreira como escritora profissional, Kate passou muitos anos felizes na vida corporativa, entrevistando chefes executivos e equipes de liderança, interpretando suas visões e publicando suas palavras de sabedoria de uma forma que empregados pudessem entender.

As questões "quem, o que, quando, onde, por que e como" são as armas essenciais de um jornalista. Mesmo assim, apenas empregando os níveis lógicos de PNL, Kate pôde entender por que algumas questões causam branco, ou mesmo hostilidade, enquanto outras são calorosamente recebidas.

Quando você quer saber algo sobre um assunto, trabalhe com níveis lógicos. Comece coletando informação relacionada ao ambiente - onde, quando e quem. Estas questões são factuais e fáceis de responder. Então, passe para "o que" e "como". Deixe o "por que" por último. Responder "Por que você fez isto?" o que vai direto para o reino das crenças, é mais difícil do que responder "Como você fez isto?", uma abordagem muito mais gentil; ou mesmo "Como isso aconteceu?", que dissocia a pessoa da questão.

Fazendo as perguntas certas

Enquanto você começa a coletar informação sobre uma pessoa ou situação, pense em fazer perguntas que se aplicam nestes diferentes níveis, começando pela base da pirâmide da Figura 11-1:

- **Ambiente** refere-se aos fatores que são oportunidades ou limites externos; responde às questões "onde?", "quando?" e "com quem?".
- **Comportamento** é feito de ações específicas ou reações dentro do ambiente; responde à questão "o quê?".
- **Habilidades** e **competências** envolvem conhecimento e perícia, os "como fazer" que guiam e orientam o comportamento; responde à questão "como?".
- **Crenças** e **valores** fornecem o reforço (motivação e permissão) para apoiar ou negar suas capacidades; responde à questão "por quê?".
- **Identidade** determina seu autorreconhecimento; responde à questão "quem?".
- **Propósito/missão** vai além da autoconsciência para se ligar ao grande motivo por trás de sua missão; responde às questões "para quê?" e "para quem?".

Seguindo os níveis lógicos passo a passo

Você pode usar os níveis lógicos para pensar sobre o que está acontecendo no mundo à sua volta. Eles o ajudarão a entender a estrutura e o padrão, assim como o conteúdo de assuntos, eventos, relacionamentos ou organizações diferentes, como explicaremos nesta e na próxima seção.

Agora veremos como você pode aplicar este modelo quando encara um dilema que precisa de uma solução. Imagine que está em um relacionamento que não está funcionando. Você pode usar o conceito de níveis lógicos para auxiliá-lo a encontrar a melhor maneira de prosseguir. Veja como o processo funciona:

1. **Reconheça que as coisas estão fora de alinhamento.**

   Você sabe que esse é o caso quando está desconfortável com seu parceiro e quer que as coisas sejam diferentes.

2. **Descubra o que pode ser diferente.**

   Pergunte a si mesmo coisas que podem ajudá-lo a apontar exatamente o que quer que seja diferente. Se vocês dois simplesmente se mudarem para um novo apartamento ou para uma cidade diferente as coisas melhorariam? Por exemplo, um grupo de parentes do seu parceiro consome muito o seu tempo e impede que vocês se desenvolvam como casal? Ou você tem uma diferença fundamental de valores? Cada nível lógico tem certos tipos de questões. (Veja a seção "Encontrando a Alavanca Certa para a Mudança" para trabalhar pelos níveis lógicos individuais.)

3. **Assim que identificar o nível lógico, você o coloca em alinhamento com os outros.**

   Nos níveis mais baixos, digamos, no ambiente ou no comportamento, você pode ser capaz de ajustar alguns hábitos simples a fim de ter um relacionamento harmonioso. Você pode pedir ao seu parceiro para ser mais limpo em casa, enquanto você divide a administração do pagamento de contas, por exemplo. Ganhar habilidades em uma área, como falar livremente sobre seus sentimentos ou aprender DIY (do inglês "Do It Yourself" — faça você mesmo) pode custar mais tempo e esforço. Ainda, trabalhar com um coach individual pode ser vantajoso, na análise de suas crenças e valores, ou no desenvolvimento de uma identidade mais forte para você.

CASOS E CAUSOS

Fran ficou chocada quando, após um casamento de dez anos, seu marido anunciou que estava saindo de casa e indo morar com uma das melhores amigas dela. Ela sentiu que se eles mudassem de casa (mudar o nível ambiente) e passassem mais tempo juntos (nível comportamento) tudo ficaria bem. Com certo trabalho no relacionamento, ela percebeu que seu marido sempre teve valores completamente diferentes (nível crença e valores) dos dela. Ele vinha de um ambiente familiar grande e barulhento e ela focava toda sua atenção no trabalho. Ela nunca quis ser mãe ou dona de casa (nível identidade) e sentia que seu senso de propósito era alcançado através do seu trabalho em litígios corporativos. Por fim, eles optaram pelo divórcio e amigavelmente seguiram caminhos separados, pois cada um queria um relacionamento essencialmente diferente.

LEMBRE-SE

Normalmente as pessoas tentam resolver problemas mudando um nível lógico — como ambiente ou comportamento — quando precisam acessar um nível lógico separado, como valores ou identidade. De maneira similar, quando você tem problemas com o comportamento de alguém, lembre-se de não desafiar a identidade deles, e de respeitar suas crenças.

Usos práticos para níveis lógicos

Você pode usar níveis lógicos para trazer energia e focar em diferentes situações. Eis alguns exemplos:

- **Reunindo e estruturando informações:** Compile uma notícia, um estudo acadêmico, conduza entrevistas ou elabore qualquer tipo de peça escrita.
- **Conduzindo um exercício de modelagem:** Os níveis lógicos oferecem um arcabouço prático para iniciar (veja o Capítulo 19 para saber mais sobre modelagem).

- **Fazendo uma escolha de carreira:** Explorar todos os aspectos de uma mudança de carreira, desde os ajustes do ambiente, até atingir os seus valores e como este trabalho se conecta com sua paixão e propósito de vida.
- **Construindo relacionamentos familiares:** Explorar o que todos os membros da família querem para que ela permaneça unida. Esta abordagem é especialmente útil quando uma mudança drástica ocorre na estrutura familiar, como por exemplo, um divórcio ou um novo casamento.
- **Melhorando o desempenho individual ou corporativo:** Decidir onde fazer mudanças de negócios que ajudam a transformar uma companhia em conflito em uma que passa por fusões e aquisições. Elaborar um plano de desenvolvimento para um funcionário específico.
- **Desenvolvendo liderança e confiança:** Passar pelos níveis para conseguir alinhamento e sentir-se confiante ao liderar uma equipe ou empresa.

LEMBRE-SE

Abra qualquer caixa de ferramentas; pode ser uma caixa de canetas coloridas para flipchart, uma paleta de tintas, uma furadeira elétrica ou uma chave de parafuso de mecânico, e algumas das ferramentas acabarão sendo suas favoritas. Você sempre volta para esses amigos leais e pode depender deles atingir o seu objetivo. Você descobrirá que os modelos de níveis lógicos dão um valor adicional característico de tempos em tempos. O modelo estará sempre presente, como um companheiro ajudando a decifrar informações complexas, seja achar sentido em um projeto de negócios ou "desenrolar" uma conversa difícil. Se você gosta de retomar as mesmas ferramentas no kit da PNL, os níveis lógicos podem ser ideais para você.

Encontrando a Alavanca Certa para a Mudança

Carl Jung, um dos maiores pensadores da psicologia no século XX, disse: "Não podemos mudar coisa alguma até aceitá-la. A condenação não libera, oprime." E ele estava certo, porque o primeiro passo para lidar com as mudanças é aceitar o que está acontecendo. Então, você está em uma posição onde pode trabalhar proativamente com a mudança e fornecer opções a si mesmo, em vez de esperar na ponta receptora e deixar que as coisas aconteçam com você.

DICA

Três requisitos são essenciais para que uma mudança aconteça. Você tem que:

- Querer mudar.
- Saber como mudar.
- Conseguir ou criar a oportunidade para mudar.

Nas seções seguintes, você mergulha nos níveis lógicos. Conforme explora, mantenha em mente uma questão importante: "Como você pode mudar de forma fácil?"

LEMBRE-SE

Aplicamos todas as perguntas que levantamos nas seções seguintes a você enquanto indivíduo, mas você pode usar as mesmas perguntas para entender o que está acontecendo em uma empresa.

Ambiente

O ambiente refere-se ao local e às pessoas, ao contexto físico onde você se encontra — e a achar a hora certa. Se quiser tornar-se fluente em um novo idioma, então o caminho mais fácil para aprender seria viver no país por um tempo, totalmente imerso na cultura, ideal pelo convívio com os nativos. Você estaria no melhor lugar para aprender. Da mesma forma, se quiser aprender um novo pacote de software, faz sentido mudar para um projeto onde uma pessoa ou equipe o aplica no trabalho. Mais uma vez, o ambiente seria um fator contribuinte para a aprendizagem, um tipo de mudança. Ter timing também é crucial — você não aprende coisas na hora errada —, por exemplo, se você está preso a outras necessidades.

Algumas questões que você deve fazer a si mesmo quando sente que não está no lugar certo ou que ainda não é a hora de conseguir o que quer:

- Onde você trabalha melhor?
- Que lugar no mundo você tem de explorar?
- Que tipo de ambiente doméstico é correto para você — moderno, minimalista ou tradicional?
- Que tipo de pessoas você gosta de ter ao seu redor? Quem o faz se sentir bem, energizado e confortável? Quem faz com que se sinta esgotado? Você prefere trabalhar sozinho?
- A que hora do dia você se sente melhor — Você fica melhor com o galo de manhã ou com a coruja à noite?

Perguntas como essas darão o tipo certo de informação para que possa decidir com quais questões ambientais você pode trabalhar.

Comportamento

O comportamento refere-se a tudo que você diz e faz — o que conscientemente te leva a algum lugar. Nos termos da PNL, o comportamento refere-se ao que você pensa, assim como as suas ações. Também aponta que todo o seu comportamento visa a um propósito e uma intenção positiva para você.

A mudança no nível comportamental é fácil quando você tem um sentido real do propósito, se combina com o seu senso de identidade, suas crenças e seus valores.

Pergunte a si mesmo as seguintes questões comportamentais quando pensar que deve mudar seus comportamentos a fim de obter os resultados que deseja:

- Seus comportamentos levam a seus objetivos?
- Eles se encaixam com sua identidade?
- O que você faz que torna a vida interessante e divertida?
- O que você diz habitualmente? Consegue definir um padrão?
- O que você percebe no discurso de outras pessoas?
- Você está atento ao comportamento de outras pessoas? Por exemplo, como elas andam, o tom de suas vozes e seu sorriso?
- Quais mudanças de cores você percebe quando as pessoas falam?
- Como sua respiração muda e quando?
- Qual a linguagem corporal que você adota em variadas circunstâncias?
- O som de sua voz se encaixa consistentemente no que você quer dizer?

Maximizando comportamentos efetivos

A fim de criar uma mudança positiva, vale a pena desenvolver os comportamentos e hábitos que lhe servem bem. Geralmente, mudanças pequenas têm um efeito de acréscimo. Se você está emagrecendo para encaixar-se em uma roupa nova, comer uma salada saudável todo dia no lugar de sanduíches seria um hábito a cultivar. Da mesma forma, se está tentando melhorar as suas reuniões no trabalho, então um bom comportamento para a equipe seria deixar claro o horário de começar e de terminar.

CASOS E CAUSOS

Quando Manuela quis emagrecer para caber em um vestido um número abaixo do seu para o casamento de sua filha, ela percebeu que tinha que levar a dieta a sério. Ela trabalhou com um nutricionista que lhe ensinou como adaptar a dieta e lhe deu uma planilha de registro para que ela pudesse escrever tudo o que comia, os suplementos que tomava e o regime de exercícios. Ela também deu a Manuela um caderno para tomar nota de tudo que havia ido bem no seu dia e a apresentou a um personal trainer motivacional. Este regime diário manteve Manuela nos trilhos para recuperar sua silhueta esbelta e ter fotos no casamento que são motivo de prazer para ela.

Praticar os comportamentos corretos até que eles se tornem habituais aumentará a sua capacidade. Quantos grandes esportistas ou músicos nasceram manuseando uma raquete de tênis ou um violino? O astro do tênis, Andy Murray, é conhecido pela dedicação que emprega na academia e no número de bolas de tênis que acerta na preparação para torneios. Remadores medalhistas olímpicos podem ser vistos em rios gelados às cinco da manhã, horário em que pessoas comuns estão enfiadas em suas camas. Os maiores violinistas começaram tirando guinchos musicais e praticam por centenas de horas (geralmente para o desespero de suas famílias!). Treino duro e constante mantém os melhores na frente.

Modificando comportamentos indesejáveis

O que há com os comportamentos indesejáveis, as coisas que você faz e deseja não fazer, hábitos bobos como fumar ou hábitos alimentares pobres? A razão de eles tornarem-se difíceis para mudar é porque eles são ligados a outros níveis lógicos, superiores, envolvendo crenças ou identidade.

> "Sou um fumante" = uma declaração sobre identidade.
>
> "Preciso de um cigarro quando estou estressado" = uma declaração sobre crença.
>
> "Ele é um rapaz alto e forte" = uma declaração sobre identidade.
>
> "Ele não consegue viver de salada e frutas" = uma declaração sobre crença.

Para tornar a mudança mais fácil, você pode criar uma nova identidade para si mesmo, tal como: "Sou uma pessoa saudável". E adotar crenças como: "Posso desenvolver os hábitos corretos para cuidar de mim mesmo". O Capítulo 3 diz como.

Habilidades e competências

Habilidades são talentos e perícias que existem dentro das pessoas e organizações como recursos valiosos. Estes comportamentos podem ser aqueles que você executa tão bem que pode fazê-los constantemente sem nenhum esforço consciente aparente. Como andar e falar, você aprendeu essas perícias sem nem entender como; humanos são grandes máquinas naturais de aprendizado.

Outras habilidades foram aprendidas por você com um maior nível de consciência. Talvez você saiba empinar uma pipa, andar de bicicleta, mexer em um computador, escrever em um blog, ou tocar um empreendimento. Você adquiriu essas habilidades deliberadamente. Ou talvez você sabe ver como ninguém o lado divertido da vida, ouvir amigos ou levar as crianças para escola na hora certa. Todas essas habilidades são perícias valiosas que você sabe de cor e outras pessoas podem aprender. É provável que você se lembre de quando não sabia fazer essas coisas, enquanto é provável que não se lembre de como é não saber andar ou falar. Estas habilidades individuais também lhe beneficiam no emprego, pois empresas possuem competências chave nas suas especificações de cargo, definindo habilidades essenciais que as pessoas precisam ter para que a companhia funcione a todo vapor.

A PNL dá muita atenção ao nível habilidade, trabalhando com a premissa de que tudo é passível de aprendizado. A PNL assume que qualquer coisa é possível se administrada em pedaços pequenos. O diretor de RH de uma das mais prestigiosas varejistas do Reino Unido nos disse "recrutamos pessoas primariamente por sua atitude: passado isto, podemos ensinar as habilidades que as pessoas precisam para executar seu trabalho". Mesmo atitudes podem ser adquiridas e mudadas, contanto que você encontre o desejo, o know-how e a vontade de aprender.

LEMBRE-SE

A questão importante é: "Como eu posso fazer isso?". Tenha esta pergunta em mente todos os dias. A abordagem da PNL é: modelando a si mesmo e aos outros, você se abre para as mudanças e para o desenvolvimento de suas próprias habilidades. Se quiser fazer algo bem, encontre alguém que já o faça e preste muita atenção em todos os níveis lógicos daquela pessoa. Você pode ler mais sobre modelagem no Capítulo 19.

Aqui vão algumas questões sobre habilidades, competências e ideias para quando você quiser fazer uma análise de suas habilidades e ver onde pode aprender e melhorar:

- » Que habilidades você adquiriu que o deixam orgulhoso e como as aprendeu?
- » Tornou-se especialista em alguma coisa que não lhe serve tão satisfatoriamente? Como isso se deu? Que habilidade pode se encaixar melhor em seu lugar?
- » Conhece alguém que tenha uma atitude realmente positiva com quem possa aprender? Como aprenderia com esse alguém?
- » O que você ouviria se perguntasse às outras pessoas no que elas acham que você é bom?
- » Qual é o próximo passo? O que gostaria de aprender?

A medida que constrói habilidades, o mundo se abre para você. Você está em posição de enfrentar grandes desafios ou de se preparar melhor para enfrentar aqueles que deseja encarar.

Crenças e valores

Você pode ler no Capítulo 3 como crenças e valores orientam sua vida e ainda assim não estar atento a elas. O que você acredita ser verdade, normalmente será diferente do que outra pessoa pensa ser verdade. Não estamos falando de crenças no sentido religioso, mas de sua percepção em um nível profundo, às vezes subconsciente. Suas crenças e valores mudam com o tempo.

CASOS E CAUSOS

Lee é um jogador amador de golfe com um desejo apaixonado de lançar a sua carreira no circuito internacional. Ele acredita que tem o mesmo potencial que seus heróis do golfe e que pode criar uma vida como golfista profissional. Tais crenças conduzem a sua habilidade: ele é extremamente competente no jogo. As crenças dele também conduzem o seu comportamento. Ele pratica no campo de golfe na maioria dos dias do ano e trabalha para desenvolver relacionamentos com a imprensa e patrocinadores. Suas crenças também são determinantes no ambiente onde passa a maior parte do tempo — quando não está no campo de golfe, está na academia.

Com o tempo, Lee passa a entender a dura realidade da vida no circuito competitivo de esportes e do que tem que abrir mão para perseguir seu sonho. Verificar os impactos de perseguir seus sonhos na sua habilidade de ter outras coisas importantes em sua vida, como sua própria casa, o encorajaram a evoluir suas crenças e valores. Então, simultaneamente ao objetivo primário de alcançar o topo, ele também está desenvolvendo novas habilidades como um instrutor de golf e personal trainer, acreditando que precisa de um leque de opções de carreira para que seja possível ganhar dinheiro para ter sua própria casa e família e uma carreira no jogo que ama.

Valores são coisas importantes para você, o que o motiva a sair da cama pela manhã ou não — critérios como saúde, riqueza, ou felicidade. Crenças e valores, e a maneira como as pessoas os classificam, em matéria de importância são diferentes para cada pessoa e mudam com o tempo. Por esta razão, motivar uma equipe inteira de pessoas com a mesma abordagem é extremamente difícil. Um tamanho não cabe em todos quando o assunto são crenças e valores.

Valores também são regras que mantêm as pessoas na estrada do socialmente aceitável. Você pode buscar dinheiro, mas seus valores de honestidade e respeito pelos outros o impedem de roubar. Algumas vezes, um conflito existe entre dois valores importantes — como vida familiar e trabalho. Você pode ler mais sobre como resolver esse problema no Capítulo 3.

No que se refere à mudanças, entender suas crenças e valores dá uma boa alavancagem. Quando as pessoas valorizam algo ou acreditam o bastante, este valor se torna uma força energizante da mudança. Eles estão se concentrando no que é importante para eles, fazendo o que realmente querem fazer, e chegando mais perto do que querem ser. Estas pessoas estão em um lugar que transmite certeza e naturalidade. Crenças e valores lhe orientam e influenciam os níveis mais baixos de habilidade, comportamento e ambiente. Então, ater-se a seus valores faz com que outros níveis lógicos se alinhem.

CASOS E CAUSOS

Trabalhamos frequentemente com pessoas que pulam de emprego em emprego, com aumento de insatisfação e estão desesperadas para encontrar o trabalho que amam. John, um diretor de TI, é um desses casos. A cada dois anos, mais ou menos, ele se cansava, decidia que precisava mudar e se candidatava para outro emprego similar, com melhor salário, melhor pacote de benefícios e em um novo local, esperando que as coisas melhorassem em outro lugar. Ele simplesmente fazia mudanças no nível ambiente — nova empresa, novo país, novas pessoas.

Quando ele começou a avaliar seus valores e crenças, ele percebeu que alguns ingredientes essenciais estavam faltando. Ele havia investido tempo e energia em um MBA e valorizava aprendizado e desenvolvimento profissional. No entanto, sempre ia parar em empresas "contrato-demito", que estavam muito ocupadas para investir no pessoal ou trabalhar estrategicamente; lugares que sugavam sua energia. Quando ele entendeu esta discrepância, levou suas habilidades para uma prestigiosa escola internacional de negócios que valorizou sua educação e habilidade e lhe deu a oportunidade de se desenvolver mais.

Aqui vão algumas crenças e valores para você se questionar se existe um conflito neste nível lógico que está atrapalhado seu caminho para conseguir o que quer.

- Que fatores são importantes para você nessa situação?
- O que é importante para as outras pessoas?
- O que você acredita ser certo e errado?
- O que tem de ser verdade para você conseguir o que quer?
- Quando você diz "tenho de fazer" e "devo fazer" e "não tenho de fazer" e "não devo fazer", que suposições estão por trás destas declarações?
- Quais são as suas crenças sobre essa pessoa ou situação? Elas são úteis? Que crenças podem ajudá-lo a conseguir resultados melhores?
- No que outra pessoa acreditaria se estivesse em seu lugar?

Armado com as respostas das perguntas acima, trabalhe as suas crenças e seus valores para assegurar que elas o sustentem nos momentos difíceis. Quando você questiona as suas crenças em relação a si mesmo, pode escolher descartar algumas delas que já não lhe servem mais tão bem.

DICA

Em programas gerenciais de mudanças de negócios você ouve frequentemente falarem de "ganhar os corações e as mentes das pessoas". Se você está liderando um grupo, precisa acessar suas crenças e valores. Quando você tem as crenças certas no lugar, a PNL sugere que os níveis mais baixos — como habilidades e comportamento — irão se encaixar automaticamente.

Identidade

A identidade descreve o seu senso de quem é. Você pode expressar-se por meio de suas crenças, seus valores, habilidades, comportamentos e ambiente, ainda que você seja muito mais do que isso. A PNL entende que a identidade de uma pessoa é separada do seu comportamento e recomenda que você se conscientize dessa diferença. Você é mais do que faz.

A PNL separa a intenção que está por trás de sua ação da ação propriamente dita. Por isso, a PNL evita tachar as pessoas. Frases como "homens se comportando mal", por exemplo, não significam que homens sejam intrinsecamente maus, apenas que o seu comportamento é mau.

DICA

Se quiser dar um feedback para encorajar a aprendizagem e um desempenho melhor, dê sempre um feedback bastante específico sobre o que alguém disse ou fez em termos de comportamento: é melhor do que comentar em termos de identidade. Então, em lugar de dizer: "John, desculpe parceiro, mas você foi horrível", experimente: " John, foi difícil ouvi-lo na reunião porque você olhou para o computador o tempo todo e ficou de costas para a plateia".

Eis algumas perguntas sobre identidade para perguntar a si mesmo quando você estiver em conflito interno:

» Como você vivencia uma expressão de quem você é?
» Que tipo de pessoa você é?
» Como você se descreve?
» Que rótulos você colocaria nas outras pessoas?
» Como as outras pessoas o descreveriam?
» As outras pessoas pensariam de você o que você gostaria que pensassem?
» Que imagens, sons e sensações você cria quando pensa sobre si mesmo?

LEMBRE-SE

Uma consciência maior de si mesmo é um insight valioso em qualquer etapa da mudança pessoal. Com muita frequência, as pessoas tentam mudar os outros, quando mudar a si mesmas seria um ponto de partida bastante eficaz.

Propósito/missão

Esse nível "além da identidade" o conecta a um plano maior quando você começa a questionar o seu propósito, sua ética, missão ou seu sentido na vida. O propósito leva o indivíduo ao campo da espiritualidade e a sua conexão com a ordem maior das coisas no universo. Ele conduz empresas a definirem a sua razão, visão e missão.

A sobrevivência do homem no meio de incríveis sofrimentos depende da aceitação verdadeira, que vai além da identidade. Observe a resiliência de Dalai Lama fora do Tibete ou a história da resistência ao Holocausto de Viktor Frankl em seu livro Man's Search for Meaning.

CASOS E CAUSOS

À medida que você envelhece e se aproxima de diferentes estágios da vida, é natural se questionar sobre o que está fazendo com sua vida. Algumas vezes, um gatilho inspira a ação e ilumina a nossa paixão. Um amigo e gerente de logística em uma indústria, Alan, viajou para o Quênia em férias e viu, em primeira mão, as necessidades educacionais daquele país. Assim, começou sozinho uma campanha poderosa que tomou conta de sua vida e o levou a criar uma instituição internacional de caridade para levar materiais escolares para a África, graças à sua paixão por fazer a diferença. Ao conversar com ele sobre esse assunto, ele dizia: "Não sei o que me deu. Parece loucura, mas só sei que tenho de fazer isso." O propósito dele era mais forte do que sua identidade.

Seguem algumas perguntas sobre propósito a serem feitas quando quiser verificar se está encaminhando a sua vida na direção certa:

- » Por que razão está aqui?
- » Que contribuição gostaria de fazer para os outros?
- » Quais são as suas forças pessoais que você pode acrescentar para tornar o mundo melhor?
- » Como gostaria de ser lembrado quando morrer?

Em The Elephant and the Flea, o guru dos administradores, Charles Handy, transmite a paixão que vem de um senso de missão de um propósito basal. Ele fala de empreendedores sobre os quais escreveu e de sua esposa, a fotógrafa Elizabeth Handy, como pessoas que saltaram além da lógica e agarraram-se aos seus sonhos:

> *A paixão é o que os guia, uma crença passional no que estão fazendo, uma paixão que os sustenta nos momentos difíceis, que parece justificar as suas vidas. A paixão é uma palavra muito mais forte do que missão ou propósito, e eu percebo que, quando falo isto, também estou falando para mim mesmo.*

Quando você está operando em um caminho determinado, observe como ninguém consegue detê-lo — desta forma, estará no melhor lugar para ganhar o alinhamento verdadeiro em todos os níveis lógicos.

Desvendando os Níveis das Outras Pessoas: Linguagem e Níveis Lógicos

A entonação na linguagem das pessoas e a forma de falar podem dizer-lhe em qual nível elas estão operando. Observe esta expressão simples: "Não posso fazer isso aqui" e ouça onde a pronúncia é acentuada.

"Eu não posso fazer isso aqui" = declaração sobre identidade.

"Eu não posso fazer isso aqui" = declaração sobre crença.

"Eu não posso fazer isso aqui" = declaração sobre capacidade.

"Eu não posso fazer isso aqui" = declaração sobre comportamento.

"Eu não posso fazer isso aqui" = declaração sobre ambiente.

Quando você sabe o nível em que os outros estão operando, pode ajudá-los a fazer mudanças naquele nível. Por exemplo, se a pessoa está trabalhando no nível ambiente, a pergunta é: "Se não aqui, onde é que você pode fazer isso?" Se estão no nível da identidade, a pergunta é: "Se não você, quem é que pode fazer isso?"

Exercícios com os Níveis Lógicos: Motivando Equipes no Trabalho e no Lazer

Dissemos que a PNL é experimental. Significa que, para beneficiar-se dos muitos exercícios da PNL, você, às vezes, tem de se movimentar fisicamente assim como mentalmente. Como o desenvolvedor da PNL, Robert Dilts, diz: "O conhecimento é apenas rumor até que você o passe para os músculos".

PASSATEMPO NA PNL

Este exercício o ajuda a fazer um brainstorm com sua equipe. Você pode espalhar pedaços de papel no chão e andar pelos diferentes níveis ou usar cadeiras, como nesta versão. Você pode colocar uma música barroca para tocar, a fim de que as ideias fluam e o ritmo se acelere, como em uma dança das cadeiras — e seria bom que alguém anotasse ideias em um flipchart.

1. **Aponte uma pessoa para conduzir o exercício, fazer as perguntas e capturar as respostas.**

   Essa pessoa é o seu mestre de perguntas.

2. **Posicione seis cadeiras em fila; rotule cada cadeira para denotar o nível lógico.**
3. **Coloque um membro do time em cada uma das cadeiras.**
4. **O mestre fará as perguntas para cada pessoa de acordo com o nível lógico de cada cadeira.**

   Eis as perguntas que serão feitas de acordo com cada nível:

   - Cadeira do ambiente – "Onde, quando e com quem essa equipe funciona melhor?
   - Cadeira do comportamento – "O que essa equipe faz bem?"
   - Cadeira da Habilidade – "Como trabalhamos bem?"
   - Cadeira das crenças e valores – "Por que essa equipe está aqui? O que é importante para nós?"

- Cadeira da Identidade – "Quem é essa equipe?"
- Cadeira do Propósito – "Como essa equipe contribui para uma imagem melhor? Qual é a nossa missão em relação aos outros?"

5. **Depois de todos os membros da equipe terem respondido às perguntas, permita que se movimentem para outra cadeira; então, repita as perguntas.**

DICA

Mantenha as pessoas movimentando-se regular e prontamente. Elas podem sempre dar umas duas voltas. Uma vez que você tenha coletado as ideias do brainstorming, o próximo passo será analisar e trabalhar a partir das informações que juntou para assinalar os padrões e as novas ideias, a fim de se fortalecerem como uma equipe.

NESTE CAPÍTULO

- Entendendo a psicologia por trás dos seus hábitos e comportamentos
- Usando estratégias para melhorar a comunicação
- Aplicando o conhecimento de estratégias para dominar a fúria da estrada
- Aprendendo a escrever bem

Capítulo 12

Hábitos Condutores: Descobrindo os Seus Programas Secretos

Quando você acorda de manhã, escova seus dentes primeiro ou toma banho? Como todo mundo, você tem uma estratégia — neste caso, uma sequência de passos — para executar tarefas rotineiras, como cortar uma fatia de pão, lavar as mãos ou calcular o imposto de renda. E, como muitas pessoas, você pode nem se dar conta de que faz as coisas no piloto automático.

ALERTA DE JARGÃO NA PNL

Uma estratégia é qualquer conjunto externo ou interno ou ordem de experiências que produzem o mesmo resultado constantemente.

Quando Romilla estava estudando ioga, sua professora, Swami Ambikananda, pediu que a turma ganhasse maior entendimento sobre os rituais subconscientes que usamos. Ela sugeriu que começassem o dia mudando a sequência que seguiam para se vestir, tomar café da manhã, e se preparar para ir ao trabalho. Cara, isso deu nó no cérebro! Era necessário muita concentração para que o resto do dia corresse tranquilo. Romilla sentia como se tivesse esquecido algo crucial e seu cérebro ficava tentando lembrar-se do que era. A experiência como um todo foi bastante desconfortável.

Você usa suas estratégias pessoais para toda a sorte de comportamentos; sentir-se amado, amar seu parceiro, pai, filho ou animal de estimação, odiar alguém, se irritar com alguém, comprar seu perfume favorito, aprender a dirigir, conseguir ou não ter saúde, prosperidade, felicidade, e por aí vai.

Talvez você pergunte de tempos em tempos, "Por que eu tenho sucesso em algumas áreas da minha vida e em outras nem tanto?". Bem, você pode acabar descobrindo que está simplesmente usando estratégias não tão efetivas nestas áreas onde não tem tanto sucesso. O legal é que quando você perceber que está usando uma estratégia, você pode desenvolver facilmente as ferramentas para mudá-la. Melhor ainda, você pode descobrir que a estratégia de outra pessoa funciona e copiá-la!

Neste capítulo, você descobrirá os mecanismos por trás de seus comportamentos e, munido desta informação, poderá adicionar, modificar ou deletar suas estratégias, de modo a guiar de fato sua vida.

A Evolução das Estratégias

O modelo de estratégia da PNL surgiu por meio de um processo de evolução. Começou com psicólogos comportamentais, como Watson, Skinner e Pavlov e foi melhorado por Miller, Galanter e Pribram, que eram psicólogos cognitivos, antes de ser aprimorado pelos fundadores da PNL, Grinder e Bandler.

O modelo E-R

No início do século XX, os psicólogos behavioristas basearam seus trabalhos no estudo do comportamento animal e humano. Eles propuseram que as pessoas respondem a um estímulo ou desenvolvem uma resposta através de condicionamento ou reforço. O estudo mais famoso foi o de Pavlov e seus cães. Os cães ouviam um sino que era associado à chegada de comida (estímulo) e, portanto, salivavam (resposta). Por fim, os cães salivavam apenas por ouvir o soar do sino (sem a comida). Um behaviorista pode defender que humanos simplesmente respondem a estímulos da mesma forma. Por exemplo, quando o bebê de John balbucia e sorri (estímulo), John sente um brilho quente (resposta), ou quando Mark vê um morador de rua na calçada (estímulo), ele procura trocados em seu bolso (resposta).

Embora as ideias behavioristas continuem influentes na modificação do comportamento, a maioria das pessoas geralmente concorda que os humanos têm maior poder de escolha que animais.

O modelo TOTS

Miller, Galanter e Pribram construíram a partir do modelo behaviorista de Estímulo-Resposta (E-R), o modelo TOTS (Testar, Operar, Testar, Sair), que está ilustrado na Figura 12-1.

O modelo TOTS trabalha com o princípio de que você tem uma meta em mente quando exibe um comportamento particular. O propósito do seu comportamento é aproximá-lo do resultado desejado tanto quanto possível. Você testa a sua estratégia a fim de avaliar se atingiu seu objetivo. Se o atingiu, pare o comportamento e saia da estratégia. Se não o atingiu, modifique o comportamento e repita a estratégia, incorporando um ciclo simples de feedback e resposta. Então, se seu objetivo é ferver água na chaleira, o teste é ver se a água está fervendo; se não, você aguarda a fervura e, quando ela ferver, sai da estratégia.

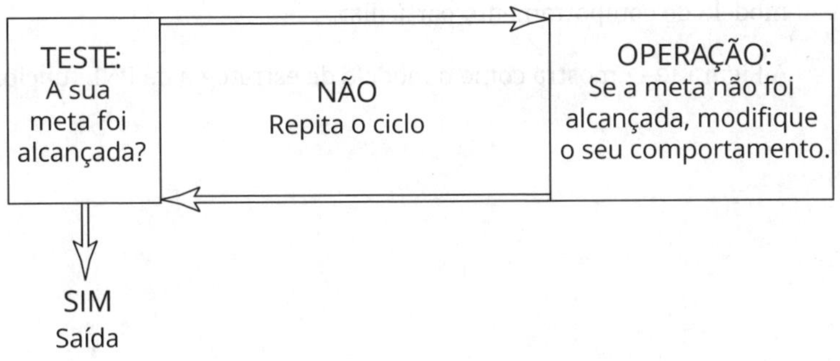

FIGURA 12-1: Modelo de estratégia da PNL.

A estratégia PNL = TOTS + modalidades

ALERTA DE JARGÃO NA PNL

A PNL sugere que você vivencie o mundo primariamente através dos seus cinco sentidos: visão (olhos), audição (ouvidos), cinestesia (sensações e toques), olfato (odores) e paladar (sabores). Estes sentidos são seus sistemas representativos (rep), também chamados de modalidades, sobre as quais você pode ler mais no Capítulo 6.

Submodalidades são as diferentes qualidades que se combina para fazer as modalidades. Por exemplo, se você criar uma imagem em seu olho mental, estará usando seu sistema representativo ou modalidade visual. Você ajusta as qualidades ou submodalidades da imagem fazendo ela ficar maior, mais brilhante ou trazendo ela para mais perto de você. Você pode descobrir muito mais sobre suas submodalidades e como elas afetam a forma de vivenciar o mundo no Capítulo 10.

Bandler e Grinder incluíram modalidades e submodalidades nas fases Testar e Operar do modelo TOTS, refinando-o ainda mais para criar o modelo de estratégia da PNL. De acordo com eles, o objetivo que você define quando inicia uma estratégia e os meios para avaliar se o atingiu ou não dependem de combinações de suas modalidades pessoais. Por exemplo, quando você pensa em seu objetivo, pode fazer uma imagem dele, criar um som ou ter uma sensação.

O sucesso de sua estratégia se vincula ao sucesso no objetivo e você julga esse sucesso quando a sensação, som, ou imagem que você recebe atendem às expectativas que você tinha através das submodalidades.

O modelo de estratégia da PNL em ação

Esta seção mostra como o modelo de estratégia da PNL funciona para alguém executando uma estratégia básica de fúria na estrada. O modelo TOTS (veja a Figura 12-1) está melhorado por modalidades adicionais para dar-lhe o modelo de estratégia da PNL, que pode ser usado para entender como alguém opera um modelo de comportamento particular.

A Figura 12-2 mostra como o modelo de estratégia da PNL funciona:

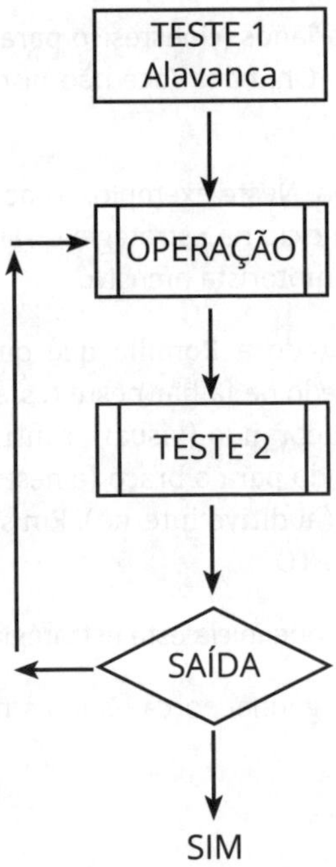

FIGURA 12-2: Este diagrama mostra o movimento dos olhos quando você está olhando para alguém.

1. **Teste 1** é o gatilho inicial para uma estratégia. Neste teste você avalia se a informação que vem pelos seus sentidos bate com os dados necessários para ativar a estratégia. Se você é propenso a se irritar no trânsito, o gatilho pode ser você ver alguém te fechando em um engarrafamento (confirmação visual), mas como você está de bom humor (nenhuma confirmação cinestésica), você resolve não iniciar a estratégia. Todavia, se estiver de mau humor (confirmação cinestésica), você ativa a fúria na estrada quando tem a confirmação visual de alguém te fechando. O resultado é ter certeza de que o motorista na sua frente saiba exatamente o que você pensa e que você curta cada minuto em que estiver tomado pela névoa vermelha de raiva incontrolável (cinestesia).

2. **Operar** é o processo pelo qual você junta a informação que ajudará a conduzir a sua estratégia. Então, para a sua estratégia de fúria na estrada, você lembra onde está a buzina, onde ligar o farol, e qual gesto manual rude quer usar. Nesse exemplo, você utiliza a modalidade visual, para conduzir sua estratégia. Então, você invoca a modalidade auditiva interna quando fala todos os palavrões que conhece. Por fim, estará no seu melhor dia de fúria.

3. **Teste 2** é o teste em que você compara a informação e a situação correntes para o seu resultado, a fim de conduzir a estratégia. Sim, você buzinou (auditivo); sim, xingou os piores palavrões que conhecia (visual para

o transgressor) e fez os gestos apropriados (cinestésico para si mesmo e visual para o outro motorista). Mas... Oh, não! Você não piscou os faróis (visual).

4. **Saída** é quando você para a estratégia. Neste exemplo, como você não se lembrou de piscar os faróis, faria um ciclo na estratégia e sairia, uma vez que tivesse acendido os faróis para o motorista ofensivo.

CASOS E CAUSOS

Durante seu mestrado em PNL, foi solicitado a Romilla que quebrasse um pedaço de madeira com a mão e ela teve medo de falhar neste teste. Sua estratégia para juntar força foi ver a madeira quebrando (visual), sentir energia no plexo solar pulsando até seu peito e descendo para o braço (cinestesia) e dizer repetidamente "Você consegue fazer isso" (auditivo interno). Em seguida, veja como esta abordagem se encaixa no modelo TOTS:

1. **Teste 1:** ir quebrar a tábua é o gatilho que inicia esta estratégia.
2. **Operar:** a estratégia de Romilla para ganhar força usou as modalidades visual, cinestésica e auditiva interna.
3. **Teste 2:** verificar se já estava preparada.
4. **Saída:** Romilla fez ciclos para operar a estratégia, concentrando confiança até que estivesse preparada. Quando se sentiu pronta, ela saiu para a estratégia de quebrar a tábua de fato.

Os Olhos Compreendem: Reconhecendo a Estratégia dos Outros

Cada estratégia pessoal tem estágios muito distintos, os quais podem ser Testar (Gatilho), Operar, Testar (Comparação) e Saída (conforme discutido na seção anterior "O modelo de estratégia de PNL em ação"), usando seus cinco sentidos (Veja a seção anterior "A estratégia PNL = TOTS + modalidades"). Considere esse exemplo: Ben acabou de ingressar na universidade e usa a seguinte estratégia para telefonar para casa:

1. **Sente que ele está com saudade de casa.** Teste 1 (cinestésico).
2. **Faz uma imagem mental da família.** Operar (visual).
3. **Diz o número do telefone para si mesmo.** Operar (auditivo interno).
4. **Liga para casa.** Operar (cinestésico).

Para o propósito desse exercício, assumimos que Ben telefonou, então satisfez o seu Teste 2 e saiu da estratégia ligar para casa.

Uma vez que uma estratégia se fixa em sua mente, você tem pouca ou nenhuma consciência dessas etapas. Porém, se você sabe o que procurar, pode imaginar a estratégia da outra pessoa. É só prestar atenção no movimento dos olhos.

Você pode ter uma ideia considerável do que os outros estão pensando (imagens, emoções, etc.) pela observação dos olhos delas (veja a Figura 12-3). Geralmente, os olhos de uma pessoa podem movimentar-se nas seguintes direções (você pode descobrir mais sobre os segredos que os olhos escondem no Capítulo 6):

Quando elas estão fazendo isso	Os olhos fazem isso
Lembrando-se de uma imagem	Movem-se para cima à esquerda
Criando uma imagem	Movem-se para cima à direita
Lembrando um som ou conversa	Movem-se horizontalmente para a esquerda
Imaginando como será um som	Movem-se horizontalmente para a direita
Acessando emoções	Para baixo e à direita
Conversando com elas mesmas	Para baixo e à esquerda

Lembre-se de Ben e seu telefonema e imagine que o está observando enquanto ele liga para casa. Primeiro, os olhos dele vão para a diagonal inferior direita (saudades de casa) e depois para a diagonal superior esquerda (visualização da família). Seus olhos ficam na diagonal superior esquerda (enquanto ele lembra visualmente do telefone de casa) antes de discar o número.

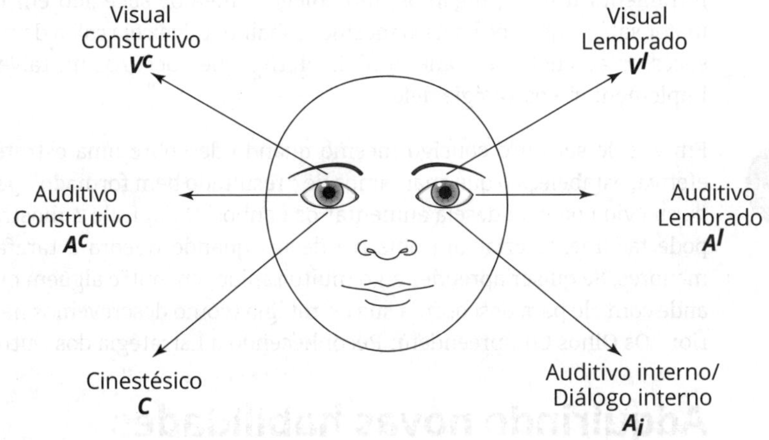

FIGURA 12-3: Os olhos revelam a estratégia.

LEMBRE-SE

O modo como os olhos de uma pessoa se movimentam depende se a pessoa é destra ou canhota. O diagrama da Figura 12-3 ilustra uma pessoa destra. Uma pessoa canhota tende a olhar para cima e para a direita quando produz a memória visual. Então, quando você está tentando imaginar a estratégia das outras pessoas é sempre melhor calibrar as respostas das outras fazendo algumas poucas perguntas inofensivas, como: "Que caminho você fez para chegar aqui?". Essa atitude as forçará a recorrer ao visual e dará as dicas que precisa para descobrir qual estratégia dos olhos elas usam.

Flexionando os Músculos da Estratégia

Você desenvolve estratégias por toda a sua vida. A maioria das estratégias básicas, como andar, comer, beber, escolher e fazer amigos é criada quando se é jovem. Alguns você desenvolve quando atravessa uma circunstância nova na vida. Algumas vezes, o que desenvolve para si mesmo pode não ser tão efetivo como uma estratégia que outra pessoa usa, porque elas começaram de uma plataforma mais informada ou tiveram um professor.

Por exemplo, na sua vida profissional, você pode ser muito bom com números, mas não tão bom em falar em público. Talvez a estratégia de sua carreira foi aprender sobre número estudando bastante e praticando muito com orçamentos, mas agora você espera ser um bom orador sem ter que estudar e praticar tanto.

Reconhecer que uma estratégia tem áreas específicas para melhorar é uma ferramenta útil. Se, digamos, um colega é melhor sucedido em negociar um maior salário que você para o mesmo trabalho, talvez ele saiba demonstrar seus sucessos ao chefe de maneira mais efetiva que você. Assim, talvez você deva implementar a estratégia dele.

DICA

Em vez de ser duro consigo mesmo quando descobre uma estratégia não tão efetiva, estabeleça o que chamamos de "resultado bem formado" para uma área de sua vida na qual deseja aumentar os ganhos. O Capítulo 4 mostra como você pode facilmente criar um objetivo destes quando quebra a tarefa em passos menores. Se quiser aprender algo muito rápido, encontre alguém que já o faça e ande com ele para descobrir a sua estratégia (como descrevemos na seção anterior "Os Olhos Compreendem: Reconhecendo a Estratégia dos Outros").

Adquirindo novas habilidades

O Capítulo 11 explica o Modelo de Níveis Lógicos da PNL, que lhe permite examinar a estrutura de sua experiência nas seguintes maneiras:

» Identidade

» Valores e Crenças

» Habilidades e competências

» Comportamento

» Ambiente

Suas estratégias se relacionam com o nível habilidades e competências, mas também podem envolver mudanças em outros níveis. Imagine que quer melhorar suas estratégias ganhando novas habilidades; no exemplo do colega que ganha mais, você pode descobrir como ele constrói e mantém um rapport com o chefe. Ele pode ter uma estratégia muito boa para manter o chefe ciente dos progressos em seus projetos, o que você pode fazer também, falando com o chefe dos seus progressos semanalmente, para ganhar uma visibilidade maior.

CASOS E CAUSOS

Kay sempre trabalhou em um escritório onde se sentia segura e confiante da sua capacidade. Quando decidiu estabelecer um negócio próprio, descobriu que tinha de aprender uma porção de comportamentos novos. Kay percebeu que tinha de aprender "networking" para divulgar seu novo empreendimento. Infelizmente, ela estabeleceu uma rede de contatos e saiu sem ter alcançado nada. Ela estava completamente confusa sobre os seus objetivos e pensou apenas que iria conhecer pessoas novas que poderiam ser úteis em seus negócios.

Kay percebeu que precisava desenvolver novas estratégias a fim de se conectar com pessoas novas de maneira efetiva. Ela alcançou este objetivo observando sua amiga Lindsay, que era muito boa em se apresentar e fazer novos contatos. Kay começou a adotar as estratégias de Lindsay (que listaremos em seguida, juntamente com a forma que Kay seguiu cada passo) e começou a ter sucesso com seus novos contatos.

1. **Pense no que você deseja em um evento de networking.** Kay decide que quer trocar cartões de visita com pelo menos seis pessoas que lhe podem ser úteis em um contexto social ou de negócios.

2. **Vá até alguém e se apresente. Kay diz:**

   "Olá, eu sou a Kay, e você é...?"

3. **Faça perguntas para quebrar o gelo.** Algumas perguntas de Kay foram:

   "Essa é minha primeira vez aqui. Já esteve aqui antes?"

   "Como você fica sabendo desses eventos?"

   "Você veio de muito longe?"

   "Qual é sua área de negócios?"

4. **Concentre-se no que a outra pessoa está dizendo, assim como em seu objetivo no evento.** Kay percebe que, anteriormente, ela ficava tão ligada no que a pessoa estava dizendo que esquecia de trocar cartões de visita,

ou ela passava muito tempo falando com apenas uma pessoa e se esquecia de falar com outras. Ela decidiu que o caminho para focar no seu objetivo é segurar o pacote com cartões na mão esquerda, em vez de deixá-lo na bolsa. Esta abordagem deixa sua mão direita livre para apertos de mão, enquanto mantém a mente focada no objetivo.

Recodificando os seus programas

As estratégias podem ser mudadas. No exemplo de fúria na estrada, anteriormente nesse capítulo, você estava atendendo os interesses de quem? Quando reflete sobre o dano que o estresse e a raiva causam em seu corpo, certamente, não eram os seus interesses. Que tal desenvolver uma outra estratégia, como:

1. **Teste 1 — Gatilho:** Alguém lhe ultrapassando.
2. **Operar:** Em vez de acessar todos os seus palavrões e gestos rudes, imagine o sol colapsando em uma nebulosa planetária daqui a cinco bilhões de anos, quando toda ansiedade não terá o menor sentido, e dê um sorriso interno e agradeça pelas coisas boas de sua vida.
3. **Teste 2 — Comparação:** A sua estratégia para manter-se positivo funciona? Se sim, vá para o passo 4. Se não, volte ao passo anterior e tente uma estratégia alternativa, como pensar que a outra pessoa tem um compromisso mais urgente que o seu. Ou se elogie por ser mais organizado e ter maior controle sobre sua vida.
4. **Saída:** Siga seu próprio caminho e saia.

LEMBRE-SE

Os chineses praticantes de Qigong sabem que a técnica do "sorriso interno" melhora a imunidade das pessoas, faz com que o cérebro funcione de forma mais eficiente e reduz a pressão arterial, ansiedade e depressão simples.

Tudo reside no "como"

A PNL interessa-se mais pelo processo, em como você faz alguma coisa, do que no conteúdo da sua experiência. Assim, a questão não é que fique irado quando perde no tênis (conteúdo), melhor seria "como você fica quando se zanga por causa de uma derrota no tênis (processo)?"

Já que a PNL interessa-se pelo processo, descobrir e analisar este processo ajuda a mudar uma estratégia que não dá os resultados desejados. Então, em vez de quebrar sua raquete de tênis, construa uma imagem de você preenchendo um cheque gordo para comprar outra raquete cara. E como as estratégias podem ser modificadas, você pode usar o modelo que dá certo em uma área em outra que você não tem tanto sucesso assim.

PASSATEMPO NA PNL

Identifique uma área de sua vida na qual você tenha sucesso e pergunte a si mesmo: "Qual estratégia estou aplicando aqui?". Chamamos este exercício de jogo do "como se". Suponhamos que você considere a si mesmo um jogador bem sucedido de tênis e sempre quis começar a correr. Toda vez que começa, no entanto, desiste porque não consegue manter o ritmo. Então você pensa na corrida "como se" fosse tênis. Enquanto examina as estratégias que opera no tênis, você percebe que sua concentração mental e respiratória quando você corre na quadra são diferentes de quando você corre na pista. Adotando estas estratégias do tênis na corrida, você pode alcançar seu objetivo de ser um corredor melhor.

CASOS E CAUSOS

Tim era extremamente limpo e organizado no escritório. Infelizmente, a casa dele era uma bagunça. Tim só não sabia como manter a casa limpa. Romilla trabalhou com Tim para ajudá-lo a identificar os processos usados no escritório para manter a sua área de trabalho limpa. Ele examinou a própria estratégia e descobriu:

1. **Teste 1 — Gatilho:** ele via os papéis e folhetos na sua mesa e decidia que queria ver o espaço nela.

2. **Operação:** Tim faria o seguinte:

   - Imaginar seu chefe entrando e comentando sobre o seu desleixo. Curiosamente, o tom de voz dele é o mesmo da mãe de Tim quando ele era criança.
   - Sentir um desconforto no seu plexo solar.
   - Imaginar para onde os arquivos iriam.
   - Levantar-se e arquivar os papéis e pastas.

3. **Teste 2 — Comparação:** Tim olharia para a mesa, veria o seu espaço limpo e sentiria uma sensação agradável no seu plexo solar.

4. **Saída:** Se Tim não visse bastante espaço na mesa, ele não sentiria uma sensação de alívio e organizaria novamente, antes de sair dessa estratégia.

Ao entender esta estratégia da "mesa limpa"no trabalho, Tim foi capaz de manter a casa limpa. Ele organizou os armários de cozinha para que pudesse guardar os utensílios. Quando ele não via algum espaço vazio no chão, ele imaginava o seu chefe entrando e, então, utilizava a estratégia para manter a casa limpa. Uma transferência de estratégias muito bem-sucedida.

Usando as Estratégias da PNL para o Amor e o Sucesso

Você se comporta de uma maneira particular porque aprendeu uma estratégia, normalmente subconscientemente, ou desenvolveu uma estratégia para executar uma determinada função. Por exemplo, se sua visão em um olho é mais fraca que no outro, você pode segurar, subconscientemente, material de leitura na frente do seu melhor olho.

As seções seguintes mostram como discernir ou aprender as modalidades de outros para descobrir novas habilidades nos relacionamentos, comunicação e soletração.

DICA

Converse com outras pessoas a fim de obter suas estratégias; por exemplo, pergunte "Como você sabe que precisa ir para a academia?" e então veja o movimento de seus olhos dar a resposta (como discutimos na seção anterior "Os Olhos Compreendem: Reconhecendo a Estratégia dos Outros"). Esta reação lhe dá pistas bastante óbvias para a estratégia das pessoas. Se tiver alguma dúvida, refine as questões e repita!

A estratégia do amor profundo

Cada um tem uma estratégia particular a fim de sentir-se amado verdadeiramente. Chamamos isso de estratégia do amor profundo. Quando uma pessoa encontra alguém que satisfaça a estratégia do amor profundo, bingo! Pode montar o jantar à luz de velas para o Sr. ou a Sra. Encantada.

Quando você encontra alguém por quem se sente atraído ou considera muito interessante, inicialmente você ativa todas as suas modalidades sensoriais (que discutimos anteriormente na seção "A estratégia PNL = TOTS + modalidades").

- **Visual:** Você faz esforço para passar boa aparência. Talvez, vista a cor que descobriu ser a preferida da pessoa que está interessado. Você olha profundamente aqueles maravilhosos olhos azuis/verdes/castanhos.
- **Auditivo:** Você fala em tom doce e diz as palavras que pensa que ele(a) gostaria de ouvir.
- **Cinestésico:** Você segura as mãos. Você acaricia a outra pessoa.
- **Olfativo:** Mmmm! Espero que o perfume não esteja exagerado. Oops! Esqueci o enxaguante bucal.
- **Gustativo:** Jantar à luz de velas com ervas e temperos para provar que alguém é realmente especial.

Você conseguiu pegar a pessoa que lhe interessava e agora anda com ela no pôr do sol de mãos dadas. Mas aí — depois de algum tempo — você vivencia momentos de descontentamento. "O que deu errado?", você choraminga. Nada. Talvez você e seu parceiro apenas se reverteram para a modalidade na qual operam naturalmente. Então, enquanto a esposa pode desejar contato físico, carinhos e abraços para se sentir amada, o marido pode provar seu amor fazendo tudo por ela, como fazendo a manutenção da casa e lavando o carro e mantendo o tanque cheio.

Para encontrar a estratégia que a outra pessoa usa para sentir-se amada, tente dizer palavras de efeito, como "você sabe que eu te amo, né?" e "O que te faria sentir ainda mais amado(a)?". Quando o fizer, preste atenção no movimento dos olhos que mostramos na figura 12-4. "Ah, não sei", com os olhos indo para a diagonal inferior direita (C), dá a dica de que ela quer mais carinho. Teste seu palpite. Se os olhos movem-se horizontalmente para a esquerda (Ar), tente dizer o que a pessoa quer ouvir.

FIGURA 12-4: Os olhos revelam a estratégia.

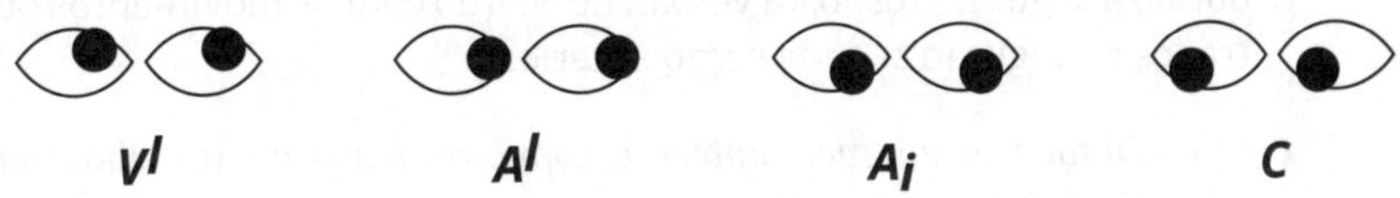

LEMBRE-SE

Aqui vão dois lembretes importantes:

- Não pergunte em momentos de alto estresse, como no engarrafamento; podemos garantir que você não gostará da resposta que receberá. Tente em um momento calmo, especial, quando estiverem apenas os dois.
- Calibre a resposta que recebe quando faz algo pelo parceiro. Levar um buquê de flores para casa lhe dá a resposta específica?

ALERTA DE JARGÃO NA PNL

Na PNL, a calibração é o processo pelo qual você interpreta a resposta da outra pessoa à sua comunicação. Um tapa no rosto é uma resposta bastante exagerada e, esperançosamente, você não repetirá as palavras ou comportamento que mereceram o tapa. A maioria das respostas é muito mais sutil: um olhar zangado, um olhar perplexo, o rosto vermelho, mandíbulas cerradas. Um comunicador profissional precisa ter a capacidade de avaliar esses sinais, especialmente quando esses sinais estão misturados; por exemplo, um sorriso com um olhar enigmático pode indicar que a pessoa não entendeu bem o que você disse e tem vergonha de dizer.

Não há nada como feedback positivo para alcançar sua própria estratégia, então elogie o sucesso de outras pessoas, especialmente se você conhece a estratégia do amor profundo da pessoa que lhe interessa.

CASOS E CAUSOS

Romilla conhece duas pessoas que tiveram um casamento feliz por 27 anos. A esposa precisava ser acariciada na face de um jeito específico, com um olhar particular de seu marido, para sentir-se no centro do mundo dele. Dava pra imaginar ela ronronando!

Estratégias para influenciar as pessoas

Ao usar o seu conhecimento de estratégias, você pode tornar-se um orador irresistível. Assim que descobrir as estratégias de alguém, você pode usá-las como estrutura para devolver informação para as pessoas, usando os passos das estratégias delas mesmas. Por exemplo, suponha que você queira utilizar a estratégia de um adolescente para ajudá-lo com o dever de casa.

A fim de retornar informação usando a estratégia do próprio adolescente, você precisa primeiro determinar qual é esta estratégia. Então pergunte algo do tipo "Como você se motiva para jogar futebol?" e acompanhe o movimento dos olhos do adolescente para saber a resposta. Suponha que a sua questão tenha obtido a seguinte resposta verbal, de acordo com os movimentos oculares mostrados na Figura 12-4, da seção anterior:

> *Eu me vejo em meu ambiente, com o resto do time (os olhos movem-se para cima, à esquerda – V^l) e ouço as pessoas conversando animadamente (os olhos movem-se para a esquerda, horizontalmente – A^l, então digo para mim mesmo "vamos vencer" (os olhos movem-se para baixo à esquerda – A^i) e me sinto bem (os olhos movem-se para baixo à direita C).*

Baseado na resposta e no movimento dos olhos do adolescente, você pode produzir a sua resposta de acordo. Você sabe que, para se motivar, ele lembra-se de uma cena (Vl); então, lembra-se do falatório animado do time (Al). Depois, conversa consigo mesmo (Ai) e, por fim, sente-se (C) bem. Com base nessa informação, você pode sugerir o seguinte:

- Você se recorda da cena de quando terminou o seu dever de casa de física a tempo na semana passada?

  Você pede ao seu adolescente que crie a cena do momento em que ele acabou de fato o dever de casa, forçando-o a entrar no início da estratégia (V^l).

- "Quando o Sr. Sanders o elogiou, lembra-se do que ele disse?"

  Você está pedindo ao seu adolescente que se lembre das palavras que foram usadas, para ativar a próxima etapa da sua estratégia de motivação (A^l).

- Lembra-se da admiração com que disse para si mesmo: "Pela primeira vez, eu realmente entendi física!"

  Pedindo ao adolescente que repetisse a sua conversa consigo mesmo, você está levando-o para a penúltima etapa da sua estratégia de motivação (A^i).

» "Lembra-se de como você ficou animado? Não seria maravilhoso se você terminasse o seu dever de casa agora e resgatasse aquela sensação animadora de novo?"

Nessa etapa final, você faz com que o adolescente motive a si mesmo ao observar a sensação boa (C) e sugere que ele recrie a sensação boa de conseguir terminar o dever de casa.

PASSATEMPO NA PNL

Você pode usar essa técnica em qualquer momento para ser mais persuasivo. Primeiro, faça uma pergunta e observe os olhos da pessoa ao responder. Então, expresse as suas sugestões na linguagem que proporcionará a melhor resposta.

A estratégia da grafia na PNL

Da mesma forma que com outras estratégias, toda pessoa alfabetizada tem uma estratégia para escrever de forma correta. As pessoas que escrevem bem têm uma estratégia efetiva. Aqueles que escrevem mal têm uma estratégia ineficaz.

Escrever bem é um processo muito visual. Se você se classifica como uma pessoa que escreve bem, você, com frequência olha para o alto à sua esquerda (visual lembrado) quando visualiza a palavra que quer escrever. Isso significa que você memorizou imagens de palavras que construiu como se fosse uma biblioteca e utiliza esse depósito de palavras quando escreve.

CUIDADO

Tentar soletrar foneticamente é normalmente uma estratégia não efetiva. Você pode estar olhando para baixo e ser pego em sentimentos (cinestesia) ou para o lado para lembrar-se como uma palavra soa (auditivo).

EUREKA!

Quando Olive Hickmott aprendeu a Estratégia de Grafia em um curso prático de PNL em Londres, isto a fez embarcar em uma jornada de descoberta. Aqueles 15 minutos lhe deram um momento "Eureka!", fazendo com que ela aprendesse o "beabá" da grafia que ela nunca havia adquirido. Sua luta com o idioma inglês afetou sua educação e carreira de maneira negativa e ela não lia por prazer até atingir os 40 anos. Ela disse, "por que ninguém me disse que era assim que esperavam que eu escrevesse? Esta era uma daquelas coisas que eu não sabia que não sabia".

Primeiro ela descobriu como desenvolver habilidades gerais de visualização e, após isso, como visualizar palavras. Ela ensina os métodos que aprendeu em seu livro *Spelling Means Achieving*, para ajudar outras pessoas a resolverem seus problemas com palavras, como letras que saltam pela página. Da grafia, ela trabalhou com outras áreas de dificuldade de aprendizado, como dislexia, dispraxia ou síndrome do deficit de atenção com hiperatividade e ela é apaixonada em ensinar aos jovens habilidades básicas de grafia, antes que eles fiquem impregnados com estratégias inúteis.

PASSATEMPO NA PNL

Se você soletrar foneticamente e quiser ser melhor, tente o seguinte:

1. **Pense em uma palavra que você gostaria de aprender a soletrar, então a escreva em letras de forma e mantenha-a à mão.**

2. **Pense em uma palavra que você sabe como escrever.**

   LEMBRE-SE

   A razão pela qual pedimos que escrevesse uma palavra que conhece foi criar um sentimento bom em você. Infelizmente, quando aprende a escrever, nem sempre os seus professores o ensinam a estratégia para escrever bem. Consequentemente, você pode categorizar-se como "não sou o estudante mais brilhante". Então, quando pediram que escrevesse, você se sentiu mal. Depois de um período de tempo, escrever pode tornar-se sinônimo de sentir-se mal. Isso pode afetar a sua identidade: "Escrevo mal" ou mesmo pior, "sou um pobre estudante". Permita-se admitir quaisquer crenças negativas que podem ser trazidas à tona e compadecer-se de si mesmo. Você pode não se dar bem com o professor de inglês, e aprender a escrever pode desencavar memórias indesejadas que estavam bem. Você é você mesmo agora e pode permitir-se escrever o melhor que puder. Então, brinque com as palavras e vá à luta.

3. **Mova os seus olhos para a lembrança visual (geralmente, no alto à esquerda) e crie a imagem da palavra que você sabe que pode escrever.**

   Saber que pode escrever a palavra lhe proporciona uma sensação positiva (satisfação, confiança, felicidade. etc.).

4. **Traga realmente aquela sensação positiva para a sua consciência; foque nisso e intensifique; então, respire fundo e intensifique um pouco mais.**

5. **Agora, dê uma olhada rápida na palavra que quer aprender a escrever.**

6. **Mantenha-se centrado na sensação positiva, mova os olhos para o alto à esquerda e crie a imagem de uma nova palavra que quer aprender a escrever.**

   Certifique-se de criar uma imagem clara, brilhante e grande da palavra e olhe para ela, queremos dizer, olhe realmente para ela.

7. **A próxima vez que você quiser escrever a palavra, mova os olhos para a lembrança visual. Como em um passe de mágica, entrará na sua mente e você começará a acreditar que pode escrever, não pode?**

DICA

Quando estávamos discutindo a estratégia de escrita, Kate descobriu sua frequência de uso da seção de lembrança visual da memória para números de telefone, listas de compras e compromissos diários. Você também pode usar esse método para lembrar-se onde deixou as chaves ou dizer a tabuada.

NESTE CAPÍTULO

Entendendo sua linha do tempo

Libertando-se da prisão das emoções negativas

Mudando as crenças voltando na linha do tempo

Descobrindo como organizar o tempo

Aprendendo a criar o seu futuro ao longo da linha do tempo

Capítulo 13
Viagem no Tempo

"O tempo é um sistema central da vida pessoal, social e cultural. De fato, nada ocorre a não ser em algum tipo de estrutura temporal."

— The Dance of Life (Edward T Hall, Anchor, 1984)

O tempo tem uma estranha qualidade elástica. Ele passa muito rápido quando você está envolvido em algo interessante e arrasta-se quando você está realizando uma atividade enfadonha. Você é uma dessas pessoas privilegiadas que tem todo o tempo do mundo ou se encaixa no grupo onde o tempo é sempre curto? Talvez ter tempo, assim como dinheiro, dependa de onde você foca a sua atenção. Embora o dia e a noite para o rico, para o pobre, para o jovem e para o velho, tenha 24 horas, a percepção de tempo é diferente. Algumas pessoas ficam presas ao passado, outras olham fixamente para o futuro, enquanto outras vivem apenas o momento.

O tempo "americano e europeu" é um resultado da Revolução Industrial quando as pessoas tinham de ficar nas fábricas por um tempo determinado. Tem um formato linear, um evento ou uma transação que segue outro. O tempo na América Latina, nos países árabes e em outros países do hemisfério sul tem uma estrutura multidimensional, permitindo que as pessoas realizem tarefas múltiplas. Cada um tem as suas forças e fraquezas e o potencial para causar conflito em intercâmbios interculturais.

CASOS E CAUSOS

Quando Kate trabalhou em Zurique, uma cidade na qual você pode acertar o relógio pelo horário dos trens, que chegam sempre na hora certa, ela teve conversas fascinantes com uma colega suíça que casou-se com um nigeriano. O casamento terminou em divórcio e uma das razões citadas foi que seu marido tinha atitudes muito diferentes dela em relação ao tempo:

> *Quando vivíamos na África, combinávamos de visitar alguém ou fazer alguma coisa em uma certa hora e então, no caminho, encontrávamos com alguém. Nosso desvio poderia demorar dias enquanto íamos para outra vila ou esperávamos outro parente aparecer. Eu nunca pude confiar na assiduidade do meu marido e ele não entendia a minha pressa. Isto estava enfurecendo a nós dois.*

O tempo também dá significado às memórias. Com técnicas de PNL, você pode mudar a qualidade da memória, assim como seu relacionamento com o tempo.

Neste capítulo, exploramos como empregar técnicas de linha do tempo lhe permite trabalhar tempo e memória para sua vantagem, incluindo a habilidade de se libertar de emoções negativas e decisões limitantes. Estas ferramentas lhe dão os meios para criar o futuro que você quer ter, sem a influência de memórias enfraquecedoras.

Como as Suas Memórias São Organizadas

PASSATEMPO NA PNL

Pense em algo que você faz regularmente, como ler um livro, dirigir até o shopping, comer em um restaurante ou escovar seus dentes. O evento precisa ser algo que você lembra ter feito no passado, imagina fazer no presente e também imagina-se fazendo no futuro. Enquanto acessa a memória ou usa a imaginação, você a codifica com dados sensoriais, como sons, imagens ou sensações. Quando acessa uma imagem do passado, por exemplo, você pode notar diferença na qualidade das imagens, como brilho, cor, movimento, duas ou três dimensões, e por aí vai. Estas qualidades, ou atributos, são chamadas de submodalidades (você pode ler mais sobre elas nos Capítulos 6 e 10).

Ao ir para o passado para examinar uma memória e depois ir para o futuro — via um pitstop no presente — você experimentou uma pequena viagem "terrestre" no tempo. (Você pode vivenciar a versão aérea desta viagem logo mais, na seção "Descobrindo sua Linha do Tempo").

Pedimos que considere estes atributos a fim de entender que existe uma estrutura em suas memórias. Você sabe instintivamente se uma memória está no passado ou se está criando uma experiência em sua imaginação.

ALERTA DE JARGÃO NA PNL

As pessoas veem o tempo de maneiras diferentes; algumas estão presas no passado, outras olham firmemente para o futuro e outras vivem o momento. A pesquisa do professor Philip Zimbardo mostra que a sua percepção de tempo é, na maioria das vezes, subconsciente, e ainda assim tem uma influência significativa em seu comportamento. Entender se seu foco está no passado, presente ou futuro e aprender a equilibrar isso, pode ter efeitos drásticos nos seus níveis de felicidade e sucesso. (Veja o Capítulo 8 para aprender como descobrir a percepção de tempo de alguém).

Se lhe pedirmos para definir de que você é feito, você pode dizer "açúcar, tempero e tudo que há de bom" ou "pelo, pele e sangue". Mas é claro que você é mais que as partes que o compõem. O termo para esta realidade é Gestalt.

Gestalt é uma estrutura ou padrão que não pode ser derivado puramente de suas partes componentes. Então quando alguém pensa em você, a mente dessa pessoa salta do que lhe compõe para a sua completude.

Suas memórias estão arranjadas em Gestalt. Memórias associadas formam Gestalt, embora a formação de uma Gestalt possa ter início quando você vivencia um evento que ativa uma resposta emocional: um Evento Emocional Significativo, abreviando, EES.

O EES também é conhecido como a causa original. Se você vivencia um evento similar e tem uma resposta emocional similar, você liga estes dois eventos. O processo continua e, subitamente, você tem uma corrente.

Um dos pais da psicologia, William James, comparou memórias a uma fileira de pérolas, em que cada memória está ligada em série a uma anterior e uma posterior. Durante qualquer exercício com sua linha do tempo, se você cortar o fio antes da primeira ocorrência, a Gestalt se quebra (como mostra a Figura 13-1).

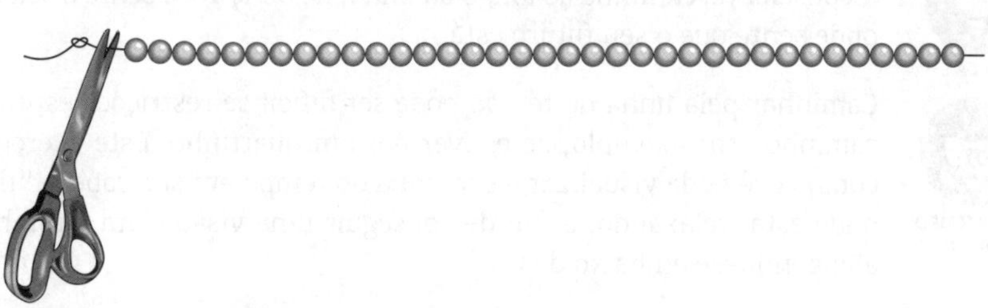

FIGURA 13-1: Uma memória Gestalt.

Descobrindo Sua Linha do Tempo

As memórias são organizadas em um padrão. Se pedíssemos a você que apontasse a direção de onde vem uma memória, para onde apontaria? Da mesma forma, se fosse apontar uma imagem de algo que vai fazer no futuro, observe para onde está apontando agora. Poderia também apontar para onde o presente está? Se você desenhar uma linha entre a memória do passado, a linha do presente e a do futuro, terá criado a sua própria linha do tempo.

As pessoas podem identificar o passado delas como o que está atrás e o futuro como o que está na frente. Algumas pessoas podem ter uma linha na forma de V. Outras podem ter o passado à esquerda e o futuro à direita. Isso é interessante porque, como você descobriu no Capítulo 6, a maioria das pessoas movimenta os olhos para a esquerda quando quer se lembrar de alguma coisa, e para a direita quando querem vislumbrar algo que não é real ainda. Além disso, algumas pessoas organizam a sua linha do tempo geograficamente, com o passado talvez em Cornwall, Los Angeles ou Timbuktu, e o seu presente onde residem atualmente. O futuro pode ser em algum lugar para onde gostariam de mudar.

CASOS E CAUSOS

Uma mulher que foi ao workshop "Futuro Perfeito" (onde as pessoas vão para criar o futuro em que querem viver), de Romilla, ficou confusa quando tentou achar sua linha do tempo. Descobrimos que seu passado estava na África do Sul, seu presente na Inglaterra, e ela era incapaz de decidir sobre seu futuro. Pedimos que confiasse em seu subconsciente e apontasse o dedo para onde ela achava que seu futuro seria. Ela apontou para a frente e ligeiramente para a direita. Romilla pediu que ela apontasse para onde ela achava que ficava a África do Sul. Ela apontou para trás, e ligeiramente para a sua esquerda. Fazendo-a desenhar uma linha de onde ela viu seu futuro para onde ela imaginou a África do Sul, fomos capazes de estabelecer que a linha do tempo dela corria em uma diagonal da esquerda para a direita.

A ideia é encontrar uma linha que conecte seu passado e futuro; fazer isso conectando locais geográficos ou simplesmente apontando não afeta o resultado final.

DICA

Se achar mais fácil, desenhe uma linha imaginária no chão e, confiando no seu inconsciente, caminhe ao longo da linha; de onde você sente o seu passado para onde sente que o seu futuro está.

PASSATEMPO NA PNL

Caminhar pela linha do tempo pode ser difícil se restrições espaciais estão no caminho, por exemplo, se estiver em um quartinho. Este exercício mostrará como você pode visualizar a sua linha do tempo em sua cabeça "flutuando" de onde está, relaxando, a fim de conseguir uma visão clara da linha do tempo, alongando-se embaixo de você:

1. **Pense em um evento que vivenciou recentemente.**
2. **Agora respire fundo e relaxe tão profundamente quanto possível.**
3. **Imagine-se flutuando, acima do seu presente e no caminho acima das nuvens, rumo à estratosfera.**
4. **Imagine a sua linha do tempo embaixo de você, como uma faixa, e veja a si mesmo na linha do tempo.**

5. **Agora flutue de volta sobre a linha do tempo até que esteja diretamente acima da sua experiência do evento recente.**
6. **Você pode pairar lá o tempo que quiser, até que decida flutuar de volta ao presente e para dentro do próprio corpo.**

Espero que tenha apreciado essa experiência de flutuar. Lembre-se do processo, pois você vai repeti-lo muitas vezes.

Modificando as Linhas do Tempo

Quando traçou a sua linha do tempo, onde ela estava em relação a você? Por exemplo, a linha corria pelo seu corpo, como no primeiro dos dois diagramas no tempo? (Veja as Figuras 13-2 e 13-3.) Ou estava fora, à sua frente para que pudesse ver toda a sua linha do tempo localizada à sua frente, como no diagrama que atravessa o tempo? (Veja a Figura 13-4.)

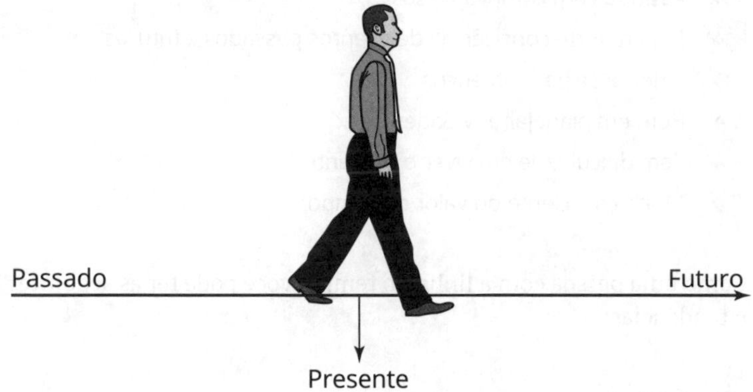

FIGURA 13-2: Pessoa na linha do tempo direta.

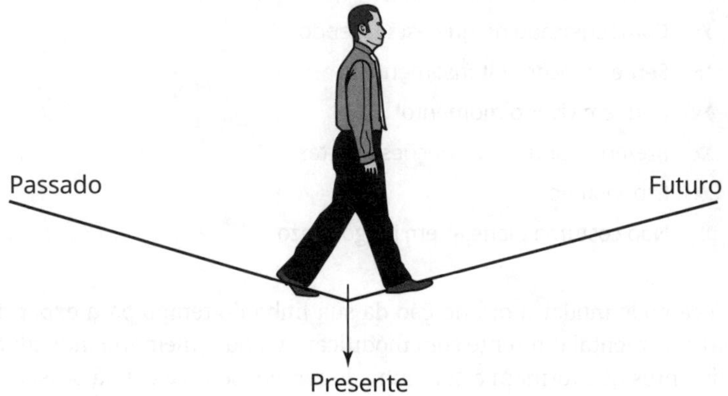

FIGURA 13-3: Pessoa na linha do tempo em V.

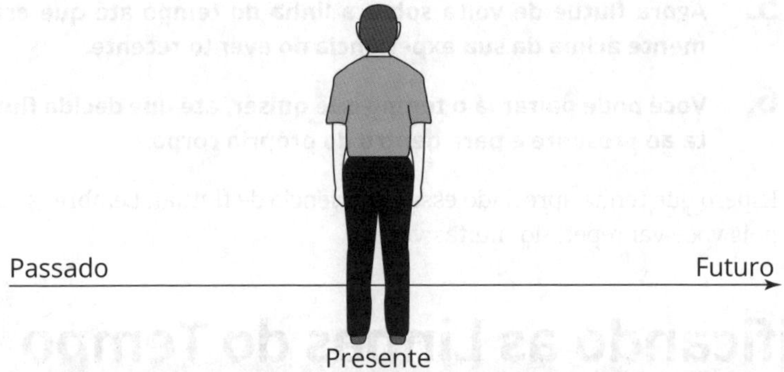

FIGURA 13-4: Pessoa que atravessa o tempo.

A forma da sua linha do tempo pode influenciar vários traços de personalidade. Se você tiver uma linha que atravessa o tempo, terá um modelo de tempo americano-europeu, o que significa que você pode ter as seguintes tendências:

- Capaz de manter emoções separadas dos eventos
- Assíduo com compromissos
- Mostra forte consciência de eventos passados e futuros
- Orienta-se para objetivos
- Bom em planejar atividades
- Tem dificuldade em viver o presente
- Muito consciente do valor do tempo

Como uma pessoa com a linha no tempo, você pode ter as seguintes habilidades e tendências:

- Criativo
- Eficiente em multitarefas
- Compenetrado no que está fazendo
- Sente emoções intensamente
- Bom em viver o momento
- Prefere manter suas opções abertas
- Espontâneo
- Não costuma planejar em longo prazo

Você pode mudar a orientação da sua linha do tempo para experimentar uma atitude mental diferente sem modificar qualquer memória individual e acontecimentos que formam a sua linha do tempo. Se você é uma pessoa no tempo, e precisa se ater a um horário, tente mudar sua linha do tempo para se atravessá-la e deixá-la a sua frente. Ou, se você é um workaholic e quer relaxar com seu parceiro na noite, por que não fingir que sua linha do tempo é o outro lado da porta, e se tornar uma pessoa no tempo assim que passar por ela?

CUIDADO

Mudar as linhas do tempo pode causar desorientação física. Por exemplo, você pode sentir tonturas. Então escolha uma hora calma para alterar sua linha do tempo, em vez de fazê-lo quando estiver ocupado ou na correria. Se sentir-se desconfortável enquanto muda sua linha do tempo, vá devagar e reverta-a para sua orientação original.

Se você é uma pessoa que atravessa o tempo e a sua linha está à sua frente, pode mudá-la, pisando nela de forma que tenha a cabeça ou o corpo voltado para enfrentar o passado ou o futuro. Um outro caminho que você pode fazer é voar acima da sua linha do tempo, pois ela está abaixo de você e, quando você voa de volta para baixo, ela está abaixo dos seus pés ou correndo pelo seu corpo.

Se você está no tempo, pode pisar fora de sua linha do tempo para que ela esteja à sua frente e possa ver o seu passado, presente e futuro como uma série contínua, sem ter de virar o corpo. Se preferir, flutue acima da sua linha do tempo e, quando flutuar de volta, poderá posicionar-se para que a sua linha do tempo esteja à sua frente.

CASOS E CAUSOS

Romilla sempre pede aos participantes dos seminários "Futuro Perfeito" que mudem a orientação da linha do tempo e a mantenham alterada até depois do almoço, por quanto tempo se sentirem confortáveis. Uma das participantes, uma pessoa extremamente no tempo, passou inicialmente por vertigem e náusea quando ela colocou a própria linha do tempo à sua frente (através do tempo), mas estava disposta a perseverar. Depois de sentar-se por um momento, ela equilibrou-se e saiu. No retorno, após o almoço, o seu alívio em substituir a sua linha do tempo atravessada de volta para uma linha no tempo era visível a todos.

Fora trocar a orientação da sua linha do tempo, descobrir como mudar a forma como espaça eventos nela também pode ser útil.

CASOS E CAUSOS

John estava sofrendo com estresse. Ele sentia como se tudo o estivesse pressionando e já não conseguia lidar com o seu trabalho. Quando John voltou ao longo da sua linha do tempo, usando a Terapia da Linha do Tempo® (criada com a cooperação de Tad James), ele lembrou que havia fracassado em qualificar-se para uma bolsa de estudos quando era jovem. A mãe dele era muito severa e crítica. John percebeu que havia tentado agradar a ela a vida toda e sempre tentava fazer demais.

Ao examinar o espaçamento da sua linha do tempo, John descobriu que estava com o seu presente no nariz e o futuro a 15 centímetros dele. Assim que ele entendeu todas as suas emoções negativas atrás do seu fracasso (vá para o Capítulo 2 para um termo mais fortalecedor, "feedback"), John foi capaz de movimentar o presente para cerca de 30 centímetros adiante e espaçar o futuro para mais de três metros à frente. Quando ele tentou alongar a sua linha do tempo, entrou em pânico, porque sentiu que se ela se esticasse muito, nunca alcançaria nada na vida de novo. Assim que ele encurtou a sua linha da vida, sentiu-se confortável, pois sabia que seria capaz de planejar e conseguir os seus objetivos.

CASOS E CAUSOS

Simon tinha o problema exatamente oposto ao do John, ele disse que nunca cumpria seus prazos. Quando Simon examinou a sua linha do tempo, descobriu que o seu futuro estava tão distante dele, que ele não podia produzir o senso de urgência sobre as suas metas. Simon comprimiu a sua linha do tempo e fingiu que ela era uma esteira rolante. Ele situou as metas em distâncias específicas ao longo da esteira. No Capítulo 3, "Descobrindo Quem Conduz Sua Vida", sugerimos que fizesse uma lista com coisas para fazer no dia seguinte. Quando Simon fez a lista dele, ele movimentou a esteira rolante para um ponto mais próximo. Essa atitude teve um impacto real nos compromissos de Simon.

Viajando ao Longo da sua Linha do Tempo para Viver Mais Feliz

A sua linha do tempo é formada por uma sequência de memórias que tem uma estrutura; as imagens são coloridas, os sons podem ser altos ou baixos, e as sensações podem fazê-lo sentir-se leve ou deprimido. Para mais informações sobre esse assunto, leia o Capítulo 6. Suas memórias são criadas pela sua mente; se nós presenciássemos um evento ao mesmo tempo que você, cada um de nós se lembraria do evento de forma diferente.

Conforme você viaja pela linha do tempo, examinando as suas memórias e compreendendo as lições que precisam ser aprendidas, pode se libertar da forte influência que as memórias têm no presente e mudar a estrutura delas, tornando-as menores, mais agradáveis ou mais claras. Então, o seu passado não precisa mais lançar uma sombra sobre o seu presente ou, mais importante, o seu futuro.

Libertando-se das emoções negativas e das decisões limitadoras

Raiva, medo, vergonha, pesar, tristeza, culpa, remorso e ansiedade são apenas alguns exemplos de emoções negativas. Estes sentimentos têm peso naquilo que lhe faz um ser humano — e você não gostaria de se ver livre da capacidade de sentir estas emoções — mas às vezes elas têm um impacto alto e indesejado. Elas podem causar doenças físicas e ter um efeito devastador na forma de conduzir sua vida.

Uma decisão limitante é uma escolha feita no passado onde, por alguma razão, você decidiu que era incapaz de fazer algo, por ser muito estúpido, inapto, pobre ou qualquer outra razão. Por exemplo, você pode ter dito: "eu nunca serei magro" ou "eu sou ruim em matemática". As decisões limitantes restringem seu potencial, interferindo no seu sucesso.

Embora você crie emoções negativas e decisões limitantes no seu passado, elas influenciam o seu presente. Se você puder ir ao passado, viajando pela sua linha do tempo, e entender conscientemente do que a sua mente subconsciente quer lhe proteger, você pode se libertar do efeito danoso destas emoções e decisões mais facilmente.

CUIDADO

Lidar com emoções negativas pode ser extremamente intenso e você deve se assegurar que tem todo o suporte que precisa. Então, antes de usar as técnicas desta seção, tenha os seguintes pontos em mente:

» Para lidar com problemas emocionais extremamente sérios, como traumas de abuso infantil ou divórcio, definitivamente recomendamos que você procure um terapeuta qualificado.

» É melhor trabalhar com mais alguém quando se trabalha com linhas do tempo à medida que eles são capazes de manter você fundamentado, no caso de esquecer o exercício e sucumbir às emoções que está vivenciando. Ele pode assegurar, também, que você siga os passos no exercício corretamente.

O diagrama mostrado na Figura 13-5 é muito importante para os exercícios seguintes, pois esclarece as localizações ao longo da sua linha do tempo das quais você precisa ter consciência. É particularmente útil para as pessoas mais visuais, que criam imagens em suas mentes.

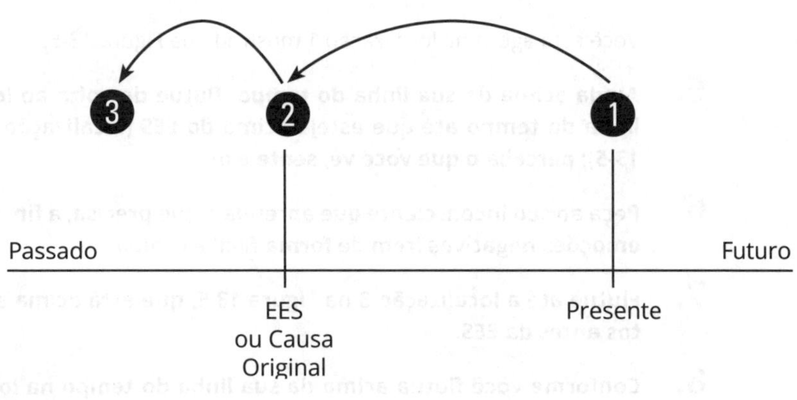

FIGURA 13-5: Localizações na sua linha do tempo.

» A localização número 1 na figura representa a posição onde você flutua, que é diretamente acima do presente na sua linha do tempo.

» A localização número 2 está diretamente acima do EES (Evento Emocional Significativo) ou causa original.

» A localização número 3 ainda está acima da sua linha do tempo, mas 15 minutos antes da causa de origem.

PASSATEMPO NA PNL

Esse exercício o apresenta a um processo que o ajudará a remover as emoções negativas que podem estar prendendo você. Por exemplo, você pode estar inclinado a sentimentos impróprios de raiva. Por favor, lembre-se de manter a sua mente aberta para as respostas que o seu inconsciente apresenta.

1. **Encontre algum lugar seguro e quieto para relaxar e pensar em uma emoção moderadamente negativa que vivenciou no passado.**
2. **Verifique consigo mesmo se está tudo bem em aprender a partir de um acontecimento e libertar a emoção. Ao relaxar, pergunte ao seu subconsciente: "Tudo bem se eu deixar essa raiva ir?"**
3. **Pergunte ao seu subconsciente: "Qual é a causa original deste problema, aquela que, se eu me desconectar, fará o problema desaparecer? Foi antes, durante ou depois do meu nascimento?"**

   LEMBRE-SE

   Quando perguntar ao seu inconsciente se a causa original foi antes, durante ou depois do seu nascimento, por favor, tenha a mente aberta para a resposta que for dada a você. O seu inconsciente absorve muita informação e toma muitas decisões sem que o consiente saiba. Os clientes de Romilla têm se surpreendido com as respostas que eles conseguem.

4. **Quando encontrar a causa original, flutue acima da sua linha do tempo para que possa visualizar o seu passado e o seu futuro, alongando-se embaixo de você.**

   Você está agora na localização 1 mostrada na Figura 13-5.

5. **Ainda acima da sua linha do tempo, flutue de volta ao longo da sua linha do tempo até que esteja acima do EES (localização 2 na Figura 13-5); perceba o que você vê, sente e ouve.**
6. **Peça ao seu inconsciente que aprenda o que precisa, a fim de deixar as emoções negativas irem de forma fácil e rápida.**
7. **Flutue até a localização 3 na Figura 13-5, que está acima em 15 minutos antes da EES.**
8. **Conforme você flutua acima da sua linha do tempo na localização 3, vire o rosto para o presente para que possa ver a causa original à sua frente e abaixo de você.**
9. **Permita-se se livrar de todas as emoções negativas associadas com o evento e observe onde estão, se há alguma, emoção negativa.**

   Todas as outras emoções negativas que foram associadas ao evento desapareceram também?

10. **Se outras emoções negativas permanecerem, use cada expiração para libertar todas as emoções associadas com o EES.**

11. **Pare na localização 3 até que sinta, ou saiba, que todas as emoções negativas se dissiparam.**

12. **Quando estiver pronto, ou seja, quando você sentir que se libertou da emoção negativa, flutue de volta para a localização 1.**

    Vá apenas na medida em que seu subconsciente vai aprendendo com eventos similares e liberta todas as emoções associadas.

13. **Volte para a sala.**

14. **Como teste, vá para o futuro, quando um evento teria ativado as emoções que você libertou e perceba que elas foram embora.**

DICA

Se você não obtiver os resultados que esperava, pode precisar pedir ao subconsciente que lhe apresente o motivo de não ter deixado as emoções irem. A melhor hora para isto é quando você está indo dormir, profundamente relaxado, ou meditando. Se você não obtiver uma resposta compreensível, seria bom trabalhar com um coach ou terapeuta para esclarecer problemas de seu passado que estão lhe impedindo de ter os resultados que quer.

DICA

Esse exercício também pode ser usado para libertar-se de uma decisão limitante. Por exemplo, você pode ter decidido ficar pobre ou sem saúde ou alguma outra decisão de autoderrota, como "eu nunca terei sucesso de verdade". Siga o processo acima usando a decisão limitante no lugar da emoção negativa.

Encontrando o perdão

Com percepção e maturidade, você pode perdoar alguém no seu passado. Isso permite que você liberte toda a energia que investiu em ressentimento, raiva e outras emoções. Você pode, então, seguir em frente e usar esta energia para ser mais criativo ou carinhoso ou qualquer outra coisa positiva que possa querer. Um caminho útil para realizar isso é entender os motivos de uma pessoa que podem magoar você e perceber que, por causa dos problemas dela, eles estavam operando a partir de uma realidade que lhe dava opções limitadas.

Como um exemplo, imagine que tinha um desejo ardente de tornar-se uma atriz e seus pais impuseram vários obstáculos a isso. Agora, entenda que eles estavam, na verdade, preocupados com você. Eles faziam o melhor por você com os recursos que tinham à disposição deles. Volte ao longo da sua linha do tempo para uma época que possa lembrar-se de um momento difícil com os seus pais. Você pode, então, pairar acima da sua linha do tempo enquanto aprende algumas lições importantes de que você precisava para ter consciência disso. Você pode flutuar para o evento e dar um abraço em seus pais e deixá-los saber que você percebe agora que eles estavam fazendo o melhor para você. Se achar fácil, pode envolver-se em uma bolha de luz e deleitar-se com sentimentos de amor, compaixão e perdão.

CURA AO LONGO DA LINHA DO TEMPO

CASOS E CAUSOS

Tara, amiga de Kate, compartilhou uma experiência com ela. Ela sofria muito com uma obstrução no sinus (cavidade óssea) desde os dezoito anos. A situação dela era tão ruim que precisava tomar antibióticos no mínimo três ou quatro vezes no ano para aliviar os sintomas que a debilitavam. Na época que Tara participou de um seminário sobre a Terapia da Linha do Tempo, ela havia se submetido a quatro cirurgias sem sucesso para desobstruir os sinus, e os médicos disseram que ela teria de conviver com essa doença ou tratar com esteroides. Durante o seminário, Tara descobriu que os seus sintomas tornavam-se particularmente severos quando ela queria a atenção de alguma pessoa em particular, quando ela ficava oprimida pelas pessoas e situações. Tara explorava a possibilidade de que seus sintomas fossem psicossomáticos. Pela investigação de algumas crenças limitantes e estímulos que ela obtinha a partir da doença, Tara observou que havia construído uma Gestalt ao redor da doença. Ela lembrou que, quando era criança, seu irmão recebia muita atenção da mãe porque era asmático, e a única vez que Tara recebeu atenção foi quando teve tonsilite. O pai de Tara também sofria com sinusite crônica, e Tara achou que a doença dela era algo em comum com o pai. Ela também acreditava que não podia melhorar da doença sozinha.

Durante o workshop, Tara percebeu que podia conseguir atenção das pessoas sem estar doente, que ela podia pedir cuidado, amor e carinho, e que era normal admitir os sentimentos de ser oprimida. Ela voltou ao longo da sua linha do tempo para onde ela acreditava ter ocorrido primeiro EES. Percebeu que estava no ponto em que sentiu, pela primeira vez, ciúme da atenção que o irmão recebia. Ela foi capaz de relaxar da Gestalt associada a esse evento e livrou-se da sinusite e dos esteroides desde março de 2002.

Confortando o seu eu mais jovem

Quando você viaja de volta ao longo da sua linha do tempo e encontra um evento que o envolve quando era jovem, pode abraçar o seu eu mais jovem, tranquilizando-o(a) de que tudo ficará bem; cerquem-se de luz e deixe que sejam curados. Agora, imagine toda aquela alegria e alívio ao longo da sua linha do tempo, direto para o presente.

Libertando-se da ansiedade

Ansiedade é simplesmente uma emoção negativa sobre um evento futuro. Na seção anterior, "Libertando-se das emoções negativas e das decisões limitadoras", explicamos como remover uma emoção negativa ou decisão limitadora indo para antes do evento que criou a emoção ou quando tomou a decisão. De maneira similar, você pode remover a ansiedade indo para o futuro posterior à conclusão positiva do evento sobre o qual está ansioso.

Imagine o que você vê, ouve e sente quando o evento que está fazendo com que você se sinta ansioso acaba e dá tudo certo. Então, quando viaja adiante, acima da sua linha do tempo, para além da conclusão do evento de sucesso, você percebe que a ansiedade não existe mais. Usando a Figura 13-6 como referência, siga estas etapas:

1. **Encontre um lugar seguro e calmo para relaxar e pensar no evento sobre o qual você está ansioso; verifique com o seu subconsciente se você pode tirar a ansiedade da mente.**
2. **Agora, flutue acima da sua linha do tempo para que possa ver o seu passado e o seu futuro estendendo-se abaixo de você.**
3. **Ainda acima da sua linha do tempo, flutue adiante ao longo da linha, até que esteja em cima do evento sobre o qual você se sente ansioso.**
4. **Peça ao seu subconsciente que aprenda aquilo de que precisa a partir do evento, a fim de liberar a ansiedade de forma fácil e rápida.**
5. **Quando tiver a informação necessária, flutue para o futuro, ao longo da linha do tempo, até que esteja uns quinze minutos depois da conclusão bem-sucedida do evento que o estava deixando ansioso.**
6. **Torne a olhar na direção do presente e observe que está calmo e não está mais ansioso.**

   DICA

   No improvável caso de sobrar alguma ansiedade, relaxe profundamente e permita que seu subconsciente lhe apresente a razão da ansiedade não ter saído. Talvez você precise de algumas habilidades para aumentar sua confiança. Se tiver um histórico de não ter sido o melhor — pelo menos não na sua opinião — em eventos passados semelhantes, volte pela linha do tempo para desvendar emoções negativas ou decisões limitantes antes de fazer o exercício novamente.

7. **Quando estiver pronto, flutue de volta para o seu presente.**
8. **Como teste, vá ao futuro para o evento sobre o qual você estava ansioso e confirme que a ansiedade não existe mais.**

FIGURA 13-6: Viagem no tempo para superar a ansiedade.

Planejando um futuro melhor

Assim que souber como viajar na linha do tempo, pense como seria maravilhoso alcançar algumas metas instigantemente irresistíveis, e lançá-las no seu futuro.

PASSATEMPO NA PNL

1. **Encontre um lugar seguro e calmo para relaxar e planejar a sua meta (o Capítulo 3 mostra o que você precisa saber sobre criar metas).**
2. **Flutue acima da sua linha do tempo para que possa ver o seu passado e o seu futuro estendendo-se embaixo de você.**
3. **Ainda acima da sua linha do tempo, flutue adiante, ao longo da sua linha do tempo, até que esteja em cima do momento no qual você quis alcançar a sua meta.**
4. **Vire e olhe para trás para o agora e permita que todos os eventos ao longo da sua linha do tempo alinhem-se, para que eles apoiem a sua meta, observando que ações você pode ter de levar ao longo do caminho.**
5. **Quando estiver pronto, flutue de volta para o seu presente e volte para o quarto.**

PASSATEMPO NA PNL

Verifique sempre os seus motivos para estabelecer e obter as suas metas, a fim de assegurar que eles se ajustem dentro de todas as áreas da sua vida (como descrito no Capítulo 4). Este processo é chamado de checagem ecológica. Ao examinar as suas razões, você assegurará que não há emoções negativas escondidas conduzindo-o. Por exemplo, se estiver focado em ganhar muito dinheiro, você pode querer saber se a origem do desejo é estar confortavelmente seguro e capaz de ajudar aqueles menos favorecidos ou se está tentando fugir de uma infância afetada pela pobreza.

Verificando os seus motivos, você também poderá identificar algum medo inconsciente oculto, por exemplo: "Se eu fosse rico, as pessoas só iam me querer como amigo por causa do meu dinheiro, não porque gostam de mim". Analisando esses motivos, você poderá cristalizar as razões exatas para o seu desejo e tomar medidas para conquistar algum resultado inconsciente.

NESTE CAPÍTULO

- **Aprendendo que o subconsciente tem partes que podem estar em conflito**
- **Descobrindo como superar o comportamento autodestrutivo**
- **Experimentando com partes integrantes do subconsciente**
- **Levando a resolução do conflito pessoal para equipes, empresas e países**

Capítulo 14
Deslizando para Baixo dos Panos

Lembra-se de ter participado de um cabo de guerra ou assistido a um? Ambos os lados despendem de uma quantidade enorme de energia, mas não se movem muito. O conflito, seja consigo mesmo ou com outra pessoa, é como um cabo de guerra com dois lados puxando em direções opostas e indo a lugar nenhum.

O conflito que você tem consigo mesmo geralmente ocorre entre parte do seu consciente e parte do seu subconsciente. "Não sei o que houve comigo", "Não era eu", "Parte de mim quer isso, outra parte quer aquilo": expressões como essas dão dicas de partes do seu inconsciente, que você pode desconhecer. Veja o exemplo de uma pessoa que sabe, em nível consciente, que fumar faz mal à saúde, e, mesmo assim, continua a fumar porque inconscientemente necessita da companhia dos amigos e a maioria deles fuma.

A Enciclopédia da PNL Sistêmica e o Novo Código de PNL (que você pode acessar no site www.nlu.com, em inglês) definem o conflito assim: "Psicologicamente, o conflito é uma batalha mental, algumas vezes subconsciente, resultante do confronto de representações diferentes do mundo que estão em oposição ou exclusividade." Em outras palavras, o conflito ocorre quando dois mapas do mundo colidem. Ao reconciliar dois mapas diferentes, é possível eliminar o conflito e este capítulo mostra como.

Uma Hierarquia de Conflito

O conflito pode apresentar-se em níveis diferentes de hierarquia, que é constituído dos níveis lógicos de identidade, valores e crenças, habilidades e competências, comportamento e ambiente. Quando você está considerando alguns dos conflitos que enfrenta, saber qual nível lógico precisa ser trabalhado pode ser útil.

Por exemplo, se você, como um gerente, acredita que as pessoas fazem o sucesso da sua empresa, porém concentra-se mais em desenvolver a sua tecnologia do que o seu pessoal, você precisa modificar o seu comportamento para alinhar-se com as necessidades da sua equipe e, enfim, com as suas crenças.

Os níveis desta hierarquia também se referem aos níveis neurológicos, porque eles se conectam com os seus processos de pensamento e, portanto, o cérebro e a sua interação com o corpo. (Você pode ler mais sobre os níveis lógicos no Capítulo 11). Esses níveis neurológicos operam em uma hierarquia — como os degraus de uma escada — com a identidade no degrau mais alto e o ambiente no mais baixo. Quando identificar o nível lógico, será mais fácil resolver o conflito.

Eis alguns exemplos de conflitos que podemos enfrentar em diferentes níveis lógicos:

- **Identidade:** Geralmente você tem muitos papéis para interpretar na vida e no trabalho, que o levam a diferentes direções. Você pode querer ser um bom pai assim como um bom profissional. Você pode ser um sujeito encantador e popular e, da mesma forma, um administrador bem-sucedido. Talvez esteja tentando ser um filho que dá apoio ou um voluntário na sua comunidade ou, ainda, uma socialite.
- **Valores e crenças:** Algumas vezes, você carrega uma mistura de crenças que não parecem encaixar-se bem juntas ou representar seus valores. Você pode querer ser feliz, todavia há uma parte sua que não acredita que você mereça a felicidade. Você pode valorizar tanto a saúde como a riqueza, porém não acredita que é possível consegui-los ao mesmo tempo. Você pode valorizar a vida familiar e sucesso global e esforça-se para ver como eles se ajustam, porque não tem modelos desses dois valores colocados igualmente lado a lado.
- **Habilidades e competências:** É possível ter um conjunto incrível de habilidades e competências e não saber como usar todas de um jeito que lhe satisfaça. Assim, talvez você lute para encontrar um emprego que atenda ao seu desejo de construir ou produzir coisas com as próprias mãos, ao mesmo tempo em que emprega as suas habilidades para gerenciar uma equipe para ter como pagar sua hipoteca. Você pode ser um grande músico e também um médico qualificado, mas precisa escolher onde vai depositar a sua energia.

» **Comportamento:** Você pode encontrar-se executando um comportamento que não parece ajudar a alcançar as suas metas. Por exemplo, você já teve um trabalho importante para fazer e passou horas limpando a sua mesa ou armário em lugar disso? Ou talvez você quis fazer dieta e de repente uma torrada amanteigada foi parar em sua boca sem que você percebesse como.

» **Ambiente:** Às vezes, você pode encontrar-se em um dilema sobre os lugares onde vai ou as pessoas com quem passa o tempo. Talvez esteja saindo com as pessoas erradas e que não parecem bem intencionadas ou que a sua família desaprova. Quem sabe, parte de você queira sair de casa para ter a sua própria; ou talvez outra parte queira morar em seu país nativo, enquanto outra parte aspira conhecer o mundo. Você quer estar em dois lugares simultaneamente e não consegue estabelecer-se em nenhum.

Assim que ouve de si mesmo, ou de outros, expressões como "parte de mim quer isso, outra parte de mim quer aquilo", pode ter certeza de que há um conflito interno que desafia o raciocínio lógico.

Você está em total harmonia consigo mesmo quando seus níveis lógicos estão alinhados. Os conflitos pessoais ocorrem quando você está tentando alcançar, ou acredita, em algo que desarmoniza os níveis na hierarquia. Então, se você quer atingir a meta de receber um alto salário, isso pode conflitar com a sua identidade de "sou um bom marido e pai", porque você não passa mais tanto tempo com quem ama. A solução do conflito é alcançada pelo brainstorm e por perguntas, feitas a si mesmo e às pessoas afetadas pelas suas decisões, sobre como você pode desenvolver caminhos originais que podem permitir-lhe realizar a sua meta e alinhar os seus níveis lógicos.

Do Todo para as Partes

As suas memórias são organizadas em uma Gestalt, que é uma associação de memórias relacionadas. Uma Gestalt pode começar quando você vivencia um evento que, primeiro, desperta uma resposta emocional, um Evento Emocional Significativo (EES). Uma boa maneira de pensar neste conceito é partir da premissa de que, em algum ponto, sua mente subconsciente é uma coisa completa. Quando você vivencia um EES, uma partição é criada e uma fronteira surge ao redor desta parte de seu subconsciente, separando-a do resto.

Esta parte funciona como um "minivocê", com sua própria personalidade, valores e crenças. Assim como o seu "eu consciente", esta parte exibe comportamentos que têm propósito e intenção. Infelizmente, estes comportamentos podem estar em conflito com a intenção real da partição. Por exemplo, uma pessoa que acredita que nunca foi amada enquanto criança pode desenvolver tendências cleptomaníacas, porque a parte subconsciente anseia por atenção, ainda que este tipo de atenção não seja bem o que a pessoa quer.

Intenções das partes

Um dos maiores pressupostos da PNL é que todo comportamento tem uma intenção positiva. Por exemplo, a intenção positiva por trás de alguém que fuma um cigarro pode ser a de relaxar (dirija-se ao Capítulo 2 para ler mais sobre os principais pressupostos da PNL). Algumas vezes, o comportamento que parte do seu inconsciente o faz exibir não satisfaz as suas entrelinhas necessárias.

Um alcoólatra pode beber para adormecer a dor (intenção positiva) de ter sido abandonado pelo parceiro. A parte inconsciente está, na verdade, implorando por amor, todavia o comportamento que está se manifestando — beber demais — não satisfaz a necessidade intrínseca. A resposta para o problema encontra-se em achar a necessidade real e em satisfazê-la de forma positiva. Assim, se o alcoólatra pode curar-se de seu torpor e reconhecer que o que ele precisa não é álcool, é amor, ele pode tratar o alcoolismo e abandonar o vício, tirar lições do seu casamento fracassado e aprender com isso tudo para encontrar o amor.

Atingindo o centro do problema

Frequentemente, uma parte do seu inconsciente pode lhe criar problemas. Os motivos desses problemas podem ser difíceis de entender pela lógica. Por exemplo, você pode desenvolver de repente um medo de uma atividade rotineira, como viajar ou encontrar pessoas. Você será capaz de alcançar um propósito escondido, real, por trás da intenção da parte de tirar algo e explorar cada razão, ou a intenção como se apresenta. Uma vez que você chegue à verdade, subordinado ao propósito da parte, você será capaz de assimilar isso em uma parte maior do inconsciente.

O caso seguinte ilustra o que acontece quando o seu inconsciente conduz a motivação de uma parte. Posteriormente nesse capítulo, na seção sobre compressão visual, você descobre como integrar duas partes que estão em conflito.

ALERTA DE JARGÃO NA PNL

Oliver é um homem bem-sucedido, formado em administração, e teve a sua carreira planejada. Ele sabia o que queria alcançar e as escalas de tempo nas quais ele deveria alcançar as metas. Ele ficou emocionado quando foi promovido no seu emprego dos sonhos como Vice-Presidente de Planejamento e Estratégia em uma multinacional. Quando ele estava para embarcar em uma excursão pela Europa, deu-se a desgraça. Oliver acordou no meio da noite com palpitações, falta de ar e suor frio. O médico disse que não havia nada de errado fisicamente com Oliver.

Conversando sobre as razões possíveis para a condição dele com o seu coach da PNL, Oliver identificou alguns problemas relativos à promoção, assim como o fato de ele ter de ficar longe de casa por longos períodos morando em hotéis, ter menos tempo para praticar esportes e outras coisas pelas quais ele era apaixonado. Oliver e seu treinador exploraram cada camada de objeções que foram apresentadas e descartadas como razões superficiais para os seus problemas de saúde.

Durante o estado de relaxamento profundo, Oliver recordou uma memória de "fracasso" em matemática quando era garoto. O professor e os pais de Oliver tinham grandes expectativas, e ele sentiu tê-los desapontado quando não obteve sucesso no difícil teste. Oliver percebeu que, embora a promoção proporcionasse a oportunidade de trabalhar no emprego do seu sonho, haveria muita responsabilidade e o seu inconsciente estava tentando protegê-lo da humilhação de um outro fracasso. O inconsciente criou os problemas físicos que, no final das contas, entrariam no caminho do sucesso de Oliver no campo profissional.

Ao trabalhar com o seu coach de PNL, Oliver percebeu que seus pais e seu professor o haviam forçado além do seu nível de capacidade e determinado o seu fracasso. Oliver reconheceu que obteve sucesso na carreira por mérito próprio e conquistou sucesso notável. Ele aprendeu que cometer erros e fracassar é normal contanto que fosse flexível o suficiente para aprender a partir dos contratempos e utilizar as lições positivamente para avançar.

DICA

Para alcançar o que se quer na carreira ou em um projeto que almejamos, é preciso fazer o impossível. Encontre um lugar tranquilo e tempo para explorar os caminhos que podem criar barreiras para o seu sucesso.

Socorro! Estou em Conflito Comigo Mesmo

Autodestruição é um dos sintomas que você pode experimentar quando suas partes conscientes e subconscientes estão em conflito, quando cada tentativa de atingir a meta é distorcida por uma das partes. Dois dos métodos mais comuns de autodestruição que você deve ficar atento estão detalhados aqui.

Ouvir seu subconsciente

Como em qualquer comunicação, entender que autodestruição é apenas um meio do seu subconsciente comunicar-se com você, pode ajudá-lo a examinar a intenção positiva por trás do comportamento que o está atrapalhando a atingir a meta. Você pode substituir o comportamento de autoderrota por algo mais positivo e que satisfaça a intenção do subconsciente, por exemplo, o fumante que deseja parar, mas continua porque, subconscientemente, precisa da companhia dos amigos que fumam, poderia satisfazer a sua necessidade de amizade ao travar relacionamento com um novo grupo de amigos que não fumam ou fazer uma nova atividade que o ajude a desenvolver um círculo de amigos com estilo de vida mais saudável.

Tomando partido

As chances são de que você favoreça uma parte ou outra ao fazer um julgamento de que uma é ruim e a suprima pela força de vontade. O resultado é parecido ao que acontece quando apertamos um balão. Se ele não estiver completamente cheio, conforme for comprimido, o ar empurrará o balão em outra direção. Se o balão estiver cheio, ele estourará quando você apertá-lo. De forma similar, quando você comprime uma parte de si, a parte suprimida mostrará um comportamento atípico, um sintoma físico (distorção do balão) ou um colapso (a explosão).

CASOS E CAUSOS

Fiona sofria tanto de eczema que achava necessário cobrir o corpo todo. Na terapia, ela percebeu que os sintomas eram consequência de bullying na escola, onde tudo o que ela queria era esconder-se. Agora, o subconsciente dela, em seu caminho singular, estava apresentando os meios para se esconder.

No caso de Fiona, a parte que queria que ela se escondesse dos valentões criou um sintoma físico, ou seja, ela tinha que manter o corpo oculto. Quando a terapia lhe proporcionou percepção consciente, os tratamentos médicos que haviam fracassado anteriormente passaram a funcionar. No entanto, a eczema volta quando Fiona está estressada, então ela desenvolveu estratégias (veja o Capítulo 12) para gerenciar seu tempo e energia de um jeito melhor.

Se Completando: Integrando as Suas Partes

Nem todas as partes do inconsciente estão em conflito entre si. Contudo, você toma consciência das que estão em conflito quando se depara com problemas como querer ser saudável e ainda ter um desejo ardente de fumar cigarros ou querer ficar esbelto, porém sem ser capaz de parar de empanturrar-se de comida. Você pode lidar com essas partes em conflito no momento e no modo como elas surgem.

Mais partes significam mais potencial para conflito, por essa razão o ideal a aspirar é a totalidade. Por exemplo, quando mais de duas partes estão envolvidas, você pode integrá-las em pares. Nesta seção, descreveremos duas das técnicas mais comuns para integrar partes conflitantes: o squash visual e a reformulação.

Squash visual

A princípio, esse processo envolve a identificação das partes envolvidas em um conflito e a descoberta de suas intenções comuns antes de integrá-las.

DICA

Conforme você trabalha para integrar as partes, mantenha essas dicas em mente:

- Lute para fazer uma resposta negativa virar um resultado positivo. Por exemplo, se você quiser se exercitar mais e tiver a resposta negativa "Eu não quero passar muito tempo me exercitando", siga para um resultado positivo, como "Eu quero me exercitar de maneira compatível com meu estilo de vida".
- Trabalhe com um praticante treinado da PNL ou um parceiro que possa gravar as respostas e alertá-lo com elas.

CASOS E CAUSOS

Sue queria superar sua resistência aos exercícios físicos. Ela fez o seguinte exercício com sua amiga, Gillian. A parte que Sue pôs na mão esquerda era uma criança jovem, sem preocupações, espontânea e muito brincalhona. Algumas coisas importantes para esta criança eram a liberdade, brincadeiras, alegria e risadas, e divertir-se era o mais importante. A parte subconsciente que Sue pôs na mão direita era um homem sisudo, um tanto obscuro e mais velho, cuja principal preocupação era a segurança. Durante o exercício, Sue não teve problemas em trabalhar com a hierarquia de intenções da criança (veja o ponto 7 no exercício que descreveremos). No entanto, quando ela foi trabalhar com a parte masculina de seu subconsciente, ela esquecia constantemente o que dizia no passo anterior e achou muito útil ter Gillian por perto, repetindo suas palavras. Como Sue não sentiu afinidade com a parte masculina de seu subconsciente, resistiu às suas respostas.

O resultado deste exercício foi Sue perceber que uma parte de seu subconsciente estava achando que, se ela se exercitasse e ficasse saudável, pararia de cuidar bem de seu corpo. Assim que Sue descobriu, conscientemente, a intenção de cada parte, ambas as partes entenderam que seu propósito mais importante era o sucesso.

PASSATEMPO NA PNL

Para que esse exercício funcione, é necessário descobrir qual é a intenção comum para cada parte, antes que você experimente e as integre. É útil conversar com as partes e fazê-las reconhecer que ambas têm uma intenção positiva em relação à outra e o conflito entre elas impede ambas de atingir o mesmo propósito.

1. **Identifique duas partes de si mesmo que podem estar em conflito.**

   Por exemplo, uma parte de você quer ser saudável, enquanto a outra parte gera uma grande luta quando você quer se exercitar.

2. **Sente-se em um local tranquilo onde provavelmente não será perturbado.**

3. **Peça que a parte problemática se revele e levante a mão.**

   No exemplo da etapa 1, essa seria a parte contrária ao exercício.

4. **Imagine a parte como uma pessoa: sua aparência, os sons que emite e quais sensações tem.**

5. **Peça à parte não problemática que se revele e levante a mão.**

   No exemplo da etapa 1, essa seria a parte que quer ser saudável.

6. **Imagine essa parte como uma pessoa e veja com o que a pessoa parece, os sons e as sensações que ela tem.**

7. **Começando com a parte problemática, pergunte a cada parte: "Qual é a sua intenção positiva e seu propósito?". Repita essa pergunta até que ambas as partes percebam que têm a mesma intenção.**

   A parte avessa ao exercício pode dizer coisas como "eu me canso fácil", "é importante economizar energia" ou "quero tornar o mundo um lugar melhor". Em contraste, a parte que quer ser saudável pode dizer: "Eu gosto dos elogios que escuto", "eu tenho mais energia" ou "quero fazer do mundo um lugar melhor."

8. **Pergunte a cada parte quais recursos têm que seriam úteis para atingir o propósito positivo, comum de cada parte.**

   A parte que não quer se exercitar pode dizer coisas como "Eu tenho criatividade para projetar melhores soluções" ou "Eu entendo os problemas que as pessoas podem vivenciar", enquanto a parte que quer ser saudável pode dizer "Eu tenho a energia para mudar o mundo" ou "Eu tenho a disciplina necessária para mudar o mundo".

9. **Junte as mãos e integre as partes e seus recursos, vendo uma nova versão de você, ouvindo o que ela tem a dizer e reconhecendo suas novas sensações.**

10. **Usando as técnicas que aprendeu no Capítulo 13, volte para antes da sua concepção e viaje ao longo da sua linha do tempo para o presente, com a pessoa nova e integrada que você é agora, mudando a sua história ao longo da sua linha do tempo.**

Lembre-se de que as suas memórias são apenas uma construção da sua mente. Se, no passado, escolheu tomar uma decisão, como "o exercício é cansativo", toda a sua linha do tempo é baseada nessa decisão. Se você, então, resolve esse problema pela integração com a decisão que tomou para ser saudável, você pode mudar a sua linha do tempo para acomodar a nova pessoa saudável que você é.

Reformulando — como se

O significado de uma interação depende do contexto no qual ela ocorre. Então, pela mudança do contexto, ao recompor-se de uma experiência, é possível mudar seu significado. Por exemplo, se alguém o critica por ser muito subjetivo, você pode agradecer, porque sabe que pode significar que você é bom ao lidar com as pessoas ou em ter ideias.

ALERTA DE JARGÃO NA PNL

A estrutura "como se" é excelente para resolver conflitos, porque permite que você finja e, por isso, explore as possibilidades que você, em outra situação, não teria pensado. Agir "como se" você tivesse os recursos agora ajuda a alterar quaisquer crenças que possam estar presas ao seu passado.

Quando estiver em conflito, consigo mesmo ou com outro indivíduo, use as seguintes estruturas "como se" para ajudá-lo a resolver o problema:

» **Mudança de tempo:** Avance seis meses ou um ano em direção ao futuro; olhe de volta para o hoje e pergunte-se o que fez para resolver o problema.

CASOS E CAUSOS

Alan tinha um emprego bem remunerado no qual era relativamente feliz. Contudo, o seu chefe tinha preferências no departamento, e Alan estava sendo deixado de lado. Alan quis trabalhar para uma grande empresa multinacional por algum tempo, mas não acreditava que tivesse capacidade suficiente. Alan usou o processo

de resultados estruturados (que descrevemos no Capítulo 4 e Apêndice C) para planejar o seu emprego ideal. Ele, então, experimentou a mudança de tempo avançando cinco anos para o futuro e fingindo que tinha o emprego perfeito. Ele percebeu que a sua meta de emprego era trabalhar para a uma concorrente de sua empresa atual e dois anos depois se viu trabalhando no emprego de seus sonhos, na multinacional de sua escolha.

» **Mudança de pessoa:** Finja que é alguém que você respeita e pergunte-se o que faria se pudesse trocar de corpo com a outra pessoa por um dia.

CASOS E CAUSOS

Georgina admirava Amanda Tapping (atriz que interpretou a Major Sam Carter, na série televisiva "Stargate"). Georgina fingiu trocar de corpo com Amanda Tapping e descobriu que, embora o seu trabalho de suporte de TI pagasse a hipoteca, ele não a realizava pessoalmente. Como Amanda Tapping, Georgina descobriu "que queria trabalhar em filmes, trazer histórias da imaginação das pessoas para a vida". Georgina percebeu que a vida no mundo dos filmes pode ser arriscada, mas deu o primeiro passo, que foi matricular-se em um curso de meio período de roteirista.

» **Mudança de informação:** Suponha que você tem todas as informações necessárias para encontrar uma solução; qual seria o conhecimento e como mudariam as circunstâncias?

CASOS E CAUSOS

Georgina usou a mudança de informação para planejar o que ela teria de fazer para viver o seu sonho de tornar-se roteirista. Consequentemente, ela começou o curso à noite e trabalhava nos finais de semana para uma faculdade local, em projetos para estudantes. Ela agora está no estágio e está planejando trabalhar meio expediente para empresas de produção a fim de ter mais tempo para perseguir o seu sonho.

» **Mudança de função:** Imagine que pode alterar um componente no sistema no qual você está experimentando uma restrição; por exemplo, você não está progredindo no trabalho ou o seu casamento está um pouco instável. O que você mudaria e como essa mudança afetaria o resultado?

CASOS E CAUSOS

Colin trabalhava como enfermeiro de animais em uma clínica veterinária muito procurada; ele adorava o trabalho, mas sentia como se estivesse faltando alguma coisa em sua vida. Ele parou e usou sua imaginação para ver qual elemento mudou. Como resultado, o subconsciente de Colin lhe mostrou que ele queria atuar onde realmente fosse necessário para os animais e para pessoas que não podem pagar por tratamentos veterinários caros. Colin agora trabalha em um santuário de animais na Índia, ama o que faz e se sente completamente realizado.

Conflitos Maiores e Melhores

As seções anteriores deste capítulo lhe dão uma boa noção de conflitos intrapessoais (conflitos que ocorrem dentro da pessoa) e de como começar a resolvê-los. Você também pode pensar em estender esse modelo de conflito intrapessoal. Você pode aplicar os mesmos princípios de relacionamentos e negociações entre duas pessoas, em uma equipe, família ou grupo social, e até entre grandes entidades internacionais. Eis alguns exemplos desses conflitos maiores:

» **Conflito interpessoal:** Quando duas ou mais pessoas têm necessidades diferentes que não podem ser satisfeitas ao mesmo tempo.

» **Conflito intragrupo:** Entre duas ou mais pessoas no grupo, por exemplo, membros de uma equipe ou departamento.

» **Conflito intergrupo:** Entre dois ou mais grupos de pessoas, como em uma gangue em guerra ou empresas batalhando pela liderança de mercado.

Em todas essas situações, você pode usar o processo resumido no exercício abaixo para negociar um resultado de sucesso.

PASSATEMPO NA PNL

Esse exercício é baseado no processo da PNL para integrar as partes conflitantes, como você pode ler nas seções "Squash Visual" e "Reformulando" vistos neste capítulo.

1. **Imagine que está no papel de um negociador para resolver um conflito entre indivíduos diferentes.**
2. **Pergunte a cada parte: "Qual é a sua intenção positiva?". Continue perguntando a ambos os lados até que descubra algumas necessidades centrais e fundamentais que cada indivíduo possa concordar que ambos possuem (por favor, recorra à seção "Squash visual" neste capítulo).**
3. **Peça a cada um para reconhecer o denominador comum entre eles e atenha-se a ele.**
4. **Talvez usando a estrutura "como se", explore soluções alternativas para o problema (por favor, recorra à seção "Reformulando").**
5. **Decida os recursos que cada parte pode levar para a mesa para ajudá-los a resolver o conflito.**
6. **Mantenha sempre o objetivo comum em mente e objetive um resultado vitorioso.**

E, parafraseando Einstein, é mais importante ter imaginação do que conhecimento, porque o conhecimento o confina a um terreno de saber, enquanto a imaginação o permite descobrir e criar soluções novas. Então, use a sua imaginação pelo pensamento lateral para encontrar soluções originais.

4
Palavras para Abrir Caminhos

NESTA PARTE...

Esta parte explora o poder da linguagem e compartilha o segredo dos melhores comunicadores do mundo. Você descobre que a linguagem que usa não apenas descreve a sua experiência, mas também tem o poder de criá-la. Se quer saber como usar histórias para impressionar e deixar o público em transe (não em sono profundo!), descubra como se comunicar assim também.

Também acrescentamos um capítulo onde compartilhamos as perguntas mais poderosas que você pode fazer para ajudá-lo a ir direto à essência de um assunto, sem prejudicar o resultado para a pessoa com quem você está falando.

NESTE CAPÍTULO

Alcançando além das palavras que as pessoas usam

Reconhecendo como as palavras podem limitá-lo

Descobrindo o Metamodelo

Capítulo 15

O Centro da Questão: O Metamodelo

Você já convocou alguém, até mesmo a si próprio, a "dizer aquilo em que acredita e acreditar no que diz?". Se o discurso fosse assim tão simples!

Você usa as palavras o tempo todo como ferramentas importantes para transmitir os seus pensamentos e as suas ideias — para explicar e compartilhar as suas experiências com os outros. No Capítulo 7, explicamos que, em qualquer comunicação cara a cara, apenas parte do significado apreendido pelas pessoas vem das palavras que saem da sua boca. A sua linguagem corporal, todos os movimentos e gestos, e o tom da sua voz transmitem o resto.

Um dos pressupostos da PNL, ao qual você é introduzido no Capítulo 2, é o de que "o mapa não é o território". Esta frase explica que o modelo que você tem na sua cabeça do mundo a seu redor não é o mundo propriamente dito, mas uma representação que você faz dele. Os filtros da sua experiência e de sua linguagem influenciam esta representação de mundo.

FOI UM DIA DURO DE TRABALHO

Conversa à mesa de jantar, em minha (Kate) família, geralmente ocorre assim: "Então, foi um dia de trabalho árduo hoje?". Ao recontar os momentos de crise do dia, nossa conversa invariavelmente centra-se no que constitui um dia difícil de trabalho. Doze longas horas limitado a um escritório confortável e agradável cercado de computadores de última geração e uma cafeteira o qualificam?

A pergunta surgiu ao assistir um documentário na televisão sobre homens que fazem manutenção de via expressa e trabalham substituindo os cones do tráfego no meio da noite. Concordamos que é, de fato, um trabalho duro comparando com a realidade de dia duro de trabalho para nós, bem como para a maioria de nossos amigos e colegas de trabalho.

O que é um dia difícil para você? Em apenas uma frase, você pode evocar uma série de significados. As qualidades da experiência profissional, se você está trabalhando em casa ou em um escritório, são muito diferentes em comparação com a realidade física de, digamos, um bombeiro lutando contra chamas ou um pedreiro construindo casas e exposto aos elementos de todas as condições climáticas.

Uma declaração como "um dia difícil de trabalho" pode ser interpretada de diversas formas diferentes. Para chegar a qualquer significado preciso por parte de quem fala, é necessário ter acesso a mais informações — aos fatos que foram deixados de fora. Ao ler este capítulo, você verá como conseguir acesso fácil a informações relevantes para que você não faça suposições erradas sobre a experiência de outra pessoa.

As palavras oferecem só um modelo, um símbolo da sua experiência; elas nunca podem descrever a cena em sua totalidade. Pense em um iceberg — a ponta acima da superfície assemelha-se às palavras que você pronuncia. A PNL diz que esta ponta é a estrutura superficial da linguagem. Abaixo da superfície fica o resto do iceberg, onde reside a sua experiência completa. A PNL chama isso de *estrutura profunda*: a forma como você representa o mundo internamente, em sua mente.

Este capítulo o leva da estrutura superficial para a estrutura profunda, para que você possa ir além das palavras vagas do discurso do dia a dia e se tornar mais específico no que quer dizer. Conheça o incrivelmente útil Metamodelo, uma das revelações mais importantes da PNL, que esclarece o significado do que as pessoas dizem. Lembre-se que as pessoas nunca dão uma descrição completa de todo o processo de pensamento que se esconde por trás de suas palavras; se o fizessem, nunca terminariam de falar. O Metamodelo é uma ferramenta que permite que você tenha maior acesso à experiência que as pessoas codificam em discurso.

Reunindo Informações Específicas com o Metamodelo

Richard Bandler e John Grinder, os fundadores da PNL, descobriram que quando as pessoas falam naturalmente adotam três processos chave que são rotulados como: omissão/supressão, generalização e distorção. Esses processos nos possibilitam explicar nossas experiências em palavras sem entrar em muitos detalhes desnecessários e matar a todos de tédio.

Esses processos acontecem o tempo todo em encontros normais do dia a dia. Nós anulamos informações não contando toda a história. Fazemos generalizações quando extrapolamos de uma experiência para outra, e distorcemos a realidade ao permitir que a nossa imaginação voe longe.

A Figura 15-1 demonstra o modelo da PNL de como você vivencia o mundo real através dos sentidos: visual (imagens), auditivo (sons), cinestésico (tato e sensações), olfativo (cheiros) e gustativo (paladar). A sua percepção da realidade é filtrada ou confrontada com o que você já sabe através dos processos de generalização, distorção e omissão. Desta forma, você cria seu mapa pessoal ou modelo mental do mundo real.

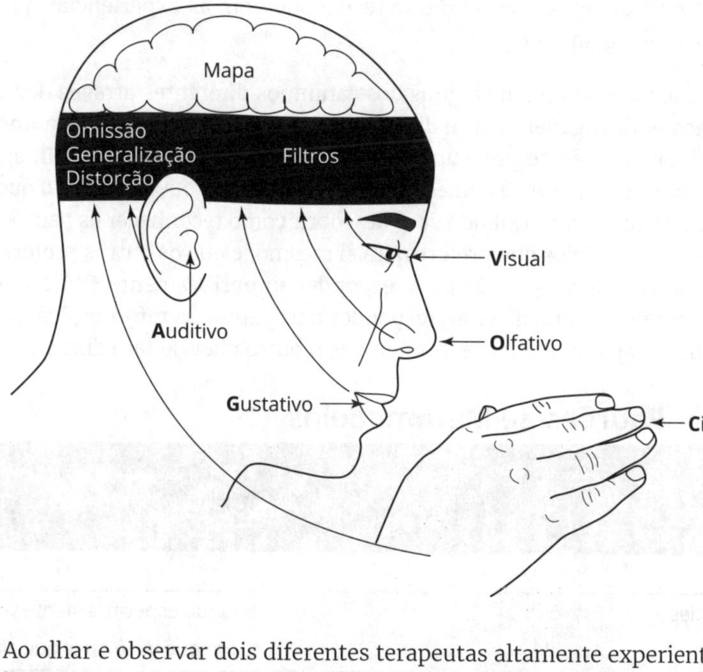

FIGURA 15-1: O modelo da PNL de vivenciar o mundo ao seu redor.

Ao olhar e observar dois diferentes terapeutas altamente experientes no trabalho conversando com seus clientes, Bandler e Grinder criaram o Metamodelo da PNL, como um caminho para explicar a ligação entre linguagem e experiência.

Bandler e Grinder estavam interessados em descobrir as regras que determinam como os humanos usam a linguagem para ajudar os outros a desenvolver habilidades similares. Eles foram influenciados pelo seu próprio trabalho no campo da linguística, especialmente da gramática transformacional (que procura explicar a relação entre a estrutura profunda da experiência e a estrutura superficial da linguagem) e dão ideias de como as pessoas descrevem suas experiências em linguagem. Também foram fortemente influenciados e seguidores de dois terapeutas excepcionais com habilidades de comunicação de destaque — Virginia Satir e Fritz Perls — e publicaram os resultados em 1975 em The Structure of Magic.

Embora o trabalho inicial venha do campo da psicoterapia — porque eles queriam enriquecer as habilidades dos "ajudadores de pessoas"— os modelos funcionam igualmente bem para não- profissionais em situações cotidianas, quando estamos simplesmente conversando com amigos, parentes e colegas.

O Metamodelo oferece uma série de questões que o capacitam a superar as omissões, distorções e generalizações que as pessoas fazem. É provável que você reconheça algumas das questões, pois são perguntas que você faz naturalmente quando quer esclarecer um significado. Mas talvez você não tenha pensado nelas conscientemente antes. Se lhe perguntarem de forma gentil e com rapport, essas perguntas o permitirão reunir mais informações para definir uma imagem mais clara do que é realmente significante. Ao trabalhar com este modelo você consegue se reconectar com as experiências que se perdem na linguagem.

A Tabela 15-1 resume alguns dos caminhos diferentes através dos quais podemos omitir, generalizar e distorcer uma experiência através da linguagem que adotamos. Não se preocupe com os nomes dos padrões da PNL agora. É mais importante que você comece a sintonizar os seus ouvidos para o que as pessoas realmente dizem. Quando você descobrir como reconhecer os padrões principais de Metamodelos que prefere para si mesmo, e que os outros preferem também, estará em ótima posição para responder apropriadamente. Oferecemos algumas sugestões do que dizer ao responder para reunir as informações que faltam, as quais o ajudarão a ter certeza do que o outro quer de fato dizer.

Tabela 15-1 Padrões de Metamodelos

Os Padrões de Metamodelos da PNL	Exemplos de Padrões que Você Pode Ouvir	Perguntas para Ajudá-lo a Reunir Informações ou Expandir o Ponto de Vista de Outra Pessoa
OMISSÃO		
Omissão simples	Estive fora	Onde especificamente você esteve?
	Ajude!	Em que você quer que ajude?
Verbos inespecíficos	Ela me incomodou	Como especificamente ela o incomodou?

Omissão comparativa	Ela é melhor do que eu	Melhor do que você em quê?
Execução perdida	Você está errado	Quem disse isso e quais são os fatos?
Nominalização	Nosso *relacionamento* não está funcionando	De que forma não nos relacionamos um com o outro?
	Mudar é fácil	Mudar o quê é fácil?
GENERALIZAÇÃO		
Operadores modais de possibilidade	Não *posso*... Não é possível	O que o impede? É verdade?
Operadores modais de necessidade	*Temos* que fazer isso...	O que aconteceria se não o fizéssemos?
	Precisamos, Devemos	Quem disse que devemos?
Quantificadores universais	Ele *nunca* pensa em meus sentimentos	Nunca, mesmo?
	Nós *sempre* fazemos desta forma	Todas as vezes? O que aconteceria se fizéssemos de modo diferente?
DISTORÇÃO		
Equivalência complexa	Com um nome desses, ele deve ser popular	Como ter esse nome significa que ele é popular?
Leitura mental	Você vai adorar isso	Como sabe disso? Quem disse?
Causa e efeito	A voz dele me deixa brava	Como a voz dele te deixa brava?
	Eu a fiz sentir-se péssima	Como exatamente você fez isso?

Omissão: Você é tão vago

Quando você está escutando, naturalmente ignora muitos sons extras, economizando o esforço de processar cada palavra. Quando você fala, economiza em todos os detalhes que compartilharia. Isso é chamado de omissão, pois indica que alguma coisa foi removida. A Figura 15-2 mostra alguns exemplos de omissão do dia a dia.

FIGURA 15-2: A linguagem da omissão.

SUBSTANTIVOS ABSTRATOS E O TESTE DO CARRINHO DE MÃO

O Metamodelo é muito útil em ajudá-lo a clarificar declarações vagas. Se você diz para alguém "O amor é muito doloroso", essa pessoa precisa de mais informação para entender o que está acontecendo na sua vida.

Substantivos abstratos — como amor, confiança, honestidade, relacionamento, mudança, medo, dor, obrigação, responsabilidade, impressão — são particularmente difíceis de se interpretar. A PNL chama essas palavras de nominalizações — quando um verbo (por exemplo, amar) se transforma em um substantivo (amor) difícil de definir de forma inequívoca. De maneira a extrair mais sentido de suas declarações, uma outra pessoa precisa transformar o substantivo novamente em verbo para conseguir mais informação e então responder. Desta forma, a resposta dessa pessoa à sua declaração acima pode ser: "Como, especificamente, o jeito que você ama alguém é tão doloroso?"

Imagine um carrinho de mão. Se você pensa em um substantivo e consegue imaginá-lo dentro do carrinho, é um substantivo concreto — uma pessoa, um vaso de flores, uma maçã, uma mesa, são todos exemplos concretos. Nominalizações são os substantivos que não passam no teste do carrinho de mão. Você não pode colocar amor, medo, um relacionamento ou dor no carrinho de mão! Ao invés disso, quando você retransforma essas palavras em verbos, você coloca a ação e responsabilidade de volta na linguagem. Isso ajuda as pessoas que falam em nominalizações a se conectar com sua própria experiência e assim encontrar mais opções ao invés de se distanciar dela.

LEMBRE-SE

O seu sistema nervoso central está sendo alimentado com milhões de pedaços de informações a cada segundo. Se você precisasse avaliar conscientemente cada parte dessa informação, imagine o tempo e energia que seriam necessários; seria uma tarefa impossível com total sobrecarga de informação!

Para ajudá-lo a operar com a máxima eficiência, a deleção oferece um mecanismo valioso de escaneamento crítico. Deleção é atenção seletiva. A deleção em nossa linguagem nos encoraja a preencher as lacunas — para imaginar a informação que complete o que está faltando. Se alguém disser para você "comprei um carro novo", você começará a imaginar mais informações. Se não disserem a você qual carro compraram, você terá ideias próprias sobre o carro, a fabricação, a cor e o ano, baseado no que você já decidiu sobre o seu uso e sobre as preferências da pessoa. Se você achar que se trata de uma pessoa vívida, amante de diversão, pode decidir que comprou um carro esporte. Se você acha que se trata de alguém precavido, pode decidir que comprou um carro prático e convencional.

O lado ruim da omissão é que pode restringir e limitar nosso pensamento e compreensão. Por exemplo, podemos desenvolver o hábito de deletar certas informações e sinais dos outros. Elogios e críticas são exemplos clássicos. Algumas pessoas são especialistas em deletar elogios que recebem e apenas observam as críticas. Assim, também, elas ignoram o sucesso e só prestam atenção ao fracasso. Se você tem esse hábito, dê um jeito de rompê-lo agora.

CASOS E CAUSOS

Durante uma sessão de coaching, Meera confessou a seu treinador: "sou extremamente preguiçosa". Esta declaração intrigou o treinador, que havia ouvido sobre a quantidade exaustiva de trabalho de Meera como sócia em uma firma de advogados na cidade. O treinador pediu que ela mantivesse um diário de "como especificamente ela era preguiçosa" por uma semana inteira. Ao final da semana, quando eles analisaram o diário juntos, Meera percebeu que as expectativas que ela depositava sobre si mesma eram altíssimas e levavam quase ao esgotamento. O que ela via como "preguiça" era, em verdade, o tempo de recuperação essencial ao qual ela se permitia e ela precisava reformular sua percepção limitada para reconhecer seu valor, assim como um atleta de alta performance precisa de tempo longe da rota do esporte para recompor energia.

DICA

Para coletar uma informação omitida, faça estas perguntas úteis:

» Quem? O quê? Quando? Onde? Como?

» O quê, especificamente?

» O que exatamente?

Repare que "por quê" não está nesta lista de perguntas. A razão é que "por quê" força as pessoas a questionarem seu julgamento e motivos pessoais ao invés de recuperar informações perdidas.

Generalização: Cuidado com os "sempre", "tenho" e "devo"

Observe uma criancinha que anda em uma bicicleta de duas rodas pela primeira vez. Ela presta uma atenção tremenda para manter o equilíbrio e virar o guidão. Talvez ela precise de rodinhas por um tempo até que tenha dominado a habilidade. Porém, algumas semanas ou meses depois, ela será competente e não terá de reaprender a cada vez que pedalar, pois fará a generalização de uma experiência para a próxima.

A sua capacidade de generalização de experiências passadas é outra habilidade importante, que economiza grande quantidade de tempo e energia para aprender sobre o mundo. Essas experiências generalizadas são representadas pelas palavras. Pense na palavra "cadeira". Você sabe como é uma e não tem dúvida de ter sentado em muitas e visto em formas diferentes. Quando criança, você aprendeu a palavra para representar uma cadeira particular. Então, você fez a generalização. Assim, da próxima vez que visualizar uma cadeira, poderá nomeá-la. Agora, sempre que vê uma cadeira, entenderá a sua função.

A capacidade de generalização também pode limitar a nossa experiência de opções e diferenças em outros contextos. Quando você tem uma experiência ruim, então você pode esperar que ela aconteça outras vezes. Um homem que experimentou uma sequência de encontros românticos infelizes pode concluir que "todas as mulheres são um castigo" e decidir que nunca encontrará uma mulher com quem possa viver feliz.

CASOS E CAUSOS

Ao voltar de uma reunião, Romilla e Kate estavam em uma rodovia, em uma tarde, quando Romilla, de maneira hábil, demonstrou sua habilidade natural de generalizar e disse: "Caramba, você notou como todo mundo está dirigindo o meu carro?". Surpresa, Kate perguntou como seria isso. Ela chamou a atenção para o fato de que tinha visto 15 carros novos Mini Cooper em, no máximo, dez minutos. Esse era o carro pelo qual ela estava apaixonada e decidindo se deveria comprar. Tudo o que ela poderia ver por toda parte eram as possíveis combinações de cores desse carro novo. Kate não havia notado nenhum carro desses e não estava interessada em carro novo; estava concentrada apenas em atravessar o trânsito de Londres.

Pense nas generalizações que você ouve sobre culturas ou grupos particulares:

Os britânicos bebem chá.

Os americanos falam alto.

Os escoceses são prudentes com dinheiro.

Os italianos são motoristas violentos.

Mães solteiras são um fosso na sociedade.

Os políticos não são confiáveis.

Tais pensamentos rígidos e em preto e branco, que não permitem uma escala de cinzas, criam generalizações inúteis sobre outras pessoas e situações, e são terreno fértil para descontentamento e preconceito. Pare e ouça o que você diz. E quando você ouvir as dicas verbais sobre generalizações em palavras como "tudo", "nunca", "todos" (a Figura 15-3 mostra alguns exemplos de generalizações cotidianas), se desafie. Todos são assim? Todos os clientes fazem isso? Temos de fazer sempre desse jeito?

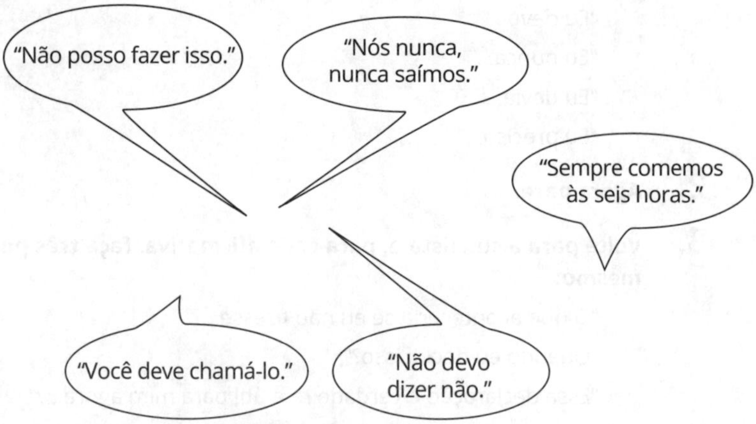

FIGURA 15-3: A linguagem da generalização.

Quando você ouvir alguém (ou você mesmo!) generalizando, faça essas perguntas úteis. Elas o farão parar e pensar se você está limitando as suas escolhas desnecessariamente. Encoraje-se a ter uma perspectiva mais ampla.

- Sempre? Nunca? Todos?
- Apenas imagine que você pudesse, então como seria?
- Então, o que acontece se você fizer...?
- O que o detém?

CASOS E CAUSOS

Charlie estava choramingando para Kate dizendo que estava lutando para perder peso em vez de ter uma boa dieta básica e não gostar de açúcar. Quando Kate perguntou a sua amiga Charlie sobre o que ela realmente comia, ela ouviu o seguinte: "Bom, eu sempre como mingau, tomo o mesmo café da manhã há 20 anos; então eu sempre como batatas com queijo ou feijão no almoço, e no jantar sempre tomo uma sopa com pão. Nunca como depois das sete da noite." Tendo ouvido as generalizações em sua linguagem, Kate perguntou o que aconteceria se ela experimentasse algumas comidas diferentes e Charlie foi investigar opções de refeições frescas. Um mês depois, Charlie havia perdido mais de três quilos e tinha se divertido explorando os corredores do supermercado local.

PASSATEMPO NA PNL

Para começar a explorar o seu próprio pensamento no que é possível e impossível, eis um exercício fácil para fazer em apenas dez minutos. Tenha cuidado, esse exercício pode mudar a sua vida para sempre!

1. **Olhe as seguintes declarações e tome nota das declarações que você fez (para si mesmo e para os outros) na última semana que começam com essas palavras:**

   "Eu sempre..."

   "Eu tenho que..."

"Eu devo..."

"Eu nunca..."

"Eu devia..."

"Eu preciso..."

2. **Agora pare.**
3. **Volte para a sua lista e, para cada afirmativa, faça três perguntas a si mesmo:**

   "O que aconteceria se eu não fizesse...?"

   "Quando eu decidi isso?"

   "Essa declaração é verdadeira e útil para mim agora...?"

4. **Revise a sua lista à luz das perguntas que você fez.**
5. **Crie uma lista revisada para si mesmo que substitua os termos "sempre", "tenho", "devo", "nunca", e "preciso" por "eu escolho...".**

Ao completar esse exercício, você está examinando alguns dos tipos de generalizações que você faz (que a PNL chama de operadores modais — como "deveria" , "tenho que" e "preciso" — e quantificadores universais — como "sempre" e "nunca". Veja a tabela 15-1). Então, na terceira etapa, você usa as perguntas do Metamodelo para explorar as suas escolhas. Ao revisar as afirmações na quinta etapa, você se coloca de volta no controle de suas próprias decisões e comportamento.

Distorção: Um toque de fantasia

Disraeli estava certo quando disse: "A imaginação governa o mundo". Distorção, o processo pelo qual você altera o significado da experiência contra o seu próprio mapa da realidade, é um exemplo. A Figura 15-4 mostra alguns exemplos corriqueiros de distorção:

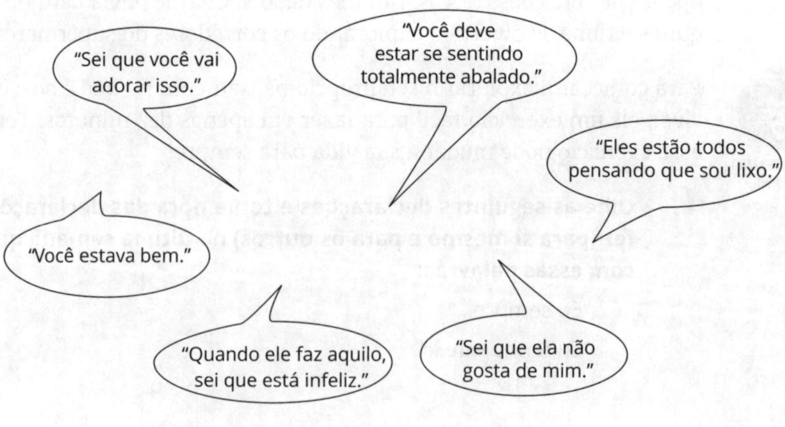

FIGURA 15-4: A linguagem da distorção.

CASOS E CAUSOS

ALGUÉM JOGA TÊNIS?

Há situações em que as pessoas querem alguma coisa tão ardentemente, que acreditam ser verdade mesmo quando a evidência está contra elas. Como treinador de tênis, John Woodward acha que as pessoas mais frustrantes nas ligas de tênis amador são os pais competitivos.

Eles querem tão desesperadamente que seus filhos vençam que ficam cegos diante dos fatos do jogo. Eles veem o que querem, mesmo que não seja a verdade e reclamam as faltas em favor dos filhos para os tornarem astros do tênis.

Os avós são ainda piores! Eu vi, uma vez, um avô atacar o oponente do seu neto com seu guarda-chuva porque estava convencido que o neto havia acertado uma bola que todos viram cair fora.

Reprodução com a permissão de John Woodward.

A distorção incentiva sua habilidade de explorar seu mundo interior e deixa a sua imaginação correr solta. Não há problema nenhum, quando você quer explorar sua criatividade.

O problema com a distorção, entretanto, é que a maioria das pessoas não percebe que ela não representa necessariamente a verdade. Ao contrário, só representa a sua própria percepção. Por exemplo, você já participou de uma reunião com um grupo de pessoas e todas tiveram compreensão diferente do que acontecera? Ou esteve no cinema ou teatro com um grupo de amigos e cada um saiu com um ponto de vista completamente diferente sobre a mensagem transmitida, quando conversou com eles? A distorção ocorre quando você toma um aspecto de uma experiência e a altera de acordo com o que está acontecendo com você.

Outro exemplo de distorção é tentar ler a mente das outras pessoas. Você nunca sabe o que a outra pessoa está pensando realmente, até mesmo quando elas dão dicas interessantes. Quando a distorção negativa é associada com a generalização, ela torna-se muito frágil. Um exemplo disso é uma criança que vai de casa para a escola e diz: "Todo mundo olha para mim cada vez que entro na sala de aula e todos eles pensam que sou burro".

LEMBRE-SE

Seja cuidadoso ao fazer julgamentos sobre o que as outras pessoas pensam até que você tenha realmente reunido informações específicas e revisado os fatos.

DICA

Eis mais algumas perguntas úteis para quando quiser verificar significados distorcidos:

- "Quem diz?"
- "Como você sabe?"
- "Como exatamente x conduz a y?"

Usando o Metamodelo

As perguntas do Metamodelo proporcionam ferramentas verbais poderosas nos negócios, no treinamento, na educação, na terapia e na vida. Elas o permitem usar a linguagem para ganhar esclarecimento e aproximar-se da experiência dos outros. Você pode adotar o Metamodelo quando quiser:

- **Conseguir mais informações** para entender os objetivos e a finalidade de um projeto novo.
- **Esclarecer o pensamento da outra pessoa** para descobrir exatamente o que ela tem em mente. Vocês estão na mesma sintonia ou fazendo suposições que você não entende realmente?
- **Descubra as suas limitações e as da outra pessoa** para lidar com as suas crenças e seus comportamentos habituais que podem ser inúteis.
- **Abra seu leque de opções** para explorar formas diferentes de fazer as coisas para si mesmo e para os outros.

Duas etapas simples

DICA

Quando você usar o Metamodelo, desafie primeiro as distorções, depois as generalizações e, então, as omissões. Se começar pelas omissões, poderá receber mais informações do que consegue lidar.

Para usar o Metamodelo, siga essas etapas simples:

1. **Ouça as palavras e selecione o padrão (distorção, generalização ou omissão).**

   Reporte-se à seção "Reunindo Informações Específicas com o Metamodelo", anteriormente neste capítulo, para uma explicação das dicas de linguagem que o ajudarão a reconhecer qual modelo está sendo usado.

2. **Interfira com a pergunta correta.**

Para distorção, pergunte:

"Como você sabe?"

"Qual é a evidência?"

Para generalizações, pergunte:

"O caso é sempre esse? Toda vez? Nunca?"

"E se?"

Para omissão, pergunte:

"Conte-me mais ..."

"O quê, quando, onde, quem, como?"

Algumas advertências

LEMBRE-SE

Há uma forma de perguntar que é atenciosa e valiosa. Há outra maneira que soa como interrogatório da Inquisição Espanhola. Então, eis alguns pontos para lembrar, por favor. Não queremos que você se saia mal com o seu melhor amigo.

» O rapport vem sempre em primeiro lugar. Sem ele, ninguém lhe dá atenção. Para informações sobre rapport, dirija-se ao Capítulo 7.

» As pessoas precisam confiar antes de estarem prontas para esclarecer assuntos difíceis. Regule o ritmo delas. Você encontra informações sobre acompanhar e conduzir pessoas no Capítulo 7 também.

» Assegure-se de ser claro sobre o que está tentando alcançar — seu objetivo — quando estiver fazendo perguntas, caso contrário pode acabar sobrecarregado com informações irrelevantes e deixar de ser útil.

» Suavize a sua voz e seja delicado em seu questionamento. Introduza as perguntas gentilmente durante as conversas e encontros, ao invés de dispará-las como um pesquisador de mercado na rua.

» Experimente o Metamodelo em si mesmo antes de apressar-se em atacar a sua família e amigos. Mantenha-se firme. Como Tom, no exemplo seguinte, eles podem ficar tentando entender o que está acontecendo e não lhe agradecer por seu interesse recente.

CASOS E CAUSOS

Nas noites de sexta-feira, Andrew relaxa depois de uma semana atarefada na cidade com uma cerveja no seu bar preferido, na vila pitoresca onde mora. Depois de assistir às aulas no treinamento da PNL, ele estava entusiasmado em experimentar o Metamodelo. Seu parceiro de bar, Tom, um arquiteto, conversava sobre a semana que teve, especialmente sobre a maior discussão com um colega sobre um projeto importante.

Como Tom começou a contar o fato ocorrido com "nunca mais trabalharei com ele", Andrew questionou a generalização: "O que é nunca? Tem certeza? O que aconteceria se trabalhasse com ele de novo?"

Tom olhou perplexo e respondeu: "Nossa parceria não funciona, a comunicação acabou de ser interrompida".

Muito satisfeito por reconhecer não apenas uma, mas duas nominalizações em uma frase (cheque o quadro anterior "Substantivos abstratos e o Teste do Carrinho de Mão" para uma descrição de nominalizações), Andrew perguntou: "Como você gostaria que esse rapaz fosse como parceiro? E como vocês poderiam se comunicar?"

Após isso, Tom olhou chocado e disse: "Olha, você normalmente fica do meu lado. O que está acontecendo?"

Em sua ânsia de experimentar a PNL, ele se esqueceu de acompanhar e conduzir seu amigo e acalmá-lo moderadamente com o uso sutil do Metamodelo. Tudo o que Tom realmente queria aquela noite era lamentar--se com um amigo que o escutasse e concordasse com ele.

LEMBRE-SE

O valor do metamodelo está em obter clareza. Cuidado para não angariar mais informação do que pode lidar. Ao invés disso, faça uma pausa para considerar qual é o resultado que está buscando antes de fazer a próxima pergunta.

NESTE CAPÍTULO

- **Descobrindo os seus transes diários**
- **Adotando a arte da linguagem "astuciosamente vaga" para um bom efeito**
- **Atraindo a ajuda do seu inconsciente**

Capítulo 16
Hipnotizando a Sua Plateia

Situação 1: Você está dirigindo em uma estrada em um dia comum. É um trecho familiar da estrada, por onde você já passou dúzias de vezes. Você sabe para onde está indo. Alcança o seu destino, estaciona o carro e percebe que não tem lembrança clara de ter viajado os últimos quilômetros.

Situação 2: Você está sentado com um grupo. Talvez em uma reunião ou uma aula. Você desperta com um clique/sobressalto quando alguém se volta para você e pergunta: "O que você pensa sobre isso?" Oh, meu Deus! A sua atenção vagueava. Você, na verdade, não tem ideia alguma do assunto que estão tratando.

Então, o que está acontecendo aqui? Você está em um transe comum. É como se o seu cérebro estivesse operando como um computador no modo de segurança. Você está sonhando acordado, um excelente exemplo da capacidade que você tem para "deletar" os detalhes do que está ocorrendo à sua volta e mergulhar no padrão de relaxamento do transe. Situações como essa acontecem no mundo inteiro, o tempo todo.

MILTON ERICKSON, O MESTRE NO TRABALHO

Como um professor e terapeuta convincente, Milton Erickson (1901–1980) inspirou e encantou aqueles que chegavam para aprender com ele ou para serem curados. Sua autoridade nas habilidades terapêuticas trouxe resultados positivos para muitas pessoas e o tornou o hipnoterapeuta de maior influência do século XX.

Ele teve grande influência sobre John Grinder e Richard Bandler, os fundadores da PNL. Eles foram seguidores de Erickson em 1974 e, então, publicaram vários livros que demonstravam os padrões de linguagem que eles observaram. Esses padrões constituem a base do Modelo Milton na PNL, que, deliberadamente, adota a linguagem em que o significado é vago, em oposição ao Metamodelo, explicado no Capítulo 15, que objetiva elucidar mais informações específicas.

Erickson distinguia-se por sua habilidade de induzir o transe em seus pacientes e efetuar mudança real nas pessoas curadas. Ele entrava no compasso da realidade dos seus pacientes, pacientemente descrevendo o que eles devem estar experienciando, antes de apresentar sugestões e conduzi-las a um novo pensamento. Seu estilo terapêutico era muito mais "permissivo" do que o dos primeiros hipnoterapeutas. Com isso, queremos dizer que ele adotava uma abordagem flexível, que funcionava com o mapa existente de seus pacientes, sempre respeitando suas realidades e usando-as como ponto de partida para seu trabalho. Ele suavemente levava os clientes ao transe, fazendo comentários gerais, em lugar de dizer "você entrará em transe agora". Ele acreditava que o cliente tinha os recursos de que precisava e via que o seu papel como terapeuta era ajudar o cliente a acessá-los.

Neste capítulo, mergulharemos os nossos pés no mundo do transe e falaremos sobre como usá-lo em benefício de nós mesmos e dos outros. Especificamente, observaremos os padrões de linguagem que você pode escolher adotar para comunicar-se de forma muito mais eficaz com as outras pessoas, ao entrar em contato com o seu inconsciente.

A Linguagem do Transe e o Modelo Milton

Como humanos, temos uma capacidade incrível de entender o que as pessoas dizem mesmo quando se trata de um jargão completamente ininteligível. Há vezes em que vale ser astuciosamente vago, e não específico, no conteúdo do que você diz para habilitar as outras pessoas a preencherem as lacunas para si mesmas. Quando a construção da linguagem é astuciosamente vaga, as pessoas podem tirar aquilo de que precisam das suas palavras de uma forma que seja mais apropriada para elas.

O Modelo de Milton é um conjunto de padrões de linguagem que você pode usar para induzir alguém a um estado de transe, um estado alterado de consciência no qual possam acessar recursos inconscientes, fazer mudanças e resolver os próprios problemas. O Modelo Milton é denominado assim por causa de Milton H. Erickson, um dos mais influentes de todos os hipnoterapeutas. Você pode ler mais sobre ele e sua técnica no paralelo "Milton Erickson, o Mestre do Trabalho".

O Modelo Milton usa os mesmos padrões que o Metamodelo, mas de maneira inversa (dirija-se ao Capítulo 15 para detalhes sobre o Metamodelo). Enquanto o Metamodelo procura reunir mais informações, o Modelo Milton procura reduzir o detalhamento, deliberadamente adotando uma linguagem vaga que seja aceitável para diferentes pessoas. A Tabela 16-1 resume as diferenças entre esses dois modelos.

TABELA 16-1 Modelo Milton vs Metamodelo

Modelo Milton	Metamodelo
Torna a linguagem mais geral	Faz a linguagem mais específica
Move-se da estrutura superficial para a estrutura profunda	Move-se da estrutura profunda para a estrutura superficial
Procura pela compreensão geral	Procura por exemplos precisos
Visa acessar recursos inconscientes	Visa trazer a experiência para o nível consciente
Mantém o cliente focado internamente	Mantém o cliente focado externamente

Os padrões de linguagem e o Modelo Milton

Na Tabela 16-2, realçamos alguns dos padrões de linguagem principais do Modelo Milton. Assim como no Metamodelo, nas primeiras explicações sobre a linguagem de Bandler e Grinder, o Modelo Milton identifica três tipos de padrões. Você verá as mesmas omissões, generalizações e distorções que ocorrem no discurso normal (que são explicados na íntegra no Capítulo 15). Esses são os meios pelos quais entendemos as nossas experiências diárias e as transformamos em linguagem.

TABELA 16-2 **Os Padrões do Modelo Milton**

Pessoas	Exemplos de linguagem vaga que você pode usar para desafiar omissões, generalizações e distorções, e levar uma pessoa a um estado receptivo.
OMISSÃO	
Omissão (deixa de fora parte da mensagem)	Você está pronto para ouvir
Verbos não-especificados (não diz como a ação acontece)	Como você entende isso em seu próprio tempo...
Índice referencial não-especificado (não diz a quem está se referindo)	Haverá pessoas importantes para você
Omissão comparativa (não diz o que está sendo comparado com quê)	Você está se sentindo cada vez mais curioso
Nominalizações (um substantivo abstrato que foi transformado em verbo — veja Capítulo 15)	Você está conseguindo novos insights, construindo novas amizades
GENERALIZAÇÃO	
Operadores modais de possibilidade (mostra o que você pode e é capaz de fazer)	Você pode tornar-se mais bem-sucedido... é capaz
Operadores modais de necessidade (declara o que você precisa, o que deve fazer)	Você tem de levar isso adiante para onde tem que ir
Quantificadores Universais (tudo, todas as coisas)	Cada vez que você se sente assim Todas as habilidades de que precisa são fáceis de aprender
DISTORÇÃO	
Equivalência Complexa (uma situação significa a mesma coisa que outra)	Isso significa que você está conseguindo
Leitura mental (interpretar os pensamentos de outras pessoas)	Sei que você está ficando mais interessado
Causa e efeito	A cada respiração, você pode relaxar um pouco mais

Você pode observar, a partir da comparação dos dois modelos na Tabela 16-1, que o Modelo Milton faz afirmações que são deliberadamente muito gerais na realidade. O efeito disso é relaxar a pessoa com quem você está falando, enquanto o Metamodelo faz perguntas para conseguir detalhes específicos que faltam nas afirmações gerais.

Outros aspectos do Modelo Milton

Assim como os padrões de linguagem descritos na seção anterior, Erickson também utilizou uma série de outros mecanismos para auxiliar a comunicação com seus clientes. Nós discutiremos três desses mecanismos nas próximas três seções.

Perguntas finais (tag questions)

Uma oração interrogativa é adicionada ao final de uma declaração para incitar concordância. As interrogativas para a concordância são artifícios muito eficazes, que desviam o consciente com alguma coisa que ele possa concordar. O efeito é que a declaração na frente da interrogativa vai diretamente ao inconsciente e é influenciado:

- Isso é fácil, não é?
- A sua saúde é importante, você sabe?
- Você pode, não pode?
- É hora de relaxar, você não sabe?

DICA

Mesmo que você nunca tenha lido ou aprendido qualquer coisa sobre hipnose, permita-nos lhe dar três das mais poderosas palavras em língua portuguesa, que são também exemplos de interrogativas. São elas: isto está certo. Não considere definitiva a nossa palavra; coloque-as em teste. Você verá que é impossível as pessoas discordarem de você.

Comandos embutidos

Comandos ou perguntas embutidas são orações que são construídas com o efeito que Erickson queria dos clientes situados, como com as partes em itálico das frases seguintes.

- "Estou curioso e *você aprenderá a relaxar e ficar bem confortável* em pouco tempo."
- "O que interessa é *quando foi a última vez que você aprendeu tão facilmente?*"

O propósito do comando embutido é enviar direções diretamente ao inconsciente, sem o bloqueio do consciente. O tom de voz de Erickson marcaria os comandos do resto da frase; por exemplo, aprofundando a voz dele para o elemento de comando.

DICA

Quando você adota lições de comunicadores como Erickson, lembre-se de que o que você diz é importante, mas a maneira como se comporta (linguagem corporal, tom de voz, etc) — é responsável pela maior parte do efeito.

A HISTÓRIA ESTÁ NA FORMA DE CONTAR

Parte da terapia de Erickson era criar histórias que ajudavam as pessoas a entenderem as suas situações sob novos ângulos. Erickson estava confinado a uma cadeira de rodas, ainda carregava uma extensa prática terapêutica, viajava bastante, lecionava e ministrava seminários até o final da sua vida.

Vastas bibliotecas com anotações das histórias e seminários de Erickson também estão acessíveis e fascinam ao ler. Entretanto, aqueles felizardos que conheceram Erickson em pessoa chamam a atenção para o fato de que a palavra escrita transmite apenas parte da abordagem intuitiva dele com os clientes. Se você pensar em voltar para a equação da comunicação que falamos no Capítulo 7, "Criando Rapport", você lembrará que as palavras representam apenas uma parte mínima da comunicação, algo em torno de sete por cento do efeito. Os sorrisos de Erickson, gestos, o tom da voz dele, seu respeito instintivo e sua curiosidade sobre seus clientes são os ingredientes que faltam nas histórias escritas.

Ligações duplas/amarrações duplas

As ligações duplas dão escolhas às pessoas, mas as limitam. Você cobre as opções e supõe que terá o resultado desejado.

- "Quando você arruma a sua bagunça, antes ou depois do almoço?" (Uma pergunta típica para usar com adolescentes bagunceiros ou companheiros de quarto!)
- "O senhor gostaria do verde ou do azul?" (Que tal isso em situação de venda?)

Encontrando seu modelo preferido

Para ajudá-lo a entender as diferenças entre o Modelo Milton e o Metamodelo, faça esse exercício de interpretação de papéis. Você precisará de um amigo disposto. Um de vocês será o vendedor, e o outro, o cliente.

- **O vendedor:** Imagine que você é um vendedor e a sua tarefa é vender um objeto ou um serviço ao seu parceiro. O seu trabalho é persuadi-lo a comprar sem dar qualquer detalhe sobre o que você está vendendo de fato. Veja como pode conseguir com que o seu parceiro se interesse enquanto você continua no estilo astuciosamente vago do Modelo Milton.

- **O cliente:** Imagine que você é um cliente e a sua função é conseguir mais informações específicas do vendedor. Desafie a imprecisão dele, usando as dicas do Capítulo 15, nos padrões do Metamodelo, para eliciar detalhes das conversas generalizadas.

Depois, pergunte-se qual papel foi mais natural para você? Você prefere ver e discutir a amplitude da situação global ou sente-se mais confortável quando conversa sobre detalhes?

A arte da imprecisão e porque essa arte é tão importante

Conforme você se familiariza com o Modelo Milton, pode fazer o que outros fizeram antes: ao observar a linguagem, você presta atenção ao que escuta das pessoas que encontra. Você observará que a maioria das pessoas domina a habilidade de comunicar-se em nível geral. Em outras palavras, a maioria delas domina a arte da imprecisão, a qual permite que você avance no assunto tão facilmente, não é?

Isso é tudo! Considere estas declarações:

- "Podemos fazer isso."
- "As coisas podem melhorar."
- "Não precisa ser assim."
- "Algum dia, todos seremos livres."
- "Cada um tem seus problemas."

Isso soa familiar? Palavras como essas estão da mesma forma na boca de políticos, artistas, clarividentes e editores. Você as ouve no rádio todas as manhãs e elas aparecem no jornal em seu horóscopo diário e páginas de anúncios dos últimos lançamentos em produtos. Elas o colocam em um estado de relaxamento. Você não consegue fazer outra coisa senão concordar com declarações de estrutura tão generalizada.

O poder da linguagem vaga reside no fato de que você encontra as pessoas em um estado diferente. Isso distrai a pessoa de seu mundo externo. Então, é mais fácil conectar-se com todos em um grupo de pessoas ou conseguir rapport com alguém que não conhece bem. Quando você é vago:

- Os seus ouvintes encontram as suas próprias respostas, que serão mais poderosas e duram mais para eles.
- Você não sugere as suas ideias nem faz sugestões inapropriadas.

» Os seus clientes se sentem mais no controle porque eles são livres para explorar possibilidades diferentes nas quais você pode nunca ter pensado.

Além disso, ser vago expande o seu mapa também. Lembre-se de que a linguagem que você adota afeta você também, não apenas os outros. Assim, as pessoas geralmente impõem os seus próprios limites pela forma como falam de si mesmas e aqueles "pensamentos doentes" teimosos, como "não sou bom o suficiente" ou "nunca serei capaz de fazer isso", o afastam ou bloqueiam a sua rota para o sucesso. O Modelo Milton pode ajudá-lo a:

» Descobrir mais formas eficazes de atuação

» Despertar a sua curiosidade natural

» Pensar mais claramente

» Encontrar momentos em que você fez o melhor e retornar a esse estado cheio de recursos

ALERTA DE JARGÃO NA PNL

A PNL adotou a ideia da segmentação do mundo da TI; significa simplesmente dividir as coisas em partes. O conceito da PNL na Figura 16-1 ilustra que a informação precisa estar dividida em partes e/ou detalhes mínimos adequados à pessoa com quem você está falando. A partir do que você pode ler no Capítulo 15 sobre Metamodelo, neste capítulo e no Capítulo 17 sobre contar histórias, observe que nós estamos explorando os caminhos diferentes nos quais damos informações às pessoas no nível certo do detalhe ou parte segmentada. Isso auxilia a comunicação.

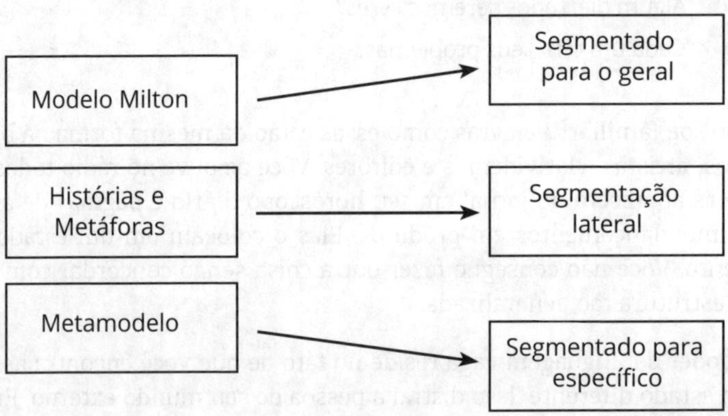

FIGURA 16-1: Segmentando a linguagem.

O Modelo Milton é um estilo de comunicação que se move para cima e concentra as ideias no nível geral mais alto; o Metamodelo tem uma direção decrescente concentrando-se em detalhes muito específicos. Quando você usa histórias e metáforas, você apenas se move entre os paralelos e segmenta lateralmente para combinar no mesmo nível de detalhes, mas usando histórias e metáforas para ajudar as pessoas a fazerem novas conexões.

Indo Mais Fundo na Hipnose

A hipnose existe desde o século 18 e Franz Anton Mesmer é tido como seu fundador original (daí a origem da palavra mesmerizado). Hipnose — ou transe — é um estado natural de atenção focada, em que seu foco principal está em seus pensamentos internos e sentimentos ao invés de no mundo exterior à sua volta.

Graças a mais recente influência de Erickson, a PNL vê a hipnose e o transe diário como uma rota segura e valiosa para o seu inconsciente, ou "outro mais consciente", significando simplesmente os pensamentos, as sensações e experiências das quais geralmente não temos consciência.

Erickson disse que seus pacientes estavam tendo problemas porque estavam sem rapport com seus inconscientes, sugerindo que a boa saúde mental envolve o rapport entre o consciente e o inconsciente. O estilo dele de hipnose recruta a ajuda do inconsciente para facilitar a mudança de padrões de pensamento e comportamento. Funciona com um terapeuta conversando com alguém de uma maneira que a torna autoreflexiva. Nesse estado alterado ou irreal, a mente está relaxada. Assim que o inconsciente torna-se mais disponível, o terapeuta pode ajudar o paciente a fazer mudanças; seja para parar de fumar, perder uma fobia ou medo de realizar outras mudanças positivas para melhorar sua confiança e bem-estar.

No Capítulo 5, você pode ler sobre a conclusão de George Miller de que o consciente pode lidar com apenas sete "pacotes"de informação, duas a mais ou a menos, de cada vez. Mudanças nos seus processos de pensamento e crença acontecem em um nível inconsciente. O Modelo Milton possibilita a mudança ao compassar-se com a realidade da pessoa e com isso queremos dizer verdadeiramente reconhecendo e respeitando as qualidades da experiência de uma outra pessoa, que provavelmente são diferentes das suas. O modelo distrai a mente consciente e permite que as pessoas acessem o seu inconsciente.

Quando sob hipnose, algumas pessoas mergulham fundo nessa experiência, outras nem tanto. Seu cérebro se torna menos ativo e os movimentos musculares, a frequência do piscar dos olhos e os reflexos de deglutição todos se tornam mais lentos.

Ficando confortável com a ideia da hipnose

As palavras são poderosas, elas evocam todos os tipos de memórias e sensações. Elas transformam imaginação em ação. Se disséssemos uma palavra para você, hipnose, o que a sua mente evocaria? Se lhe pedíssemos que nos deixasse hipnotizá-lo, você responderia "tudo bem" ou se afastaria sacudindo a cabeça? Que reação lhe vem à mente?

QUANDO DIFÍCIL VIRA FÁCIL

Hipnoterapeuta profissional, Tom McGuire, da Sete Cores Ltda., aplicava os padrões da linguagem de Milton a diversas situações, desde descobrir como liberar a ansiedade até para quebrar hábitos, controlar a dor, e aumentar a performance nos esportes ou ao falar em público.

"Às vezes podemos lutar com os problemas usando todos os nossos recursos conscientes e ainda nos achar incapazes de alcançar uma solução satisfatória", Tom diz. Ele cita o exemplo de gerenciamento de peso: "Eu reconheço o fato de que o cliente realmente tentou muito perder peso no passado. Usei a palavra "muito" e a associei com os diversos métodos usados no passado. Então, continuei a explicar que usar o inconsciente é uma maneira fácil de obter os resultados, e eles começam a ativar imagens na própria mente sobre como vão se sentir e sobre como será sua aparência".

A abordagem de Milton é para assumir que o inconsciente das pessoas já sabe como perder peso. Nós recrutamos a ajuda do inconsciente para alcançar o êxito. Não é necessário forçá-lo a ajudar. Porque não entramos em detalhes sobre como isso será possível, o paciente fica curioso. Essa curiosidade proporciona o combustível para dirigir o inconsciente.

"Muitos clientes me disseram que se pegaram colocando a comida de volta às prateleiras do supermercado quando estavam comprando, e só perceberam apenas depois que haviam feito. Algumas vezes, contam que não se sentem mais famintos e, assim, esquecem-se de comer entre as refeições. O pensamento da comida fica à deriva na sua mente, mas então flutua para fora outra vez. Sem luta, apenas curiosidade. Para mim, essa abordagem indireta, flexível incorpora o Modelo Milton e mostra o maior respeito pelo cliente."

Reproduzido com a permissão de Tom McGuire.

Se já experimentou a hipnose, você lembrará que é estar em um estado agradável e relaxante. Caso não tenha experimentado, pode estar curioso ou mesmo aterrorizado. "Não comece a brincar com a minha mente", o ouviremos dizer!

Alguns hipnotizadores de palco dão uma forma pejorativa à hipnose, encorajando as pessoas a representarem todos os tipos de atos embaraçosos e fazendo-as temer o grande controle que um hipnotizador tem sobre a mente dos indivíduos. No entanto, há muitas pessoas céticas no que diz respeito à hipnose.

Se esse é o seu caso, talvez aprecie um outro modo de ver essa questão. Pense na hipnose como um estado de sonho, no qual a possibilidade de mudança torna-se mais acessível. O Collins English Dictionary (Dicionário de Inglês Collins) define a hipnose como: "Um estado de relaxamento e concentração induzido artificialmente, no qual as partes mais profundas da sua mente tornam-se mais acessíveis."

LEMBRE-SE

Quando você está com um problema, a hipnose simplesmente acelera o processo de se chegar até a solução e ajudar você.

A verdade é que a hipnose só funciona se você estiver disposto a participar desse processo. Kate certa vez estava em uma sala com mais de 100 pessoas que haviam entrado em transe através de um exercício grupal de hipnose e ela era, literalmente, a única pessoa que não estava seguindo os comandos do apresentador. Ela assistiu, surpresa, enquanto os outros moviam-se para o palco, levando suas cadeiras consigo. Mais tarde, ela percebeu que não havia sentido confiança na pessoa conduzindo a sessão e havia naturalmente se protegido de participar. Lembre-se que apenas você tem o poder de controlar seus pensamentos, ações e palavras.

CUIDADO

Como em qualquer outra terapia ou serviço similar, verifique as qualificações profissionais do hipnoterapeuta e peça referências. Tome as mesmas medidas de segurança que tomaria se fosse a um encontro às escuras. Seja particularmente cuidadoso ao entrar em uma casa ou espaço privado onde você vá estar sozinho com a pessoa. Se estiver em dúvida, levar um amigo consigo pode ser uma atitude sábia.

LEMBRE-SE

Ao contrário do mito popular, sob hipnose, as pessoas estão no controle completo da situação. O hipnoterapeuta atua simplesmente como facilitador e o cliente rejeitará qualquer sugestão que não considere apropriada.

Experimentando transes diários

Ao longo do dia, passamos por várias experiências que são como transes. Você vai e volta naturalmente várias vezes por minuto. Que mecanismo de proteção fantástico que nós, humanos, temos para lidar com o excesso de informações!

Há uma vantagem: o seu transe o permite meditar, planejar, descansar e relaxar. Sonhar acordado o permite abrir a mente para ideias novas. Também intensifica a sua criatividade natural quando você faz novas conexões entre ideias e soluciona problemas por si mesmo.

A desvantagem vem quando você revive ansiedades e não reage ao mundo externo. Pode ser que você precise de algum tempo ou alguma ajuda exterior se isso está acontecendo com você. A terapia ajuda as pessoas a romperem com transes negativos. Geralmente, a hipnose trabalha para tirar as pessoas do transe e trazê-las de volta à realidade.

PASSATEMPO NA PNL

O que você faz para relaxar de verdade? Para encontrar-se naquele estado agradável e confortável em que tudo está de acordo com o mundo? Faça a mesma pergunta para alguns amigos, família e colegas e você terá sugestões diferentes. O relaxamento é um transe diário leve que o permite algum tempo para equilibrá-lo.

Eis um caminho simples pelo qual você pode induzir o transe em si mesmo e em outros: junte um grupo de pessoas. Passem 20 minutos contando uns aos outros sobre todas as coisas que vocês fazem pra relaxar. Enquanto você explica o que faz, fale em um tom de voz calmo e gentil, considere o que você gostaria de tentar para si mesmo das sugestões dos outros e perceba que apenas falar sobre relaxamento desta forma já cria um leve transe em todo o grupo.

O nosso desafio para você é perguntar a si mesmo: "Estou passando o tempo relaxando e permitindo-me sonhar acordado?" Reserve um tempo para relaxar todo dia e a cada semana como um tônico vital para a vida. Tenha consciência de seus próprios transes, e escolha não entrar naqueles que são negativos.

ALERTA DE JARGÃO NA PNL

Quando Kate perguntou a um amigo, um adolescente com forte preferência auditiva e um metaprograma de "distanciamento" (você pode ler mais sobre metaprogramas no Capítulo 8), o que ele mais gostava de fazer para relaxar, esta foi a resposta dele:

> *Apenas ler um bom livro e fugir para algum lugar agradável e sossegado. É ótimo quando você está irritado com alguma coisa, porque você se distrai com a leitura, envolve-se com as personagens e, então, esquece o que o estava chateando.*

Umas duas horas depois, naquela noite, Kate havia desligado um telefonema que a fez sentir-se tensa por ter absorvido algumas "vibrações" negativas de um cliente ansioso e sabia que não dormiria até que estivesse totalmente relaxada. Ela seguiu o conselho do jovem amigo, pegou um romance novo, afundou-se no sofá e ficou tão absorta que, muito rapidamente, deixou toda a ansiedade para trás e teve uma boa noite de sono. Às vezes, as soluções mais simples são as melhores.

DICA

Há uma verdade no conselho que é: quando você tem um problema, "consulte o travesseiro" e um curso de ação apresentar-se-á de manhã. Uma vez que o consciente permita-se descansar, o inconsciente recebe a oportunidade de processar ou acessar informações e, então, o cérebro pode realmente funcionar em um modo positivo. Quando você está lutando com uma questão, ao ir para a cama, peça ao seu inconsciente que o ajude a encontrar a resposta e perceba o que vem para você pela manhã ao acordar.

PENSAMENTO DE GRUPO

Você já percebeu como reações de grupo a um evento são maiores e mais poderosas do que a soma das partes individuais? Talvez você já tenha ido a um show de rock, reunião religiosa, um grande jogo ou tenha ficado preso em um aeroporto com o voo atrasado. As pessoas têm a capacidade de entrar em um transe grupal de histeria em massa para a melhor ou para a pior, como o turbilhão religioso muçulmano.

O pensamento de grupo é um termo cunhado por Irving Janis para caracterizar situações em que as pessoas são arrastadas pelas ilusões e percepções do grupo. Como psicólogo social de Yale, ele era fascinado pela questão de como grupos de especialistas, principalmente na Casa Branca, poderiam tomar decisões terríveis.

Um dos mais famosos exemplos é encontrado na invasão estéril de Cuba, na Baía dos Porcos, pelo exílio de 1200 "anti-Castro". Lançado em 17 de abril de 1961, pela administração Kennedy, quase levou a uma guerra. "Como poderíamos ter sido tão estúpidos?

O Presidente Kennedy depois comentou. Em retrospecto, o plano parecia completamente desencaminhado. Entretanto, na época, nunca foi seriamente questionado ou desafiado. Kennedy e seus conselheiros desenvolveram, inconscientemente, ilusões compartilhadas, que os impediram de pensarem criticamente e comprometerem-se com a realidade.

A crença de Janis é de que quando tomados por pensamento de grupo, chefes executivos ou seus assessores não são burros, preguiçosos ou maus. Ele os vê como vítimas de "uma forma de pensar na qual as pessoas se engajam quando estão profundamente envolvidas em um grupo coeso, quando o desejo de unanimidade se sobrepõe à motivação de pensar realisticamente em cursos alternativos de ação".

Quando as pessoas operam no modo de identidade grupal, elas automaticamente aplicam o teste do "vamos preservar a harmonia do grupo a todo custo" para cada decisão que elas enfrentam.

PENSAMENTO DE GRUPO

[illegible]

NESTE CAPÍTULO

- Descobrindo suas habilidades para a contação de histórias
- Falando para que as pessoas se lembrem da sua mensagem
- Entretendo enquanto informa e influencia
- Resolvendo problemas através de histórias e metáforas

Capítulo 17

Contando Histórias para Atingir o Inconsciente: Histórias, Fábulas e Metáforas

Há uma história sobre Nan-in, um mestre japonês na era Meiji, o qual recebeu um professor universitário que foi entrevistá-lo sobre o budismo Zen. Nan-in serviu chá. Ele encheu a xícara do visitante, então continuou despejando. O professor observou, até que não pode se conter:

"Está cheio demais. Não cabe mais", disse o professor.

"Assim como essa xícara", disse Nan-in, "você está cheio das suas próprias opiniões e especulações. Como posso mostrar-lhe o Zen sem que esvazie a sua xícara?"

O que estava acontecendo a você quando leu esse texto? O que veio em sua mente? A sua resposta para essa historinha é única para você. Da mesma forma, se perguntar a um grupo de pessoas sobre as reações delas para uma história, encontrará reações totalmente diferentes. As histórias tocam partes que outras palavras não alcançam. Elas falam ao seu nível inconsciente.

Através das histórias, é possível transmitir uma mensagem de forma muito mais eficaz do que qualquer argumento lógico. Elas conectam as experiências pessoais às suas memórias e emoções. Nos termos da PNL, as histórias ajudam a construir o rapport. Elas o habilitam a transmitir as informações indiretamente, para compassar alguém com a realidade atual e, então, conduzi-la a uma nova realidade, para afastar-se dos problemas para resultados diferentes, abrir novas possibilidades. Então, enquanto você está sentado confortavelmente, deixe-nos começar...

Processando Histórias e Metáforas

Seu cérebro é uma máquina natural de combinação de padrões (no Capítulo 3 você encontrará mais detalhes sobre o que acontece na sua mente), e você está constantemente associando e escolhendo coisas. Quando você ouve algo novo, você faz associações e diz: "Ah! Isso é como aquilo. Isso me lembra daquilo". Seu cérebro naturalmente reconhece padrões e, por esta razão, histórias e metáforas o transportam para um lugar diferente e o colocam no tipo de transe que descrevemos no Capítulo 16 — um estado profundo de relaxamento em que você tem muitos recursos e seu cérebro se torna naturalmente responsivo aos padrões apresentados.

A PNL define as metáforas amplamente como histórias ou figuras de linguagem que promovem uma comparação. A razão pela qual a PNL sugere que histórias e metáforas funcionam como ferramentas de comunicação valiosas, é porque elas distraem a consciência e a sobrecarregam com o processamento. Enquanto isso, o inconsciente interfere com soluções criativas e com os recursos necessários. Desse modo, você é capaz de criar novos significados e resolver os problemas.

As Histórias da Sua Vida

Vivemos em um mundo de histórias. E você também é um contador de histórias. Não acredita? Considere isso: quando você conta os eventos do dia para um amigo ou companheiro, está contando uma história. Quando fofoca ao telefone com colegas ou descreve um processo comercial para um cliente, está contando uma história. Os eventos não têm de ser simulados para serem qualificados como uma história.

Contando histórias básicas

Boas histórias, se relatam fatos reais ou imaginários, têm os seus ingredientes principais. Pense nos contos de fadas que atravessam gerações, como O Mágico de Oz, Chapeuzinho Vermelho ou Cinderela, e veja se reconhece esses elementos:

- **As personagens:** Há um herói, além dos bonzinhos e dos malvados ao longo da história.
- **O enredo:** A narrativa da trajetória do herói.
- **Um conflito:** O desafio ou dificuldade que o herói enfrenta.
- **A resolução:** O resultado ou desfecho que acontece no final da história (e, por sorte, não termina em lágrimas!).

As histórias comprometem o lado esquerdo do cérebro para processar as palavras e a sequência da trama e o lado direito em termos de imaginação, visualização e criatividade.

Algumas são narradas exclusivamente para entreter, mas pode ser usadas para diversos propósitos:

- Focar a concentração
- Ilustrar um ponto
- Ensinar uma lição para que as pessoas lembrem
- Disseminar ideias novas
- Levar as pessoas a reconhecerem os próprios problemas
- Simplificar uma ideia complexa
- Alterar o humor de uma pessoa
- Desafiar um comportamento
- Divertir

O CONTADOR DE HISTÓRIAS VIAJANTE

Por toda a história, as pessoas têm contado histórias, mitos e lendas, e usam metáforas para comunicar a mensagem. A tradição oral precedeu a palavra escrita e a multimídia como uma forma crítica de comunicação. Os contadores de histórias eram tipicamente viajantes que se mudavam de uma cidade para a outra, passando uma informação importante pelo método boca a boca. Sem o luxo do e-mail e do PowerPoint, eles usavam o ritmo, a rima e o visual para auxiliar a memória e contar as histórias mais fantásticas que você pode lembrar.

Trabalhando na sua contação de histórias

As histórias e metáforas funcionam na comunicação comercial assim como no contexto social e religioso. Você aprende com as experiências de outras pessoas e extrai significado de metáforas. As empresas contam histórias para:

- » Comunicar uma informação
- » Transmitir os valores da empresa
- » Instruir as pessoas
- » Dar ao ouvinte o benefício da sabedoria
- » Ajudar as equipes a avaliarem as escolhas e tomarem decisões

As histórias atraem as pessoas de forma mais completa. Eis porque os exemplos de clientes, testemunhos e estudos de caso funcionam tão bem para reforçar uma mensagem comercial. Elas são muito mais poderosas do que a simples promoção do produto.

Em muitas empresas, as narrativas envolvem o nascimento da empresa, que coloca as pessoas em contato com os valores fundamentais. No início dos trabalhos na Hewlett-Packard, todos ligavam com o começo da história de Bill Hewlett e Dave Packard na garagem da Califórnia, as lutas para sobreviver nas trilhas do sucesso em Palo Alto e a dedicação contínua deles em relação aos princípios centrais que eram anotados e contados a cada um dos cem mil empregados, como The HP Way (O Modo HP).

Narrativas corporativas como essas cativam as pessoas e as tornam aliadas a um senso comum do propósito. Elas ajudam a manter o mesmo senso de equipe e unidade de um negócio menor, mesmo quando a empresa torna-se uma corporação gigante. Na Hewlett-Packard, os funcionários respeitam os fundadores, porque se identificam com os dois seres humanos que se tornaram líderes empresariais renomados, graças às suas habilidades, sua coragem e determinação. Eles sentiam que Bill e Dave continuavam a valorizar as pessoas, bem como o seu desempenho comercial de uma forma que era importante no mundo dinâmico da cultura empresarial.

CASOS E CAUSOS

Lembramos também o ex-CEO Lew Platt falando em uma Conferência de Mulheres na HP e contando a história de levar os filhos como pai solteiro depois que a sua esposa falecera. Ele contou sobre a preocupação em receber um telefonema avisando que o filho estava doente na hora que estava indo a uma reunião importante de negócios. Lew sabia como atingir o coração da plateia ao falar da própria experiência.

Contar histórias não é uma habilidade exclusiva de líderes empresariais. No trabalho, você pode começar a desenvolver as suas próprias histórias como uma ferramenta para transmitir a sua mensagem aos colegas e clientes, bem como aos chefes. As narrativas comerciais não devem ser muito longas nem surpreendentemente elaboradas. Você pode começar a observar alguns dos seus sucessos ou suas experiências interessantes e transformá-las em anedotas relevantes para atrair a atenção no momento apropriado.

As histórias da sua experiência podem animar radicalmente uma explicação de um assunto enfadonho, como atendimento ao cliente, controle de qualidade, programas de software e procedimentos de segurança.

Em caráter similar, se você quer influenciar um cliente a comprar o seu produto ou tomar uma decisão correta, é mais provável que ele o ouça quando você conta como outro cliente resolveu um problema parecido. Essa abordagem menos direta ao ponto pode ser mais eficaz do que apresentar uma opinião direta do que gostaria que ele fizesse.

Assim, também, se você quer um direcionamento mais positivo no desenvolvimento da sua carreira, não espere o relatório de performance anual para que seu chefe saiba como você está indo. Como alguns de nossos clientes bem-sucedidos já descobriram, algumas histórias que demonstram realizações soltas em conversas durante um café ou almoço podem ser muito mais eficazes.

Uma contribuição para a próxima geração

A tradição de contar histórias constitui parte da nossa rica herança para ligar gerações passadas, presentes e futuras. Temos os mitos gregos, as lendas do Rei Artur, as fábulas de Esopo, até os escritores contemporâneos. As histórias que você conta sobre a própria vida (ou ouve sobre a vida dos outros na sua família) desempenham a mesma função e conectam as gerações.

Quais são as histórias que gosta de ouvir e contam sobre a sua vida? Talvez tenha ouvido histórias de família sobre quando você nasceu, o seu primeiro dia na escola, os fatos e as pessoas importantes no início da sua vida. Na verdade, pode ser mais estranho e mais divertido do que ficção. E os casos são contados várias vezes, e a cada vez com um adorno novo.

CASOS E CAUSOS

As histórias de família que passam pela oralidade vão se perdendo conforme as gerações passam. Eu (Kate) tinha uma vizinha, Margaret, cujo passatempo na aposentadoria era localizar os ancestrais para delinear a árvore genealógica da família. O seu legado mais permanente para a família é uma fascinante coleção encadernada das histórias. Ao longo da árvore, ela coletou anedotas de todos os membros da família. Ela as publicou para que a família e as gerações futuras apreciem e entendam mais a respeito da sua herança. Se você fizesse o mesmo, que histórias gostaria de guardar para a posteridade?

PASSATEMPO NA PNL

Eis um jogo de anedotas familiares. Escreva cinco cartões com uma das seguintes palavras: farsa, suspense, comédia, tragédia, novela. Pegue um cartão, pense em uma anedota familiar e conte a história no estilo que está escrito no cartão.

O Poder das Metáforas

Assim como as pessoas contam histórias todos os dias, as suas conversas diárias são ricamente recheadas de metáforas. Considere esses exemplos:

- "Veja só, é uma *selva* lá fora!"
- "Ele *estava nas mãos deles.*"
- "Ela é uma *chata de galochas*!"
- "Ele é uma *brisa*."
- "*Cortaríamos o ar com uma faca.*"

Alguns diriam que, enquanto uma imagem vale mais que mil palavras, uma metáfora vale mais que mil imagens.

Usando metáforas na PNL

A palavra metáfora deriva do grego e significa "transposição". Metáforas fazem uma comparação, um paralelo entre dois termos às vezes não relacionados. Pode ser uma forma poderosa e inovadora de descrever uma situação; pode ajudar o ouvinte a refletir sobre si mesmo; ou ver uma situação difícil sob novo ângulo, proporcionando um jeito original de resolvê-la.

ALERTA DE JARGÃO NA PNL

Na PNL, as metáforas são usadas em um sentido mais amplo do que aquele definido na gramática, em que são usadas para ajudar as pessoas a moverem-se de um contexto para outro. A PNL denomina esse movimento de segmentação paralela. Como explicado no Capítulo 16, se trata de transitar entre níveis de maior ou menor detalhamento para comunicar-se com alguém no nível mais apropriado e eficaz.

Como Nick Owen descreve em seu livro The Magic of Metaphor (A Mágica da Metáfora) (Crown House Publishing, 2001): "As metáforas não são simplesmente poéticas ou adornos retóricos, mas artifícios poderosos para dar forma à percepção e à experiência."

ALERTA DE JARGÃO NA PNL

Em um dos workshops de apresentação de Kate, Janet estava procurando formas criativas de animar a apresentação para um grupo de adolescentes e crianças. Como consultora vocacional, o trabalho de Janet era visitar escolas e inspirar grupos com opções de esquemas de aprendizado.

Na primeira, ela ficou de pé e falou das escolhas para a garotada, na esperança de que eles ouvissem por causa do enorme entusiasmo e do vasto conhecimento dela. Mais tarde, conforme ela pensou nas formas de refinar sua apresentação com histórias e metáforas, teve a ideia de usar a metáfora de um telefone celular, que é uma coisa com a qual todos os adolescentes podiam se identificar. Ela comparou todas as atribuições das diversas carreiras com as funções sofisticadas do último modelo de celular. Dessa forma, ela construiu uma ponte entre a conselheira e o estudante e encontrou uma forma de desenvolver um diálogo mais convincente. Graças à metáfora atraente, ela descobriu uma abordagem nova para animar a história e inspirar os adolescentes.

PASSATEMPO NA PNL

Para praticar metáforas criativas e divertir-se ao mesmo tempo, experimente esse exercício. São necessárias três pessoas: A pessoa A tem um assunto (como escrever um livro, por exemplo) que gostaria de comunicar de forma diferente. Siga essas etapas:

1. **A Pessoa A diz: "<Tópico> é como..."**

   Usando o exemplo de escrever um livro, a pessoa A diria: "Escrever um livro é como..."

2. **A Pessoa B pensa em um objeto... Qualquer objeto para completar a frase: "Escrever um livro é como..."**

   A Pessoa B, por exemplo, diria: "uma maçã".

3. **A Pessoa C faz a conexão.**

   Por exemplo, ela diria: "(...) Porque te torna faminto por isto"

Esse exercício faz um bom jogo para a hora do jantar. E você pode usá-lo para encontrar a metáfora que o ajudará a comunicar a mensagem de forma mais memorável.

Usando metáforas para encontrar soluções novas

Um dos contos de Robert Dilts no livro Sleight of Mouth (Prestidigitação Linguística) é sobre um jovem em uma ala psiquiátrica, que sofria da ilusão de ser Jesus Cristo. Ele passa os dias improdutivamente, resmungando, irritando e sendo ignorado pelos outros pacientes. Todas as tentativas dos psiquiatras e seus assistentes falharam para convencer o homem de sua ilusão.

Um dia, chegou um novo psiquiatra. Depois de observar o paciente quietinho por algum tempo, ele aproximou-se do jovem. "Sei que você tem alguma experiência como carpinteiro", disse. "Bem, sim, acho que sim, respondeu o paciente." O psiquiatra explicou ao paciente que ele teria de construir uma nova sala de recreação e precisaria da ajuda de alguém que tivesse habilidade de carpinteiro. "Poderíamos contar com a sua ajuda", disse o psiquiatra, "isto é, se você é o tipo de pessoa que gosta de ajudar os outros".

MODELAGEM SIMBÓLICA

James Lawley e Penny Tompkins, autores de *Metaphors in Mind* (2006, Developing Company Press) desenvolveram um processo chamado de Modelagem Simbólica. Esse processo intensifica as habilidades daqueles treinados na PNL e outros métodos para trabalhar em um nível simbólico com os pacientes. "As metáforas são particularmente valiosas para aqueles que consideram difícil descrever o que está acontecendo com eles por causa de um trauma, falta de autopercepção ou vergonha", diz James. Por exemplo, em uma reunião de trabalho, um líder sênior pode não querer dizer que tem medo dos rumos que a empresa está tomando. Entretanto, ao entrar no domínio simbólico, ele pode prontamente admitir que está "como um mar bravo tornando-se mais turbulento". Isso o torna capaz de expressar seus medos sem expôr-se a julgamentos.

Trabalhar com símbolos e metáforas faz com que os clientes sintam que têm mais recursos ao lidar com tópicos desafiadores. Como psicoterapeutas, Penny e James são experientes em trabalhar simbolicamente com os pacientes que sofreram trauma severo. Às vezes o paciente pode achar que falar sobre os detalhes do ocorrido é muito doloroso. "Trabalhar com as metáforas pessoais dos clientes", diz Penny, "honra a sua experiência única e cria um contexto em que a mudança pode acontecer organicamente. Isso pode acontecer porque a Linguagem Limpa de David Grove evita que os terapeutas não intencionalmente acrescentem ou alterem dados na experiência simbólica do paciente."

Nós fornecemos o conjuntos de questões da Linguagem Limpa no Capítulo 18 e você encontra mais sobre Linguagem Limpa e Modelagem no Capítulo 19.

Permissão de James Lawley e Penny Tompkins.

E assim a história termina bem. O paciente sente-se atraído pelo projeto, começa a interagir com as pessoas outra vez. Agora sua cura terapêutica pode começar.

Nesta história, o novo psiquiatra conecta-se com o paciente, trabalhando dentro de sua própria metáfora de carpintaria. Se o paciente acredita ser Jesus Cristo, o psiquiatra aceita e não tenta contradizê-lo. Ao contrário, o psiquiatra trabalha com a crença do paciente e adota a mesma metáfora de Jesus, o carpinteiro, para efetuar a cura.

Terapeutas capacitados de todas as áreas, com frequência, trabalham com as metáforas dos clientes para ajudá-los a solucionar os problemas. Da mesma forma, você pode trabalhar com as metáforas das outras pessoas para auxiliar o diálogo na comunicação diária. As metáforas podem ser usadas para:

- Transmitir más notícias, como atrasos de projetos ou mudanças no trabalho
- Tranquilizar um estudante ansioso que enfrenta provas
- Explicar um assunto complicado a um grupo
- Transmitir coragem e confiança a uma criancinha

DICA

Você pode usar jogos de palavras para aliviar a tensão, através de temas como o tempo e a natureza — mudando de chuvas e tempestades para sol e calma, ou comparando uma situação desafiadora com escalar uma montanha ou atravessar um rio. Também, relacionar a mensagem com os termos do esporte preferido de um amigo — golfe, tênis, vela, futebol — pode ajudar a promover mudanças de pensamento.

Como exemplo, quando o seu colega de trabalho lhe diz: "Esse projeto é um verdadeiro pesadelo", você pode suavemente inserir palavras sobre dormir e sonhar no diálogo para obter mais informações e conduzir a um estado de pensamento mais positivo. Assim, pode alimentar alguns dos seguintes tipos de linguagem na discussão: "Quais aspectos do projeto estão tirando-lhe o sono à noite?" "Há algumas partes assustadoras?" "Talvez as pessoas precisem consultar o travesseiro de vez em quando." "Como você gostaria de passar a noite?" e "então, nos seus sonhos mais selvagens, o que veria acontecer?"

CASOS E CAUSOS

Anthony é um terapeuta que trabalha com clientes com comportamentos que causam dependência. Ele nos disse:

> *Tenho uma cliente que me falou sobre o prazer que sentia ao beber, até que isso saiu fora de controle. No início, ela descreveu o deleite da sua bebida preferida, o quão apetitosa parecia dentro da garrafa, lindamente embalada e apresentada. Mas, quando ela descreveu os seus sentimentos de impotência conforme o vício foi tomando conta dela, o álcool havia se transformado em um espírito feio que a assombrava e apavorava. Depois de um período de tempo, éramos capazes de*

trabalhar com a história dela, desenvolver um enredo e trabalhar isso para ter um final feliz. Ela, então, pôde acreditar em um futuro no qual ficaria livre do vício que estava oprimindo sua vida.

Metáforas diretas e indiretas

A PNL faz distinção entre os tipos de metáforas diretas e indiretas.

- Uma metáfora *direta* compara uma situação com outra em que há uma ligação óbvia nos termos do tipo de conteúdo. Um exemplo seria comparar o aprendizado de um novo aplicativo de software com aprender a dirigir. Ambos referem-se à aprendizagem.
- Uma metáfora *indireta* compara o que não é imediatamente óbvio. Então, pode-se comparar a aprendizagem de um software com o preparo de uma refeição ou o planejamento de férias. Algumas metáforas indiretas formam a base das campanhas publicitárias mais criativas.

Criando as Suas Próprias Histórias

Em seus workshops de escrita "Paixão pela Publicação", Kate encoraja os autores a criarem suas Histórias de Origem e então desenvolvê-las em um livro ou artigo. Essas são as histórias pessoais que dispararam a paixão da pessoa pelo que ela está escrevendo e relatam os períodos em que o escritor sentiu extremos de emoção — de picos de excitação até crises de ansiedade. Como cada pessoa do grupo compartilha uma história, isso inevitavelmente dispara novas histórias para os outros escritores, pois eles conectam a experiência do escritor com as suas próprias similares. A escrita mais convincente conta histórias empolgantes, assim como os contos mais emocionantes são os contados com o coração.

Comunicadores fortes reconhecem o poder da história para construir rapport mais prontamente e colocar sua plateia em transe — quer seja com uma pessoa ou com muitas. Na verdade muito do trabalho terapêutico depende da forma narrativa da comunicação. Nesta seção, nós reunimos ideias para você desenvolver seu próprio repertório de histórias e construir suas habilidades como um contador de histórias envolvente. Mesmo que você nunca tenha pensado em si mesmo como um contador de histórias, você poderá ver em breve como capturar suas próprias ideias de histórias e organizar seus pensamentos visando o máximo efeito.

Usando o Diário do Construtor de suas Próprias Histórias

Experiências diárias podem formar a base de suas histórias convincentes. Eis uma forma de captar e gravar o enredo para que você possa adaptar depois:

PASSATEMPO NA PNL

1. **Encontre uma situação que gere emoção. Anote a emoção gerada. Por exemplo: alegria, risada, medo, raiva, surpresa, confusão, desconfiança.**
2. **Quem são as pessoas envolvidas?**
3. **Conte o que ocorreu ao dar três pontos-chave do enredo.**
4. **Conte qual foi o resultado; em outras palavras, como terminou?**
5. **Descreva algo engraçado ou interessante que foi comunicado.**
6. **Explique o que aprendeu com isso.**
7. **Liste as suas ideias para desenvolver essa história: identifique onde, quando e para quem você contará.**

As histórias se desenvolvem e mudam ao longo do tempo. Volte aos registros em intervalos regulares para estender o seu repertório. Ouça os locutores que o inspiram e divertem e observe que os enredos são relativamente simples. Sinta-se à vontade para lembrar histórias que ouviu outros contarem e coloque a sua interpretação pessoal para fazer a sua própria.

DICA

À medida que você começa a criar suas histórias favoritas, pense a respeito:

- » Como *começará* e como *terminará* a história. Alguns grandes começos perdem o rumo (e os leitores) muito antes de chegarem ao final.
- » O que acontece no *meio* para causar um interesse dramático — quais são os marcos interessantes, as batalhas, os dilemas ou conflitos no caminho?
- » Quem são as *personagens* — quem é o herói e o elenco de apoio? Como torná-los memoráveis?
- » Como você pode se assegurar de construir o conteúdo apoiado em uma forma consistente?

Mais meios de praticar suas habilidades de contador de histórias

DICA

Contar histórias de forma eficaz é uma habilidade fabulosa, a qual vale a pena aprender, e uma história bem contada captura o público e permanece com as pessoas muito tempo depois que outros detalhes de um evento são esquecidos. Eis algumas sugestões para você melhorar a sua técnica:

- Comece com histórias simples e, com o tempo, seja mais audacioso conforme desenvolve as suas habilidades.
- Dirija-se a uma biblioteca infantil para todos os tipos de exemplos de folclore e contos de fadas que você pode adaptar bem a qualquer contexto. Um de nossos clientes descreve *Alice no País das Maravilhas* como o melhor livro de negócios já escrito.
- Lembre-se de que, quando conta uma história, o foco está em você. Pratique e viva com a sua história para que, quando você contar, possa comandar a atenção da plateia e reúna todos com você. Saiba o início e o final de cor e simplifique a estrutura para uns poucos pontos-chave.
- Conte uma história humorística com um semblante sério e profundo, e terá muito mais impacto do que quando sorri maliciosamente durante toda a história; o elemento surpresa é poderoso.
- Prenda-se ao ingrediente essencial do rapport para manter as pessoas atentas (dirija-se ao Capítulo 7 para mais detalhes para criar rapport).
- Planeje o horário, lugar e a situação em que contará a história. Certifique-se de que as pessoas estão relaxadas e confortáveis. A ambientação em torno de fogueiras de acampamento reluzentes tende a resultar em momentos perfeitos para contar casos, tanto quanto tomar assento embaixo da sombra das árvores em um dia preguiçoso de verão.
- Veja o que pode descobrir a partir das histórias dos outros e de como eles as contam. Você pode adaptar partes das histórias deles para as suas ou perceber como eles trabalham com sua voz, sua plateia e com o palco.
- Perceba como a respiração afeta a sua voz e pratique uma gama de sons e volumes. Divirta-se explorando todas as suas habilidades para representar toda a variedade de expressões.
- Falar de cor em lugar de ler de um livro ou rascunho é uma estratégia mais poderosa... E as pessoas não cobrarão tanta perfeição nas palavras.
- Estimule os sentidos da sua plateia para que ela possa entrar em contato com seus sentimentos e até sentir o cheiro e o gosto do delicioso conto que você está inventando para eles.
- Tenha um início bom. Para exemplos de aberturas memoráveis, dirija-se ao paralelo "Fisgando as pessoas".

FISGANDO AS PESSOAS

Era uma vez... Observe como todas as grandes histórias excitam a curiosidade do leitor com o seu início. Pense em como você começará a sua história para atrair a atenção e manter o interesse. Eis algumas linhas introdutórias para iniciantes:

"Se eu devo me tornar o herói de minha própria história, ou se este lugar será ocupado por qualquer outra pessoa, essas páginas devem mostrar." Charles Dickens, *David Copperfield*

"Podia ter acontecido em qualquer lugar, em qualquer época, e poderia certamente ser um bom negócio." Elizabeth Jane Howard, *The Sea Change* (A Mudança do Mar)

"Pegue o meu camelo, querido", disse tia Dot quando desceu do animal em seu retorno do High Mass". Rose Macaulay, *The Towers of Trebizond* (As Torres de Trebizond)

"José Palacios, seu serviçal mais antigo, o encontrou boiando nu, com os olhos abertos nas águas puras do seu banho e pensou que ele houvesse se afogado." Gabriel Garcia Márquez, *O General em seu Labirinto*

"No início, havia um rio. O rio tornou-se uma estrada, e a estrada ampliou-se para o mundo todo. E por ter sido rio uma vez, estava sempre faminto." Ben Okri, The Famished Road (A Estrada Morta de Fome)

"Estou condenado a me lembrar de um garoto com uma voz destruída, não por causa da sua voz ou por ele ser a menor pessoa que eu já conheci, ou mesmo porque ele foi o instrumento da morte da minha mãe, mas porque ele era a minha razão para acreditar em Deus." John Irvine, *A Prayer for Owe Meaney* (Uma Prece para Owen Meaney)

E isso me lembra... Acrescentando sequências à sua história

Você já observou como, em um romance, um escritor abrirá um número de "sequências" ou enredos que correm paralelamente ao longo do livro?

Em um dos maiores livros de histórias do mundo, As Mil e Uma Noites, uma coleção de um milhão de contos narra como o Rei Shahriyar teve um desagradável problema comportamental. Ele tinha o hábito de matar uma sucessão de jovens noivas virgens depois da primeira noite de casamento.

Num grau de velocidade, ele estava devastando a população feminina, a fonte das noivas potenciais começava a secar. Graças à esperteza de Sherazade, a filha do seu político mais antigo e a próxima vítima em potencial, o padrão estava quebrado. Conta-se que Sherazade colecionou mil e um livros de histórias e poesia, fascinada como era pelas vidas de reis e gerações passadas.

Na noite do casamento dela, ela distraiu o rei com um conto que ficou incompleto no ar na madrugada. A curiosidade do rei o fez esperar a conclusão da narrativa e ele poupou a vida dela mais uma noite, e outra, e outra, conforme ela ia contando os mil e um contos. E ele perdeu o hábito de matar as novas noivas!

DICA

Você também pode adicionar as histórias sequenciadas ao seu conjunto de habilidades de contador de histórias!

O que você faz é começar uma história e, antes de completá-la, você diz: "Ah, isso me lembra...", ou "tenho de contar-lhes uma sobre..." As histórias permanecem incompletas; as pessoas são deixadas na incerteza, imaginando o que aconteceu e como será o final. Esse artifício o permite manter a atenção e concentração da plateia enquanto elas tentam criar ordem a partir do caos. Você pode fazer isso naturalmente, enquanto divaga de um assunto para o outro. Entretanto, certifique-se de dar fechamento às histórias em algum momento, ou você vai acabar simplesmente irritando a sua plateia.

E, FINALMENTE, RECLINE-SE, RELAXE E APROVEITE UMA OUTRA HISTÓRIA DA TRADIÇÃO SUFI

Houve uma vez um garotinho que batia um tambor o dia todo e adorava cada momento. Ele não ficava quieto, não importava o que alguém fizesse ou dissesse. Muitas pessoas que se autointitulavam Sufis e outros desejantes do bem, eram chamados pelos vizinhos para que fizessem algo a respeito da criança.

O primeiro suposto Sufi falou ao menino que, se ele continuasse fazendo tanto barulho, perfuraria os seus tímpanos; essa razão era muito complexa para a criança, que não era nenhum cientista nem erudito. O segundo disse-lhe que tocar tambor era uma atividade sagrada e deveria ser tocado apenas em ocasiões especiais. O terceiro ofereceu tampões de ouvido aos vizinhos; o quarto deu um livro ao garoto; o quinto deu livros aos vizinhos que descreviam como controlar a raiva através do "biofeedback"; o sexto deu exercícios de meditação ao menino para torná-lo calmo e explicar-lhe que toda realidade era imaginação. Como todos os placebos, cada uma dessas soluções funcionou por algum tempo, mas nenhuma perdurou.

Finalmente, veio um verdadeiro Sufi. Ele observou a situação, entregou um martelo ao menino e uma talhadeira e disse: "Você imagina o que há dentro do tambor?

NESTE CAPÍTULO

Fazendo suas questões serem mais valiosas

Revelando as suposições limitadoras que o impedem de ser o seu melhor

Indo direto ao ponto

Facilitando as decisões difíceis

Capítulo 18
Fazendo as Perguntas Certas

Quando você sabe as perguntas "certas", consegue os resultados que quer mais rapidamente. Ao longo deste livro, no verdadeiro espírito da PNL, nós deliberadamente visamos a não sermos críticos; assim você poderá, com total legitimidade, dizer que não há perguntas "certas" ou "erradas", apenas diferentes.

Seremos mais precisos. Quando falamos em perguntas "certas", estamos olhando especificamente para as incisivas, aquelas que colocam o dedo no cerne da questão, que têm um efeito positivo no mais curto espaço de tempo possível. As perguntas "erradas" são aquelas que o afastam da rota, serpenteiam para um beco sem saída, reunindo informações interessantes, porém irrelevantes.

Ao longo deste livro, explicamos e demonstramos que a sua linguagem é poderosa; ela provoca uma resposta emocional em você e nos outros. Essa é uma razão pela qual você pode fazer a diferença quando começa a escolher a linguagem com consciência crescente. Neste capítulo, trouxemos juntas algumas das perguntas mais úteis que você pode fazer em situações diferentes, para que as coisas aconteçam para você e para os outros. Sabendo as perguntas "certas" você pode fazer a diferença quando quer:

» Estabelecer o seu compasso pessoal na direção correta
» Tomar as melhores decisões
» Ajudar os outros a ter mais responsabilidade
» Selecionar e motivar as pessoas
» Ajudar os outros a superar suas limitações

Perguntas que pedem Dicas e Estratégias

Antes de atacar com uma pergunta crítica, você provavelmente gostaria de ter respondida "quais são as perguntas mágicas que fazem diferença real?". Respire rapidamente para considerar como fazer as perguntas quando está trabalhando com outras pessoas, que é tão importante quanto o quê perguntar.

Nesta seção, o encorajamos a desafiar o seu estilo pessoal e suas suposições, e adaptar o seu próprio comportamento para funcionar no seu melhor, seja no lugar de cliente ou treinador.

Limpando sua linguagem — removendo os vieses

Você já imaginou quantas perguntas levam a suposições baseadas no que você quer e no seu mapa da realidade, antes do que as outras pessoas querem? Como seres humanos, é muito difícil não projetar nossas ideias, necessidades, vontades e nosso entusiasmo nos outros, especialmente os mais próximos. Você influencia outras pessoas todo o tempo. Você não consegue evitar. Por essa razão, a maioria das perguntas não são o que chamamos de limpas — no sentido de que pressupõem alguma coisa, como no caso da pergunta "Quando você parou de bater na sua esposa?".

LEMBRE-SE

Mesmo uma palavrinha como bater gera significados diferentes para cada um de nós. Você pensou em bater no contexto da violência física ou pensou no sentido competitivo de vencer em um esporte ou jogo?

Terapeutas passam por anos de treinamento para trabalhar com seus clientes como "um espelho limpo", que pode simplesmente refletir as questões dos clientes discutidas por eles. Alguns brilham mais do que outros! Afinal de contas, você sabe o quanto pode comunicar só por um erguer de sobrancelha ou risadinhas abafadas (era por isso que Freud deitava os clientes em um divã enquanto ele, como terapeuta, sentava-se atrás da cabeça do cliente!)

PESCANDO RESPOSTAS

CASOS E CAUSOS

Um terapeuta estava trabalhando com um cliente que disse ter tido um sonho. Tudo o que o cliente conseguia lembrar era que estava chovendo e ele estava em um restaurante. Quando acordava, sentia calor e ansiedade.

Terapeuta: "Oh, então o seu sonho era sobre peixe, não era?"

Cliente: "Não sei."

Terapeuta: "Mas você sabe que estava em um restaurante?"

Cliente: "Perfeitamente."

Terapeuta: "E é provável que houvesse peixe no menu?"

Cliente: "Sim, muitos restaurantes têm peixe no menu."

Terapeuta: "E estava chovendo; então isso poderia representar água e peixe nadando na água?"

Cliente: "Bem, sim, você está certo."

Terapeuta: "Parece que estamos nos aproximando. Talvez você esteja se sentindo como um peixe que foi fisgado e até mesmo assado? O que é isso tudo?"

É óbvio que isso é ficção. Mas a história mostra o quão facilmente podemos nos pegar ouvindo um ponto de vista e então conduzir alguém à nossa interpretação subjetiva dos fatos.

DICA

Se você quer ter respeito no ponto de vista das outras pessoas, então observe como pode evitar prejudicar o resultado de uma discussão. Você está dizendo a alguém o que fazer com base no que você faria?

Cuidado ao fazer generalizações ou limitar possibilidades como falamos no Capítulo 15. Preste atenção no que diz, e se você se pegar listando instruções que comecem com as palavras como: "Você tem que", "você deve", "você deveria", "você não pode", então, é hora de parar de dirigir a ação e impor o seu ponto de vista aos outros.

Imagine que você seja um gerente e esteja treinando ou sendo o mentor de um colega ou de um empregado no trabalho. Na sessão de treinamento, é essencial começar com um objetivo claro em mente. Então, você poderia perguntar: "No que queremos trabalhar hoje?"

A pergunta é simples, direta e foca a atenção no entendimento mútuo de que vocês estão trabalhando em algo. As suas palavras dão a intenção do tipo de interação que vocês estão tendo: isso não é apenas uma conversa amigável, nós temos trabalho a fazer hoje. Essa pergunta é uma abertura melhor no contexto desta seção do que perguntar "Devemos conversar sobre por que você não terminou o projeto tão rápido quanto o Fred?", porque você está dando à outra pessoa um pouco de espaço para pensar e trazer desafios reais e vívidos à discussão.

O treinamento é sobre explorar e desafiar os clientes, conduzindo-os a tomarem responsabilidade e partir para a ação. Perguntas claras o ajudam a fazer isso. Qualquer sugestão que você incluir deve ser colocada de forma a levar as pessoas a pensarem por si mesmas, ao invés de ser influenciadas por você.

Então, uma pergunta clara que conduz um cliente a pensar com cuidado sobre si mesmo poderia ser: "Eu imagino do que se trata?"

A curiosidade pode ter matado o gato, como diz o ditado, mas uma perspectiva diferente pode ser a de que a curiosidade é o caminho para a compreensão. Você é que escolhe qual ditado se encaixa melhor para você.

Descobrindo Perguntas de Linguagem Limpa

O psicólogo consultor David Grove criou um corpo de conhecimento chamado Linguagem Limpa, em que ele aperfeiçoou a arte de fazer perguntas limpas. Seu trabalho continua a ser desenvolvido e agora forma parte de alguns módulos de treinamento prático da PNL (você pode ler mais sobre o trabalho de David Grove e as pessoas que pacientemente o seguiram por inúmeros anos, James Lawley e Penny Tompkins, no Capítulo 19).

Grove criou um conjunto de questões que podem ser usadas em uma série de questionários, em psicoterapia e treinamento, claro, mas também na área de saúde, negócios e educação. As perguntas são de três tipos e funcionam em diferentes formas:

- **Questões de percepção atuais:** Para expandir o entendimento do cliente sobre uma situação.
- **Questões que lidam com o tempo:** Para trabalhar com o senso de tempo do cliente.
- **Questões de intenção:** Para se concentrar no resultado desejado pelo cliente.

O objetivo geral da Linguagem Limpa é remover os vieses inerentes na linguagem do questionador, explorando o modelo de mundo das pessoas a partir de sua própria perspectiva. Ainda que as perguntas possam parecer sem sentido quando fora de contexto, considere a diferença sutil entre fazer uma pergunta limpa como "E há mais alguma coisa?" em comparação com "O que você vai fazer agora?". A segunda pergunta claramente inclui a expectativa do questionador de que a pessoa deve fazer alguma coisa.

TOMANDO DECISÕES COM A LINGUAGEM LIMPA

CASOS E CAUSOS

Uma aluna estava tendo grande dificuldade tentando descrever por que tomar decisões era um problema tão grande para ela. Penny Tompkins compartilhou esse diálogo que teve com a aluna trabalhando com perguntas de Linguagem Limpa:

"E tomar decisões é como o quê", perguntei.

Ela pensou por um momento e respondeu: "Você sabe, é como ir ao dentista. Eu estou na sala de espera e fico completamente apavorada por ter que entrar."

Depois de mais algumas perguntas limpas, pude perceber que ela havia mergulhado fundo em sua metáfora, pelo tempo que ela levou pra responder, e então ela finalmente disse: "Eu realmente preciso de coragem".

"E que tipo de coragem é essa coragem?", foi minha próxima pergunta.

"Uma coragem que me ajude a atravessar isso ao invés de postergar ainda mais."

"E quando a coragem vai lhe ajudar a atravessar isso, onde está essa coragem?"

Ela tocou seu peito com sua mão direita e disse, "Dentro de mim. No meu coração".

Eu continuei fazendo perguntas de Linguagem Limpa para que ela pudesse desenvolver sua metáfora para coragem, "uma forte energia preenchendo meu coração".

Ao final de nosso tempo juntas, ela disse, "Se você tivesse me dito quando começamos que um comentário como 'ir ao dentista' pudesse se conectar tão diretamente com minha tomada de decisões, eu não teria acreditado. Na realidade, você não poderia ter me falado, eu precisava experienciar isso por mim mesma".

Agradecemos a Penny Tompkins e James Lawley por nos ceder este caso.

Começando o processo da Linguagem Limpa

Penny e James sugerem que um jeito de começar o processo de questionamento da Linguagem Limpa é colocar o cliente em um estado engenhoso, desenvolvendo uma metáfora como recurso. Você pode dar início a este processo fazendo as seguintes perguntas:

> E quando você está no seu melhor, como é isso?

Você pode fazer essa pergunta de forma generalizada, como acima, ou você pode torná-la mais específica ao colocá-la em um contexto específico, como fazemos ao adicionar as seguintes palavras nos colchetes:

> E quando você está [trabalhando] no seu melhor, como é isso?
>
> E quando você está [colaborando] no seu melhor, como é isso?
>
> E quando você está [focando-se] no seu melhor, como é isso?

Ou tente adicionar uma qualidade pessoal:

> E quando você é mais [paciente], como é isso?
>
> E quando você é mais [amável], como é isso?
>
> E quando você está mais [satisfeito], como é isso?

Quando a pessoa tiver criado uma metáfora de recurso, você pode então fazer a seguinte pergunta limpa que inicia o processo de desenvolver uma metáfora de objetivo desejado:

> E o que você gostaria que acontecesse, é como o quê?

Quando a pessoa tiver falado, escrito, ou desenhado uma metáfora em resposta a essas questões, você pode fazer as primeiras cinco perguntas de desenvolvimento listadas na próxima seção para trazer a metáfora à vida. Nós queremos que a pessoa esteja vivendo em sua paisagem metafórica pessoal (para usar várias metáforas!).

Desenvolvendo perguntas de percepção atuais

Aqui há alguns exemplos de perguntas limpas que aumentam o entendimento de uma pessoa sobre uma situação:

- **Atributos:** E há alguma coisa mais sobre...? E que tipo de...?
- **Localização:** E onde/em que redondeza fica...?
- **Relação:** E há uma relação entre... e...? E quando/o quê acontece para que...?
- **Metáfora:** E isso/esse... é como o quê?

Tentando perguntas de manipulação do tempo

Estas perguntas limpas são ótimas quando trabalhando-se com o senso de tempo de uma pessoa:

- **Antes:** E o que acontece logo antes de...?

» **Depois:** E então o que acontece /o que acontece na sequência?
» **Raiz:** E de onde... poderia vir/vem?

Trabalhando em perguntas de intenção

As seguintes perguntas limpas são úteis para explorar o objetivo desejado de uma pessoa:

» **Objetivo desejado:** E o que você gostaria que acontecesse?
» **Condições Necessárias:** E o que precisa acontecer para atingir o seu objetivo desejado? E pode...?

DICA

Para trabalhar bem com essas perguntas, você pode se beneficiar de treinamentos formais em Linguagem Limpa. Entretanto, você pode começar a fazer pequenos ajustes para limpar suas perguntas você mesmo, para agir como um facilitador neutro ao invés de influenciar involuntariamente o pensamento de outra pessoa.

PASSATEMPO NA PNL

Imagine que alguém descreva um problema para você, como ter muito trabalho, e peça sua ajuda. Se você perguntar para a pessoa "E essa quantidade de trabalho é como o quê", você a está convidando a trabalhar com sua própria metáfora. A pessoa pode criar uma metáfora como, por exemplo, "É como um tijolo nas minhas costas". Você então pode perguntar, "E o que você gostaria que acontecesse quando há um tijolo nas suas costas?", para compassar-se com a experiência da pessoa e guiá-la a encontrar suas próprias soluções.

Assim como com todas as sugestões desse capítulo, apenas tente e veja como funciona.

Reconhecendo que como você se comporta é o que conta

Admita agora... Você já gritou com alguém e lhe disse: "Pare de gritar comigo!"? É uma tolice, não é, esperar que alguém faça o que você claramente não está demonstrando com seu próprio comportamento. Porém, as pessoas fazem isso o tempo todo. É fácil ver no outro as qualidades negativas que você quer mudar em si mesmo.

A arte de encorajar alguém a mudar é ter o comportamento você mesmo. Se você quer que alguém seja curioso, então seja curioso. Se quer que os outros sejam positivos e prestativos, então você também precisa ser um modelo daquele comportamento. Se você acha que alguém precisa se animar, introduza alguns procedimentos divertidos.

Em lugar de esperar que as outras pessoas mudem, conduza essa mudança você mesmo. Uma das melhores lições que podemos passar é: "A forma como você age com as outras pessoas determinará a forma como as pessoas lidarão com você."

Então, quando fizer perguntas, faça-as consciente de como está se comportando, assim como do que está dizendo.

Aperte o botão de pausa

O silêncio vale ouro. É, de fato, útil parar por um momento quando uma pessoa acaba de falar e pensar antes da sua vez de falar.

Alan Whicker, apresentador da fascinante série de televisão O Mundo de Whicker, tem um estilo único de entrevistar as pessoas. Ele faz uma pergunta e deixa uma pausa longa antes de receber uma resposta. Os entrevistados, sentindo a necessidade de preencher o silêncio, elaboram detalhes que fornecem muito mais insights sobre suas personalidades do que a resposta original.

As pausas dão às outras pessoas um espaço crítico para processar o que você disse e considerar suas respostas.

Simplesmente dar às pessoas um tempo sem pressa para pensar dentro de uma estrutura de questionamento é um grande benefício em situações comerciais e familiares também. Ouvir os outros é um ato generoso e uma habilidade que não é desenvolvida nem valorizada em muitas empresas, e é por isso que o treinamento é tão precioso. Treinadores experientes compreendem o poder da escuta e a importância de um questionamento poderoso combinado com silêncio para que os clientes possam processar seus pensamentos. Eles escutam não apenas o que está sendo dito, mas também a mensagem sob as palavras, prestando muita atenção ao que vêem assim como reconhecendo a importância de colocar os clientes em seu estado mais engenhoso para resolver seus próprios problemas.

LEMBRE-SE

Grandes ouvintes criam reuniões produtivas, constroem relações fortes e encontram os insights para resolver questões complexas.

Teste as suas perguntas

DICA

Se você tem alguma dúvida se a sua pergunta é apropriada para ajudar uma pessoa ou situação a encaminhar-se para um lugar melhor, pare e pergunte-se:

» "A minha próxima pergunta vai valorizar essa conversa? Isso está nos aproximando de onde queremos chegar? Está nos afastando?"

» "Qual é o efeito ou resultado que procuro aqui?"

Se estiver em dúvida, fique em silêncio até que uma pergunta mais poderosa venha à sua mente. Você pode se encontrar pedindo à pessoa que tome as rédeas, dizendo algo como "Qual seria a pergunta mais útil para fazer a si mesmo aqui?" ou até mesmo "Você sabe qual seria a pergunta mais útil que eu poderia lhe fazer?"

Faça das declarações positivas a norma

Quando lhe digo "não pense em um elefante rosa", o que acontece? Sim, claro, você imediatamente pensa em um elefante rosa, não consegue evitar! Da mesma forma, se eu digo a uma criança: "Não coma doces antes do chá!" O que acontece? A criança está compelida a comer os doces, pois eu, inadvertidamente, emiti um comando.

O cérebro não distingue as negativas, ele ignora o "não" e pensa em "fazer". Melhor dizer para o seu filho: "O chá está chegando, então guarde o seu apetite para daqui a dois minutos."

Entendendo o que Você Quer

Saber o que quer pode ser o maior desafio. É uma festa em movimento constante. Às vezes, quando você consegue o que pensa que queria, então fica desapontado, porque percebe que não era realmente o que queria. Assim, para imaginar o que realmente quer, você tem de fazer-se duas perguntas: "O que quero?" e "o que isso fará por mim?"

O que eu quero?

Se há uma grande pergunta que vem da PNL, a pergunta básica é: "O que quero?"

DICA

Algumas vezes, você sabe muito claramente o que não quer. Esse é um bom ponto de partida. Quando você sabe o que não quer, vire-se e pergunte a si mesmo: "Qual é o contrário?" E, então, verifique consigo mesmo mais uma vez: "Então, o que é que eu quero?"

LEMBRE-SE

À medida que você começa a articular as suas respostas, explora alguns detalhes e permite-se sonhar um pouco. Imagine-se no futuro; avance o seu filme pessoal para um tempo quando conseguiu o que queria, e talvez mais além disso. Empregue todos os sentidos e pergunte-se como se sente, ouve e o que parece? Há alguns cheiros e sabores associados com o "conseguir o que quer"? Verifique em seu interior se parece certo. Isso o energiza e o excita? E, se você se sente ansioso ou exausto, é a dica de que algo está errado.

O que isso fará por mim?

Uma vez que tenha pensado sobre o que quer e ideias tenham vindo à sua mente, então a próxima pergunta a verificar é: "O que isso fará por mim?" Você pode ter um objetivo, o qual poderia ser tentar um projeto comercial, praticar um novo esporte ou deixar o seu emprego e fazer caminhada no Nepal.

Faça a si mesmo essa pergunta: "O que isso fará por mim?" Escave até que tenha atingido alguns valores centrais que façam sentido para você. Caso contrário, você pode estar escolhendo fazer coisas que o levem para rotas paralelas, ao invés de se manter no caminho de onde realmente quer chegar.

CASOS E CAUSOS

Keith era um vendedor ambicioso e bem-sucedido, que estava avaliando seu desempenho. Quando ele trabalhou pela primeira vez com um coach de PNL, a sua prioridade era concentrar-se no desenvolvimento de habilidades específicas que ele precisava no local. O seu foco primário era abrir caminho na sua rota de sucessão para tornar-se o próximo diretor de vendas na empresa.

Depois de umas poucas sessões, nas quais o seu treinador perguntou o que ele queria e o que isso faria por ele, Keith investigava cada vez mais o que realmente queria, levando em conta todos os aspectos da sua vida e trabalho. Ele percebeu que, se ele alcançasse a sua meta na carreira, ele teria de abandonar muito da liberdade e flexibilidade que o seu papel atual o proporcionava. Ele percebeu que muito do novo papel desejado significava ter de ir para a cidade na hora do rush e ficar preso, a maior parte do dia, em uma mesa na diretoria da empresa concordando com metas, orçamentos e todo tipo de legalidade dos esquemas de pensão da empresa, "Eu seria como um cachorrinho amarrado à mesa", ele disse.

De fato, ele prosperou com os clientes e ganhou os negócios. A promoção não daria o que ele realmente queria. Com essa percepção, ele escolheu retornar na direção da sua carreira e usar as suas habilidades em outra parte da empresa. A partir daí, ele foi capaz de usar a sua iniciativa para abrir novos territórios de venda internacional.

Durante um período mais longo alimentando o hábito de perguntar a si mesmo o que queria, ele fez outras mudanças significativas em sua vida, deixando a vida corporativa para abrir sua própria empresa de softwares. Este passo deu a ele tempo de estar com sua jovem família de uma forma que seu pai não havia sido capaz: Keith queria ver seus filhos crescendo.

Fazendo Perguntas para Ajudar a Tomar Decisões

Você toma decisões todo o tempo: se vai para o trabalho ou fica em casa; o que comerá no almoço e no jantar; se aceita um convite para assistir a um filme; quanto deve gastar no computador novo ou nas férias; passar o Natal com os parentes ou não?

Então, imaginemos um dia ensolarado em que você está feliz trabalhando e recebe um telefonema de um caça-talentos: há uma nova oferta de emprego, você é a pessoa que eles querem, e, a propósito, isso significa trocar a sua residência para uma cidade de praia, a cerca de 322km de distância. Você não estava nem considerando uma mudança, mas você fica lisonjeado, então você vai e conversa com eles. O negócio parece muito atraente e, uau, você não se sentiria melhor trabalhando perto do mar em um clima quente como esse? Mas há uma voz baixinha dentro de você dizendo: "É a coisa certa a ser feita? Tem certeza?"

Você deve ir ou ficar fazendo o que sabe melhor? Como decidir?

Eis quatro perguntas básicas para guiá-lo em tomadas de decisões — seja uma que mude sua vida ou alguma coisa menor.

- » O que acontecerá se você fizer?
- » O que acontecerá se não fizer?
- » O que não acontecerá se fizer?
- » O que não acontecerá se não fizer?

ALERTA DE JARGÃO NA PNL

As quatro perguntas acima são baseadas na lógica Cartesiana, e você pode encontrá-las referenciadas em Coordenadas Cartesianas. Tudo o que precisa lembrar é que elas oferecem alguns modelos linguísticos poderosos que possibilitam examinar um assunto sob diferentes ângulos.

Nós geralmente conversamos com os clientes sobre essas questões. As decisões podem ser maiores, como: devo deixar a minha esposa, devo mudar de casa, mudar o direcionamento da carreira, ter um filho? As perguntas focam a sua atenção e desafiam o seu pensamento. Quando você chega à última pergunta, você pode parar e pensar: "Isso é confuso." Bom. Isso significa que você está chegando a um avanço em seu pensamento.

Se você fizer uma mudança em uma área da sua vida à custa de outra área, as chances são de que a mudança não dure. Assim, por exemplo, se mudou de emprego, mas abandonou interesses importantes ou amizades onde você vive, então a mudança não o fará feliz por muito tempo e você provavelmente não se aterá a ela. Não aceite nossa palavra, teste as perguntas agora em algo que você esteja ponderando. Você poderá ver que as perguntas o encorajam a checar suas decisões baseado no impacto em todo o seu ambiente, de uma maneira saudável — a qual chamamos de verificação ecológica (nós falamos mais sobre este aspecto no Capítulo 4).

Desafiando Crenças Limitadoras

Quando o pensamento de alguém o está impedindo de alcançar um objetivo muito desejado, há três perguntas simples que você pode fazer para desafiar esse tipo de pensamento. Para ajudar os outros (ou a si mesmo) a superar uma crença limitadora, faça as três perguntas listada nesta seção.

Quando fazendo essas perguntas, dê à pessoa bastante tempo para falar sobre uma questão, e siga adiante apenas quando sentir que ela tenha "esvaziado seu peito".

» **Pergunta 1: "O que você presume ou acredita sobre isso que o restringe em alcançar a sua meta?"**

Pergunte-se três vezes até que tenha certeza de que alcançou o cerne do problema que a PNL descreve como uma crença restritiva. Conforme você se aprofunda, pode dizer: "Tudo certo, e o que mais há sobre isso que o limita?"

Por exemplo, a pessoa pode estar pensando " Não sou bom o suficiente", ou " Ninguém me permitiria", ou " Simplesmente não sei como". Quando você sustenta uma posição negativa como essas, você se impede de fazer o que precisa para conseguir o que quer.

» **Pergunta 2: "O que seria uma crença mais fortalecedora, uma que fosse o contraste positivo daquela?"**

Essa pergunta move a limitação para um lado positivo. Por exemplo, o contrário positivo das suposições e crenças acima seria mencionado positivamente como : "Sou bom o bastante", "Alguém vai concordar comigo." ou "Eu sei como fazer."

DICA

Com a segunda pergunta, o seu colega ou cliente pode ficar confuso ou mesmo irritado, porque é uma pergunta desafiadora para responder. Todavia, essa é uma pergunta crítica à qual se agarrar se você quer mudar de perspectiva e conseguir uma crença mais poderosa que ajude alguém a seguir em frente. Então, atenha-se a ela.

» **Pergunta 3: "Se você soubesse que [sua nova crença libertadora] ... que ideias você tem agora para ajudá-lo a ir em direção ao seu objetivo?"**

Essa pergunta completa o processo. Nesse ponto, o seu cliente vem com ideias próprias de como seguir em frente: "Oh, bem, se eu soubesse que era bom o suficiente, faria X, Y e Z".

Esse questionamento funciona ao colocar alguém no modo de pensamento "e se". Se você age com a crença de que algo pode acontecer, consequentemente você encontrará os comportamentos para chegar lá.

CASOS E CAUSOS

Kate trabalhou com uma diretora executiva que queria ser bem-sucedida em seus negócios e ainda estava lutando para tomar a decisão de ter um filho. A crença restritiva dela era: "Não é possível ser uma boa mãe e uma mulher de sucesso nos negócios ao mesmo tempo." Ao trabalhar as três questões, ela avaliou a nova hipótese oposta que era: "É possível ser uma boa mãe e uma mulher de negócios bem-sucedida ao mesmo tempo."

Ao trabalhar nessa estrutura condicional de "e se", isto é, operando como se fosse possível fazer bem ambas as coisas, ela abriu muitas ideias de como a empresa poderia funcionar de forma diferente, a fim de persistir na maternidade e, ao mesmo tempo, ter êxito nos negócios. Ela não apenas continuou e teve dois filhos saudáveis e bem-ajustados, como também implantou políticas mais flexíveis que beneficiaram tanto os homens quanto as mulheres na empresa.

Encontrando a Pessoa Certa para o Emprego: Uma Questão de Motivação

Encontrar as pessoas certas para o trabalho certo na hora certa pode ser complicado. Fazer as perguntas certas pode ajudar a associar as pessoas às qualidades necessárias para realizar o trabalho.

Para colocar alguém no emprego, é importante primeiro perguntar-se sobre as qualidades pessoais do funcionário que você precisa para realizar bem aquela tarefa, assim como a capacidade técnica envolvida. Como essa pessoa irá se comportar? Essas perguntas começam antes do recrutamento.

» Quais são os critérios essenciais para que alguém possa realizar bem esse trabalho? Aproxime-se com cerca de cinco palavras--chave, que podem incluir palavras como trabalho em equipe, iniciativa, processo claro, criatividade, atendimento ao cliente, aprendizagem, diversidade, estabilidade, flexibilidade, organização, desafio intelectual, bom produto, meio ambiente atraente, viagem.

» Eles precisam estar motivados para alcançar resultados ou solucionar problemas?
» Eles precisam estar primeiro automotivados ou chegar a um consenso dos clientes ou da equipe?
» O estilo de trabalho significa que eles devem seguir os processos ou terão muitas escolhas sobre como farão as coisas?

Ao usar as seguintes perguntas em uma entrevista, você pode obter informações específicas de como as pessoas provavelmente se comportam em dado contexto, assim como a capacidade técnica para realizar o trabalho que você tem em mente. Elas são baseadas nos metaprogramas da PNL, sobre os quais você pode ler no Capítulo 8.

As mesmas perguntas aplicam-se aos membros da sua equipe, para ver como as coisas estão caminhando e quais ajustes pode fazer para manter as pessoas motivadas.

O que você quer no seu trabalho?

Essa questão o permite combinar os critérios que você procura com os que são importantes para o indivíduo. Quando você ouve que alguém quer ter muita liberdade e flexibilidade, ele pode trabalhar bem em um ambiente criativo, mas não se for requisitado para gerenciar rigidamente um projeto de implementação de um novo sistema. Se alguém for bom em mudar, pode ser alguém bom para um contrato curto, mas é improvável que fiquem mais de um ano ou dois, a não ser que você possa oferecer novos cargos.

Por que isso é importante?

Tomando cada critério por vez, pergunte: "Por que isso é importante?" Essa pergunta o permite identificar a direção na qual o seu colega está motivado, seja para se *afastar* de um problema ou *ir na direção* de uma solução. Uma pessoa com tendência a *afastar-se* deve dizer: "O salário é importante para que eu não tenha que me preocupar com não ser capaz de pagar o financiamento da casa própria." Uma pessoa com preferência a *ir em direção* a pode dizer: "O salário é importante para que eu possa comprar minha casa própria facilmente".

LEMBRE-SE

As dicas para entender as pessoas estão no estilo de linguagem que elas adotam. Por exemplo:

» Se as pessoas estão motivadas *em direção a* algo, é possível ouvir esses tipos de palavras: atingir, ganhar, alcançar, conseguir, incluir.

» Se alguém está motivado a *afastar-se de*, é provável ouvirmos esses tipos de palavras: evitar, excluir, reconhecer problemas.

Como você sabe que fez um bom trabalho?

A questão o permite identificar a fonte de motivação de uma pessoa.

Quando as pessoas estão *internamente focadas* — isto é, prestam mais atenção ao que está acontecendo com eles do que com outras pessoas — você pode motivá-las usando frases como "só você pode decidir", "você pode querer considerar" e "o que você acha?".

Se estão *externamente focadas* — isto é, precisam ser convencidas por outras pessoas e através de fatos e imagens — você pode motivá-las usando frases como " os outros notarão", "o feedback que você terá", e "fulano e sicrano dizem tal coisa".

Se você estiver empregando alguém em um serviço de atendimento ao cliente, essa pessoa precisa valorizar a aprovação externa, ao invés de ser focada internamente. Contudo, se você quer dar um projeto a alguém para que o desenvolva por si, alguém com um foco externo pode enfrentar mais dificuldades sem a aprovação externa com a qual está acostumado.

Por que você escolheu o seu trabalho atual?

Essa é uma grande pergunta se quiser saber se alguém está motivado a fazer escolhas ou receber ordens. Se uma pessoa tem um *estilo de opções*, você ouvirá palavras como: oportunidade, critério, escolha, possibilidades ilimitadas e diversidade. Por outro lado, se alguém tem um forte *estilo de procedimentos*, provavelmente dará a resposta passo a passo, contará toda a história de como conseguiu aquele emprego. É provável ouvi-lo falar sobre o processo e usar expressões como: o jeito certo, tentei e verdade.

DICA

Ambos os estilos podem funcionar na mesma equipe e conviver muito felizes. Para motivar as pessoas que gostam de opções, ofereça tantas escolhas quantas forem possíveis. Faça-as realizarem um brainstorm de novas formas para fazer as coisas. Para motivar as pessoas de procedimentos da sua equipe, leve-as a focar nos sistemas e processos necessários para trazer mais estrutura e controle para a equipe.

Cheque a Si Mesmo

Para manter-se na rota de onde quer chegar ou do que quer atingir, dia após dia ou a longo prazo, questionar a si mesmo pode ser útil. Para isto, cheque a seguinte lista de perguntas para fazer a si mesmo todos os dias:

» O que eu quero?
» O que isso fará por mim?
» O que está me impedindo?
» O que é importante para mim aqui?
» O que está funcionando bem?
» O que pode ser melhor?
» Que recursos me apoiarão?

LEMBRE-SE

Se você aceita o pressuposto da PNL de que não existe fracasso, apenas feedback, então não terá medo de fazer perguntas por medo de receber respostas que preferiria não ouvir. Sintonize-se no feedback que recebe de si mesmo assim como dos outros enquanto faz as perguntas certas.

5 Integrando Seu Aprendizado

NESTA PARTE...

Você reúne todo o seu conhecimento de PNL em dois capítulos sobre modelos e mudança. Alguma vez você já se perguntou como alguma outra pessoa pode ser tão boa em uma área em que você queira levantar o seu jogo? Aqui você descobre como usar as suas ferramentas da PNL para seguir os passos de alguém que apresenta excelência em alguma coisa, desde falar em público até realizar trabalhos de dona de casa ou construir relacionamentos.

Você também aprende como empregar o poder da PNL em pontos de transição da sua vida e do seu trabalho. No capítulo sobre mudança, nós o encorajamos a transformar tempos difíceis em um trabalho leve.

NESTE CAPÍTULO

- Descobrindo como replicar excelência
- Reunindo suas habilidades de PNL
- Desvelando a estrutura profunda da experiência
- Descobrindo os bônus inesperados de tomar outras pessoas como modelos

Capítulo 19
Mergulhando na Modelagem

Essa é uma história popular da PNL. Um grupo de mestres praticantes de PNL se dirigem a um local remoto para estudar um xamã em seu trabalho, um curandeiro reconhecido pelos resultados que atinge em circunstâncias extraordinárias. A missão deles é procurar pela " diferença que faz a diferença", a essência da habilidade do xamã, estudando seu comportamento enquanto trabalha com um paciente doente.

Há aparentemente muita "balela" em volta do trabalho do xamã: encantamentos, posturas dramáticas e poções que caracterizam os aspectos externos de seu trabalho com um paciente. Depois de seu período de observação, os praticantes de PNL aproveitam a oportunidade para questionar o xamã. Um deles pergunta, "Então em que ponto a cura realmente começou?" Antecipando uma resposta como "Quando coloquei minha mão na ferida", o praticante fica surpreso ao ouvir como resposta, "Quando fui ao topo da montanha dias atrás e defini minha intenção".

Você pode tirar muitas mensagens desta história. Uma é o poder de determinar sua intenção em qualquer situação e perceber o efeito que a intenção tem nos resultados que você obtém. Outra é reconhecer que o que você vê na superfície nem sempre é a história toda. Ao longo deste capítulo, convidamos você a estabelecer sua intenção de encontrar alguém que tenha excelência em alguma coisa que você tem interesse em fazer bem e ainda precisa aprender a fazer melhor, e começar a se inspirar nessa pessoa, prestando atenção um pouco além dos comportamentos externos e óbvios. Mostramos a você como começar.

Não esperamos que você se torne um expert na modelagem da PNL apenas lendo esse capítulo — isso leva muitos anos de paciente observação. Ao invés disso, queremos que você se divirta enquanto aumenta seus poderes de acuidade sensorial usando a PNL conforme levamos você mais adiante nessa jornada. Você nunca sabe a que lugares maravilhosos a modelagem pode levar você, como muitos que o fizeram e que mencionamos neste capítulo descobriram. Você ganha o máximo ao modelar alguém quando já está confortável com os conceitos fundamentais da PNL que explicamos na Parte I e você também vai achar útil familiarizar-se com o modelo dos níveis lógicos que explicamos no Capítulo 11.

Desenvolvendo Novas Habilidades Através da Modelagem

Quando a maioria dos cursos práticos de PNL chega ao fim, os alunos são convidados a se engajar em um projeto de *modelagem* que integre seu conhecimento dos meses e anos anteriores de aprendizagem sobre PNL. Os projetos variam em seu nível de complexidade e podem abranger desde modelar alguém que tem sucesso em se popularizar em um site de encontros virtuais até alguém que obtém excelência em conduzir encontros de vendas.

ALERTA DE JARGÃO NA PNL

A *modelagem da PNL* é a habilidade de replicar completamente a competência desejada de outra pessoa, ao atingir os comportamentos inconscientes por trás daquela habilidade e codificá-los em um modelo que você possa ensinar a outras pessoas, com o intuito de replicar os resultados.

Você pode adquirir novas habilidades indo para a aula, lendo livros, ouvindo CD´s, ou assistindo DVD´s. Estes processos levam tempo até que você pegue o material, experimente, adapte e incorpore-os em sua vida. A modelagem oferece a você uma forma de acelerar suas habilidades aos trancos e barrancos. Em sua essência, a PNL é sobre entender o que é ser humano — como as pessoas fazem o que fazem — e desde o início os desenvolvedores da PNL adotam técnicas de modelar o comportamento humano para aumentar seu entendimento e compartilhá-lo com os outros.

A PNL atrai pessoas que têm interesse em descobrir coisas sobre pessoas. A sua própria modelagem dos outros começa com um desejo profundo de aprender e ser curioso sobre como as outras pessoas funcionam e obtêm resultados. Richard Bandler e John Grinder criaram os modelos originais de Milton e os Metamodelos graças à sua fascinação com as habilidades de comunicação dos terapeutas. Outros líderes na comunidade da PNL — incluindo Robert Dilts, Judith DeLozier, Todd Epstein, David Gordon, Stephen Gilligan, Tim Hallbom, Leslie Cameron-Bandler, Suzi Smith, e muitos outros — empregaram princípios da modelagem do compreensivo estudo de campos como liderança, gênios, desenvolvimento organizacional, criatividade, saúde, riqueza e relacionamentos.

ALERTA DE JARGÃO NA PNL

A modelagem envolve um *exemplar* — que seja competente em um campo particular — e um *modelador* — que estuda o exemplar. Através de um processo de estudo e observação, o modelador cria um modelo: um quadro explanatório de como o exemplar funciona.

DICA

Para ver o que é realmente possível através da modelagem, pode ser que você goste de dar uma olhada no site `www.nlpu.com` (conteúdo em inglês) e no trabalho de Robert Dilts sobre as estratégias dos gênios. Dilts estudou uma gama de exemplares, muitos dos quais não estavam vivos na verdade — como Mozart e Leonardo da Vinci. Pelo seu estudo de Walt Disney, Dilts criou um modelo de criatividade (conhecido na PNL como a Estratégia Disney) que explora a habilidade de Disney de transformar sonhos em projetos reais.

Quando você começa a modelar, você olha para identificar padrões subjacentes explícitos no modo como seu exemplar opera, ouve suas crenças e valores, e fica curioso sobre como as pessoas pensam e se comportam. Em última análise, o teste do modelo que você criou é se ele se sustenta a ponto de você poder ensiná-lo a outras pessoas e elas conseguirem replicar os resultados que seu exemplar conquista.

LEMBRE-SE

Como em qualquer campo de inquérito intelectual, a modelagem envolve querer resolver um problema, responder uma questão, descobrir alguma coisa nova, e reunir a informação para apresentar uma hipótese informada e válida que se sustente em um exame minucioso quando testada. A literatura da PNL é rica em estudos interessantes de modelagem, incluindo o que você encontra neste capítulo e muito mais. A modelagem é o ponto crucial da PNL.

PASSATEMPO NA PNL

Você já olhou para alguém com um toque de admiração e se perguntou, "Como essa pessoa faz aquilo?", "Como ela consegue ter uma vida tão boa?" ou "Eu gostaria de poder..."

Se sim, isso é bom; você está pronto para aprender com os outros. Entretanto, para tornar as coisas simples para si mesmo, escolha um pequeno aspecto de sua habilidade para modelar. Ao invés de olhar para a vida inteira de uma pessoa, identifique algo em que ela obtenha excelência, como por exemplo, a forma como eles negociam um aumento ou como conversam com seus filhos sem se irritar. Comece considerando uma área de sua vida na qual você queira melhorar suas habilidades ou transformar sua experiência e faça a si mesmo as seguintes perguntas:

- **O que eu gostaria de ter mais na minha vida e em meu trabalho?** Por exemplo, você quer mais diversão, mais desafio ou um parceiro com quem dividir a vida? Você quer mais feriados ou um trabalho que pague melhor?
- **O que eu gostaria de ter menos?** Talvez você queira estar menos envolvido com as políticas do escritório, de não ter que insistir tanto para que seus filhos adolescentes façam sua lição de casa ou livrar--se de algumas tarefas domésticas. Você quer passar menos tempo viajando a serviço?
- **Quem eu já conheço que já atingiu uma capacidade específica com que eu possa aprender?** Se você olhar em volta, é possível que encontre alguém bastante perto que tenha alguma habilidade que você ainda não foi capaz de desenvolver.

Mantenha essas informações em mente enquanto você escolhe seus assuntos para sua atividade pessoal de modelagem. De forma ideal, você deveria escolher três exemplares diferentes para poder desenvolver um modelo robusto.

CASOS E CAUSOS

A modelagem lembra você do poder de ter uma gama de exemplares em sua vida para mostrar o caminho em todo tipo de atividades. Kate estava fazendo aulas de ioga há muitos anos, estudando com muitos professores, e simplesmente presumiu que não era capaz de se apoiar sobre sua cabeça e realizar outras posturas mais avançadas, porque não tinha a flexibilidade natural de alguma de suas professoras mais alongadas. Quando ela colocou seu colchonete ao lado de Yvonne, uma mulher de uma idade parecida com a sua, Kate encontrou um exemplar melhor. Ao observar como Yvonne se movia devagar e graciosamente para as posturas mais difíceis, Kate aderiu à abordagem de Yvonne à saúde (tanto nas aulas quanto fora delas), percebeu sua convicção de que não havia problema em levar anos para aperfeiçoar sua habilidade se necessário, observou pequenos ajustes posturais, e percebeu que ela também poderia dominar as posturas sobre a cabeça e sentir-se relaxada na postura.

Este pequeno sucesso mudou a ideia que Kate tinha sobre o que seu corpo era capaz de aprender. Ela prestou mais atenção aos pequenos detalhes de seus movimentos, tornou-se mais relaxada no desenvolvimento de sua própria prática e abandonou a ideia de que tinha que competir com outras pessoas dentro da classe.

DICA

Se você quiser se tornar competente em uma habilidade comportamental relativamente simples, como um movimento de dança, encontre alguém que tenha recentemente aprendido a fazer o que você quer aprender a fazer como um de seus exemplares. Uma pessoa assim oferece um bom ponto de partida porque é conscientemente competente: ou seja, ainda consciente do processo de aprendizado pelo qual passou e capaz de lhe dar dicas práticas.

Modelar é um talento humano natural

Modelar não precisa ser complicado. Como humano, você é um modelador natural desde o momento em que olha nos olhos de sua mãe pela primeira vez ainda bebê e reconhece o poder de um sorriso ou de uma palavra gentil, até quando você segue os passos de colegas adolescentes vestindo roupas parecidas ou de colegas de trabalho ligados no último aparato tecnológico.

Em termos de metaprogramas (vá para o Capítulo 8 para mais detalhes), você está continuamente buscando por similaridades e diferenças nas pessoas com quem se mistura, movendo-se ao encontro de alguns comportamentos e se afastando de outros, testando suas opções e procurando procedimentos para seguir. Você tem talentos extraordinários; andar sobre duas pernas, comer, falar e ler este livro, e todos esses comportamentos corriqueiros requerem uma multiplicidade de elementos de microprocessamento inconscientes. Quando você modela um exemplar, você desempacota, reconhece e modela os detalhes minutais de processos como esse no comportamento, pensamento e sentimento humanos.

Pense sobre quando descobriu uma habilidade nova: aprender o alfabeto, andar de bicicleta, dirigir um carro, jogar um esporte, conduzir uma reunião, cozinhar uma refeição, escolher roupas que combinem com você, gerenciar suas finanças. Provavelmente, tudo o que você pode fazer bem agora envolveu o seu aprendizado a partir de um modelo que lhe mostrou como isso devia ser feito. Você pode não ter sido ensinado conscientemente, mas absorveu o conhecimento ao conviver com alguém que já sabia fazê-lo, como seu irmão mais velho e os amigos dele que andavam em bicicletas de duas rodas na vizinhança enquanto você os seguia na sua bicicleta com rodinhas.

CUIDADO

Às vezes *modelos óbvios* como pais, amigos ou pessoas com quem você passa seu tempo são menos competentes do que um dia você pensou que fossem. O que você aprende ao estar com eles não aumenta sua capacidade para o seu melhor, então você precisa escolher modelos que se encaixem melhor e que demonstrem a excelência que você procura. Por exemplo, se seu pai acreditava ser incapaz de fazer uma refeição sem queimá-la, você pode ter modelado o hábito dele de correr até o mercado mais próximo e comprar refeições congeladas para fazer no micro-ondas. Ou, se sua mãe não era confiável com dinheiro, gastando cada centavo, você pode inconscientemente ter modelado o hábito dela de deixar sua conta bancária chegar no vermelho. O seu modelo de maternidade e paternidade pode não ter sido dos mais úteis e você precisa encontrar um novo para evitar que repita os erros deles. Conforme você escolhe os seus próprios *exemplares* novos, escolha os melhores a que você tem acesso.

DICA

No Capítulo 4 olhamos para objetivos bem-formulados e os recursos de que você precisa para atingir seus objetivos. Encontrar exemplares apropriados que você possa modelar pode ser uma forma valiosa de acelerar sua habilidade de atingir seu resultado. Por exemplo, se seu objetivo é aprender asa delta, mas você é impedido por seu medo de altura, então encontre três pessoas que tenham a capacidade de praticar asa delta a despeito de qualquer medo. Ao modelar esses exemplares você também pode construir sua confiança.

Chegando a uma estrutura mais profunda

A modelagem da PNL procura trazer o intangível à superfície. O modelo que você cria da outra pessoa procura extrair os processos essenciais de pensamento e estratégias em um certo contexto, ainda que sempre seja uma descrição parcial de toda a complexidade daquele ser humano. Assim como quando você visita um sítio de uma ruína histórica e um modelo em miniatura clarifica a pilha de cascalho empoeirado e mosaicos quebrados à sua frente, um modelo da PNL procura penetrar abaixo da pele de um ser humano que obtém excelência em algum campo particular para identificar a essência do que está acontecendo lá dentro.

No Capítulo 2, nós apresentamos a você a pressuposição essencial da PNL de que "o mapa não é o território". Como todos os humanos, você tem seus mapas mentais e a modelagem procura entender esses mapas. A modelagem da PNL permite a você encontrar a estrutura profunda que há por trás do comportamento de uma pessoa bem-sucedida, para que você possa então tornar seu processamento explícito para outras pessoas e dar a elas a oportunidade de replicar os sucessos do exemplar. A modelagem tenta tornar consciente o que está acontecendo em um nível inconsciente mais profundo.

LEMBRE-SE

A PNL distingue a estrutura profunda da sua experiência da estrutura superficial da sua linguagem. Você pode encontrar mais sobre isso no Capítulo 15.

Mesmo dentro da PNL, não existe um consenso de qual seria o melhor caminho para penetrar na estrutura profunda através da modelagem, e conforme você explora a modelagem com mais profundidade, você encontra muitas abordagens baseadas nas preferências do modelador. Deste modo, muito da modelagem é feito com uma base intuitiva, ao invés de uma abordagem lógica e bem documentada.

DICA

Você consegue muitas informações ao observar e ouvir o exemplar em ação, é claro, mas se não tiver fácil acesso ao seu objeto também descobre muito através de documentos e gravações.

LEMBRE-SE

Assuma que o que você vê e ouve na superfície em termos do comportamento e das palavras de alguém é apenas uma parte da história. Seja paciente e observe o que realmente pode estar acontecendo com aquela pessoa em termos de suposições, crenças e valores.

Se você está modelando um empreendedor, por exemplo, você pode perceber o temperamento fervoroso que alguém como Roberto Justus demonstra na popular série de TV *O Aprendiz*. O que você pode não compreender tão facilmente é como gerar a faísca para criar algo do nada, a motivação persistente ou as estratégias mentais para realizar uma negociação complicada. Quando você pega mais dois exemplares de empreendedores bem-sucedidos e observa como eles operam, você pode então dizer se um atributo como o temperamento constitui ou não um fator essencial para o sucesso ou apenas uma característica que um exemplar tem.

Descobrindo Casos de Estudo da Modelagem

Parte da modelagem adotada por líderes da PNL envolve uma incrível paciência para entender habilidades complexas e construir os mapas comportamentais detalhados que beneficiam os outros. Muitas habilidades são feitas de subconjuntos de outras habilidades. Por exemplo, um terapeuta experiente pode reagir apropriadamente em situações altamente sensíveis, e um líder de negócios pode tomar decisões bem-sucedidas sob pressão enquanto mantém o rapport com uma rede de investidores. Grandes vendedores fazem muito mais do que assinar um contrato. Nesta seção, damos uma olhada em alguns casos de estudo informativos.

O Exemplar Relutante

Um dos maiores desafios ao modelar um expert é que os experts não têm consciência do que fazem: eles são inconscientemente competentes e por isso você precisa de tempo apenas para estar com eles. O problema pode se apresentar quando o seu exemplar não tem interesse em ser modelado ou não quer nenhuma intrusão em seu trabalho. Penny Tompkins e James Lawley enfrentaram este dilema quando resolveram modelar o terapeuta neo-zelandês David Grove, criador da Linguagem Limpa (veja o Capítulo 18 para mais detalhes).

O trabalho inicial de Grove era na área do trauma, em que ele obteve resultados excepcionais trabalhando com uma base de clientes que incluía veteranos da guerra do Vietnã e adultos que haviam sofrido abuso infantil severo. Dos anos 1980 até a sua morte em 2008, seu trabalho passou por uma série de inovações cobrindo quatro temas principais: Linguagem Limpa, Metáfora, Espaço Limpo e Conhecimento Emergente.

ENCONTRANDO SEU PAR NO RIO

CASOS E CAUSOS

Como uma remadora recreacional perspicaz, o projeto de modelagem de Gillian Burn focava-se no entendimento de como conquistar um estado interior positivo para remar de forma eficaz visando a melhor performance possível. Ela escolheu três exemplares: o treinador de remo do clube; a remadora feminina mais desenvolvida; e o remador olímpico Greg Searle. O projeto dela culminou em apresentar sua pesquisa aos companheiros mestres praticantes de PNL, ao final do curso deles.

Sua apresentação começou ao alinhar grupos de pessoas como se elas estivessem em um barco de remo. Ela então ensinou a eles uma combinação de estratégias envolvendo os sentidos do que eles iriam ver, sentir e ouvir, e sua respiração, postura e movimentos no melhor estado para competir. Ela incorporou o modelo TOTS — testar, operar, testar, sair, descrito completamente no Capítulo 12 — ao processo de aprendizado. O teste era verificar se os remadores ainda estavam com todos os músculos prontos para a ação e um forte sorriso interior. Se sim, eles estavam prontos; se não, eles precisavam refocar-se e repetir uma estratégia visual, auditiva e cinestésica.

Ao modelar os remadores, Gillian pôde identificar alguns temas comuns para a vida cotidiana para criar um estado interno apropriado, um sentimento positivo e uma crença de que se pode conquistar o que se quer com a preparação certa, pensamentos interiores e autoconfiança.

Somado a isso, entretanto, Gillian descobriu um inesperado benefício extra muito especial de entrevistar o treinador do clube em profundidade e descobrir muito mais sobre sua personalidade.

"Através do processo da modelagem e de conversações subsequentes, nos tornamos excepcionalmente bons amigos e agora compartilhamos nossas vidas juntos e as alegrias de criar nossa jovem filha", diz Gillian. "Quem sabe as oportunidades que as pessoas podem encontrar se derem a si mesmas o tempo de escutar e conhecer sobre uma outra pessoa sem preconceitos ou barreiras ou mesmo pensando que estão tentando encontrar um parceiro. Foi em não procurando por um parceiro, que eu e John ficamos juntos: foi o resultado de uma conversação profunda sobre um interesse comum".

Penny diz: "Nós percebemos o quão valiosas as ideias de David seriam fora do campo terapêutico, mas não havia nada escrito sobre isso. Em um primeiro momento, David relutou em ser modelado."

Quando Penny o abordou com a ideia de ser um exemplar ele disse, "Não importa o que você faça, mas eu não quero que você me faça nenhuma pergunta, não quero perceber a sua presença na sala". Por sorte, essa restrição não alterou a determinção de Penny e James para seguir com o projeto. A única questão era "Como?"

Um dos mistérios da PNL é a falta de descrição sobre como os seus criadores, Bandler e Grinder, modelaram os primeiros experts a partir dos quais a PNL nasceu. Para desvendar essa questão eles mesmos, Penny e James pegaram os cinco primeiros livros que eram o resultado da modelagem de Bandler, Grinder e outros, e fizeram uma "engenharia reversa" com o que eles mais provavelmente fizeram para chegar a estes modelos. Através de tentativa e erro, Penny e James criaram o seu próprio modelo para a modelagem para a qual David Grove seria o primeiro exemplar.

Assim se iniciou um período doloroso enquanto eles tentavam descobrir como modelar David, sendo que ele estava no Reino Unido apenas periodicamente. O projeto levou quatro anos e envolveu frequentar os retiros terapêuticos de David como participantes, conseguindo acesso a gravações do trabalho mais antigo de David e passando horas e horas lendo transcrições de sessões. Como resultado de sua modelagem, Penny e James desenvolveram *Modelagem Simbólica*, uma abordagem que fortalece a habilidade de um praticante da PNL de trabalhar com as metáforas das pessoas, em um nível simbólico (vá para o Capítulo 18 para mais sobre Linguagem Limpa e o trabalho de James).

O trabalho deles resultou no influente livro *Metáforas em Mente* (*Metaphors in Mind*, somente em inglês). Ao longo dos anos, a atitude de David Grove mudou e no prefácio para o livro deles ele congratula "o estilo tenaz de Penny de 'não aceito um não como resposta'". Ele também disse, "Minha vida continua a ser enriquecida por suas subsequentes interações".

A dança da Chuva

Como alguém com uma carreira de 24 anos como gerente de vendas, Rob Biggin era fascinado por conhecer gerentes seniores que obtinham excelência em criar oportunidades de vendas e ainda assim não haviam tido um treinamento formal na área: pessoas que são conhecidas por "fazer a dança da chuva". Ele convidou seus muitos exemplares para ensiná-lo como eles vendem e aprendeu muito do que agora informam os seus programas de treinamento em organizações de serviços.

Ele ficou intrigado com as palavras que ouviu de seu primeiro exemplar:

> *O camarada me disse que quando ele vai a uma reunião de vendas com um cliente em potencial, ele tem em mente que ele pode muito bem estar saindo de férias com essa pessoa no futuro - Na verdade, o exemplar estava prestes a sair de férias com um cliente - Isso demonstra como ele lida com o encontro e trata a pessoa com o maior interesse possível porque ele quer conhecê-la bem.*

Isso definitivamente não era algo que eu poderia ter previsto e entretanto percebi que fazia uma diferença enorme em sua atitude para com o cliente.

No modelo de sete passos que Rob ensina agora, ele sugere que os colaboradores comecem todas as reuniões determinando sua intenção de estar muito interessados no cliente e conta a história do gerente bem-sucedido que se comporta "como se" fosse sair de férias com aquela pessoa no futuro.

Rob também tentou um exercício simples e divertido baseado no metaprograma da similaridade e diferença, e descobriu que todos os seus exemplares haviam optado pela similaridade e fizeram o mesmo nos negócios — identificando as coisas que tinham em comum com seus clientes em potencial (veja o Capítulo 8 para mais sobre metaprogramas). Eles muito rapidamente procuraram formas de se conectar e construir rapport, como "Vejo que nós dois temos dois filhos" ou "Eu gosto de ler The Economist também".

Como resultado de seu trabalho na modelagem, Rob desenvolveu seus programas de treinamento e a forma como agora treina profissionais para lapidar suas habilidades de gerar negócios.

Etapas Chave na Modelagem

Temos certeza de que você pode encontrar em sua vida alguém que já tenha demonstrado habilidades específicas que você gostaria de ter à sua disposição. Nesta seção, guiamos você por um processo genérico de modelagem simples para que você possa assumir aspectos das habilidades de seu exemplar.

As etapas-chave são as seguintes:

1. **Conhecer o seu resultado.**
2. **Identificar seu exemplar.**
3. **Encontrar um método de modelagem com o qual você possa trabalhar.**
4. **Reunir seus dados.**
5. **Construir o seu modelo.**
6. **Testar seu protótipo.**
7. **Refinar visando a simplicidade.**

Descrevemos essas etapas nas seções seguintes para dar a você algumas dicas de como dar início a seu próprio projeto de modelagem.

Conhecendo o resultado de sua modelagem

A PNL tira você de estar preso a um problema e o leva a conquistar resultados. Quando você conhece o seu resultado em qualquer situação, você foca a sua atenção naquilo que quer, por exemplo "Eu quero ser um pai melhor" ou "Eu gostaria de parecer confiante quando vou a encontros rápidos (speed dating)". Ser específico em relação à capacidade que você quer modelar é útil; por exemplo "brincar com meus filhos quando eu volto do trabalho" ou "adotar um interesse profundo por uma pessoa quando a conhecer". Este foco é especialmente útil na modelagem para ajudá-lo a saber quando parar, porque você reconhece que atingiu o seu resultado. Você sempre aprende mais quando pratica aquilo que descobre sobre e com o seu exemplar. Essa atenção ao resultado é muito mais importante do que ser preciosista ao extremo com sua metodologia nesta etapa de seu aprendizado.

PASSATEMPO NA PNL

Crie um resultado bem formado de modelagem passando por todos os passos que ressaltamos no Capítulo 4 e sumarizamos no Apêndice C. Você pode estar modelando como parte de um curso de treinamento de PNL ou para desenvolver seu próprio conhecimento de PNL, para ser melhor no seu trabalho, desenvolver uma habilidade com uma nova língua ou se tornar melhor no seu negócio.

Identificando seu exemplar

Quando quer escolher um exemplar, você procura por um e, às vezes, por muitos exemplos de pessoas que fazem exatamente o que você gostaria de fazer bem no mesmo contexto ou em um contexto similar. Seus exemplares podem muito bem ter atingido o estágio de ser *inconscientemente competentes* no que quer que eles façam bem: eles são tão bons no que fazem que consideram difícil destrinchar os detalhes quando outros pedem por conselhos; eles simplesmente dizem "eu simplesmente faço", então você precisa fazer um trabalho de detetive para reaver a informação. Por exemplo, para seu exemplar você pode escolher alguém que é bem sucedido no seguinte:

- Construir uma rede social ativa
- Guiar clientes em um divórcio
- Criar um ambiente caloroso e acolhedor em casa
- Apresentar uma aptidão para aprender novas línguas
- Terminar projetos de "Faça você mesmo"
- Formatar documentos claros
- Abrir franquias de negócios
- Levantar fundos para caridade
- Permanecer saudável enquanto cuida dos outros

DICA

Mantenha sua modelagem simples no começo: quanto mais claramente definida a habilidade que você quer replicar e quanto mais acessível o seu exemplar, mais fácil será sua tarefa. Tentar modelar Picasso ou uma celebridade muito reservada será extremamente difícil, ainda que alguns modeladores da PNL tenham feito um trabalho excepcional em modelar figuras públicas.

Considere um comportamento específico desejado ou habilidade que o exemplar apresente que você queira replicar. Você não quer capturar todos os comportamentos da pessoa.

CASOS E CAUSOS

Você está cercado de pessoas que podem fazer coisas que você não faz tão bem. Frequentemente alguém em sua rede de relações mais próximas tem uma especialidade valiosa na qual você pode tocar, mesmo dentro de sua família. Enquanto frequentava seu programa para Mestres Praticantes da PNL, Rachel foi escolhida como exemplar para cinco projetos separados de modelagem por colegas estudantes que estavam muito interessados em modelar diferentes aspectos de sua abordagem com os negócios e a saúde. Eles estavam intrigados com como ela havia estabelecido um negócio bem-sucedido assim como havia mudado de carreira muitas vezes, de chefe de cozinha a gerente de eventos, para se tornar uma guru independente em saúde e fitness e autora com um forte estilo e uma personalidade exuberante. Alguns estavam interessados em mudanças de comportamento específicas como seu sucesso em parar de fumar e em perder peso.

"Na verdade foi humilhante ser escolhida pelos meus colegas como exemplar. Apenas o fato de ser modelada me fez prestar mais atenção às coisas que eu negligencio na forma como levo meu negócio", ela diz. O ato de modelar tem benefícios em potencial para o exemplar assim como para outras pessoas, porque você pode tornar as pessoas conscientes de sua experiência e das mudanças que elas podem fazer.

Encontrando um método de modelagem com o qual você possa trabalhar

A modelagem é sobre descobrir, em um nível profundo, o quê e como os exemplares experienciam o seu mundo que os permite fazer o que fazem de forma tão bem-sucedida, e sobre criar um entendimento do que estão pensando, sentindo e como estão se comportando em qualquer momento específico. Você está tentando entrar na cabeça de alguém e precisa adquirir a ferramenta mais apropriada para o trabalho. Inevitavelmente, a qualidade da ferramenta que você adota para reunir informações tem um efeito crucial no processo.

Esse aspecto levanta a questão fundamental do ovo e da galinha da modelagem. Você cria a estrutura para o seu modelo primeiro ou isso se desenvolve depois? A nossa visão é que ter algum molde ou hipótese quando iniciante na modelagem é útil, assim como abandonar esse modelo, se apropriado. Por esta razão, a prática e clara estrutura de níveis lógicos de Robert Dilt (que descrevemos no Capítulo 11) é um ponto de partida popular tanto para angariar informações quanto para analisar seus exemplares.

Aqui há alguns pontos iniciais para se considerar sobre cada um de seus exemplares nos diferentes níveis:

- **Ambiente:** Onde, quando e com quem eles passam o seu tempo?
- **Comportamento:** O que eles fazem? Quais são seus hábitos e estratégias?
- **Capacidades:** Que habilidades eles têm?
- **Crenças e valores:** O que eles acreditam ser verdade? O que é importante para eles?
- **Identidade:** Qual é o seu senso de si mesmos? Quem eles são neste contexto?
- **Propósito:** Qual é seu senso de propósito e conexão com como se encaixam em um contexto maior?

LEMBRE-SE

Você é humano então você vem para a modelagem com seu próprio conhecimento e ideias preconcebidas. O seu próprio modelo age como um filtro de que informações você observa e coleta.

Reunindo seus dados

Para poupar a si mesmo de ficar sobrecarregado com dados, sugerimos que você comece com uma mistura de duas abordagens para a reunião de informações:

- **Compreensão inconsciente:** Nesta abordagem, você passa todo o tempo que puder com seu exemplar para que você possa intuitivamente obter um senso de como a pessoa opera. Chegue sem muitas programações além de emular sua respiração e fisiologia e obtenha uma noção de como deve ser estar na pele dessa pessoa. Idealmente, você começa sem um modelo na cabeça e parte para a segunda posição perceptiva em que você tem um rapport profundo com seu objeto. Perceba o que você vê, ouve e sente. Veja o Capítulo 7 para mais sobre rapport e entendimento sobre outros pontos de vista.
- **Reunião de Informação Analítica:** Nesta abordagem, você pode estruturar toda a sua coleta de dados ao redor de ferramentas como os níveis lógicos explicados no Capítulo 11. Esse processo é uma forma eficaz de construir informação, especialmente quando você tem tempo e acesso limitados a seu exemplar.

As ferramentas e técnicas da PNL que ressaltamos ao longo deste livro podem ajudá-lo a desenvolver sua coleta de informações. Sua análise de dados e modelagem é uma oportunidade de refrescar seu conhecimento e afiar suas habilidades. Veja como:

- **Suposições e pressuposições:** A partir de que suposições o seu objeto opera? Veja o Capítulo 2 para mais detalhes.
- **Crenças e valores:** Que crenças você percebe no seu objeto — quais são as diretrizes chave da pessoa? O Capítulo 3 ajuda você aqui.
- **Gerenciamento de estado emocional:** O que você pode descobrir sobre seu exemplar no que diz respeito a esse aspecto, que descrevemos no Capítulo 9.
- **Metáforas e Histórias:** Que histórias o seu exemplar conta? A que histórias ele responde? O Capítulo 17 guia você nesta área.
- **Metaprogramas:** Você consegue identificar metaprogramas na linguagem da pessoa: por exemplo, detalhes *versus* visão global, aproximação ou afastamento, opções ou procedimentos, foco externo ou interno? O Capítulo 8 tem mais sobre metaprogramas.
- **Posições Perceptivas:** O seu exemplar assume as diferentes posições perceptivas exploradas no Capítulo 7? Tente passar você mesmo por três ou quatro perspectivas enquanto modelador.
- **Estratégias:** Você consegue identificar as estratégias que seu objeto adota e codificá-las como explicamos no Capítulo 12?
- **Tempo:** Qual é o senso de tempo dessa pessoa como explicado nas opções de linha do tempo no Capítulo 13? Eles operam no momento ou são bons em planejamento?
- **Atributos visuais, auditivos e cinestésicos:** O que os padrões de linguagem revelam sobre como essa pessoa se comunica neste contexto particular? Discutimos esses itens no Capítulo 6.

O seu exemplar será bom em algumas coisas em que você já é competente também, então concentre a sua investigação em áreas que sejam menos familiares para você, para poupar tempo e energia.

Construindo o seu modelo

Quando você tiver reunido seus dados, você tem tudo de que precisa para construir o modelo que demonstra os padrões que você desvelou em seu exemplar. Essa estrutura é a descrição coerente dos padrões essenciais e demonstra a outras pessoas o que elas precisam copiar em suas tentativas de obter os mesmos resultados que o seu exemplar.

Você pode usar um modelo existente, como o modelo dos níveis lógicos, ou querer construir o modelo do seu próprio modo, adicionando seu conhecimento único a ele assim como os modeladores fizeram na seção "Descobrindo Casos de Estudo da Modelagem".

CASOS E CAUSOS

Quando Kate escreveu seu livro Live Life. Love Work (sem edição em português) ela estava curiosa com as lições a serem ganhas de numerosos profissionais sobre o tempo em que atingiram um estado fluido de contentamento com suas vidas. Quando ela começou a modelagem, ela construiu um modelo para concentrar sua atenção e questionamento em alguns princípios essenciais sobre como profissionais dão curso a suas vidas e trabalhou com um acrônimo que julgou que seria memorável para seus leitores. Quando ela começou a escrever a pesquisa e a usar a abordagem dentro de sua própria prática de treinamento, ela percebeu que se ela se ativesse a seu modelo precioso, ele seria maquinado. Então ela simplificou o modelo para um que mais facilmente se compassasse com o que ela havia ouvido nas suas entrevistas. Este se tornou um modelo mais claro e mais valioso para seus leitores seguirem.

Testando o protótipo

Quando você tiver o seu modelo, esteja disposto a testá-lo e continuamente melhorá-lo. O Modelo TOTS da PNL o encoraja a Testar, Operar, Testar, Sair para testar o seu protótipo (veja capítulo 12 para mais informações). O modo de testar é ensinar o modelo a outros e ver como funciona. Eles chegam aos mesmos resultados?

CASOS E CAUSOS

Como coaches treinados da PNL, Kate e seu colega Rob foram convidados por uma corporação global de TI para modelar Robin, um gerente interno de desenvolvimento pessoal no trabalho e observar como ele guiava sua grande equipe de consultores para assumir liderança em suas carreiras. Robin tinha interesse na PNL e sabia que era extremamente bem-sucedido no que fazia, reconhecendo aspectos de seu trabalho, e ainda assim ele achava que documentar completamente o que ele fazia e como fazia era difícil.

Como resultado de modelar Robin trabalhando, Kate e Rob foram capazes de capturar a essência da abordagem de Robin. Juntos, o trio converteu o trabalho de Robin em um modelo de treinamento de carreira, e ensinou sua abordagem a outros gerentes seniores na organização. Kate e Rob fizeram o modelo original de Robin mais robusto ao incorporar conceitos fundamentais da PNL como usar a construção de rapport para melhorar as relações nos negócios, posições perceptivas para fortalecer o desenvolvimento de uma marca pessoal e linhas do tempo e níveis lógicos para capturar informações sobre a jornada de carreira. Deste modo, o modelador ajudava o exemplar a se tornar ainda mais capaz, como acontece frequentemente.

Conforme o programa de treinamento se tornou popular, os frequentadores perceberam que eles agora tinham uma metodologia simples para toda a vida para gerenciar suas próprias carreiras assim como as das pessoas que trabalhavam para eles. O que era particularmente poderoso na abordagem de Robin era o seu uso das metáforas e histórias para fazer a mensagem chegar a seus colegas gerentes de maneira criativa e inspiradora. Entretanto, as outras pessoas não precisavam contar as mesmas histórias, havia espaço para que elas contassem as suas próprias. Cada um dos gerentes frequentando o treinamento tirou a estrutura essencial do modelo e a aplicou de sua própria forma. A prova chave do modelo é que todos eles obtiveram resultados.

Refinando para obter simplicidade

A questão para o modelador decidir é que elementos do comportamento do exemplar constituem uma parte essencial do modelo e quais são apenas informações interessantes. O ritual que o jogador de golfe faz antes da partida faz diferença para que ele dê a tacada vencedora? Você precisa isolar ao menos três ocasiões em que o comportamento desejado esteja presente, para que você possa identificar padrões comuns entre eles. Esta abordagem pode significar escolher ao menos três exemplares, ou, se você quer a forma particular de alguém de fazer algo, ao menos três instâncias separadas.

Você tem que estar preparado para ficar mais tempo do que o normal no lugar do "não-saber", absorvendo os detalhes que você reuniu, e então se ater aos elementos essenciais do que precisa ser o seu modelo (você pode ler mais sobre isso no Capítulo 16). Quando você tiver o seu modelo, experimente-o para ajustá-lo e entender o que é essencial e o que você pode seguramente deixar de fora. Você também precisa verificar se o modelo de outra pessoa se encaixa com seus valores e se talvez você precise trabalhar um pouco em suas próprias crenças. Aqui, você pode listar o apoio de algum treinador da PNL se você estiver desenvolvendo um modelo para promover mudanças em sua própria vida.

Fran Burgess, da Northern School de PNL, sugere que escrever um livro é exatamente como o processo de modelagem. Você tem todos os dados e é deixado com a questão de como dispô-los e a estrutura tem que emergir. Modeladores, como escritores, precisam estar dispostos a investigar uma quantidade tremenda de detalhes para encontrar a aparente simplicidade do que finalmente emerge em seu trabalho.

Escritores trabalham de seu jeito único e a parte da escrita propriamente dita — colocar as palavras no papel — é uma pequena parte do processo de publicação como um todo. Ainda assim muitas pessoas não se dão conta deste fato quando tentam modelar um autor e extrair os elementos essenciais chave para o modelo. Quando Kate escreve livros, ela começa reunindo massas de informação, lendo outros livros sobre o assunto e sobre assuntos relacionados, navegando na internet, indo a eventos, entrevistando pessoas e criando quadros de ideias e mapas visuais no computador que quebrem a estrutura de capítulos, antes de chegar a um plano de projeto com datas e resultados. O produto final bem acabado frequentemente engana em relação ao volume de livros, papéis e arquivos de computador envolvidos em seu escritório e em sua casa.

Quando Romilla escreve, ela faz algumas coisas do mesmo modo que Kate, saindo e conhecendo pessoas e fazendo brainstormings de ideias para um quadro, e outras de forma muito diferente. Ela gosta de ouvir CD´s e fitas, e prefere gravar as conversas, absorvendo as informações antes de escrever. Nós duas temos nossas antenas ligadas por meses e muitos processamentos inconscientes acontecem quando estamos com um livro na cabeça.

Nossas formas de completar um livro são muito diferentes, entretanto. É mais provável que Kate esboce suas ideias e as ilustre com histórias. Romilla joga suas ideias em seus mapas visuais no computador, usando o mesmo software que Kate, mas com a possibilidade de ver as ideias como tópicos flutuantes ao invés de conectadas a uma ideia central, porque esta abordagem dá a ela a flexibilidade de encaixar títulos conforme ela se expande dentro deles. Ela usa um programa de captura de voz para "conectar-se e falar" com sua plateia imaginária. Ela aprendeu este processo com seu bom amigo, Rintu. Quando ela começava digitando, completar seu trabalho levava décadas porque ela se sentia compelida a editar conforme ia avançando. Agora ela é uma "escritora" muito mais ágil e sua linguagem é mais natural.

A partir dos nossos dois exemplares, você poderia criar um modelo que incluiria alguns estágios principais sobre como se escrever um capítulo de um livro, entretanto existem diferenças entre os dois exemplares. Uma descrição do modelo principal (em outras palavras, os bits que são os mesmos) que você poderia obter ao modelar Kate e Romilla se pareceria com isso:

1. **Reunir informações de segundo plano — navegar na internet, conhecer pessoas, ler ou ouvir CD´s.**
2. **Criar um mapa visual de ideias.**
3. **Rascunhar o texto no Microsoft Word.**
4. **Revisar o texto.**
5. **Entregar os arquivos do computador dentro do prazo editorial (90 por cento das vezes!).**

Conforme você passa mais tempo com os exemplares, é provável que você precise pegar um aspecto específico de seu processo e quebrá-lo em subprocessos e alongar-se nos detalhes um pouco. Você também pode começar a perceber coisas não explícitas, como estratégias para remoer ideias e o papel que atividades menos óbvias como caminhadas ou meditação exercem no trabalho de se conseguir clareza de pensamento. Você também pode perceber o fato de que um escritor também rabisca uma série de longas anotações à mão em um café enquanto outro grava ideias em um gravador de fita como parte de seu processo de elaboração. Se você fosse modelar um terceiro escritor, você poderia notar o seu hábito de passar uma manhã inteira rearranjando uma página do texto com paciência infinita no estágio da edição. Cada escritor trabalha à sua própria maneira; o teste é se o modelo leva você ao resultado final desejado de entregar um manuscrito aceitável em tempo.

Um livro pode estar na cabeça de um autor por muitos anos antes que atinja a publicação. Como uma especialista em modelagem que está atualmente refinando seu próprio trabalho para publicação, Fran sugere que modeladores precisam de uma paciência inacreditável. Ela vem trabalhando com modeladores por mais de dez anos e apenas agora sente ter identificado as muitas estruturas por trás do processo de modelagem. A propósito, ela também reconhece que todos os modeladores que ela conheceu consideram difícil serem modelados eles mesmos dentro de qualquer metodologia da modelagem que não as suas próprias. "Eles não apresentam resposta. Modeladores tendem a viver seu modelo e são casados com ele", ela diz. Seus modelos mentais são centrais para sua identidade.

LEMBRE-SE

A diferença que faz a diferença provavelmente não é imediatamente visível. Grandes modeladores têm uma paciência tremenda e uma curiosidade sem limites. Continue curioso!

A modelagem dá a você a habilidade de elevar o seu jogo em qualquer campo do aprendizado. Não há nenhuma promessa de que você possa se tornar um especialista e vencer em tudo: claramente nem todo mundo pode ser o número um em um esporte particular ou uma celebridade estrela de cinema. Entretanto, se você pode identificar as estratégias da excelência em seu exemplar e replicá-las por si mesmo, é provável que você obtenha resultados similares. O mais encorajador é que a modelagem dá a você um método prático para melhorar cada vez mais no que você quer ser ou fazer; abrir opções para a sua vida e aprender do modo que for o melhor para você — simplesmente estando perto de pessoas competentes e mantendo todos os seus sentidos acordados.

NESTE CAPÍTULO

Entendendo a Estrutura da mudança

Descobrindo o cenário comportamental para evitar a fadiga da mudança e continuar produtivo

Mantendo o engajamento de empregados através da mudança

Reunindo as ferramentas da PNL

Capítulo 20

Tornando a Mudança Mais Fácil

"Nada dura, exceto a mudança" é um ditado comumente citado. A mudança pode acontecer de duas maneiras:

- Você pode iniciar e planejar a mudança. Esse tipo de mudança pode ser algo relativamente menor como comprar um carro novo ou redecorar a cozinha, ou pode ser uma mudança que altere toda a sua vida — por exemplo, quando você decide se casar, mudar de casa, ter filhos ou mudar de emprego: nestes casos, você sente como se você tivesse algum controle, ainda que agentes externos possam lançar imprevistos no caminho e deixá-lo sentindo-se estressado e desamparado.
- Você pode ter a mudança imposta em sua vida, por exemplo, por seu empregador ou através de eventos como uma gravidez inesperada ou pela perda de um ente querido: a mudança é mais difícil de aceitar quando você se sente vítima dela.

A abordagem da PNL é que não existe um único mapa de mudança correto ou um único momento para tal. Para sobreviver e ser bem-sucedido, você precisa reconhecer e abraçar o fato de que a mudança está acontecendo e colocar as estratégias para trabalharem a seu favor, ao invés de contra ela.

Pela PNL tratar de como as pessoas pensam e se comportam, o foco deste capítulo está no aspecto pessoal da mudança e não no gerenciamento de projetos de mudança no local de trabalho. Queremos mostrar a você como lidar com a mudança de forma que seja possível manter o seu equilíbrio em tempos instáveis, seja a mudança iniciada por você ou imposta em sua vida. Caso você cruze com uma pessoa para quem a mudança não esteja sendo tão amena quanto ela gostaria, esperamos que os insights que você conquistar aqui possibilitem você ajudá-la um pouco. Você poderia fazer isso simplesmente ouvindo de forma compreensiva, estendendo a mão para ajudar ou apenas explicando a ela o que ela está experienciando.

Para fazer tudo isso, reunimos ferramentas e técnicas da PNL do resto do livro para ilustrar como você pode aplicar a PNL às mudanças que acontecem na sua vida cotidiana, sejam relativamente pequenas ou transformadoras, e que sejam promovidas por você ou por outras pessoas. Por exemplo, pense na pressuposição "se o que você está fazendo não funciona, faça algo diferente" (Capítulo 2 cobre as pressuposições da PNL com mais detalhes). A mudança é sobre fazer algo diferente quando o que você está fazendo já não está funcionando.

A premissa para escrever esse capítulo é, seja qual for a mudança, você pode lidar com ela de forma humana e com compaixão — por exemplo, quando lidando com redundâncias em uma corporação. Este capítulo também é sobre capacitar você a fazer a mudança ser mais fácil para si mesmo ao entender o que você experimenta. Ao invés de bater a cabeça na parede, se você acha que poderia ter feito alguma coisa um pouco melhor, você pode ser gentil consigo mesmo e focar-se no que você fez bem.

PASSATEMPO NA PNL

Mantenha um caderno à mão e conforme você lê este capítulo anote pelo que você está passando ou como está antecipando a mudança e pense sobre como pode tornar a mudança mais fácil ao aplicar técnicas específicas da PNL.

Encontrando Clareza e Direção

Saber aonde você quer chegar é crucial, porque sem uma direção clara você pode acabar gastando muita energia perseguindo o que você não quer e desperdiçar muito tempo para não alcançar nada.

Para atingir o máximo de resultados, você precisa ter certeza de qual resultado exatamente quer extrair da mudança que escolher promover. Por exemplo:

- Eu quero estar pesando 57 quilos em 30 de setembro de 2010.
- Nossa taxa de atrito é de 27 por cento e queremos reduzi-la para 15 por cento.
- Queremos terceirizar nossos serviços.
- Quero que o dia do meu casamento seja perfeito.

O Capítulo 4 guia você pelo processo de obter clareza sobre seus objetivos e de desvelar seus medos ocultos. Os exemplos que usamos no Capítulo 4 são focados, primariamente, para pessoas querendo criar objetivos em suas vidas pessoais usando a abordagem do objetivo bem-formulado da PNL. Este processo também é ótimo, entretanto, para mudanças envolvendo uma equipe ou um departamento de trabalho.

Imagine que você esteja experienciando uma mudança em seu trabalho. Você é um gerente que precisa manter um processo de mudança nos trilhos enquanto se assegura de que seu pessoal esteja engajado e motivado (para que a perda de produtividade seja mantida em um mínimo), e também garantir que se mantenha otimista e saudável. O grande problema de quando mudanças assim acontecem em uma organização é que as pessoas se sentem impotentes. A percepção da falta de controle leva a um stress negativo e falta de motivação. Existe pouco espaço para manobra em objetivos de grandes mudanças estabelecidos pela gerência máxima. As pessoas que devem implementar a mudança podem ter algum senso de controle e manter-se engajadas no processo de mudança se conseguirem decidir quais passos devem dar para realmente colocar a mudança no lugar. Equipes e indivíduos podem aplicar as técnicas de estabelecimento de objetivos do Capítulo 4 e experienciar menos stress.

PASSATEMPO NA PNL

Reserve um tempo para sentar com sua equipe em uma mesa e fazer um brainstorming das mudanças iminentes (e equipe nesse sentido pode ser sua família ou um grupo social maior). Este processo é uma boa forma para a equipe toda descobrir quais são as preocupações uns dos outros no que concerne a mudança. Se a equipe for grande demais para caber em volta de uma mesa, divida-a em vários grupos e dê um ponto para cada grupo. A equipe então se reúne e um grupo fala sobre o que discutiu, trazendo assim insights mais valiosos.

Entendendo a Estrutura da Mudança

Para tornar a mudança mais fácil de entender, usamos dois modelos para ilustrar o que você pode estar experienciando e o que pode fazer quando achar que a mudança o está fazendo se sentir desconfortável ou fazendo você se comportar de maneira diferente da sua personalidade.

O Ciclo do Luto de Kübler-Ross

A Dra. Elisabeth Kübler-Ross escreveu sobre os "Cinco Estágios do Luto" em seu famoso livro Sobre a Morte e o Morrer (Martins Fontes, 2008). Ainda que originalmente projetado para lidar com a morte, o seu modelo é útil para ajudar a entender a mudança.

Você não se depara com este modelo em cursos padrão de PNL. Entretanto, as pessoas estão bastante familiarizadas com "Os Cinco Estágios do Luto" de Kübler-Ross aplicado especificamente a mudanças corporativas. A razão para incluirmos isto aqui é regular o andamento de qualquer um que não saiba muito sobre PNL, mas que já usou este modelo para mudanças organizacionais, como um guia para aplicar a PNL às mudanças.

Quando a mudança ataca, as pessoas tentam manter o status quo porque é seguro e estável. Quando uma mudança ocorre no status quo de qualquer sistema, mesmo quando é esperada, as pessoas podem experienciar os diferentes estágios mostrados na Figura 20-1. Este modelo pode adverti-lo e precavê-lo para lidar com a mudança de forma mais eficaz e ajudar outras pessoas na organização a administrá-la melhor. Entender pelo que você está passando ajuda você a gerenciar a si mesmo ao controlar seu estado emocional, então a Tabela 20-1 examina esses estágios mais a fundo. Ela oferece maneiras de ajudá-lo a se comportar de forma mais imaginativa ao ter rapport com outras pessoas através de uma consciência sobre como a mudança as está afetando.

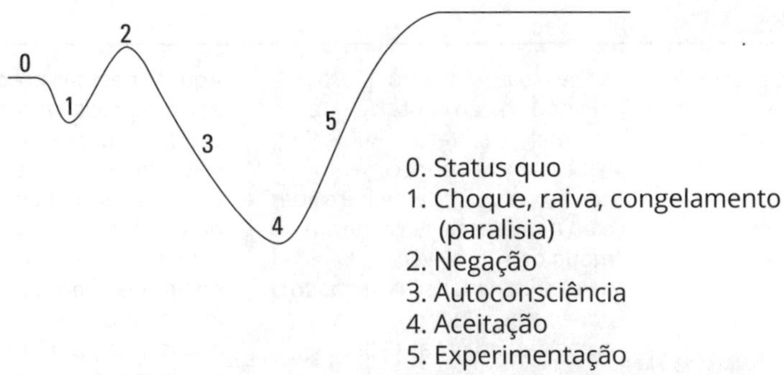

FIGURA 20-1: A Curva da Mudança.

Quando envolvido em uma mudança corporativa, o trabalho do gerente é manter a curva do gráfico o mais baixa possível e manter o prazo entre o ponto 1 (o começo da experienciação da mudança) e o ponto 5 (um novo status quo começa a emergir) o mais curto possível, porque isso coloca as pessoas de volta em modo de performance absoluta o mais cedo possível.

TABELA 20-1 **Os Estágios do Luto na Curva da Mudança para Mudanças no Local de Trabalho**

Estágios na Curva da Mudança	Como as Pessoas Podem Reagir	Que Atitudes Ajudam
1. Choque e Raiva	As pessoas podem procrastinar quando experienciam um choque. Sentimentos de choque e raiva podem ser efêmeros ou durar por muito tempo, dependendo de quão resiliente é a pessoa em questão. As pessoas se sentem encurraladas e reagem com medo.	Permita que as pessoas desabafem e assegure-as de que a mudança é temporária e de que as coisas vão melhorar. Enfatize que a mudança não é pessoal. Trabalhe de maneira sutil para ajudar as pessoas a mudar o seu mapa do mundo, porque as pessoas reagem baseadas em seu mapa existente e a profundidade de sua reação depende do que o mapa delas diz para fazerem ou de como diz para reagirem.
2. Negação	As pessoas podem ter uma percepção falsa de sua habilidade para lidar com coisas difíceis. Elas podem pensar que podem lidar com as coisas. Elas pensam que a culpa é de todas as outras pessoas. As pessoas podem ficar aqui e tornar-se dinossauros que não podem lidar com a mudança, o que pode resultar em perderem o emprego ou em se tornarem marginalizadas.	Treinamento ajuda. A ferramenta é dar feedback, porque sem feedback as pessoas não se dão conta de que estão em negação e iludindo a si mesmas.

(continua)

(continuação)

3. Autoconsciência	As pessoas se sentem piores quando se dão conta de que sua maleta de ferramentas de habilidades e conhecimento não é boa o suficiente para lidar com a mudança. Elas entram no modo de sobrevivência. O estado de sentir-se mal e inadequado pode se espalhar por outras áreas das vidas das pessoas.	Aqui as pessoas precisam de apoio e precisam saber aonde estão na curva e por quê estão se sentindo mal. Pessoas que estão se sentindo dessa maneira precisam conversar com seus cônjuges, colegas e gerente e pedir pela liberdade de sentir-se indispostas e assustadas. Elas precisam ter a permissão de sentir-se mal e de se comportar de maneira insuficientemente imaginativa.
4. Aceitação	As pessoas começam a assumir responsabilidade pessoal para lidar com a mudança conforme percebem que finalmente pararam de resistir a ela. A percepção das pessoas sobre suas habilidades não é verdadeira porque elas se sentem inúteis.	Este estágio é aonde se mostra às pessoas como outras pessoas lidaram com a mudança, dando-lhes casos de estudo, fornecendo treinamento e exemplares para modelar.
5. Experimentação	Este estágio é para aprender e integrar novas ferramentas, então as pessoas começam a modelar outras para ver como podem lidar com a mudança. Elas se sentem mais capazes e competentes.	Treinar pessoas para adquirir novas habilidades e dar espaço a elas para que cometam erros. Neste estágio, gerentes devem ter feito análises de risco suficientes e planejamento de contingências, para que os erros não sejam danosos para a empresa. Uma gerência de alto risco é necessária neste ponto para que se possa lidar com os erros apropriadamente. Uma cultura de culpabilidade só joga as pessoas de volta ao estágio 2.

Conforme você emerge da mudança, a integração vem a seguir. Você se ajusta ao novo modo de fazer as coisas e se torna mais flexível porque você teve que aprender a lidar com um novo ambiente. Sua percepção de sua própria competência aumenta e é mais provável que seja medida de maneira mais precisa. A mudança pode ser incorporada à identidade da empresa ao constantemente referir-se a ela, até que se torne inconsciente.

LEMBRE-SE

As pessoas reagem de maneiras diferentes à mudança. Cada pessoa passa quantidades de tempo diferentes em cada estágio e é preciso que os chefes de equipe e gerentes lidem de forma diferente com cada pessoa. O papel de um gerente, portanto, precisa mudar conforme eles lidam com os diferentes estágios em que as diferentes pessoas estão.

LEMBRE-SE

Quando você está liderando ou intermediando uma equipe, experienciar a emoção da equipe é muito normal. Por esta razão, gerentes podem sentir uma montanha-russa de frustração, medo e ansiedade conforme experienciam as diferentes fases eles próprios. Então eles podem precisar de treinamento, mentores, sair para tomar uma cerveja ou o que quer que seja o seu mecanismo de relaxamento, para ganhar espaço e perspectiva.

DICA

Quando as pessoas estão sob stress, seu comportamento pode precisar ser desculpado. Antes de reagir a alguém, adote a segunda posição de, metaforicamente, "vestir a pele dessa pessoa" para conseguir um entendimento melhor de como essa pessoa está se sentindo (cheque o Capítulo 7 sobre entender a perspectiva de outras pessoas). Este processo dá a você a habilidade de olhar a situação de fora quando "você está no olho do furacão".

Níveis lógicos da PNL

Os *níveis lógicos da PNL* são uma forma poderosa de pensar sobre a mudança ao quebrá-la em um modelo em diferentes categorias de informação (vá para o Capítulo 11 para mais sobre níveis lógicos, que são às vezes conhecidos como níveis neurológicos).

Conforme você começa a considerar os tipos de mudança que você experiencia, você descobre que os níveis lógicos podem ajudar você a encontrar uma caminho adiante em tempos de confusão. Para fazer isto, ter alinhamento ao longo de todos os níveis lógicos de identidade, crenças e valores, capacidades e habilidades, comportamento e ambiente é especialmente importante, porque ter uma incongruência em um ou mais níveis impede que o resultado desejado aconteça. Este modelo pode ser útil tanto quando experienciando mudanças pessoais quanto para entender mudanças corporativas. O valor chave do modelo é que ele proporciona uma abordagem estruturada para entender o que está acontecendo. Isso permite que as pessoas tomem uma decisão sobre escolher como elas querem se sentir em relação à mudança e como vão se comportar.

Em qualquer um dos casos, mudar nos níveis mais baixos do diagrama (veja Capítulo 11) é mais fácil do que nos níveis mais altos. Então, por exemplo, uma companhia pode achar que fazer algumas mudanças no prédio (ambiente), como pintar as paredes de uma cor mais vibrante, é mais fácil do que mudar a cultura ou criar uma nova identidade por si. Mudanças como essas em um nível mais alto têm um impacto nas pessoas abaixo dele, mudanças em níveis mais baixos podem impactar as pessoas acima dele, mas isso não é uma certeza.

CASOS E CAUSOS

Jas, uma menina muito esperta e bem educada em seus 30 e poucos anos se inscreveu em um programa de treinamento focado em relacionamentos chamado Relationship Wizardry®, porque ela havia passado por uma série de relacionamentos mas não conseguia se estabelecer em nada permanente. Jas é filha de pais muito bem--sucedidos e, como resultado do treinamento, ela percebeu que havia se espelhado em sua mãe forte e muito independente. Infelizmente, a sua identidade como uma mulher forte e independente a impedia de aceitar qualquer coisa das pessoas, e isso afetava todas as áreas da sua vida. Ela admitiu que alguns de seus problemas de relacionamento existiam porque ela achava difícil aceitar amor e costumava afastar o parceiro (comportamento) se ele se aproximasse demais emocionalmente. Jas também percebeu que ela tinha alguns problemas de autoestima (crenças) porque ela não se sentia à altura do sucesso que sua mãe havia alcançado quando tinha a sua idade, e não sentia que merecia um homem bem-sucedido e dinâmico como o seu pai.

Romilla ajudou Jas a "projetar" o seu relacionamento ideal usando o processo do objetivo bem-formulado (veja o Capítulo 4). Um dos primeiros passos que Jas tomou foi mudar o ambiente aonde conhecia pessoas. Ela entrou para grupos aonde era mais provável que ela conhecesse pessoas com quem tivesse interesses em comum. Antes do treinamento, o desalinhamento nos níveis lógicos de Jas a impedia de alcançar seu objetivo de ter um relacionamento de longa duração.

Criando alinhamento nos níveis lógicos

Ter alinhamento em qualquer empreitada faz com que as coisas fluam mais amenas e ajuda você a atingir seu alvo mais rápido. Quando você pensa sobre os níveis lógicos (veja o Capítulo 11), se você tiver alinhamento em todos os níveis, você vai encontrar o sucesso facilmente.

CASOS E CAUSOS

Elaine tem 45 anos, é casada e tem filhos pequenos, e está escalando a ladeira da IFA (Assessores Financeiros Internacionais do Reino Unido). Ela é extremamente perspicaz e muito ambiciosa (um aspecto de identidade). Ela também é muito apaixonada pela ideia de mulheres terem um entendimento de como obter segurança financeira (valores) e acredita em educá-las para esse propósito, porque ela "sabe" (crença) que toda mulher tem o direito de ter independência financeira.

Elaine tem uma série de cartas em seu nome (capacidades e habilidades), mas é um grande esforço conseguir mais qualificações. Este objetivo é completamente congruente com sua ambição de para onde ela está levando seu negócio e a forma como ela age e fala sobre as finanças das mulheres (comportamento) gera confiança completa. Ela tem um adorável escritório em casa (ambiente) aonde ela pode manter os olhos em seus filhos. Quando ela precisa pensar, ela vai para o jardim para meditar um pouco. Como todas as áreas de seu trabalho estão alinhadas, ela está fazendo um bom progresso.

CASOS E CAUSOS

Apesar de esta segunda anedota ser um exemplo do que Jim experienciou quando sua esposa morreu, ela pode se aplicar a qualquer um que passe por uma perda: o fim de um casamento ou a perda de um emprego devido a redundâncias, demissões ou aposentadoria.

Jim, um contador, e Alicia estavam casados há quase 30 anos. As primeiras semanas depois que Alicia morreu se amarraram com os arranjos do funeral e Jim funcionou em piloto automático, mas então ele passou por mudanças enormes:

» **Ambiente:** Jim descobriu que estava desconfortável com o quarto deles depois que levou as roupas de Alicia para doação. Uma cama que era confortável para dois passou a parecer muito grande e a colcha king-size era muito pesada.

  Obviamente, dependendo da perda, aspectos diferentes se aplicam quando se trata de se ajustar ou criar um novo ambiente para uma nova vida.

» **Comportamento:** Jim sempre foi muito brincalhão e as mulheres apreciavam sua companhia porque ele era muito divertido. Na verdade, Alicia o provocava por ser um paquerador escandaloso. Alguns meses depois que Alicia morreu e a vida começou a se estabilizar, Jim percebeu que seu senso de humor havia começado a retornar. Ele ficou surpreso ao perceber que sua interação com as mulheres que ele estava conhecendo havia mudado dramaticamente. Ainda que ele continuasse sendo o Jim brincalhão com as mulheres que eram amigas antigas e confiáveis dele e de Alicia, ele era muito mais reservado com as mulheres que estava encontrando pela primeira vez. Ele percebeu que ele havia visto Alicia como uma guardiã contra mulheres que pudessem interpretar erroneamente a sua jocosidade.

» **Capacidades e Habilidades:** Alicia havia administrado todas as tarefas domésticas porque ela apreciava o controle e o malabarismo dos fundos e utilitários para conseguir as melhores taxas e negócios. Jim não queria pensar em números quando estava em casa. De repente, Jim precisou organizar a administração da casa assim como o seu trabalho.

  Jim era extremamente organizado no trabalho, mas tanto Alicia quanto ele haviam concordado tacitamente com que ele não fosse assim tão organizado em casa. Jim decidiu trazer suas habilidades organizacionais para sua vida doméstica; ele modelou sua manutenção do tempo e comportamento organizacional no trabalho para gerenciar a si mesmo em casa (para mais sobre modelagem vá para o Capítulo 19).

  Jim também se descobriu em perda com seu tempo de lazer e feriados. Ele lentamente desenvolveu novas estratégias (cheque o Capítulo 12 para mais nesta área) para decidir aonde ir e como organizar viagens. Inicialmente, ele escolheu férias aonde pudesse adquirir novas habilidades. Jim sempre havia apreciado cozinhar e então seu primeiro feriado foi uma semana na Toscana para aprender a autêntica culinária italiana e descobrir os sabores dos vinhos da Toscana. Eventualmente, ele pôde ir a excursões e ver partes do mundo que ele e Alicia não haviam viajado para ver.

Jim teve que se forçar a fazer coisas sozinho, como ir ao cinema. Ele escolheu hobbies que o mantinham interessado na vida, mas seu maior entusiasmo era fazer doações para caridade.

» **Crenças e Valores:** Jim descobriu que suas crenças sobre o futuro estavam aniquiladas. Inicialmente, tudo o que ele viu quando olhou para o seu futuro foi escuridão e solidão. Conforme as semanas se transformaram em meses, Jim começou a ver pequenos feixes de luz conforme ele se forçava a manter-se ocupado e engajar-se com pessoas. Curiosamente, ele diz, ao reexaminar seus valores no que diz respeito a seu trabalho e relacionamentos ele descobriu que eles não haviam mudado, ainda que seus valores sobre a "vida" tivessem mudado drasticamente. Antes, eles se resumiam ao que era importante para ele em sua vida com Alicia — companheirismo, amor, risadas, diversão. Ele descobriu que ainda que acreditasse intelectualmente no amor, ele estava muito apavorado para sequer contemplar as consequências de encontrá-lo novamente. Ele decidiu que seu valor mais alto é deixar um legado que vá ajudar as pessoas a viver mais prazerosamente e "adicionar felicidade ao inconsciente coletivo".

» **Identidade:** O que mais apavorava Jim era a perda de parte de sua identidade. Por 30 anos, ele havia sido o marido de Alicia. O seu papel na vida era cuidar dela. Ele disse que sentiu-se à deriva, mais ou menos como Scarlett O´Hara dizendo, "Aonde devo ir? O que devo fazer? De quem eu vou cuidar agora?" Este estágio é a parte mais difícil da reconstrução de sua vida mas ele descobriu que ele precisa fazer isso um passo de cada vez. Dois anos depois, ainda existem buracos e ele ainda pode cair neles, mas ele recita a ladainha que descobriu que lhe dá conforto, "Isto também deve passar".

Oferecemos o caso de Jim para ajudá-lo a entender o que é provável que você experiencie quando encontrar a mudança em sua vida, para que você considere mais fácil trabalhar com a mudança ao invés de lutar contra ela e torná-la mais difícil.

PASSATEMPO NA PNL

Faça uma cópia da Tabela 20-2 e use-a para gravar os insights que você tiver como resultado da mudança que está acontecendo em sua vida e para escrever as coisas que você pode fazer de forma diferente para tornar a mudança mais fácil.

TABELA 20-2 Os Efeitos da Mudança em Seus Níveis Lógicos

Nível Lógico	Insights	O que Você Pode Fazer para Facilitar a Mudança
Identidade		
Valores e Crenças		
Capacidades e Habilidades		
Comportamento		
Ambiente		

Identificando o nível mais forte para a mudança

Dependendo de sua jornada ou circunstância, mudar um dos níveis lógicos pode ter um impacto maior no que você está tentando alcançar.

CASOS E CAUSOS

Tom era altamente ambicioso mas viu-se vivendo uma vida de mediocridade; ele estava extremamente frustrado e culpava a tudo e a todos por sua má sorte. Na verdade, ele tinha a sorte de ter um gerente que contratou um coach para trabalhar com ele. Durante uma sessão de treinamento que envolvia um exercício de linha do tempo, Tom descobriu que estava carregando muitas emoções da morte de sua mãe, quando tinha 11 anos. Ele percebeu que tinha crenças muito arraigadas sobre a vida ser injusta e ele ser azarado. Trabalhar em sua linha do tempo (veja Capítulo 13) para deixar suas crenças limitadoras de lado mexeu no nível das crenças de Tom e mudou a sua vida dramaticamente.

Quando Tom transformou suas crenças sobre a injustiça da vida e revisou o seu senso sobre ser azarado, ele descobriu que sua identidade mudou da identidade de uma pessoa que se via como vítima para a de uma pessoa que era bem-sucedida. Ele se sentiu corajoso o suficiente para pedir para ir a um programa de treinamento de gerência (capacidades e habilidades) e colocou seu gerente e colegas para compartilhar ideias (comportamento), o que era algo que ele havia tido muito medo de fazer no passado.

DICA

Ainda que você precise fortalecer algum nível, talvez ao adicionar novas habilidades ou ao redecorar o seu escritório, você pode descobrir que precisa remover algo também. Por exemplo, se você está sempre atrasado para reuniões, você pode precisar melhorar as suas técnicas de administração do tempo, mas, mais importante, você pode precisar remover bloqueios emocionais inconscientes que estejam causando um comportamento nocivo, como no caso de Tom.

PASSATEMPO NA PNL

Onde você está experienciando a mudança na sua vida? Você quer promover uma grande mudança mas continua adiando isso? Pense em Elaine no exemplo acima. Ela teve cinco oportunidades apresentadas a ela aonde ela poderia ter se tornado uma IFA, mas ela se agarrou ao seu emprego como gerente de projetos porque era seguro. Ela eventualmente deu o seu mergulho quando o seu ambiente não amparava suas circunstâncias. Ela teve um bebê e queria trabalhar de casa para passar mais tempo com ele. Fazer o seguinte exercício ajuda você a obter clareza sobre qual dos níveis lógicos você pode precisar desenvolver ou mudar:

1. **Faça uma anotação da mudança pela qual você está passando ou que quer promover.**
2. **Copie e complete a matriz do nível lógico (Tabela 20-3).**
3. **Identifique o nível lógico que terá mais impacto.**
4. **Escreva a mudança pela qual você está passando ou a mudança que quer promover.**

TABELA 20-3 A Matriz do Nível Lógico

Nível Lógico	Como Este Nível Ampara a Mudança	Como Este Nível Não Ampara a Mudança
Identidade		
Crenças e Valores		
Capacidades e Habilidades		
Comportamento		
Ambiente		

Agora faça uma lista do que você vai fazer de forma diferente para tornar a mudança mais fácil ou para instigar a mudança. Por exemplo, Elaine (veja a seção anterior "Criando alinhamento nos níveis lógicos") percebeu que precisava adicionar qualificações IFA às suas capacidades e habilidades. Ela percebeu que, como uma mulher trabalhando em casa, ela estava em desvantagem em relação às outras IFAs que podiam facilmente viajar ao encontro dos clientes e algumas das quais tinham escritórios e uma infraestrutura para apoiá-las. Ela queria se destacar por ser uma das IFAs mais qualificadas.

Apegando-se aos Valores

Seus valores são importantes porque sustentam a sua identidade; um valor de honestidade e delicadeza pode resultar em você saber que você é uma "boa pessoa". A forma como você mede os seus valores é através do critério que você atribui a eles. Pessoas podem compartilhar um valor em comum mas podem medi-los diferentemente. Por exemplo, dois gerentes que adotem a eficiência como um valor corporativo podem medir a eficiência com critérios diferentes.

Um pode ver a eficiência em termos puramente monetários e apenas olhar para o ponto de partida. O outro gerente pode medir a eficiência em termos de comprometimento das pessoas.

Como os valores residem no reino da mente inconsciente, até que você os entenda conscientemente, você se agarra a eles com um fervor beirando a religião, que deixa muito pouco espaço para manobra. Você pode pensar que essa força é boa, talvez quando treinando alunos, maridos e crianças! Entretanto, no que diz respeito ao ambiente de trabalho, alguma flexibilidade pode ser eficaz. Os critérios para medir a efetividade dos valores podem dar espaço para negociação.

No exemplo dos gerentes com o valor da eficiência, um mediador pode ser capaz de mostrar como o engajamento dos empregados beneficia o ponto de partida ou como um ponto de partida saudável dá segurança de trabalho e leva a um engajamento mais completo dos empregados. Entender como endereçar os valores das pessoas faz qualquer mudança mais fácil, seja fazer com que todos os membros de uma equipe se reúnam ou fazer com que marido e mulher trabalhem por um objetivo comum.

Compreendendo a Importância de uma Comunicação Clara

Você não pode impor a mudança, a mudança deve ser comprada pelas pessoas.

— Jayne Reddyhoff

O sucesso de qualquer programa de mudança depende de todos em uma equipe se reunirem, a equipe pode ser a corporação toda ou parte de um departamento, ou, em verdade, uma família. Nesta situação, o rapport realmente entra em seu lugar. A pessoa com rapport pode influenciar e trazer a bordo as pessoas que podem fazer ou quebrar o processo de mudança. A ideia é que a sua comunicação atinja a todos para que eles entendam muito claramente o que você quer deles. Esta seção reúne técnicas dadas ao longo deste livro para construir rapport, especialmente na forma escrita.

Se você pensar sobre as posições perceptivas (que discutimos no Capítulo 7) e lembrar de criar a comunicação pela perspectiva da pessoa a quem você está se dirigindo, você descobre que levar as pessoas com você é muito mais fácil. Este processo é onde você precisa entender pelo menos alguns dos valores das pessoas envolvidas no processo de mudança (vá para o Capítulo 3 para descobrir mais sobre valores).

Conhecer os seus próprios valores é importante ao escolher um emprego ou um parceiro, seja de trabalho ou para a vida. Você precisa entender os valores de outras pessoas quando tenta ser bem-sucedido ao atingir um objetivo em comum. Você pode fazer uma suposição sobre valores comuns em uma companhia se for cuidadoso com quem você vai empregar. Se os valores corporativos se repetem diversas vezes, as pessoas que ficam e florescem entendem esses valores e estão em sintonia com eles. Como um gerente ou um indivíduo querendo construir um relacionamento a longo prazo, conhecer os valores de uma pessoa que você quer motivar é muito útil; às vezes, você simplesmente precisa perguntar, "O que é importante para você em relação a x?", onde "x" pode ser "trabalhar para esta empresa", "um relacionamento", ou "trabalhar juntos". Ter todos trabalhando para preencher valores comuns faz a mudança muito mais fácil do que se os indivíduos trabalham para suas próprias agendas ditadas por seus valores individuais.

LEMBRE-SE

Usar linguagem visual, auditiva e cinestésica permite que seu público entenda mais facilmente a sua mensagem. O Capítulo 6 fala mais sobre esses aspectos.

Assim como os valores, os metaprogramas (que descrevemos no Capítulo 8) são alguns dos filtros mais abstratos que você usa para filtrar as informações que seus sentidos apreendem do mundo. Por conta de sua abstração, usar os metaprogramas com uma pessoa mostra uma preferência e ajuda você a construir rapport mais facilmente. Nós sugerimos que você comece com os metaprogramas "em direção a/afastando-se de" e "geral/específico".

DICA

Quando criar qualquer comunicação, mantenha um papel de cola nas mãos com pontos para se lembrar de como escrever. Pode se parecer mais ou menos com isso:

» Valores
» VAC
» Em direção à/afastando-se de
» Geral/específico

Deixe espaço para inserir qualquer coisa que você pense que possa ser uma boa adição ao seu memorando.

LEMBRE-SE

Tenha em mente que algumas pessoas se sentem sobrecarregadas se recebem muita informação, então uma prática útil pode ser prover uma pequena vista geral seguida de mais detalhes. Por exemplo, se você fica facilmente sobrecarregado por muitos detalhes, comprar um carro novo ou uma máquina de lavar roupas, ou até mesmo escolher um destino para as férias pode ser difícil. Uma estratégia útil é pedir a alguém em quem você confie e que entenda as suas necessidades para lhe dar uma lista de dois ou três carros, máquinas de lavar ou destinos de férias que se encaixem em seus critérios de "uso obrigatório". Ter menos opções para escolher faz a tomada de decisão mais rápida e fácil.

CASOS E CAUSOS

Durante uma reestruturação de departamento de TI, o bem-intencionado gerente queria que o processo de mudança fosse uma experiência inclusiva para o departamento, então manteve a todos informados dos mínimos detalhes que diziam respeito à mudança. A produtividade caiu até o chão, entretanto, porque os programadores estavam extremamente aflitos com a barragem de informação que recebiam diversas vezes ao dia. A produtividade cresceu apenas quando o gerente se deu conta de que precisava filtrar a enxurrada de informação para apenas aquilo que afetaria os programadores.

Criando o Cenário para a Mudança

Nós o introduzimos ao conceito de flexibilidade comportamental como um dos pilares da PNL no Capítulo 1. Esta ideia é crucial para lidar com o que quer que seja que a vida jogue pra você. Quando você consegue desenvolver o cenário que permite que você lide com essas variáveis, você tem os meios para manter o equilíbrio na maior parte do tempo. Por que na maior parte do tempo? Bom, nós temos consciência de que quando se lida com algo como a perda, a vida fica muito difícil, talvez tudo o que você possa fazer seja entrar em estado de sobrevivência. Mas lembre-se, até dar um jeito de arrastar-se ao longo do dia é um testamento de sua habilidade de ser flexível em face de uma realidade tão dura.

DICA

Todos os dias lembre a si mesmo de algo que você tenha conquistado, por menor que isso possa parecer para você.

Deixando o medo de lado

O medo incapacita. As pessoas não têm tanto medo de cometer um erro; na verdade, o medo é das consequências de uma ação. O medo é as pessoas reagindo ao seu modelo existente do mundo (veja o Capítulo 2, que cobre as pressuposições da PNL). Então se você esteve em um ambiente onde você foi constantemente criticado ou em que erros não eram tolerados, é provável que você tenha medo de ser criticado se suas ações não estiverem alinhadas com o que é esperado. Isto pode forçar você a um estado de procrastinação ou inatividade.

CASOS E CAUSOS

Uma lenda urbana refere-se a um grande vendedor da IBM que supostamente perdeu uma quantidade muito grande de dinheiro em um projeto. Quando o vendedor foi convocado para ver Thomas J. Watson, um dos mais influentes líderes da IBM, ele pediu a sua demissão, que foi rejeitada. Watson disse que a IBM tinha acabado de gastar uma vasta quantia de dinheiro no treinamento do vendedor e que não queria desperdiçá-la.

Se você está atrasando a si mesmo porque tem medo de fazer algo, por exemplo, você pode ter medo de mudar para um emprego diferente, aceitar uma proposta de casamento, mudar de casa, aceitar uma promoção e assim por diante, o exercício seguinte pode ajudá-lo a decobrir seus medos ocultos.

PASSATEMPO NA PNL

Este exercício ajuda você com suas tomadas de decisões. Mesmo se depois você não se decidir por nada, você ainda tomou uma decisão consciente. Este processo por si pode dissipar muitos de seus medos:

1. **Faça a si mesmo essas perguntas do exercício do objetivo bem-formulado que descrevemos no Capítulo 4. Aqui "x" é relativo a tomar atitudes, como as que mencionamos acima.**

   O que vai acontecer se eu fizer x?

   O que não vai acontecer se eu fizer x?

   O que vai acontecer se eu não fizer x?

   O que não vai acontecer se eu não fizer x?

2. **Faça uma lista dos prós e contras da sua decisão.**
3. **Faça uma lista de tudo que você acha que pode dar errado e como você lidaria com os problemas que surgiriam.**
4. **Decida que você vai aprender com a situação, não importa o que aconteça.**
5. **Libere quaisquer medos que ainda não tenham ido embora usando submodalidades (veja a seguinte anedota sobre David).**

No mundo dos negócios, o fato é que as companhias às vezes implementam programas de mudança para melhorar a eficiência para a sobrevivência — o que geralmente significa cortes nas horas ou no pessoal — ou para melhorar o ponto de partida. Departamentos podem ser fundidos ou fechados ou um problema — como uma competição forte, altas taxas de atrito, moral baixa ou baixa produtividade — pode precisar ser endereçado. As técnicas da PNL podem ajudá-lo nesses tempos difíceis.

CASOS E CAUSOS

Quando David e seus colegas enfrentaram outra faixa de cortes no trabalho, ele sentiu o velho pavor de perder seu emprego ladrando seus momentos de despertar. Ele havia passado por várias mudanças e estados de sentir-se "não bem" e percebeu que sua motivação e bem-estar haviam se abalado. Ele decidiu que bastava e adotou as seguintes estratégias para manter-se produtivo:

1. **David aplicou o processo de reenquadramento de "E se" (que explicamos no Capítulo 14) e perguntou a si mesmo, "O que é o pior que pode acontecer?"**

   David sabia que ele poderia ficar sem trabalho por muitos meses mas que como havia construído um " pé de meia" financeiro depois dos últimos cortes, ele poderia sobreviver por seis meses sem trabalhar. Essa constatação levou um tempo para aliviar o sentimento de pavor que ele tinha quando pensava em tornar-se desnecessário; a frequência diminuiu, mas a intensidade ainda estava lá. David decidiu liberar o medo que sentia a cada vez que pensava nas mudanças que estavam sendo incorporadas (veja o ponto 3 abaixo).

   Ele decidiu que não gostava de seu trabalho definindo sua identidade, como em "Eu sou um vendedor". Ele perguntou a si mesmo o que faria se não fosse obrigado a trabalhar para pagar sua hipoteca e lembrou-se de quanto adorava trabalhar com madeira na escola. David decidiu que independentemente de seu resultado no trabalho, ele faria aulas de marcenaria.

2. **Ele reconheceu que tinha uma escolha sobre como lidar com a mudança.**

   Ao invés de deixar a mudança atingi-lo, ele decidiu tratar cada dia como uma experiência de aprendizado. Ao final de cada dia, ele listava o que havia sido difícil. Ele então reenquadrava a dificuldade perguntando a si mesmo, "O que eu posso aprender com isto?" e "Como posso usar isso nos dias que estão por vir?"

3. **O mais importante, David decidiu se encarregar da forma como reagia às conversas negativas a seu redor e do medo que sentia.**

   Ele começou a empregar um interruptor de padrões (veja o ícone de jargão de alerta na PNL que está depois desta lista). A cada vez que seus colegas começavam a falar sobre os problemas que estavam experienciando, ele aprendeu a diferenciar entre quando a conversa era negativa, simplesmente porque seus colegas sentiam-se bem em sentir-se mal, e quando surgia uma necessidade de resolver um problema genuíno. Quando a fala era negatividade sem sentido, David levantava a mão e dizia algo como "Vamos parar de chafurdar na lama; sabemos que as coisas estão difíceis e que devem piorar mas precisamos nos manter fortes". Depois de um tempo, apenas levantar a mão já colocava os colegas no modo de resolução de problemas.

   David descobriu que o pavor, para ele, tinha dois componentes. Ele sentia o medo como um peso descendente, descendo pelos seus ombros, e via um cubo preto e sólido revestindo seu torso. O cubo era uma metáfora para a forma como ele sentia o seu corpo (veja o Capítulo 17 para mais sobre metáforas). Cada vez que o pavor retornava, David mudava a figura do cubo ao introduzir bolsos de prata nele. O cubo virou uma colmeia cinza e então prateada até que desapareceu (cheque o Capítulo 10 para mais sobre submodalidades). Enquanto trabalhava com a imagem, David também fez alguns trabalhos de respiração, com uma afirmação em voz alta, quando estava sozinho. Ele desenhava uma respiração profunda no centro do cubo e a cada exalação ele dizia, "Estou relaxado, forte e confiante, e me sinto bem".

ALERTA DE JARGÃO NA PNL

Um *interruptor de padrões* é quando uma quebra ocorre em um padrão de pensamento ou comportamento. Por exemplo, quando um coach pergunta a um cliente, "Como posso ajudar?", o cliente pode respirar fundo, fazer uma ligação com sentir-se mal em relação a um problema e desabar em lágrimas. Estes passos constituem parte da sequência na programação que o cliente tem com relação ao problema. O coach pode quebrar esse fluxo no padrão ao fazer ou dizer algo inesperado. Curiosamente, é dito que Richard Bandler jogou água em uma cliente para quebrar seu padrão. O objetivo da interrupção inesperada é quebrar as ligações neurológicas que uma pessoa construiu em uma sequência.

A espada de Dâmocles dos cortes de emprego ainda está pairando sobre David, mas ele não se permite mais tornar-se incapacitado. Ele sabe que tem uma vida fora do trabalho e que ele prefere ter uma "vida completa" do que colocar sua vida em espera até que possa sair do trabalho ao final do dia.

Um efeito colateral bastante interessante ocorreu como resultado da aceitação de David à mudança. Seu gerente percebeu que ele estava muito mais produtivo do que os outros membros do pessoal e decidiu oferecer a ele uma promoção quando os cortes foram feitos. Agora David sente que está mais seguro caso/quando futuros cortes forem anunciados e está mais comprometido com seu trabalho. Sua produtividade está melhor agora e ele não sente o pavor que era seu companheiro constante antes de ele decidir mudar a sua forma de pensar. Ele recebe mais reconhecimento por seu trabalho, e então se engaja mais, e se encontra em uma espiral ascendente.

Estar disposto a experimentar

Quando uma seção de um departamento de TI estava sendo terceirizada, algumas das pessoas que iriam perder seus empregos enterraram suas cabeças na areia e esperaram pelo inevitável. Algumas pessoas, entretanto, estavam dispostas a experimentar novos jeitos de trabalhar e desenvolveram seus hobbies para virarem negócios em potencial. A diferença de pensamento deu a elas a flexibilidade para andar pra frente. O outro grupo estava preso na inatividade e no desamparo porque eram incapazes de pensar além de "Sempre trabalhei no TI" e esperar que fossem encontrar trabalho em um mercado decrescente.

LEMBRE-SE

Parte deste pensamento saudável é aceitar que nada é permanente e que a pessoa com a maior flexibilidade em um sistema sobrevive e pode até triunfar. Ter medo impede você de experimentar e criar opções para si mesmo.

Conseguindo Ajuda no Caminho

Você pode achar que administrar mudanças simples é fácil. Para introduzir mudanças maiores, entretanto, conseguir ajuda facilita o processo. Para mudanças pessoais, você pode conseguir ajuda relevante, como a de um coach, um nutricionista, um consultor financeiro, um agente do estado ou, se você pensa nas férias como uma mudança temporária, você pode contratar os serviços de um consultor de viagens.

CASOS E CAUSOS

Para promover mudança no trabalho, usar campeões da mudança é essencial. Um departamento de 500 pessoas estava sendo reestruturado. O pessoal estava quebrado em grupos de 20. Cada grupo recebia um gerente de pessoal e toda a informação era afunilada através daquele gerente. Os 20 gerentes compraram a ideia da mudança e a venderam para suas equipes. Eles eram, em efeito, os "campeões da mudança". Essa reorganização veio a ser uma das mais bem-sucedidas, com desmembramento e perda de produtividade mínimos. Uma outra razão para o sucesso do projeto foi que o time de gerência e as 200 pessoas principais das 500 todas receberam sessões individuais de coaching. A gerência depositou um valor alto na comunicação clara e em sistemas de apoio oportuno para empregados.

Fortalecendo recursos

Ao longo deste livro, falamos sobre a necessidade de ser flexível. Estar disposto a experimentar é um aspecto de ser flexível e é mais provável que você experimente se estiver em um estado imaginativo. Quando você se sente imaginativo, você sempre pode encontrar meios de resolver os problemas mais facilmente. Este estado, em troca, torna a mudança muito mais fácil para você lidar do que se você se sentisse ressentido.

CASOS E CAUSOS

Alan, um vendedor, era invencível quando se sentia bem e energético. Em outros dias ele simplesmente não conseguia quebrar o gelo. Ele decidiu fazer uma memória de si mesmo em um de seus dias invencíveis. Para fazer isto, ele escolheu um dia em que havia sido realmente bem sucedido e escreveu, em detalhes gráficos, exatamente o que ele tinha visto, ouvido e feito para sentir-se tão energético e invencível. Ele usou suas anotações para criar uma âncora de invencível (o Capítulo 9 tem toda a informação sobre como usar âncoras). Inicialmente, Alan fez o exercício com um amigo que o ajudou a seguir cada passo do exercício corretamente. Quando ele pôde se lembrar dos passos, ele foi capaz de fazer o exercício sozinho. Suas vendas subiram em 15 por cento nos três primeiros meses depois que ele começou a empregar sua "âncora invencível" antes de encontrar com um cliente em potencial.

Ponte para o futuro

Mesmo quando você escolhe introduzir alguma mudança em sua vida, você pode às vezes achar que sua determinação oscila. Um exercício útil para manter-se no caminho é mentalizar você mesmo no futuro em um tempo em que você tenha atingido o seu objetivo para lembrar a si mesmo do que quer conquistar. Esta técnica é particularmente boa quando você começa um programa de dieta saudável e está tentado por uma barra de chocolate que sussurra o seu nome. Você pode usar este processo para quebrar a estratégia nociva (veja Capítulo 12 para descobrir mais sobre quebrar hábitos) da gratificação instantânea ao construir um passo extra no desenvolvimento de uma estratégia para desenvolver consciência do que você come; na verdade, para estar consciente de todas as suas atitudes.

Planejando o mapa da estrada

Como disse Billy Wilder, "A retrospectiva é sempre uma visão clara". Uma forma de atingir seus objetivos é saber onde você está, para onde quer ir e então, logicamente, trabalhar as etapas pelas quais você precisa passar para chegar ao seu objetivo. Um jeito ainda melhor de fazer isso é fingir "como se" você já tivesse atingido seu objetivo e trabalhar de trás pra frente, com retrospectiva, seguindo os passos deste exercício (veja o Capítulo 14 para mais sobre reenquadramentos "e se"). O Capítulo 13 conta em detalhes como " viajar no tempo".

PASSATEMPO NA PNL

Este exercício é uma variação do exercício "Libertando-se da ansiedade" no Capítulo 13 e pode mostrar a você uma forma diferente de usar as linhas do tempo:

1. **Vá para um lugar seguro e quieto para relaxar profundamente e pense sobre o seu objetivo.**
2. **Desenhe uma linha e escreva o ponto de partida e o ponto final de seu objetivo em cada ponta da linha.**
3. **Pense sobre quais são os passos para levar você do início ao final e anote-os na linha.**
4. **Flutue para muito acima da sua linha do tempo para poder ver seu passado e seu futuro alongando-se abaixo de você.**
5. **Ainda acima de sua linha do tempo, flutue para a frente até que esteja sobre o tempo em que tiver atingido de maneira bem-sucedida o seu objetivo.**

6. **Vire-se e olhe para trás agora e permita que o seu inconsciente preencha quaisquer lacunas sobre as quais você não tenha pensado sobre seu mapa de estrada e adicione-as ao papel que você criou.**

7. **Permita que esses eventos em sua linha do tempo se alinhem de forma a apoiar o seu objetivo, percebendo quaisquer atitudes que você possa precisar tomar ao longo do caminho.**

8. **Quando estiver pronto, flutue de volta para o seu presente e de volta para o seu quarto.**

Dando um Passo à Frente

A decisão de promover uma mudança leva apenas um momento, mas a mudança em si pode levar de alguns poucos minutos a uma vida inteira. O que é importante você reconhecer é que para incorporar a mudança você precisa fazer algo ativamente. Esta seção foca-se na importância dos primeiros e últimos passos em um projeto de mudança.

Fazendo o movimento inicial

O primeiro passo é o mais importante porque dá início ao ímpeto que leva você ao segundo passo e aos passos subsequentes da jornada. Frequentemente, quebrar um objetivo em pedaços menores e mais gerenciáveis mantém você motivado no caminho do sucesso.

CASOS E CAUSOS

Susan, viciada em drogas por 24 anos, estava caminhando pra casa voltando de um clube noturno muito cedo uma manhã, quando um encontro com um conhecido virou sua vida do avesso. Quando ela tentou conversar com ele, tudo o que ele lhe disse foi: "Vá para casa, olhe-se no espelho e faça algumas escolhas diferentes". Susan foi para casa e olhou--se no espelho e viu que estava péssima. Sua pele estava cinza, ela tinha olheiras escuras debaixo dos olhos, estava enlameada e magérrima, e reconheceu que sua aparência e sua sensação eram pavorosas.

Ela decidiu lá mesmo naquele momento, "Eu não quero fazer mais isto. Eu não quero ter essa aparência mais". Esta decisão, ainda que toda declarada no negativo (veja o Capítulo 4 sobre como criar objetivos bem-formulados) foi o primeiro passo que Susan deu para retomar o controle de sua vida. Ela teve um forte padrão motivacional de afastamento, reconhecendo o que ela não queria (veja o Capítulo 8 para mais sobre padrões motivacionais de afastamento).

A próxima coisa que ela fez foi mudar seu ambiente. Ela parou de ver seus amigos usuários de drogas e arrumou um emprego. Durante sua fase de limpeza, um vizinho sugeriu que Susan frequentasse uma escola para treinamento de professores. Essa sugestão iniciou Susan em seu caminho de aprendizado para tornar-se uma excelente coach e tirar seu diploma em psicologia humanística.

Celebração e Fechamento

Muitos processos de estabelecimento de objetivos entram em grande profundidade, falando de objetivos bem-formulados, planejando o mapa da estrada e dando o primeiro passo. Não muitos falam sobre o último passo ou *fechamento*. Na realidade, o fechamento não é o último passo no grande esquema das coisas, mas integrar um último passo para sinalizar o fim de uma fase em um projeto em si pode ser muito útil.

Qualquer mudança requer foco e investimento de grandes quantidades de energia física e emocional e coloca as pessoas sob estresse considerável. Esse estresse pode ser *angústia* (estresse ruim) ou *excitação* (estresse bom, o que Mihaly Csikszentmihalyi, que escreveu diversos livros inspiracionais, chama de *fluxo*). Em qualquer um dos casos você precisa de um período para recarregar suas baterias. Obter fechamento libera a tensão do trabalho concentrado, sinaliza o final de uma fase, e dá a você a permissão para seguir para o próximo desafio.

PASSATEMPO NA PNL

Termine um projeto — que poderia ser um trabalho em casa (como realizar um projeto de paisagismo em seu jardim) ou no trabalho (onde você está envolvido com melhorar a produtividade dentro de uma equipe) — com um questionário. Você poderia examinar o seguinte:

- O que correu bem?
- O que poderia ter sido melhor?
- Que lições foram aprendidas?
- O que você fará diferente da próxima vez?

Lembre-se de parabenizar a equipe (mesmo que a equipe seja apenas um membro — você) e finalmente assegure-se de celebrar!

6
A Parte dos Dez

NESTA PARTE...

Veja porque a famosa Parte dos Dez Para Leigos é tão bem aceita por trazer mais informação, de forma mais rápida e simples, ao seu alcance. Essa parte dá um gostinho do grande impacto da PNL no seu dia a dia, de pais e professores a sucesso de venda e desenvolvimento pessoal. Há alguma coisa para todos: dez aplicações da PNL, indicação de outros livros, recursos online e sugestões de filmes. E como você pode descobrir muito mais agora que se tornou uma pessoa curiosa.

NESTE CAPÍTULO

Levando suas habilidades recém-descobertas para o mundo

Fazendo a PNL funcionar para você em todas as áreas da sua vida

Capítulo 21
Dez Aplicações da PNL

Encontramos aplicações diárias da PNL em nosso trabalho como técnicos, treinadores e consultores profissionais. Também em casa com a família e com os amigos, a PNL influencia como pensamos e nos comportamos. Então, como você pode usar a PNL na sua vida? Neste capítulo, apresentamos dez sugestões práticas que esperamos que o deixem curioso sobre como você pode aplicar os conteúdos deste livro agora mesmo. Lembre-se que esses pontos são apenas sugestões: você escolhe o que faz a diferença pra você e para as pessoas com quem você se conecta.

Desenvolvendo-se

Desenvolvimento pessoal é uma arena massiva porque as pessoas estão procurando por sentido e contentamento em um mundo imprevisível. Quando você ler este livro, esperamos que você aprenda esta lição: a PNL oferece meios para você aprender, crescer e se desenvolver, e você pode escolher se as ideias se encaixam com você ou não. Além disso, você pode usar a PNL para treinar e ajudar os outros também, e neste caso você precisa manter-se forte e saudável para que possa ser um autêntico modelo.

A caixa de ferramentas da PNL oferece uma coleção de modelos e exercícios, assim como encoraja uma atitude questionadora, que permite a você:

- Escolher o seu estado de maior recurso emocional e usar *âncoras*, uma técnica mental para acessar e assegurar aquele bom estado mental quando você se sentir desafiado. Você aprenderá melhor quando sentir-se seguro para tentar alguma coisa nova. Para explorar como estabelecer e usar âncoras, olhe o Capítulo 9.
- Orientar o seu pensamento em caminhos diferentes usando os pressupostos da PNL, as suposições nas quais a PNL é baseada. Mais sobre esse assunto, no Capítulo 2.
- Descobrir o que o faz funcionar melhor, reunindo informações sobre a forma como reflete a sua experiência através dos sentidos, o que a PNL denomina de *sistemas representacionais*. Você pode compreender esses sistemas representacionais (por vezes chamados de *modalidades*) no Capítulo 6.
- Responsabilizar-se pela própria aprendizagem em lugar de esperar que alguém o faça para você.
- Esclarecer o que realmente quer em todos os aspectos da sua vida. Os objetivos bem-estruturados que introduzimos no Capítulo 4 são fundamentais para olhar para o que você quer. Cheque também a lista de verificação no Apêndice C.
- Aprender a fazer a mudança no nível lógico mais apropriado de experiência, para aumentar a sua habilidade e autoconfiança, seja sobre meio ambiente, comportamento, capacidade, crenças, identidade ou propósito. Tudo é revelado no Capítulo 11.
- Prestar atenção ao que está acontecendo com você no que diz respeito a seus níveis de energia, para garantir que você não se pressione demais.
- Descubra como construir o rapport mais facilmente: nós dedicamos todo o Capítulo 7 ao desenvolvimento dessa habilidade importante.

Administrando os Seus Relacionamentos Pessoais e Profissionais

"Socorro! Esse relacionamento não está dando certo!" Ter um relacionamento ruim com alguém pode ser uma experiência empatada e horrível. A porta à sua frente está fechada. Você ouvirá muito uma declaração na PNL: se o que você está fazendo não está funcionando, faça alguma coisa diferente. Felizmente, a PNL oferece algumas formas para você destrancar e abrir a porta com mais possibilidades.

- **O Metamodelo:** a chave número um é o Metamodelo descrito no Capítulo 15 que proporciona um caminho para você investigar por baixo da superfície da linguagem vaga diária, como "não sou feliz com isso", com perguntas úteis que reúnem informações específicas e desafiam suposições que atravancam o caminho dos relacionamentos felizes e recompensadores. Sabendo como se comunicar mais precisamente, você chega ao cerne do que você e do que os outros realmente querem dizer.
- **O Metaespelho na PNL:** Esta técnica encoraja você a assumir diferentes posições perceptivas. O metaespelho é o método preferido para explorar situações desafiadoras ao olhar como você se relaciona com as outras pessoas. Ao levar em consideração pontos de vista diferentes, terá ideias novas para modificar os relacionamentos daqui para a frente ou dizer adeus de forma educada. O metaespelho é descrito em detalhes no Capítulo 7.

Negociando uma Solução de Ganho Mútuo

Suponha que você entrará em uma importante negociação em sua vida. Talvez tenha escolhido a casa dos seus sonhos. A PNL ajuda você a realizar seu objetivo ao fornecer princípios e estratégias que você pode usar em vantagem de todos. Dê uma olhada nas técnicas na lista a seguir, que apesar de relacionarmos com a compra de uma casa você pode aplicar se estiver negociando um emprego, comprando um carro, contratando os serviços de pessoal no trabalho ou envolvido em qualquer resolução de conflitos:

DICA

- Siga para um efeito positivo — comece com o seu resultado desejado em mente. Fale em uma linguagem positiva. Foque sempre no que quer, esqueça o que não quer. Para a história sobre resultados, veja o Capítulo 4.
- Use os seus sentidos — torne o seu resultado mais específico ao perceber com que ele se parece, como ele soa e qual é a sensação de quando tiver atingido uma negociação bem-sucedida. Você pode ter uma noção desta técnica no Capítulo 6.
- Anote os seus pontos quentes (seus critérios preferidos) — foque--se em cinco elementos-chave que são importantes para você realizar o movimento. Ponha-os em ordem de prioridade e continue retornando a eles para checar se está conseguindo o que você quer.
- Anote os pontos quentes do ponto de vista dos vendedores — o que é importante para eles? Imagine como deve ser estar na pele deles e lembre-se do que eles querem a cada vez que tiverem contato.
- Subprodutos positivos — mantenha em mente os elementos positivos que você traz de casa, os quais já tem e não quer perder. Poderia ser o número de banheiros, o jardim onde bate o sol ao sul ou um bom transporte local.
- Conheça o seu chão. Esteja preparado para ir embora sem fechar negócio ao invés de ser levado no momento apenas para fechar um negócio que é insatisfatório para você.
- Controle seu estado de espírito. Ficar calmo e relaxado quando a negociação atingi-lo ajuda a tomar o melhor próximo passo possível. Dê uma olhada no Capítulo 9 sobre âncoras.
- Segmentação, a capacidade de substituir a visão do todo de alguém para qualidades específicas com segurança é a habilidade chave em qualquer negociação. Se você discorda de alguns detalhes, então segmente o seu contrato em partes específicas para ganhar concordância nos pontos principais; assim, você pode segmentar o assunto em partes menores, uma vez que ele tenha alcançado aquela base comum. O Capítulo 15 o ajudará a ser específico quando necessário, enquanto o Capítulo 16 mostra a você como falar em termos gerais nos quais é fácil de se concordar. Com esta flexibilidade em sua abordagem, você aumenta as chances de a outra pessoa ouvir a sua mensagem alto e claramente.
- Mantenha o rapport com todos na corrente. Mesmo quando você discorda do que estão dizendo, associe e espelhe a linguagem corporal e o tom de voz deles. Isso ajuda para que todos o ouçam! Nós cobrimos todas as habilidades de construção de *rapport* importantes na PNL no Capítulo 7. O Capítulo 6 também lhe dá mais formas de construir rapport ao reconhecer se alguém tem uma preferência visual, auditiva ou cinestésica, e então usar a linguagem para acompanhar a preferência daquela pessoa.

Atingindo Aqueles Alvos de Venda

Você pode ter encontrado dois tipos de vendedores. Há aqueles que só querem vender, sem levar em consideração se você quer comprar; o objetivo deles é acertar o alvo e você pode ser apenas um inimigo — o detentor do orçamento — a ser dominado ao longo do caminho. Eles querem conseguir sua comissão e sair correndo dali, em seu novo carro, com as luzes piscando, buzinando para qualquer um que entre no caminho. Felizmente, alguns vendedores têm uma visão mais ampla, e abordam sua profissão ao construir bons relacionamentos com os clientes. Eles são, provavelmente, muito concentrados nos alvos, embora não se apressem e ouçam atentamente o que a outra pessoa quer antes de tentar compartilhar conhecimento. Vender o produto vem muito depois.

Os princípios da PNL se aplicam para criar relações fortes de vendas. Eles permitem que você construa rapport, obtenha clareza sobre o que as pessoas querem, entenda seus valores e critérios e seja flexível ao longo do caminho até que feche um negócio ou decida desistir por saber que não se encaixa no que você quer.

A PNL lembra você de ouvir não apenas as palavras que estão sendo ditas, mas também prestar atenção à fisiologia. Para onde os olhos se movem ou como a cor da pele de alguém muda de acordo com seus sentimentos.

Usar o enfoque da PNL o conduzirá a situações vitoriosas que são altamente consideradas e respeitadas. Integridade é a palavra-chave que vem em mente aqui. Os bons vendedores são capazes de tomar a perspectiva do cliente e associar os benefícios do produto às necessidades do cliente. Ninguém quer ser atendido de forma grosseira; os clientes querem ser ouvidos e encontrar soluções para as suas questões. Os princípios da PNL se aplicam para criar relações fortes de vendas. Eles querem produtos e serviços que os ajudem a levar um negócio ou a apreciar mais a vida; eles querem o fator do bem-estar. A PNL lida com influência e com como as pessoas tomam decisões, e vendas bem-sucedidas são aquelas que acompanham as necessidades dos clientes em muitos níveis.

LEMBRE-SE

Um ditado para ter em mente: "As pessoas compram na emoção e justificam com fatos." Não importa se você está vendendo um produto ou uma ideia, você se conecta primeiro com as pessoas em um nível emocional. As pessoas compram primeiro você, antes de comprarem o que você está vendendo.

Criando Apresentações Poderosas

A habilidade de se comunicar bem é fundamental para o seu sucesso. Na realidade, você pode achar que é a única habilidade mais importante que afeta o seu futuro. Quando você sabe fazer uma boa apresentação você está à beira da liderança em muitas áreas da vida, quer sua paixão seja ser um político, esportista, professor, apresentador de TV, líder de torcida ou líder de negócios do ano. Você tem a autoconfiança de sair e sustentar aquilo em que você acredita? Você realmente quer sentar em um jantar de celebração apavorado por ter que fazer os votos de agradecimento no final? Se você puder fazer uma boa apresentação, você pode estar à frente. Ou simplesmente relaxar e se divertir.

Então o que o está impedindo de fazer apresentações poderosas? Em uma palavra: você!

Tristemente, muitas pessoas que conhecemos morrem de medo de fazer apresentações. E se não têm medo, certamente preferem ficar nos bastidores do que ficar diante de uma plateia.

A PNL pode fazer a diferença para você de três maneiras:

- » Ela mostra a você como provar seu propósito ao apresentar de forma cristalina.
- » Ela mostra a você como tocar a todos em uma plateia através do uso da linguagem.
- » Ela mostra a você como sentir-se confiante ao ficar em pé diante de qualquer grupo.

PASSATEMPO NA PNL

Imagine que você foi convidado para falar no encontro anual de seu clube local de jardinagem (substitua jardinagem por seu próprio hobby, como treinar hamsters ou praticar asa delta).

Usando a PNL, sua primeira tarefa é engajar o seu cérebro para decidir qual é o resultado de sua apresentação. Qual resultado, ou ação, você quer que aconteça, quando as pessoas forem inspiradas pelo seu discurso? Mapeie este resultado claramente para si mesmo, mantendo em mente o que a plateia gostaria de descobrir com você.

Conforme você começa a construir o conteúdo de sua fala, pense nos estímulos — visuais, auditivos e cinestésicos (vá para o Capítulo 6 para dicas sobre como engajar os sentidos dominantes das pessoas). Como você vai se conectar com as pessoas que gostam de imagens, aquelas que ouvem as palavras e aquelas que seguem apenas sua intuição? Conforme você desenvolve seu roteiro, lembre-se que algumas pessoas precisam apenas das linhas gerais e que outras gostam de tudo nos mínimos detalhes.

Lembre-se que a PNL dá a você as ferramentas para preparar-se mentalmente para qualquer apresentação. Tenha clareza de como quer aparecer na apresentação — jocoso e jovial, cheio de seriedade ou talvez algum lugar entre os dois? Encontre um tempo em que você foi assim no passado, para que possa usar essa experiência como âncora e reconquistar esse sentimento pra si mesmo. Vá para o Capítulo 9 para saber tudo sobre estabelecer âncoras para palcos.

DICA

Aqui há a dica mais importante — o Santo Graal: não se apoie nas dicas e técnicas de outras pessoas. Todos nos apresentamos diferentemente e ser você mesmo pode ser inovador. Quando você fala sinceramente sobre alguma coisa pela qual é apaixonado, as pessoas se conectam com sua autenticidade e seu senso de propósito.

Administrando o Seu Tempo e os Recursos Preciosos

Todo mundo tem o mesmo tanto de tempo na semana: 168 horas. então por que algumas pessoas passam a vida correndo contra o relógio enquanto outras movem-se tranquilamente? A diferença está em como as pessoas usam esse tempo.

Entender como você se relaciona com o *tempo* faz uma grande diferença para a sua experiência diária. A PNL distingue as pessoas entre as que operam no tempo — onde você vive no momento e através do *momento* — e as pessoas que operam ao longo do tempo — onde você dá passos atrás para olhar para o passado, presente e futuro como um espectador. Estar no momento é mais fácil quando você está *no tempo.* Planejar o tempo é muito mais fácil quando você está através *do tempo.* Dicas de viagens no tempo estão esperando por você no Capítulo 13.

Como uma treinadora de PNL, Kate encoraja seus clientes a perceberem como eles se relacionam com o tempo e a gastá-lo de forma sábia, para entender o impacto de gastar o tempo no que não querem fazer e liberando sua energia para o que realmente os motiva. Seu tempo é precioso e uma vez que você o gastou, não pode tê-lo de volta.

DICA

Comprometer-se demais em agradar os outros tem o efeito oposto quando você os decepciona. A PNL mostra a você como dizer "não" mantendo o rapport com amigos e colegas.

Sendo Treinado para o Sucesso

Você quer fazer alguma coisa, uma coisa específica em que vem pensando por muito tempo mas que ainda não começou ou não atingiu? Se sim, um treinamento de PNL pode ajudá-lo a dar o salto entre a ideia — o desejo inicial de promover uma mudança — para fazê-la acontecer.

Quando você trabalha com um técnico que abraça os princípios da PNL com habilidade, essa pessoa usa as pressuposições da PNL e acredita em seu potencial ilimitado. O técnico apoia você para atingir objetivos que pareciam impossíveis ao deixá-lo com clareza sobre seus valores e crenças e mudando a interferência que se coloca em seu caminho. E isso pode ser seriamente relaxante e divertido. Sem brincadeira.

O treinamento de PNL foca a sua atenção nos resultados que você quer e interrompe seu estremecimento ao longo do caminho, dissipando a energia de todas as coisas que você não quer. A PNL ajuda você a superar ou romper as barreiras que o atrapalham. O treinamento fecha essa lacuna de onde você está agora para aonde quer ir — de seu *estado presente* para seu *estado desejado.*

DICA

Atitudes transformam o sonho em realidade. Uma razão chave para o treinamento ter resultados é que você se compromete com a ação. Uma outra razão é que você quebra seus objetivos em etapas menores e mais realistas. Quando você trabalha com um técnico você se compromete com uma outra pessoa, como se alguém estivesse do seu lado com um cronômetro e uma prancheta checando em intervalos regulares se você está no caminho certo.

Os princípios da PNL podem se aplicar a atingir o sucesso nos esportes, então você geralmente encontra treinadores esportivos usando técnicas de ancoragem para ajudar um jogador a estar confiante antes de um grande jogo ou apresentação.

Treinar é geralmente sobre capacitar as pessoas a recuperarem seu equilíbrio e harmonia. Acreditamos que treinamento é sobre muito mais do que simplesmente obter excelência no curso de golfe ou em batalhas de salas de reuniões. Adotar uma visão holística — considerando todos os aspectos de sua vida — permite que você crie seu próprio futuro. Nós treinamos executivos extremamente bem sucedidos que querem se destacar em seu trabalho. Ao examinar o panorama geral de suas vidas assim como seus padrões de trabalho, essas pessoas liberam sua energia e direção para conseguir o que querem.

LEMBRE-SE

Se você obtém excelência em um aspecto de sua vida em detrimento de todos os outros, digamos que seu trabalho, sua vida no trabalho pode estar ótima, mas sua vida em casa torna-se miserável. Você então tem uma existência desequilibrada e potencialmente não saudável. Clientes que têm muito sucesso nos negócios podem prejudicar sua própria saúde ou relações importantes no caminho. E aqueles que têm uma vida muito confortável em casa podem negligenciar seu potencial profissional. Se esses cenários descrevem você, encontrar um técnico de PNL pode ajudá-lo a restaurar o equilíbrio e a harmonia em sua vida.

Usando a PNL para Favorecer a Sua Saúde

Em inglês, a palavra stressed (estressado) se soletrada ao contrário torna-se desserts (sobremesas). Deve ser por isso que fazer dieta é tão estressante quando você vê pudins à frente de seus olhos — pudins podem ser muito atrativos quando se está estressado!

Falando sério, a PNL tem muito a oferecer a você se você quiser manter-se saudável, porque ela reconhece a conexão intrínseca entre corpo e mente. A PNL vê uma pessoa como um sistema que precisa manter-se equilibrado para estar saudável.

Você já passou por alguma época em que tivesse muito para fazer, pouco tempo para fazê-lo e pouca voz ativa sobre quando e como fazê-lo? Talvez você tenha se sentido como um hamster numa roda, indo a lugar nenhum? A maioria das pessoas passa por tempos difíceis — altos e baixos são normais. A zona de perigo é quando as pessoas não reconhecem o que está acontecendo e suas vidas entram em uma espiral fora de controle. Quando isso acontece, o corpo entra com um mecanismo de trava. Fadiga crônica, dores de cabeça por causa da tensão, dores no pescoço e na coluna, assim como explosões de raiva e ansiedade podem ser sinais de alerta do seu corpo de que você não está no controle da sua própria vida.

A PNL ajuda as pessoas a manterem-se centradas e focadas em seus valores essenciais e em sua autoconsciência e então permanecer sintonizadas com sua saúde.

CUIDADO

Usar ferramentas como o Modelo Milton (veja o Capítulo 16), metáforas e histórias (veja o Capítulo 17) e âncoras (veja o Capítulo 9) pode ajudar a reduzir o stress e o medo em torno das doenças. A não ser que você tenha treinamento médico, seja muito sensível usando a PNL com qualquer pessoa com problemas de saúde crônicos. Nunca tente 'consertar' alguém ou atropelar sintomas físicos, que são mensagens importantes que precisam de atenção profissional.

CASOS E CAUSOS

Uma encarregada no workshop "Por trás do Stress" de Romilla, chamada Cassy, havia se tornado um trapo, tentando dar conta de seus comprometimentos no trabalho no qual ela havia sido recentemente promovida e tentando satisfazer as demandas de sua família. Durante o workshop, Cassy se deu conta de que ela estava se dobrando às demandas de seu chefe e de sua família porque tinha uma necessidade profunda por amor que vinha do fato de ter sido adotada. Apesar de ter tido pais adotivos muito amáveis e uma infância feliz e estável, Cassy sempre havia sentido como se fosse uma rejeitada pela vida, porque sua mãe biológica havia aberto mão dela.

Outro encarregado ouviu história de Cassy e reenquadrou sua perspectiva dizendo "mas você é na verdade uma das escolhidas". A mudança em Cassy era palpável e agradável de se ver, conforme ela processou essa inclinação positiva em sua identidade. Depois do workshop, Cassy foi capaz de dizer 'não' para muitas pessoas em sua vida e um dos benefícios insuspeitados foi que seus filhos se tornaram mais responsáveis por suas próprias vidas.

Conectando-se com Sua Plateia: Conselhos para Treinadores e Educadores

A PNL expandiu seu alcance na educação com especialização em programas de PNL para professores e educadores. Além disso, pessoas que querem liderar workshops de negócios também podem se beneficiar de um treinamento de PNL.

A PNL reconhece que os indivíduos aprendem de formas muito diferentes e que apenas o aluno sabe qual é o melhor jeito. Bons professores assumem a responsabilidade de ensinar de forma que os alunos possam se beneficiar — eles verdadeiramente se conectam e inspiram. A PNL muda a ênfase de ensinar para aprender e faz as pessoas começarem a perceber como elas aprendem melhor. Um trabalho sendo feito recentemente com técnicas simples como a Estratégia da Grafia, explicada no Capítulo 12, está transformando a educação para as crianças e em última análise a qualidade de suas vidas a longo prazo.

O processo de aprendizado envolve muitas dimensões ricas além de simplesmente ter coisas sendo ensinadas ou receber as respostas corretas. Para aprender a se conectar e durar, as pessoas precisam ser colocadas em um estado positivo e receptivo. Colocar o treinador e o grupo em um estado receptivo é muito mais importante do que cobrir todo o currículo.

Quando você está descobrindo uma nova habilidade, torne-se curioso sobre como fazer aquilo funcionar pra você. Pense em sua melhor experiência de aprendizado; uma época em que você se sentiu bem em aprender. Por exemplo, Kate sabe que ela aprende melhor quando está se divertindo, estando com pessoas e sentindo-se bem para experimentar e cometer erros. Esses itens não serão os mesmos para outras pessoas e quando ela dá workshops ela presta atenção às necessidades de cada um de seus alunos e adapta seu treinamento a eles.

A PNL mostra a você como descobrir as preferências das pessoas para absorver informação — e como um professor você precisa reconhecer que algumas pessoas respondem a figuras, algumas a palavras e outras ao toque ou aos sentimentos. Usar uma linguagem altamente genérica no começo de uma sessão permite que você se conecte com os diferentes níveis de especialidade em um grupo. Então sua introdução pode ser algo como o seguinte:

> *Nós cobrimos muitos aspectos do assunto hoje. Alguns de vocês já terão muito conhecimento nesta área e têm suas próprias ideias, opiniões e experiências para contribuir.*
>
> *Para alguns de vocês, os conceitos vão apenas reforçar o que vocês já sabem e dar a vocês tempo de sentar e considerar as implicações do que vocês já fazem.*
>
> *Para outros haverá novas perspectivas e durante o passar do dia nós teremos a oportunidade de explorar algumas novas formas de agregar valor e poder ao que vocês estiverem usando atualmente.*
>
> *Vocês mesmos vão decidir como essas ideias serão aplicadas.*

Também mantenha em mente os vários estágios do aprendizado. Quando você adquire uma habilidade nova, como dirigir um carro, você se move através de diferentes níveis de competência. Quando você começa, você é alegremente ignorante — inconscientemente incompetente. Você não sabe o que você não sabe. Então você muda para uma incompetência consciente e agora você tem consciência do que você não sabe. Conforme você constrói sua capacidade você se torna conscientemente competente até que se torna inconscientemente competente quando, como um motorista experiente, você se esquece de como era ser um aprendiz. Este processo pode fazer com que seja difícil aprender com especialistas, porque eles podem estar tão distantes de quando eram aprendizes que dizem 'apenas faça' e são incapazes de quebrar a habilidade em estágios fáceis.

Conseguindo o Melhor Emprego para Você

Existe uma grande competição por empregos bons em tempos econômicos desafiadores, o que significa que abordar sua mudança de carreira em entrevistas de trabalho estrategicamente é mais importante do que nunca. Trocar de empregos simplesmente porque você está entediado — como mudar o papel de parede ou fazer compras e voltar pra casa com mais uma camiseta azul — pode ser contraproducente. Você pode trocar de emprego e então perceber que a mudança é que era atrativa e não o emprego em si.

Trabalhar com um técnico de carreira treinado em PNL pode guiá-lo para obter o emprego que levará sua vida na melhor direção (ao invés de simplesmente a um emprego diferente) e a apresentar-se em seu melhor em uma entrevista.

O planejamento de carreira deve ser feito proativamente ou você pode acabar como Alice no País das Maravilhas: não tão preocupado com o lugar aonde vai chegar, contanto que seja em algum lugar. Tomar decisões informadas, baseadas em seus valores e no seu futuro desejado, garante que você não deixe um emprego perfeitamente bom para acabar em um lugar onde ficará muito infeliz ou na melhor das hipóteses tão desarranjado quanto você estava em seu emprego anterior e ainda procurando pela grama mais verde do vizinho.

Faça de sua pesquisa de emprego um objetivo bem-estruturado usando a lista no Apêndice C. Faça sua lição de casa sobre a pessoa com o poder de designá-lo a seu emprego dos sonhos e decida como funciona o mapa de mundo desta pessoa. O Capítulo 7 contém uma lista para ajudá-lo a pensar sobre as pessoas que você precisa influenciar.

Seja criativo em como se destacar da multidão. Para ganhar perspectiva, mude para segunda e terceira posições (que nós descrevemos no capítulo 7) e pense sobre si mesmo como um produto; quais seriam suas características e seus benefícios? Na frente de um espelho, pratique ser a pessoa que seu empregador dos sonhos quer empregar — cheque a informação da comunicação no capítulo 7 para garantir que suas palavras, gestos e tom de voz apresentem uma visão consistente. Como você se vestiria e falaria? O que você estaria dizendo sobre si mesmo e sobre suas capacidades? Lembre-se, você precisa acreditar em si mesmo para os outros sentirem-se confiantes sobre você — e comprá-lo.

NESTE CAPÍTULO

Recomendações de livros para experientes e novatos

Ampliando os horizontes de seu conhecimento de PNL através da palavra escrita

Capítulo 22
Dez Livros para Aumentar a Sua Biblioteca

Nós lemos vorazmente. Este traço nos permitiu expandir nosso conhecimento de desenvolvimento pessoal e da PNL. Aqui nós oferecemos dez livros relacionados a PNL que tiveram um grande impacto em nosso desenvolvimento, use-os como um atalho para o seu crescimento. Esperamos que eles enriqueçam sua vida e as vidas daqueles à sua volta.

Crenças — Caminhos para a Saúde e o Bem-estar

Robert Dilts, o autor de *Crenças — Caminhos para a Saúde e o Bem-Estar* (Summus, 1993), é um dos treinadores e autores mais criativos do mundo da PNL e uma das pessoas que realmente fazem o que dizem. Neste livro, ele descreve como suas crenças podem impedi-lo de alcançar o que você quer e de viver uma vida satisfatória. O livro ajuda você a explorar suas crenças e dá exercícios para mudá-las para conseguir alinhamento em todos os níveis de sua personalidade para uma mudança permanente.

O Manual do Usuário para o Cérebro

Em *The User's Manual for the Brain* (Crown House Publishing, 2001, sem edição em português), Bob G. Bodenhamer e L. Michael Hall, dois dos mais prolíficos escritores no campo da PNL, produziram um livro para alguém que deseja chegar a um nível profissional na PNL sem passar por um curso. Diferente de alguns outros livros de PNL para iniciantes, este é muito fácil de acompanhar e dá a você uma base realmente boa para antes de frequentar um curso prático. Além disso, profissionais mestres da PNL têm a certeza de que este é um livro brilhante para revisar seu conhecimento já existente.

Transformação Essencial

Transformação Essencial (Summus, 1995) oferece técnicas da PNL, descobertas e desenvolvidas por Connirae Andreas e projetadas para trazer mais inteireza para o leitor com o objetivo de facilitar a mudança pessoal. A técnica da Core Transformation (Transformação Essencial) é baseada na premissa de que partes conflitantes existem no inconsciente de toda pessoa ansiando por atingir um estado essencial e, assim, a inteireza. Este livro é um divisor de águas no campo do desenvolvimento pessoal porque ele permite a você usar as suas limitações como um trampolim para atingir estados essenciais como a paz interior.

Sapos em Príncipes

Sapos em Príncipes (Summus, 1982) é um dos livros seminais no campo da PNL. O livro é na realidade a transcrição de uma sessão de treinamento ao vivo conduzida pelos fundadores da PNL, John Grinder e Richard Bandler, e belamente editada por Steve Andreas. Ainda que tenha havido maiores desenvolvimentos na PNL desde a primeira publicação deste livro, este título é uma leitura obrigatória para iniciá-lo no caminho da descoberta da PNL.

Influenciando com Integridade

Em *Influencing with Integrity* (Crown House Publishing, 1984, sem edição em português), Genie Z. Laborde faz uso de muitos desenhos e linhas para criar um livro que é fácil de ler e entender. Ela simplifica um assunto complexo para dar ao leitor um conjunto de habilidades de ponta para usar em todas as áreas da comunicação. A abordagem direta, com foco nas aplicações para os negócios, faz este livro especialmente útil para as pessoas no mundo corporativo.

Administre o Seu Tempo, Administre a Sua Vida

Se você quer descobrir a teoria da PNL, *Administre Seu Tempo, Administre sua Vida* (Record, 2002), de Ian McDermott e Ian Shircore não é para você. Entretanto, se você quer experienciar a PNL enquanto 'planeja fazer a mudança acontecer nos seus termos', este livro é exatamente o que você precisa ler e praticar. Experienciar a PNL com este livro, antes de fazer um curso prático, fornece uma base imensurável para o seu aprendizado.

O Livro Negro das Habilidades de Persuasão

Persuasion Skills Black Book (Lean Marketing Press, 2009, sem edição em português), de Rintu Basu, é um livro prático, escrito para ajudá-lo a dominar a linguagem da persuasão de mordida em mordida. As técnicas tornam-se mais claras com o uso de exemplos do dia a dia. Este livro é útil para uma gama de pessoas, de professores a vendedores ou pais tentando lidar com adolescentes teimosos.

Apresentando Magicamente

Se você é um treinador ou apresentador, este livro elegantemente escrito por David Shepard e Tad James é uma leitura obrigatória pra você. As técnicas em

Presenting Magically (Crown House Publishing, 2001, sem edição em português) usam a PNL e aceleram o aprendizado e mostram a você como cativar sua plateia desde o princípio. Pratique estes exercícios do livro para modelar apresentadores "natos" e eleve as suas habilidades de apresentação para um nível de autoridade.

A Mágica da Metáfora

Em *The Magic of Metaphor* (Crown House Publishing, 2001, sem edição em português), assim como na sua sequência More Magic of Metaphor, Nick Owen, reúne uma coleção de histórias projetadas para transformar o leitor, com preciosidades que o motivam e fornecem estratégias para a excelência. As histórias o elevam e promovem sentimentos positivos e confiança, ao mesmo tempo em que desafiam muitas bases de suas ideias, atitudes e crenças. Este livro é extremamente útil para pessoas em diversas profissões como consultoria, psicologia, palestrantes profissionais, gerência e educação.

Tecendo as Palavras: A Ciência da Sugestão

Wordweaving: The Science of Suggestion (Quest Institute, 2003, sem edição em português) é um dos dois livros de Trevor Silvester, o segundo sendo Wordweaving Volume II — The Question is the Answer. O autor escreve sobre o assunto complexo do transe em um estilo bem fácil de acompanhar. O livro se afasta das restrições dos roteiros de hipnose e endereça a relação com o cliente apresentando uma questão. Esta abordagem dá ao leitor a flexibilidade e a criatividade para obter resultados mais eficazes através do transe. Qualquer pessoa trabalhando com questões terapêuticas, incluindo práticos da PNL, hipnoterapeutas e técnicos, assim como novatos, vai achar este livro muito interessante de ler.

NESTE CAPÍTULO

Navegando na internet para escavar mais a fundo a PNL

Encontrando mais informações úteis para expandir seus horizontes

Capítulo 23

Dez (que, na Verdade, São Doze) Recursos Online da PNL

Aonde mais você iria nos tempos atuais atrás de mais informação senão na internet? Explorar por mais informação de PNL na internet pode levar você a uma riqueza de material interessante não apenas sobre a PNL, mas também em áreas relacionadas do desenvolvimento pessoal. Neste capítulo oferecemos dez websites que oferecem recursos interessantes para aprofundar o seu aprendizado de PNL.

Anchor Point

Anchor Point está em www.nlpanchorpoint.com (conteúdo em inglês). Este site está abarrotado de artigos muito informativos sobre a PNL datando desde os seus primórdios, uma mistura de experiências pessoais com a PNL e artigos mais instruídos. Anchor Point Publications também publica uma revista excelente de PNL. Visite o site para uma variedade de livros clássicos, fitas de áudio e de vídeo e produtos da PNL e tópicos relacionados.

Association for Neuro-Linguistic Programming (ANLP)

Este site está em www.anlp.org (conteúdo em inglês).O site oferece informações para o novato e detalhes sobre eventos de PNL, assim como acesso a práticas da PNL e treinadores se você precisar de ajuda para resolver questões, e algumas perguntas frequentes.

Clean Language

No site www.cleanlanguage.co.uk (conteúdo em inglês) feito por James Lawley e Penny Tompkins você encontra uma riqueza de artigos e não apenas sobre a Linguagem Limpa. O site é uma fonte rica em material que conecta terapia, saúde, educação e treinamento com metáforas e símbolos. O site usa a analogia de um prédio para guiar você aos quartos individuais, aonde você pode encontrar as informações de que precisa generosamente dispostas.

Crown House Publishing

Este site www.crownhouse.co.uk (conteúdo em inglês) tem uma seleção maravilhosa de livros de desenvolvimento pessoal sobre assuntos fascinantes indo desde 'Mente-Corpo-Espírito' até negócios, educação e psicoterapia. Eles oferecem títulos que você pode não encontrar em outro lugar e são o braço direito da publicação da excelente Anglo-American Books, que também organiza a Conferência anual de PNL no Reino Unido.

Encyclopaedia of Systemic NPL e NPL New Coding

Se você acessar apenas uma fonte da PNL, assegure-se de que seja esta. nlpuniversitypress.com (conteúdo em inglês) contém uma enciclopédia de PNL, criada primariamente por Robert Dilts e Judith DeLozier. Detalhes da Universidade de PNL organizados por Robert, Judith e outros líderes no campo podem ser encontrados em www.nlpu.com (conteúdo em inglês). A enciclopédia é um recurso fabuloso, oferecido gratuitamente em espírito colaborativo que mostra a PNL em seu melhor. Este site enriquece o conhecimento tanto de novatos quanto de praticantes experientes da PNL.

John Grinder

www.quantum-leap.com (conteúdo em inglês) é o site de John Grinder, um dos cocriadores da PNL. O site dá a você um sabor do trabalho de Grinder e informações sobre livros de John e sua parceira Carmen Bostic St. Clair, os atuais presidentes da Quantum Leap, assim como links para outros sites de PNL.

Michael Gelb

A PNL encoraja a criatividade em sua vida ao bater em teclas de processos inconscientes. Para mais ideias sobre criatividade, visite www.michaelgelb.com (conteúdo em inglês). Gelb, autor de Como Pensar como Leonardo Da Vinci, encoraja as pessoas a usar todos os seus sentidos para darem-se conta de seu potencial de máximo crescimento individual e corporativo. Este site é uma boa opção se você estiver interessado em melhorar sua criatividade.

Richard Bandler

Novidades sobre o trabalho de Richard Bandler, cocriador da PNL, podem ser encontradas em www.richardbandler.com (conteúdo em inglês). Visite o site se você quiser saber o que ele tem desenvolvido e para oportunidades de treinar com ele. Este site oferece links para outros sites e dá muitas informações sobre artigos e o que comprar em matéria de livros, fitas e CDs, e quais seminários e programas de treinamento estão disponíveis para ampliar seu conhecimento.

Shelle Rose Charvet

Você pode encontrar detalhes sobre Shelle Rose Charvet, autora do livro bastante acessível sobre metaprogramas Palavras que Mudam Mentes (sem edição em português), em www.successstrategies.com (conteúdo em inglês). Este site é útil para iniciantes na PNL e também para praticantes, com artigos bem humorados ilustrando os princípios da PNL. Alguns produtos bastante úteis estão disponíveis neste website sobre o mundo pessoal e dos negócios, com ênfase particular nas relações de negócios, incluindo vendas e serviços ao cliente.

The International Society of Neuro-Semantics

Descubra Bob G. Bodenhamer e L. Michael Hall, dois dos mais prolíficos escritores sobre PNL, em www.neurosemantics.com (conteúdo em inglês). O site deles está cheio de informações através de artigos introduzindo você a 'automaestria e sucesso' e tem uma boa crítica de livros para aumentar seu conhecimento de PNL e aplicações baseadas na PNL, assim como sua relação com o campo da neuro-semântica. Um excelente site para iniciantes e praticantes interessados na história da PNL, com um glossário de termos particularmente útil.

Golfinho — O Portal da PNL no Brasil

O site de acesso livre com 14 anos de atividades online www.golfinho.com.br; possui mais de 250 artigos sobre PNL, Coaching e Hipnose. Traz ainda notícias e apresenta livros e cursos sobre esses assuntos.

Descubra PNL e Coaching

O canal eletrônico www.descubrapnl.com.br, que tem por objetivo levar a PNL a estudantes, profissionais e curiosos, possibilitando a troca de informações e novas descobertas. Apresenta diversos artigos, técnicas e livros correlatos.

NESTE CAPÍTULO

Descobrindo os processos de PNL escondidos nos filmes

Explorando suas habilidades de PNL através dos filmes

Capítulo 24
Dez Filmes que Incluem Processos de PNL

Neste capítulo, selecionamos dez filmes para você assistir. Consideramos esses filmes inspiradores e frequentemente provocadores, mas acima de tudo identificamos aspectos da PNL em cada um deles. Nas seções seguintes, identificamos algumas características da PNL em cada filme para ilustrar o tipo de coisas que você pode buscar quando estiver afiando suas habilidades de PNL, mesmo quando estiver relaxando no cinema.

Avatar

Antes de falar sobre as características da PNL neste filme, queremos sugerir que James Cameron é um homem muito irracional, porque assim como disse George Bernard Shaw: "Pessoas razoáveis se adaptam ao mundo. Pessoas irracionais tentam adaptar o mundo a elas. Todo progresso, entretanto, depende das pessoas irracionais".

Avatar mostra a dedicação e o foco de James Cameron ao trazer este filme à vida. Ele levou mais de dez anos vislumbrando-o em sua cabeça. Ainda mais impressionante é que ele e sua equipe desenvolveram uma câmera virtual que levou o processo de captura da performance a um outro nível — criando e adaptando o mundo fílmico às suas necessidades e progredindo com a ciência do cinema não apenas para eles próprios mas para futuros cineastas. Se você tem uma preferência visual (como descrevemos no Capítulo 6), este filme é um verdadeiro mimo, especialmente se você assisti-lo em 3D. Aqui estão os dois temas principais que queremos ressaltar:

» A vida é muito mais satisfatória quando todos os seus níveis lógicos estão alinhados (cheque o Capítulo 11 para tudo sobre níveis lógicos). Especialmente eficaz é quando todas as comunidades têm esse alinhamento porque essa situação leva a um poço de energia para a mudança que é rápido e para o bem de todos. O povo Na'vi são os indígenas habitantes de uma lua, Pandora. Sua conexão espiritual com a lua e todos os seus habitantes faz com que pisem cautelosamente, apenas colhendo o que eles precisam para a sua sobrevivência. Os Na'vis estão alinhados através dessa identidade espiritual por todo o meio ambiente de Pandora, o que fornece a força para combaterem seus inimigos humanos, a despeito do poder de fogo superior dos humanos.

» Valores (vá para o Capítulo 3 para detalhes) são um motor muito poderoso. Conforme Jake Sully (Sam Worthington) começa a entender a riqueza da cultura de Pandora, seus valores entram em conflito com os de seus compatriotas, os outros visitantes humanos que querem apenas explorar os recursos de Pandora. Neste caso, Sully está disposto a morrer por seus valores.

Estrelando: Sam Worthington, Zoe Saldana, e Sigourney Weaver. Diretor: James Cameron. Estúdio: Twentieth Century Fox Film Corporation (2009).

Curtindo a Vida Adoidado

Um filme meticulosamente divertido sobre um adolescente, Ferris Bueller, interpretado por Matthew Broderick, que acredita que "a vida passa rápido demais, se você não parar e olhar em volta, você pode perdê-la". Com essa crença em mente ele decide matar aula e persuadir seu melhor amigo, Cameron (Alan Ruck), a se juntar a ele. O plano do dia é que Ferris ajude Cameron a ganhar um pouco de autoestima. Este filme é sobre crenças e sobre assumir responsabilidade por suas ações. Ferris acredita em si mesmo e é adorado por todos, por seus pais, amigos e colegas de escola, pelo pessoal da cidade em geral. A única exceção é o diretor da escola, Ed Rooney, interpretado com intensidade maníaca por Jeffrey Jones, e sua irmã, Jeanie Bueller, interpretada brilhantemente por Jennifer Grey.

O ponto interessante é perceber no que as pessoas se focam e em como isso afeta as suas vidas. Ferris foca-se em curtir a vida, ajudar Cameron e quebrar o sistema, e ele passa por esse dia atingindo seus objetivos. Em contraste, Ed Rooney e Jeanie Bueller são consumidos por seu ódio por Ferris, e Rooney certamente acaba tendo um dia terrivelmente doloroso, de muitas maneiras. Jeanie supera sua raiva durante uma conversa hilária com um garoto na delegacia, interpretado por Charlie Sheen, durante a qual ele sugere que Jeanie precise se focar mais em si mesma e menos no que seu irmão está fazendo.

A maior transformação acontece com Cameron. No início do filme Cameron é uma vítima, completamente à mercê das pessoas em sua vida; seu pai, de quem ele morre de medo, e particularmente Ferris, a quem Cameron não consegue dizer não. Ao final do filme, quando Cameron "matou" o carro esporte de seu pai, ele admite que se permitia se deixar levar por Ferris e poderia ter dito não a qualquer momento. A melhor parte é que Cameron tem a coragem de enfrentar o seu pai quando ele lhe conta sobre o seu carro.

Estrelando: Matthew Broderick, Alan Ruck, Mia Sara, Jeffrey Jones, e Jennifer Grey. Diretor: John Hughes. Estúdio: Paramount Pictures (1986).

Up — Altas Aventuras

Up é um filme de animação que fala com todas as gerações, ainda que adultos possam se relacionar mais do que os jovens com alguns momentos pungentes nos primeiros 11 minutos. Em última instância, esse filme conta uma história de amor entre Carl (Edward Asner) e Ellie (Elie Docter) e como ele finalmente realiza um sonho da juventude depois de ser lançado na aventura de sua vida.

Ellie é completamente charmosa enquanto uma garota jovem com uma janelinha nos dentes, e um cabelo vermelho-chocante. Ela fala alto, é extrovertida e tem fortes tendências proativas (cheque o Capítulo 8 sobre os meta-programas) e impressiona completamente o quieto, introvertido e reativo Carl. O balão de hélio de Carl flutua até o teto quando Ellie se agarra nele em seu primeiro encontro. De sua maneira entusiasmada, Ellie decide que eles devem recuperar o balão de Carl e o empurra contra uma tábua do primeiro andar de uma casa abandonada sem pensar em nenhum risco, resultando no pobre Carl quebrando o braço.

Quando Ellie visita Carl em recuperação porque "você precisa se animar", ela divide com ele um segredo que nunca contou a ninguém: seu diário intitulado "Meu Livro de Aventuras". Uma das páginas tem uma imagem das "Quedas do Paraíso" aonde Ellie decidiu que vai morar. Ela choca o tímido Carl quando anuncia de forma exuberante, "Eu arranquei isso de um livro da biblioteca", sem pensar nas consequências de suas ações.

Uma das páginas está intitulada "COISAS que vou FAZER", tendo na sequência várias páginas em branco. Ela então fala para Carl, "Eu estou guardando essas para todas as aventuras que vou viver". O ponto interessante do Livro de Aventuras de Ellie é que, apesar de ela dividir com Carl seus detalhes no início, ele não sabe que ela o havia mantido atualizado. Ele parece muito magoado quando encontra o "Livro de Aventuras" dela anos depois porque ele pensa que ela deixou de ir às Quedas do Paraíso. Ele fica muito surpreso quando vê que as páginas estão cheias de fotografias de sua vida juntos. A ideia de Carl de uma aventura focava-se em visitar as Quedas do Paraíso: Ellie vivia cada momento como se fosse uma aventura.

Este filme é um lembrete para aproveitar os "pequenos momentos" da vida e de que embora ter um mapa de estrada para sua vida possa ser útil, você não deve se fixar nos seus objetivos em detrimento de prazeres simples. Você precisa revisar o mapa da sua estrada para encaixá-lo com seus valores cambiantes e suas experiências de vida. E nas palavras de Ellie: "Obrigada pela aventura — agora vá viver uma nova."

Estrelando: Edward Asner, Christopher Plummer, Jordan Nagai e Elie Docter. Diretores: Pete Docter e Bob Peterson. Estúdios: Walt Disney e Pixar (2009).

Duna

Duna conta a história da trajetória de um herói, Paul Atreides (Kyle MacLachlin),o filho de Duke Leto (Jürgen Prochnow), que viaja de seu mundo familiar para Arrakis, um mundo que é quase sobrenatural para os padrões que ele conhece. Ele encontra os indígenas de olhos azuis "azul dentro do azul", que são indígenas para Arrakis, e descobre os segredos dos vermes de areia e o tempero Melange — "o maior tesouro do Universo". Com este conhecimento, Paul Muad'dib, como ele é conhecido, liberta as pessoas de Arrakis do Imperador corrupto, vinga o seu pai, e completa seu destino. Os efeitos especiais deste filme parecem datados no século 21, mas eram incríveis para 1984. Além de ser minuciosamente interessante, você pode tirar algumas lições deste filme: a mudança é inevitável, especialmente para dar lugar ao crescimento:

> *... mas uma pessoa precisa de novas experiências... elas sacodem algo lá dentro bem fundo, permitindo que ela cresça. Sem a mudança, alguma coisa dorme dentro de nós... e raramente acorda...o adormecido deve despertar.*
>
> — Duke Leto

Jessica, a concubina amada do Duke e mãe de Paul (Francesca Annis) demonstra seu senso de poder pessoal ao assumir total responsabilidade por suas escolhas, quaisquer que sejam as consequências:

> *Eu jurei nunca me arrepender de minha decisão. Pagarei por meus próprios erros.*
>
> — Jessica

Duna demonstra o poder da mente e como ele pode dominar o medo. Particularmente, quando Paul Atreides é testado pela Reverenda Mãe Gaius Helen Mohiam (Siam Phillips), ele tem que conscientemente controlar o medo que o pressiona para sobreviver ao teste.

Estrelando: Kyle MacLachlin, Jürgen Prochnow e Francesca Annis. Diretor: David Lynch. Estúdio: Universal Studios (1984).

Melhor É Impossível

O retrato de Jack Nicholson do recluso, avarento, obsessivo-compulsivo Melvin Udall, é hilário. Este filme tem lições sobre rapport — ou melhor, de como não estabelecer rapport! Udall se comporta de forma horrível. Ele não liga para como trata as pessoas e é um ás em quebrar rapport, até sem perceber. Greg Kinnear interpreta um gentil artista gay Simon Bishop, que enfrenta o peso da desagradabilidade de Melvin. Infelizmente, Simon é espancado e acaba em um hospital e Melvin é forçado a cuidar de Verdell (Jill, o cachorro), o cão de estimação de Simon. O modo como Verdell treina Melvin para construir rapport vai encantar os amantes de animais. Um dos padrões de comportamento de Melvin é evitar pisar nos vãos de junção dos paralelepípedos da rua. O vínculo entre homem e cachorro é selado quando Verdell segue o exemplo de Melvin e delicadamente evita pisar nos vãos do chão também.

No Capítulo 2, discutimos uma pressuposição da PNL de que "todo comportamento tem uma intenção positiva". Melvin acaba realizando feitos doces que são realmente apreciados pelos que os recebem, entretanto, a intenção positiva é geralmente manter Melvin preso em seu comportamento obsessivo-compulsivo. Um exemplo é quando Carol Connelly (Helen Hunt), uma garçonete que trabalha no lugar onde Melvin costuma tomar café, falta ao trabalho porque seu filho está doente. Melvin contrata um médico particular para tratar o menino para que Carol possa voltar ao trabalho e servi-lo porque ele não pode suportar que qualquer outra pessoa o sirva.

Estrelando: Jack Nicholson, Helen Hunt, e Greg Kinnear. Diretor: James L. Brooks. Estúdio: Columbia/Tristar Studios (1997).

Driblando o Destino

Este delicioso filme é sobre o poder feminino, sobre amizade e sobre realizar sonhos e aspirações a despeito de obstáculos. Ele também mostra como achismos podem ser uma armadilha e prendê-lo na infelicidade até que você tenha a coragem de quebrar as restrições que lhe são impostas.

Jess (Parminder Nagra), uma garota britânica filha de pais indianos só quer jogar futebol: infelizmente ela está presa em uma cultura que franze as sobrancelhas para esse tipo de atividades "não femininas" e precisa sair escondida para jogar o belo jogo, o que leva a alguns subterfúgios interessantes. Jess permanece extremamente infeliz até que vem à público e admite sua paixão pelo futebol. Ela se torna amiga próxima de uma garota inglesa caucasiana chamada Juliette "Jules" Paxton, interpretada por Keira Knightley, o que provoca mal-entendidos hilários. Quando Jules deixa Jess em um ponto de ônibus e elas são vistas por uma família asiática se abraçando, a família imediatamente vê o inocente abraço com olhos preconceituosos e presumem que a pessoa branca de cabelos curtos é um garoto, o que realmente "solta os cachorros" em sua curiosidade.

Juliet Stevenson interpreta a mãe homofóbica de Jules, Paula Paxton. Ela é um total e completo deleite conforme luta para entender e aceitar o jeito masculinizado de Jules e o que ela pensa ser uma relação homossexual entre Jess e Jules. Suas tentativas de ser politicamente correta e fingir compreender os modos asiáticos para deixar Jess confortável em sua casa são extremamente tocantes e vão fazer você chorar de rir.

O Capítulo 14 examina alguns dos conflitos que surgem quando a hierarquia dos níveis lógicos (veja Capítulo 11) está desalinhada, seja em um indivíduo ou em um grupo de pessoas. O conflito está presente em *Driblando o Destino* porque a família de Jess e a comunidade têm certas crenças sobre o papel das meninas. As garotas que se adequam às normas de serem capazes de cozinhar e ter filhos são aceitas no seio da família e da comunidade. De certa forma, a identidade da comunidade é ameaçada pelo comportamento de não conformidade de Jess. Paula Paxton também permite que o comportamento de Jules afete seus sentimentos.

Estrelando: Parminder K. Nagra e Keira Knightley. Diretor: Gurinder Chadha. Estúdio: Twentieth Century Fox Home Video (2002).

O Campo dos Sonhos

Esse filme clássico é sobre a satisfação que vem em manifestar os sonhos de alguém e a ânsia que fica quando os sonhos não são realizados. Quando você se foca no que você ama, ao invés de naquilo em que você acha que "tem" que se focar, suas ambições são realizadas mais facilmente.

Kevin Costner interpreta Ray Kinsella, um fazendeiro que decide construir um campo de baseball no meio do nada porque ele ouve uma voz que diz, "Se você o construir, eles virão". O filme emprega uma série de referências sensoriais para aumentar a atmosfera — sons, cheiros e sentimentos, a importância do que discutimos no capítulo 6 — assim como usa metáforas à enésima potência.

Kinsella e sua família são uma metáfora para você e para as pessoas que você pode conhecer em sua vida: seu médico, os parentes que você tem que tolerar, os conflitos que você encontra na vida e como você lida com eles. Perceba como Ray fala sobre seu pai. Ele parece bravo pelo pai ter envelhecido porque ele se permitiu ficar desgastado pela vida. Sua resposta à voz é quase uma reação à mediocridade da vida de seu pai e o medo de que essa seja a sua última chance de conquistar algo. Curiosamente, Kinsella está operando em um metaprograma de distanciamento para se mover na direção de seu sonho (o Capítulo 8 tem mais sobre esses metaprogramas).

Estrelando: Kevin Costner e Ray Liotta. Diretor: Phil Alden Robinson. Estúdio: Universal Studios (1989).

Gattaca — Experiência Genética

Este filme de ficção científica inspirador diz respeito à situação em que a determinação supera "falhas" genéticas e prova que ter tudo de mão beijada não necessariamente garante o sucesso. Este filme ilustra como seu foco no seu objetivo pode ajudá-lo a superar até mesmo as dificuldades mais instransponíveis.

Vincent Freeman, interpretado por Ethan Hawke é um "inválido", um filho de Deus, significando que ele foi filho do amor e não geneticamente projetado. Ele é canhoto, considerado deficiente e possui um risco de falência cardíaca, então tem que viver com a crença de todos em sua vulnerabilidade. De acordo com a forma como ele é tratado, o único modo de ele chegar perto de um programa espacial é como um faxineiro. Portanto, Vincent "pega emprestada" a identidade de Jerome Eugene Morrow (Jude Law) para ganhar acesso.

Este filme demonstra o poder das crenças. Todos veem Jerome quando olham para Vincent porque essa é a pessoa que eles foram programados para ver. A convicção inabalável de Vincent de suas habilidades o ajuda a realizar seus sonhos, assim como sua recusa em comprar o que o mundo em geral não acredita ser possível. Alguns momentos pungentes rondam a aceitação de Jerome de que mesmo com tudo trabalhando a seu favor, ele ainda era o segundo melhor, e de que ele realmente encontrou um real propósito na vida, mesmo que por um tempo curto, quando Vincent "emprestou-lhe o seu sonho". O foco e a determinação de Vincent deram a Jerome um propósito na vida, que ele não tinha, apesar de ter tido todas as vantagens que Vincent não havia tido. Apesar de todas as vantagens, Jerome estava em um caminho de autodestruição até que começou a trabalhar com Vincent.

Estrelando: Ethan Hawke, Uma Thurman e Jude Law. Diretor: Andrew Niccol. Estúdio: Columbia/Tristar Studios (1997).

Matrix

Uma excitante ficção científica de exploração da realidade e o que você pode vir a ver e alcançar quando começa a acreditar em si mesmo. Este filme tem tantas lições de PNL a oferecer, desde o uso da linguagem até as crenças que residem por trás das ações.

Em um certo ponto, o agente Smith (Hugo Weaving) diz que "nós queremos limpar o estado" e enfatiza a metáfora de suas palavras ao deslizar a ficha de Neo (Keanu Reeves) para o final da mesa: palavras auditivas para uma ação cinestésica. A cena realmente interessante é quando Morpheus (Laurence Fishburne) explica que a realidade são simplesmente interpretações que o cérebro faz de impulsos elétricos que são produzidos pelo que você apreende com seus sentidos. Em um outro momento do filme, Morpheus e Neo estão lutando e Morpheus diz a Neo para parar de "tentar" bater nele e realmente bater nele. Tentar fazer algo pode na verdade dar a pista de uma dúvida, porque se a dúvida não existisse, você realizaria a ação ao invés de apenas tentar.

Um outro ponto para reparar é depois que Neo falha ao pular na realidade virtual mas encontra-se sangrando de fato; Morpheus ressalta que a mente faz com que os ferimentos sejam reais. Inicialmente, Neo é apenas uma pessoa recuperada pela Matrix, mas gradualmente, conforme sua confiança cresce, sua crença em si mesmo aumenta e ele alcança proezas que surpreendem até a ele mesmo.

Estrelando: Keanu Reeves, Laurence Fishburne e Hugo Weaving. Diretores: Lana Wachowski e Andy Wachowski. Estúdio: Warner Studios (1999).

O Preço do Desafio

Um filme incrível baseado em uma história real de um professor de segundo grau motivando os alunos de sua classe em um bairro ao leste de Los Angeles a acreditarem em si mesmos e superar os estereótipos. O que é realmente interessante e adiciona humor é como Jamie Escalante, interpretado por Edward James Olmos, se alinha com seus alunos para levá-los a aprender cálculo (cheque o Capítulo 7 para saber mais sobre alinhar-se com as pessoas de maneira bem-sucedida). Ele usa linguagem corporal e gestos similares aos dos estudantes e usa o rap para ensinar matemática básica. Com um objetivo bem-estruturado em mente, Escalante mostra flexibilidade considerável em seu comportamento.

Quando Jamie não consegue ensinar computação por falta de computadores, ele escolhe ensinar matemática. Como há suspeitas de que a classe tenha colado na prova, porque todos foram muito bem, Jamie demonstra flexibilidade em seu comportamento e persuade a classe a refazer o teste. Curiosamente, outros professores são contra os estudantes estarem aprendendo matemática ou aspirarem melhorar a si mesmos. Eles são guiados pelo medo de falhar. Os outros professores têm medo de que se os alunos falharem, vai ficar claro que têm uma autoestima muito baixa.

Uma lição chave para aprender com este filme é ter cuidado ao tentar proteger pessoas do que você pode ver como sua fraqueza. Você pode na verdade estar conspirando para mantê-las aprisionadas em sua zona de conforto e impedir que elas cresçam por causa do filtro que você está aplicando à situação (vá para o Capítulo 5 para mais sobre comunicação).

Estrelando: Edward James Olmos. Diretor: Ramón Menéndez. Estúdio: Warner Studios (1988).

A PNL no Cinema

PASSATEMPO NA PNL

As seções precedentes dão a você um gostinho dos aspectos da PNL para se procurar em um filme, então por que você agora não tenta aperfeiçoar as suas próprias habilidades de PNL? Quando quer que assista a um filme, veja se você consegue identificar alguns dos itens da lista de sugestões a seguir:

- Que pressupostos da PNL são mostrados neste filme?
- O que você observa sobre *rapport* nesse filme?
- Que mapas de mundo são retratados — como eles se alinham com a sua realidade?
- O que você percebe sobre as palavras que os personagens dizem, o seu uso da linguagem e os metaprogramas sob os quais eles operam?
- Qual é o efeito da trilha sonora em diferentes pontos do filme no seu *estado de espírito*?
- Que mensagem há no filme sobre sonhos, metas e realizações?
- Os personagens são vítimas das circunstâncias, e se sim, qual é o processo através do qual eles obtêm controle sobre suas vidas?
- Quais são as crenças e valores demonstrados no filme?
- Como os personagens se alinham e guiam uns aos outros?
- Quais personagens, se houver, demonstram flexibilidade em seu comportamento?
- Qual é o impacto visual do filme? Como você experiencia as dimensões cinestésicas dos sentimentos e toque, junto com um senso de gosto ou olfato?

7 Apêndices

NESTA PARTE...

Nós reunimos uma lista de recursos para iniciá-lo em alguns endereços para contatos e treinamentos futuros de PNL, e mais dois dos mais úteis modelos para o dia a dia deste livro. Use-os para ajudá-lo a construir relações com as pessoas e estabelecer objetivos bem-formulados em tudo o que você fizer.

Apêndice A

Lista de Recursos

Neste apêndice, traçamos uma seleção com uma riqueza de recursos disponíveis na PNL para ajudá-lo quando tiver lido tudo o que deseja neste livro. Não é uma lista cansativa e você encontrará muitas pessoas e empresas conceituadas conforme aprofunda o seu interesse.

Brasil

INAP – Instituto de Neurolinguística Aplicada

Praia do Flamengo, 278 — 2º andar — Rio de janeiro/RJ

Tel.: (21) 25511032/25517647

Web site: www.pnl.med.br

SBPNL – Sociedade Brasileira de Programação Neurolinguística

Centro de Treinamento

Rua Fernandes Borges, 120 – Jardim Paulista São Paulo/SP

Tel/fax: (11) 38874000

Web site: www.pnl.com.br

Reino Unido

Association of NLP (ANLP) (Associação de PNL)

Arlingham House

St Albans Road

South Mimms

Hertfordhsire

EN6 3PH

Tel: (+44)020 30516740

Site: www.anlp.org

International NLP Trainers Association (Associação Internacional de Instrutores de PNL)

PO BOX 187

Gosport

Hampshire

PO12 9AE

Tel: (+44) 02392 588887

Site: www.inlpta.co.uk

Frank Daniels Associates
103 Hands Road
Heanor
Derbyshire
DE75 7BH
Tel: (+44) 01773 532195

International Teaching Seminars (ITS)
ITS House
Webster Court
Websters Way
Rayleigh
Essex
SS6 8JQ
Tel: (+44) 01268 777125
Site: www.itsnlp.co.uk

Performance Partnership
11 Acton Hill Mews
310 Uxbridge Road
Acton
London
W3 9QN
Tel: (+44) 0 20 8992 9523

PPD Learning Ltd.
17 Cavendish Square
London
WIG 0PH
Tel: (+44) 0870 7744321
E-mail: enquiries@PPDLearning.co.uk
Site: www.ppdlearning.co.uk

Awaking Consulting
Tel: (+44)0845 8732036
Site: www.awakeconsulting.co.uk

Beyond Partership Ltd
2 Holbrook
Bromham
Whiteshire
SN15 2DH
Tel: (+44) 01380 859106
Site: thebeyondpartnership.com

Lazarus Consultancy
Tel: (+44) 020 83492929
Site: www.thelazarus.com

Mind for Business
Tel: (+44) 01604 881581
Site: www.mindforbusiness.com

NLP Conference, London
Site: www.nlpconference.co.uk

NLP Research Conference
Site: www.nlpresearchconference.com

Northern School of NLP
Station House Training Centre
Station Road Whalley
BB7 8RT
Tel: (+44) 01254 824504
Site: www.nlpand.co.uk

The NLP Company
Ground 2
50 Hopehill Road
Glasgoro
G20 7JP
Tel: (+44) 0141 5608714
E-mail: info@thenlpcompany.com
Site: www.thenlpcompany.com

Estados Unidos e Canadá

Canadian Association of NLP (CANLP)

Web site: www.canlp.com/welcome.htm

Success Strategies

1264 Lemonville Road
Burlington
Ontario
Canadá
L7R 3X5
Fax +1 (905) 6394220
Site: www.successstrategies.com

NLP Comprehensive

PO Box 648
Indian Hills
CO 80454 0648
Tel: (+1) 800 233 1657
E-mail: learn@nlpco.com
Site: www.nlpco.com

Michael Neill

Tel: +1 (818) 3404464

E-mail: michael@successmadefun.com

Web site: www.successmadefun.com

Para a Dica da Semana sobre o Treinamento de Michael toda segunda-feira de manhã, por favor, envie um e-mail em branco com a palavra "subscrevo" para: subscribe@successmadefun.com

Robbins Research International (Pesquisa Internacional Robbins)

9191 Towne Centre Drive
San Diego
CA 92122
Tel: (+1) 800 466 7111
Site: www.tonyrobbins.com

Advanced Neuro International

Web site: www.nlp.com

NLP Institute of California

1534 Plaza Lane, #334
Burlingame
CA 94010
Tel: (+1) 800 767 6756
Site: www.nlpca.com

NLP University — Robert Dilts and Judith DeLozier

Tel: (+1) 831 336 3457

Site: www.nlpu.com

Dinamarca

Mindstretch, Copenhagem

Lindevangs All 3

2000 Frederiksberg

Tel: (+45) 7020 4401

Site: www.mind-strech.dk

Apêndice B

Construção de Rapport

Este formulário é uma cópia do formulário que você encontra no Capítulo 7. Você pode usá-lo quando tiver pessoas importantes com quem queira construir relações mais fortes — em casa ou no trabalho. Pedimos que mantenha um registro escrito para que você tome tempo para pensar sobre esses indivíduos. Em retorno, este processo dá a você a oportunidade de se focar no que você quer da interação para atingir um resultado vitorioso. Sinta-se livre para tirar cópias e completar este formulário como e quando você quiser.

Preencha este formulário para qualquer pessoa com quem você queira manter um rapport melhor:

Nome: ______________________________

Empresa/grupo: ______________________________

Que relação tem com esta pessoa? ______________________________

Especificamente, que mudanças gostaria de ter na sua relação com esta pessoa?______________________________

Que impactos estas mudanças teriam sobre você? ______________________________

____

Que impactos estas mudanças teriam sobre a outra pessoa? ______________________________

____

Vale a pena investir tempo e energia nestas mudanças? ______________________________

____

Com que tensões esta pessoa tem de lidar? ______________________________

____

____

O que é mais importante para a pessoa neste momento? ________________

____

____

Quem você conhece que tenha estabelecido rapport de forma bem-sucedida com esta pessoa e que você possa procurar? E o que você pode descobrir sobre esta outra pessoa? ____

____

____

Que outras formas de ajuda você pode conseguir para criar rapport? ________

____

____

Que ideias você tem neste momento para seguir adiante com esta relação? ____

____

Qual é o primeiro passo? ____

Apêndice C

A Lista do Objetivo Bem-formulado

A lista abaixo é um resumo do processo de criação de objetivos bem formulados, que é descrita por completo no Capítulo 4.

Fique à vontade para copiar essa lista e completar as perguntas sempre que quiser estabelecer metas muito claras para si mesmo.

Índice

A

C

D

E

F

G

H

I

L

M

N

O

P

R

S

T

U

V

Impressão e acabamento:

Grupo Smart Printer
Soluções em impressão